U0481534

7700313

JIDANG
WENHUA JINGTAN SHILU 3

上海三联书店

尹明华 主编

激荡

文化讲坛实录 3

解放日报报业集团文化讲坛系列丛书编委会

主　　　任　　尹明华
副 主 任　　袭　新　　王富荣
执行副主任　　高慎盈　　陈启甸
编　　　委　　王仁礼　　黄　韬　　王小兵　　黄　玮
　　　　　　　尹　欣　　蒋　楠　　支琳玲

序：文化为我们提供可能

在一个市场经济功能开始逐步放大的社会，在经济强盛成为一个国家、民族拥有重要国际话语权标志的时代，在资本成为解决社会发展倍数效应带来的纷争和矛盾的重要手段的今天，以下情况可能难以避免，这就是：效率会优于公平而难以顾及公平，功利会替代责任而不再服务于责任，投机会涵盖选择而不仅仅是代表一种选择，财富会等同于人生坐标而不仅仅是链接坐标的途径。

诺奖得主缪尔达尔提出的"循环累积因果原理"说明，在发达国家与不发达国家进行的自由贸易中，先进工业品的出口将使发达国家的教育文化进一步发展，这种累积上升的变动将使富国更富,产生"扩展效应";过多依赖高端产品进口的不发达国家的教育文化水平会随之落后,反过来会阻碍经济社会的发展,使穷国更穷,产生"回荡效应"。这是在动态社会中,文化与其他社会因素互为影响、互为因果的必然。这样的处境、地位和现状,使我们产生了警觉和忧虑。历史和现实已经提供了太多的证明,文化侵入向来是以"润物细无声"的方式悄然演绎推进的。通过对精神意识和思维方式的掌握,在"扩展效应"中,发达国家可以取得文化教主的地位,随之而来的是更为巨大的经济与政治的利益。

"文化讲坛"的思考,由此萌发。

身处剧烈变化的历史过程,我们已经自觉地注意到,21世纪将是全世界从经济高温时代转向文化高热的崭新时代。如果我们不重视用公共文化资源催生民间活力,不用市场手段去激活传统文化资源,最终将难以实现中华民族主流文化的传承与成长。我们发现,如果我们不去确定应该具备的选择,那么,偏颇会在最易于辨识的胚胎中发芽成长,误区会在最肥沃的沼泽中形成扩展,收获会在最适宜的保鲜中变味发霉,诡异会在最不可能的地方找到渠道。国家的衰落主要是文化的衰落。闭关锁国造成了中国的落后,改革开放成就了我们的强盛。为此,作为承担思想引领责任的大众传媒,我们不得不去追寻发展经济的终极目标,探求各种经济行为背后应该维系着一种怎样的文化行为。还有,在日益相互依存的全球化时代,文化对推进社会健康持续发展的作用究竟有多大?

"文化讲坛"的创意,由此而来。

正当的理由、与生俱来的职能和合适的时空条件,使我们不想拖延我们想做的事。事实上,我们完全不必等待需求出现时才去寻求发现,问题无法解决时才去创造答案,方向迷失时才去乞求迷津指点，梦幻破碎时才去体味完美，情谊了断时才去珍惜友爱，遭遇失败时才去背诵教训。所有这一切，从文化的意义上说都可能发生，也可以避免。因此进一步说，我们也完全不必在精神的贫瘠埋没了意志的光芒时才去召唤精神，在文化的疼痛灼伤了思想的尊严时才去识求文化。

"文化讲坛"的举办，便应运而生。

今天，有许多解释可以用来说明文化的涵义，有许多理解能够证明文化的分量。"文化讲坛"希望传播的是：文化并不高深，只是日常生活常识的综合体现，是一种精神价值和生活方式，进而言之是一种思维方式，因而可以为我们提供多种可能。正因为如此，文化才会对个人行为产生制约或提升作用，同时给予人们想要的并让他们改变世界。同时，一种好的文化状态可以让人懂得如何更好地竞争，学会在挑战和机遇并存的时代放宽胸襟，开阔视野，辨明是非，科学思考，以更聪明的战略和有效的谋划，创造属于自己、属于集体和属于社会的未来。

文化为我们提供可能。对文化内涵的理解同时也有助于我们选择正确的方式。文化的创造并非传统的简单延续，尽管可以说中华文化中有许多孔夫子的烙印，但从未有人由此推论这就是一种同构复制。同样，古希腊文化是今天西方文化的源头，但却没有任何西方现代文化是从古希腊照搬的。文化的创造也从来不仅仅是文化人的事业。正因为文化是生活的、全覆盖的、不断创造的，包含着许多可能，所以"文化讲坛"的内容，绝不是教科书上经典内容的灌输；"文化讲坛"的嘉宾，包括文化专业人士、教授、外交家、经贸官员、学者、企业家、媒体工作者等各类人员；嘉宾的演讲，紧扣社会的脉动，贴近生活的实际；讲坛举办的方式，既有生动的演讲，又有主持人的评点，也有与会者与嘉宾之间的互动问答。可以这样说，在形式上，我们力求创造的,是一种有关文化和有利于文化认知的表达方式,这本身也是我们对文化的一种理解。

　　文化为我们提供可能。从哲学的角度看,生活中没有绝对真理而只有相对真理。我们以为对的或错的东西只能是相对应不同的参照物而言,选择何种参照物并如何进行比较,与文化心态、文化环境、文化目标等有关。存在是绝对的并不等于结论是绝对的,相对意味着一种变动和可能。试图改变绝对的存在,先要恳切地支持确立应该这样去做的认识,从文化上说这是可能的,并且在多数情况下唯有如此才能够累积成价值的传奇。从伽利略贡献的运动科学、达尔文发现的物种起源、牛顿提出的万有引力、爱因斯坦创造的狭义相对论和广义相对论中,我们可以清晰地触摸到他们在证明"存在"过程中的思想脉络。又如,在今天世界医学领域进行的干细胞研究,有可能帮助人类扫除现有的一切疾病。从文化角度看,这究竟是普罗米修斯的火种还是潘多拉魔盒,是人类未来之福还是不测之祸呢?这项医学研究因而正在被演绎成一场全世界的文化战争。这就是说,文化价值和文化立场,在一定程度上还可以阻止和制约某种可能的成功进程。

　　文化为我们提供可能。一座城市在它的成长进程中,经济的壮大不能代表内涵质量和外在形象的全部。创意、品牌、历史、环境以及与他人相处的方式等这类属于文化范畴的元素,是城市动态运行中的重心所在。并且从长远来看,能够持续产生吸附力和想象力的绝非是利润的诱惑而主要是文化的力量。

　　"文化讲坛"的嘉宾,深刻而浅显地、睿智而朴实地、热情而真诚地为我们提供了正确认识和改变自己、营造美好前程的多种可能。生活的多样性和可塑性因此变得更有诱惑。在这之前,有许多被认为是可能或不可能的事,也许将会不再这样。

这是文化的改变,也是文化的力量!从经济学角度解释,最能产生价值收益的就是直接占有资源。能够直接聆听、阅读大师名人专家学者的演讲和思想,并且把它们转化成提升自身附加值的资产,这将是一种不可多得的幸运!并且,我们已经知道,从文化的角度看,这是可能的。

(作者系解放日报报业集团党委书记、社长)

目 录

序：文化为我们提供可能 1

实 录 1
 第九届文化讲坛：和谐文化与人文情怀 3
  演讲篇
   章含之：文化的新生，需向传统致意 5
   于 丹：让文化穿行过生命 18
   敬一丹：传播有价值的声音 31
  对话篇 43
  点 评 56
  侧 记 59

第十届文化讲坛:媒体责任与文化传播   65
演讲篇
  范敬宜:媒体的浮躁在于缺少文化   67
  刘长乐:发现良知 追求良知 传播良知   79
  喻国明:传播的力量与话语权的构建   93
对话篇   103
点 评   113
侧 记   116

第十一届文化讲坛"聚焦长三角"专场:
区域发展与文化动力   123
演讲篇
  葛剑雄:文化的生命力在于流动   125
  宋林飞:推进发展需要文化思维   136
  史晋川:商帮文化,动力还是阻力   146

对话篇	156
点　评	172
侧　记	175

第十二届文化讲坛暨全球图书馆高峰论坛：文化积淀与现代阅读 181

演讲篇

简·符乐顿：21世纪如何阅读	183
伊斯梅尔·塞拉吉丁：文化与阅读的冥想	191
维克多·瓦西里耶维奇·费多洛夫：文化，图书馆与阅读	200
吴建中：每个人都是一座图书馆	208
对话篇	214
点　评	225
当代阅读宣言	227
侧　记	230

访　谈

追问于丹	239
性情于丹，妙趣横生	263
让生活多些审美的悠游 ——对话于丹	274

敬一丹的声音　　　　　　　　　　　　　284
守候岁月的本真　　　　　　　　　　　304
文化品质是媒体的灵魂
　　——对话凤凰卫视董事局主席刘长乐　314
周瑛琦：下一站，主持特奥会　　　　　336

视　线

黑色的光亮　　　　　　　　　　　　　341
我们找到它了
　　——谈今年世界特奥会开幕式的构思　355
好人崔永元　　　　　　　　　　　　　363
易中天动向　　　　　　　　　　　　　374
批评总要讲事实　　　　　　　　　　　386
理直气壮地弘扬龙的精神
　　——对话韩美林　　　　　　　　　389

让雕塑"泛"入生活	397
这一回,我品《百家讲坛》	404
当昆曲从生命中穿行而过	423
赵本山、冯小刚在沪"碰"出春晚点子	435
真实,穿越风花雪月	437
崔永元:我真的很着急	447
杨澜对话崔永元	459
一个女人三台戏	
——专访杨澜	482
"文化讲坛"的魅力所在	493
从"文化讲坛"看党报品牌经营	499

实录
SHILU

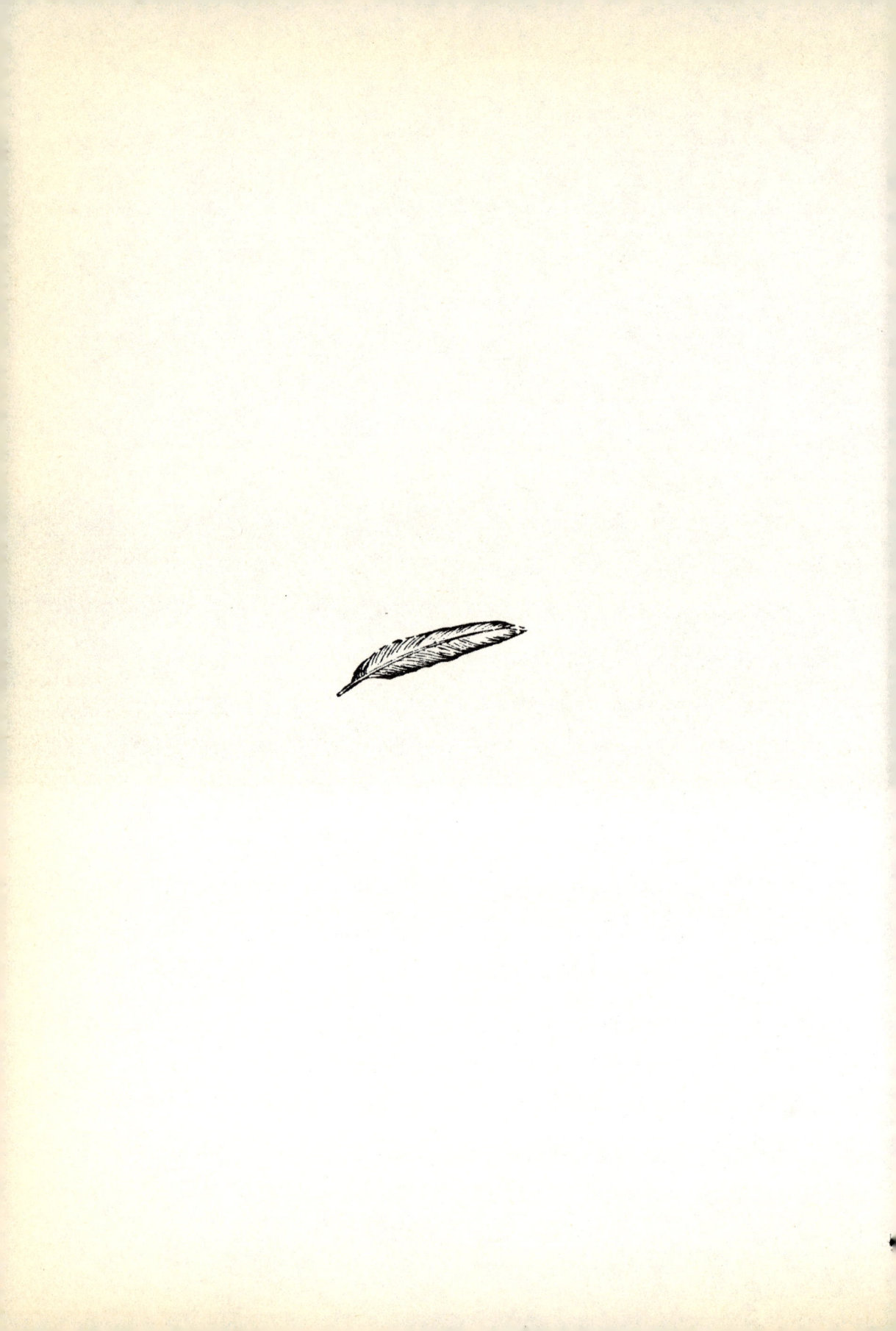

第九届文化讲坛：

和谐文化与人文情怀

章含之 中国著名民主人士章士钊的养女、毛泽东主席的英文翻译、前外交部长乔冠华的妻子、中国作家协会会员。上世纪70年代,章含之与丈夫乔冠华一起活跃在联合国的外交舞台上,曾参与中美建交会谈、尼克松访华、上海公报谈判等一系列重大活动,多次在毛泽东会见外国政要时担任翻译,曾任亚洲司副司长,是上世纪70年代我国杰出的外交官之一。目前,她正积极投身于促进中国农村发展和宏观经济研究方面的国际交流活动。

演讲篇

文化的新生，需向传统致意

章含之

主持人尹欣（解放日报周末部记者）：首先为我们演讲的是章含之女士。她见证过许多个不可复制的历史瞬间，也曾亲历过许多个风云际会的动人场面。穿越历史的尘嚣，她用传统眼光和国际视角打量文化，她说，"文化的新生，需向传统致意"。让我们欢迎她！（全场鼓掌）

大家下午好！一般讲话有个开场白，我难免也要有个开场白。我的开场白不是谦虚，而是真心话。解放日报报业集团的盛情难却，让我到这里来参加"文化讲坛"，说实话我是诚惶诚恐。想法很好，三位女性两代人，我是老的一代，她们两位是年轻的一代。像于丹教授是真正的文化人，我之所以诚惶诚恐是因为我称不上文化人,来参加"文化讲坛"实际上心里是很没有底的。

前两天在上海参加一个活动,见到了很多朋友,他们是真正的文化人。他们问我,你来上海有什么事吗?我说很惭愧,来参加"文化讲坛"。我说,我不是文化人,怎么去参加"文化讲坛"?你们这儿有一大堆的文化人呢。后来我的朋友程乃珊老师——我特别喜欢她的作品,她是一个真正的文化人。她说,你怎么不是文化人,你出过书啊。我说,现在出书的不见得都是文化人。(全场笑)以我个人的看法,我的书更不是什么了,我是有感而发,这不是真正的文化作品。我这不是谦虚的话,而是真正的心里头没底。

我这一辈子想干的事没干成,干得好高兴的事干到一半又停了,没做成文化人,却变成了一个"万金油"

今天要讲的内容其实不是来讲我对文化的见解,而是讲在我们今天这样一个多元化的时代,一个文化交融的时代,我们怎么样能够把传统的文化和今天的文化更好地结合,特别是我们要传承的文化。实际上我今天与其说是一个演讲,还不如说是一次呼吁,因为如今对传承文化强调得还不够。我希望把中国传统文化的传承做得更好,让年轻一代能够继承下去。

所以今天我的讲话里要提到我的老父亲。我的老父亲是那个时代文化的代表人物之一,但是由于种种的原因,像他这一代的文化代表,实际上几乎被湮没了。今天来谈传承文化,我自然要回顾一下过去。但我今天的讲话,其实主要是讲自己的一个缺憾,因为我缺少了很多东西。当有人说我是文化人的时候,我心里很没底,因为我知道自己缺什么。

那天程乃珊问我说,你说你不是文化人,那你是什么?我说坦白地讲,我是"万金油"。(全场笑)她说你怎么是"万金油"？我说我这是真心话。今天我对大家说这也是真心话。为什么说我是"万金油"？因为我这一辈子想干的事情没干成,干得好高兴的事情干到一半又停了。我本来是学英美文学的,那学下去倒真的可以成为文化人。我几乎快成了文化人了,当时我研究英美文学,我已经开始教英美文学。我当时研究的专题是18世纪末19世纪初英国女作家。这是一个很有趣的题目,因为在那个时期英国出了很多的女作家。我研究的专题作家是勃朗特姐妹,其中夏洛蒂·勃朗特就是《简爱》的作者。所以我受《简爱》这本书的影响也很大。但是做了一半就碰上"文化大革命"了,就挨斗了,书也充公了,被斗了几年以后,毛主席说你去干外交吧。这是我的"万金油"的第一步。去搞外交,但外交也没搞到底又走了。后来我去搞宏观经济研究,这也不是我的本行。所以说自己不是文化人,这不是谦虚的话。作为文化修养来说也是这样,我只学了一段外国文学,但是我最缺最缺的就是中华文化的底蕴。今天我为什么要在这里演讲,就是因为我还缺少对中华民族优秀文化传统的学习和掌握。

我很喜欢看于丹教授的节目,我也是她的一个观众,因为我确实从她那儿听来很多东西,觉得挺有意思的。顺便说一下,于丹教授可能不知道,我们家老乔1937年在德国做的博士论文,也是关于庄子哲学的,他的毕业论文就是《庄子哲学》,凭着这篇论文他得到了德国士宾根大学的博士学位。(全场鼓掌)但是惭愧的是,有一次我读他的《庄子哲学》,我是一窍不通,什么也没看懂,不知道他在说些什么东西。(全场笑)而他跟基辛格谈判的时候,经常讲你是哪一学派的,我是哪一学派的,他们两个人都是读哲学的。

周总理批评说,"大学问家章士钊的女儿,竟然很多东西不懂",这是我一生最大的缺憾

我为什么有这个缺陷?我觉得这是时代的关系。有一句俗语大家经常用的,"在你倒洗澡水的时候,把孩子也一起倒掉了"。往往我们在改变一个旧时代的时候,在否定旧的一切的时候,恰恰把一些精华也否定了,而我恰恰活在那样的时代。我从上海移居到北京的时候,只有13岁,那是1949年。我的父亲是一个大学问家,当时有一段时间因为不能上学,我父亲就跟我说,你跟我学点诗词。父亲说我每天教你一首,你背下来。我当时"造反",说谁学那个东西。到了今天后悔莫及。其实我早后悔了,可是已经来不及了,所以后来周总理批评我,"大学问家章士钊的女儿,竟然很多东西不懂",这是我一生最大的缺憾。

在这里跟大家说两件事情。第一件事情是1974年的时候,周恩来总理接待当时的斯里兰卡总理,一位老太太,班达纳奈克夫人。班夫人是一位特别可爱的老太太,她给我的印象像一个老妈妈,对周恩来总理像是对兄长的感情。她当时跟周总理说,总理阁下,我现在面临很多问题,我到中国来是希望你帮我解决这些问题。然后她讲国家有什么问题。当时周总理非常谦虚,周总理说我非常愿意跟你探讨这些问题,但是我不能给你决定任何事情,因为我们不能越俎代庖。我这个翻译当时就傻了,这个"越俎代庖"怎么翻?(全场笑)我当时愣在那个地方,后来周总理就回头看了我一眼,回过头就很感叹地对班夫人说:"你看看,我们这个翻译,她的父亲是中国的大学问家,可是她这么简单一个成语也翻不出来。"然后总理就告诉我"越俎代庖"的意思,就是跑人家厨房里替人家做饭去了。这是我第一次感到无地自容。

美国人翻译出了"殊途同归",给了我们当头一棒,说到底还是缺少了文化底蕴

再告诉大家一个例子。尼克松访华的时候,我们一个很大的胜利是都用了我们的翻译。外方有翻译,但当时我们认为美国人懂什么中文,所以就坚持翻译都要用中方的。美国人同意用我们的翻译,他们带的翻译就坐在后面旁听。

有一天谈判的时候,尼克松讲了一句话,拿中文来说就是:"我认为我们美国和中国在国际事务当中的利益上是 parallel(中文意思为'平行')。"当时不是我翻的,是另外一位翻译。我们的翻译就翻了:"我认为我们两国之间的利益是平行的。"

这个其实翻得一点都没错。这时候尼克松的翻译弗里曼突然说:"总理阁下,我能不能做一点评论?"总理就很奇怪,说,"好啊,你有什么评论?"弗里曼说:"我认为贵方的翻译刚才翻得不够确切。"

"哦,为什么不确切?"总理也懂英文,"怎么不确切?"弗里曼说:"贵国翻译把我们总统的话翻成'我们两国的利益是平行的','平行'这个词在中文里的意思是永远不相遇的,就像是双杠,双杠永远是两条杠子,永远不会碰在一起的。我们总统的意思是,虽然是不同的目标,不同的方向,但是最终是有共同点的,所以用'平行'这个词不合适。"周总理就很有兴趣,"那按你说应该怎么翻?"我当时在旁边我也想不出来,我想"parallel"不翻"平行"翻什么?结果他说,"如果我来翻的话,我会说我们总统的意思是我们两国的利益是殊途同归的。"(全场感叹,鼓掌)他说,我们是从不同的地方出发,最后汇集到一起。所以这个 parallel 的意思是平行地发展到一个方向去了,并不是永远不相遇。

为什么我们的翻译就不会用"殊途同归"这样的词呢?我觉得就是因为缺少我们自己文化底蕴的东西。"平行"是很简单的词语，初中生学英文也会说"平行"，但是要翻出"殊途同归"，没有经过一定的文化训练，可能就翻不出来。这件事情当时让我们中国的翻译挺受刺激的，因为本来我们特别自豪用我们自己的翻译，结果被一个美国翻译当头给了一棒。

后来过了两天，到了上海，发表了《上海公报》，这是一个里程碑，是中美两国破冰的里程碑。那天晚宴上，大家都非常高兴。周总理对美国的翻译说，你在什么地方学的中文？结果他说在台湾。总理当时就很感慨，对着我们这些翻译说："你们看看台湾地区，把中华文化传统保持得要比大陆的好。"这事给我们的刺激特别大。后来周总理就对翻译说："章含之的父亲是位大学问家，82岁完成一部巨著《柳文指要》，我现在让她送你一套。"周总理又说："我想她看不懂她父亲的东西，你看得懂。"（全场大笑）所以好几次，总理真的是给我当头一棒。

今天我在这里，这是第一次有机会能把这些话说出来。多少年来这是我心头的缺憾，但是这时候已经很难弥补了。想补的时候，我父亲已是90多岁了，不可能再让他教我了，我也太忙了，失去的时间已经是不可弥补了。所以我说没有失去时间的年轻人，一定要抓紧时间。

后来周总理回头跟我说："含之，去找一套你父亲的书送给他。"这时候已经晚上10点多了，第二天早上8点他们就要回美国去了，我上哪里找去？这书是毛主席亲自批准出的，不公开发行，书店里买不到。后来我赶紧去找当时上海外办的人，说你赶快帮我找一套，因为总理答应送给他一套。那天晚上碰到美国翻译时他还说，明天出发以前，你一定要把你父亲的书送给我。外办主任说，到哪里去找？我说，上海那么大，还找不到一套我父亲的书？

第二天早上6点钟，外办主任敲我房门，说好不容易找到了，不过是旧的，用过了，上面还有油。不管了，总理的指示必须落实。我问，你在哪儿找到的？他说，是我们市委学习班的。我一想不对，这学习班看我父亲的书，这是为什么？我还是得查一查。结果一翻书，里面掉出很多张小条子来，这些小条子都是骂人的，都是批判我父亲的。亏得我看一下，不然人家懂中文拿回美国要笑话这事了。

谈政治我也没问题，最怕的是文化，一碰上文化就真的很紧张

在我做翻译的时候，发生这样的事情不是一次两次了。有一次在联合国，我给我们老乔做翻译，那时候我们还没结婚，他对我挺横的，有好几次我翻不好，经常就是因为这些文化方面的问题。

1971年冬天，有一场印度和东巴基斯坦的战争。打完了后，东巴就分离出去了。第二天巴基斯坦新任的外长举行了告别宴会。乔冠华一激动就要背诗，（全场笑）我给他做翻译，好像是首唐诗，结果一下子我又愣在那个地方了。我就记得最后一句话，"前度刘郎今又来"，我只能翻出这一句，前面几句我翻不出来。结果老乔说，我自己翻，你歇会儿吧。（全场大笑）

我在做高级翻译的时候，政治问题难不倒我，我这脑子挺快，快到什么程度，我举个例子。那年总理接待一个叫特立尼达和多巴哥的国家的客人，总统是一个老头。这个老头脾气巨怪，不喜欢别人打断他说话，他一讲就是十几分钟。我不会速记，就用自己的符号拼命记。周总理是非常体谅翻译的，他打断了一下说，总统阁下是不是可以停一下，我们的翻译需要时间。这个老头说，我没被人打断的习惯，还往下讲。（全场笑）总理又打断他，他又不干，结果他一讲讲了半个小时。所有的同事都为我捏一把汗，说章含之今天要出洋相了。但是我基本上都翻全了，这个说明我的记忆力挺好，谈这些政治问题我

也没问题。我最怕的是文化,跟大家说句实话,碰上这些文化的东西我真的是很紧张。(全场大笑)

我已经到这个年龄了,我真是觉得这是非常非常遗憾的一件事情,而且这种文化传承是要从年轻的时候培养的。如果这种教育能够继续下去,以后的年轻人可能会比我好一点。

这书架摆在那儿做摆设,有时候也提醒我,这是一个心病

我上中学的时候是在上海的震旦,它虽然是个法国人办的教会学校,但是挺注重中国的古典文化。我们有一位老先生教我们读《孟子》,那时候我才十一二岁,我现在唯一记得的就是那位老先生教我的东西。那时候他教我们:"孟子见梁惠王。王曰:叟!不远千里而来,亦将有以利吾国乎?孟子对曰:王!何必曰利?亦有仁义而已矣。"对吧?(全场大笑)你看我都能记到今天,那时候我才十一二岁,后来教的我就记不住了。而且那位先生是用上海话教,(用上海话吟诵起来,全场大笑)老先生闭着眼睛哼,我们也跟着哼,到了七十岁还可以记得十一二岁的东西,文化的这种传承,的确是需要很早就做起的。我觉得,五四新文化运动当然是一个非常重要的里程碑,但是非常遗憾的是,自从新文化运动之后,恐怕我们有很多东西也都被逐渐地忽略了。

新文化运动的时候,我父亲是对立面,因为我父亲主张文言文。在革命的时候需要摧枯拉朽,但是今天在建设和谐社会的时候,是能够把传统的东西融合进去的。新文化运动把传统的东西否定了,后来的一些革命和政治运动又进一步把很多传统的东西否定了,在我上中学的时候课本里就几乎没有古典文学,没有古典文化,"文化大革命"时就更别提了,所以我觉得断代已经断了两代。今天我们碰上了好时候,真的是应该把中华

文化优秀的传统好好地传承下去。

在我家的客厅里面,有一套我父亲留下来的《二十四史》书架,是非常艺术化的,每个朝代一个格子,里头的书就是某个朝代的。很多外国客人来的时候,都特别喜欢这个东西,问我是什么。我说放的是《二十四史》。所有的外国人听了都很崇拜,"哇,这真是了不起!"但是他们打开书架,拿出一本书问我,你能告诉我里面说的是什么吗?我说那里面说的是历史。(全场笑)但这本书里说的是什么历史,我也搞不清楚,我只知道是那个朝代的历史,因为那书里连标点符号都没有,有标点符号我还能凑合看一点。这书架摆在那儿做摆设,有时候也提醒我,这是一个心病。

文化的传统是不能丢的,它是很美的东西

今天在我们这个社会里面,是不是要更加强调传承?我这里再讲一个方面。外国的诗词和中国的诗词一样都很美,但是外国的诗词大概还是早在20世纪初,1902年、1903年的时候,由苏曼殊、马君武这批文化人,把它们翻成了文言文的诗词,再后来,新文化运动以后都译成了白话诗。

我并不反对白话诗,但是现在回过头来看,这个文言文如果我们再不加强一点教育的话,就可能变成艺术品了,就只有学者、专家才看得懂了。今天我想跟大家说一个例子。20世纪初以后就基本上不用文言文了,但是1941年我父亲章士钊在重庆翻了21首英国诗词,这些都是大诗人的诗作,主要是浪漫派的诗人,像拜伦、济慈、华兹华斯、勃朗宁。我想今天借这个机会跟大家念一段拜伦的诗,大家来听一听,它的白话文的翻译、文言文的翻译和原文。我个人的感觉,从韵味来讲,文言文和原文更接近。这首诗叫《当我们两人分离》(When We Two Parted),很美的一首诗,讲的是一段爱情故事,拜伦被他

的爱人抛弃。我先给大家念一段白话文翻译：

当初我们俩分别，只有沉默和眼泪。
心儿几乎要破裂，得分隔多少年岁！
你的脸发白发冷，你的吻更是冰凉；
确实呵，那个时辰，
预告了今日的悲伤！

我再念一下我父亲章士钊1941年文言文的翻译：

别时惨无言，相望泪阑干。
再见是何年，心碎千万端。
双颧一何紫，接唇唇转寒。
回忆定情夕，早知摧肺肝。（全场鼓掌）

我再给大家念一段英文的。大家听听英文的韵律跟我们的文言文是不是有点相似，而与白话文相去甚远。我可不是复古哦，（全场笑）不是让大家以后都用文言文。我只是说，这是文化的一个瑰宝，不能没有。我读一下拜伦的原文，这首诗写于1813年：

When we two parted,
In silence and tears,
Half broken-hearted,
To sever for years.
Pale grew thy cheek and cold,
Colder thy kiss!
Truly that hour foretold,

Sorrow to this！（全场鼓掌）

这个韵律是非常美的，我们中文里的文言文也很美。白话文里头，"你的脸发白发冷，你的吻更是冰凉"，而我父亲翻得比这更有诗意。我不是要复古，而是感到这个文化的传统是不能丢的，它是很美的东西。

搞不懂文化界怎么老是打来打去？"愿长相亲不相鄙"

最后谈一下对和谐文化的感想。眼下，我搞不懂文化界老打来打去是怎么回事，这个人说那个人不好，那个人说这个人不好，我也搞不太清楚。于丹教授的节目，我也挺爱看，为什么有的人不喜欢？当然各有各的所爱。

我父亲当年的争议也很多，当时的胡适是新文化的带头人，但是他们争论的态度就不一样。

胡适是新文化的带头人，我父亲是旧文化的维护者，他们两个人意见很不合。但是他们怎么样呢？有一天，我父亲就跟胡适两个人跑到照相馆，照了一张相，我父亲把这个照片拿回来了，然后给胡适寄去了一张。他在信里说了，咱俩争论半天了，现在我们俩照了一张相，我在背后写了一首白话诗给你，你要是给我面子，你就拿文言文给我写一首诗。（全场笑）我在这里念一下他们俩的诗，我父亲那首诗说：

你姓胡，
我姓章；
你讲什么新文学，
我开口还是我的老腔。
你不攻来我不驳，

双双并坐各有各的心肠。
将来三五十年后，
这个相片好作文学纪念看。
哈、哈，
我写白话歪诗送把你，
总算老章投了降。（全场大笑，鼓掌）

胡适也在照片上回了一首诗：

但开风气不为师，龚生此言吾最喜。
同是曾开风气人，愿长相亲不相鄙。（全场鼓掌）

他说，虽然我和你不同，但是我们不要相鄙。特别是最后两句，你代表"古"，我代表"新"，"同是曾开风气人，愿长相亲不相鄙"。所以我希望我们的文化界也有这种精神。（全场鼓掌）

（原载《解放日报》2007年5月18日第18、19版）

于丹 北京师范大学教授,中国古代文学硕士、影视学博士,北京师范大学影视传媒系主任。作为古典文化研究者和传播者,她在中央电视台《百家讲坛》中主讲"《论语》心得"和"《庄子》心得",深受观众欢迎。根据其讲稿整理而成的《于丹〈论语〉心得》和《于丹〈庄子〉心得》,成为2006年和2007年的超级畅销书。同时,她还是知名影视策划人和撰稿人,先后为中央电视台近50个电视栏目进行策划,并为重庆、珠海等城市提供城市整体品牌规划和形象战略方案。

让文化穿行过生命

于 丹

主持人尹欣（解放日报周末部记者）：谢谢章老师，的确我们应当向传统深深致意。于丹教授就一直在用自己的方式，向传统表达敬意。在《百家讲坛》上，她用文化体验解读经典，让那些遥不可及的先贤的光芒，穿越千年时空，照耀当下，也让很多人的生命历程，因为多了传统文化的陪伴，而变得厚重和温暖。接下来让我们欢迎于丹教授为我们演讲。（全场鼓掌）

谢谢在座的各位朋友！其实我现在的情绪还沉浸在章含之老师讲的内容中，我觉得我演讲的题目其实是她讲的内容，她给我们讲的，就是文化怎样穿行过一个人、一个家族、一段历史和一个民族的命运。她演讲的内容最好地诠释了我这个题目，导致我现在的心情，就像是含之老师的演讲题目，让我们深深地向传统致意。

文化永远不是一块化石,它是活着的,是我们生命中的一种基因

什么是文化？文化其实就是一种朴素的情怀。刚才在听含之老师讲的时候,我一直在想,一个人走过年轮,生命可以变得如此坦荡,有这样一份赤诚的情怀,可以面对社会大众,以一种勇敢的责任担当,说出这样一些热情的话来,这是我们年轻人不可企及的。因为我们的生命境界没有那么辽阔,我们还没有那么勇敢,无私才能无畏啊,所谓"心底无私,天地乃宽"。我一直在想,我为什么讲不出来她讲的东西,是因为我的阅历和我的心胸,在岁月的这一端还无法向文化去致敬。

在《周易》中,文化大概有一个最浅显的解读,叫做"关乎人文,以化成天下"。所谓人文,就是人间世相、世间百态。观察了世间的百态之后,用文言也好,用白话也罢;用传承的方式也好,用当下的解读也罢,最终完成的是一个使命,那就是整个流化天下,聚集起一种文化生态。文化永远不是一块化石——肃穆、崇高,让我们毕恭毕敬,向它去作一种深深的学理的致意。这仅仅是文化的一种价值。更多的文化关乎生态,更多的文化是给我们一种生命的力量,让我们在此生有限的长度中,让生命的宽度更加宽广。

不是每个人都能像含之老师这样,可以有幸被历史抉择。我刚才就跟含之老师说,我小的时候看报纸,老是看见她的名字。因为整个中国走过的那一段,在中国的外交上、文化上、历史上,这是镌刻在那里的一段故事,是不可磨灭的。也许我们大多数人是庸庸的,在寻常的生活中穿梭而过,但是当我们没有被历史选择在一个位置上的时候,我们就可以认为历史没有从我们的生命中走过吗？我坚信文化是活着的,文化是我们生命中的一种基因。就说我们当下,很多人说人生苦

短,几十年而已,但是我们没有见证历史吗?每一个普通人,就想想最近几十年,我们见证了多少价值判断上面的剧变甚至是断层。

上世纪70年代,我读小学的时候,老师说,中国比美国要民主多了,他们选总统的时候,有51%的人投票通过,这个人就当了总统,那还有49%的人都反对他呢。你看我们中国选人大代表,从来都是百分之百通过的,一张反对票都没有,(全场大笑)所以我们真的比他们民主啊!

上世纪80年代的时候,我们怎么认知法治呢?经常有人指指点点说,那个人他打过官司啊,他投机倒把了吧?那时候,打官司是生命的污点,大家认为好人生活中遇到什么问题,可以找组织啊,可以调解啊,在家有居委会,在单位有工会,什么事儿不能调解,非得诉诸法律啊?

到了上世纪90年代,如果有的白领精神压力大了,可能有了一些心理上的困惑,去看心理医生,就会有人指指点点说,哎哟,你看他都累出神经病了。(全场笑)

其实今天,我们离上世纪70年代不过30年,离80年代不过20年,离90年代不过10年。站在这个世纪的门槛上,我们能说民主的概念小、法治的概念小、健康的概念小吗?今天我讲这些,大家哈哈一笑,但是我们想一想,就在现在公元2007年,我们所通行的某种价值标准、笃信不移的一些观念,再过10年、20年、30年,会不会也被我们的孩子笑话呢?

就按两头30年算,一共60年,这是我们大多数人的生命都可以穿越的,我们还能说我们没有机会用生命见证历史的文化变迁吗?向文化致敬,是一种生命的态度,就是用我们的心,随着时光的迁徙,在整个社会生态中完成我们对文化的解读,更完成我们对文化的构筑。

文化的化境不是一种毕恭毕敬、敬而远之，而是文化的温度如此可亲，把我们含蕴其中

中国的儒家经典离我们远吗？孔子曾经说过一句话，叫"君子不器"。你一旦把自己固化成一个器皿，就意味着你否定了其他的各种可能。流光穿越我们生命的时候，文化走过历史，有太多的机遇、太多的思维方式，都在瞬息万变地成长，如果我们真正对生命负责，那就不要拒绝生命中所有的可能性。

文化的化境是什么？在我看来，"关乎人文，以化成天下"，文而化之，它是一个流化的过程。文化的化境不是一种毕恭毕敬、敬而远之，而是文化的温度如此可亲，把我们含蕴其中。

我读大学的时候，启功先生还在北师大中文系任教。那时候我大概十六七岁，很小，见到大师也不知道提什么问题。那个时候真是浅哪，不懂得大师的学养，只看皮毛，认为启先生就是书法好嘛，所以小孩子们都拿书法去找他问事。我问启先生，您看，我在少年宫的时候就学写大字了，老师教我们要用"凤眼法"——拿笔杆的时候虎口状如凤眼，上面要能托一枚鸡蛋，稳稳当当，这样运笔。我问启先生，我这个"凤眼法"标准吗？（右手作运笔时的凤眼状，全场笑）启先生看了一眼，说，你这个叫"凤眼法"呀，我看叫"鸡爪法"。（全场笑）启先生说，你上头托一鸡蛋，你还写字吗？你就光想着托鸡蛋了。然后他说，你会骑自行车吧？你要是两手死死捏着车把，老想着有个车把，不是撞大树，就是撞老头。（全场大笑）然后我就懵了，说，那什么叫"法"呀？启先生说，你别听那野史笔记上说的，什么王献之写字，王羲之从后头"啪"地一抽笔杆子没抽动，他说这是教他儿子习字啊，还是习武啊？（全场大笑）又不打架，那么攥着干吗呀？（全场笑）其实在听这些话的时候，我的脑子是懵的，小时候学的规矩全被打破了。而到今天，我多么感谢能在那么小的时候遇到真正的大师，多年过去以后，才悟得四个字,什么叫"法无定法",就是说,所有具体的小规矩,最后都是要被穿越的。

真正走到最高境界的时候,技巧一点儿都不重要。东晋大诗人陶渊明,开创了田园诗派,但更重要的是他的生命中有一方田园,他在这个田园里面,活得天真而无畏。他家很穷,自己弄了个琴,叫"素琴",这名字叫得很好听,其实就是一段木头,没有弦,所以素着,才叫素琴。每有朋友来的时候,他就把这段素琴搬出来,自己抱着一段木头在那涕泗横流,所有的朋友都很安静地看着他。他自己在那儿弹得痛哭流涕,喝得很高兴,没酒了,就开始轰朋友,说"我醉欲眠卿可去"。我已经喝醉了,你们都走吧,就把朋友轰走了。

这样的故事我们今天看来,会觉得他很猖狂、不懂事,但李白是他的知音。李白后来写过一首诗,他说:"陶令去彭泽,茫然太古心。大音自成曲,但奏无弦琴。"他说陶渊明自从辞了彭泽县令不当官了,他的心就如同一个蒙昧孩童一样,重新接于混沌太古,回到了人本性的那种天真单纯,了无畏惧,所以天籁在心,整个的生命被世界的音乐充满的时候,他是可以去奏一架无弦琴的。

他的音乐不是一种技法,要演奏给别人鼓掌喝彩,他的音乐是从心中流出来与天籁接鸣的声音。李白了解他,给他改诗。"我醉欲眠卿可去"是一句轰人的话,李白改一字,续一句,变得无比风雅。他说,"我醉欲眠卿且去,明朝有意抱琴来。"多美啊!

什么是文化?从李白对陶渊明的了解上,可以说,我们今天同样有能力去读懂他们的心。这也许是不凭言词,而是凭我们的阅历和我们的感悟,凭着我们内心的一种真诚与善意,凭着我们对自己生命的尊敬和对于他人的尊敬。

身边人，眼前事，现在做——我理解的"仁"，就是如此简单

如果我们把目光放到更久远，在孔子的时候他提出什么呢？无非是最简单的东西。今天就只说《论语》中一个最核心的概念，就是两万多字的《论语》中，109次提到的一个字——仁。

这2500多年，古今中外所有研究儒家思想的文章已经不知道有几亿言了，不知道把这个"仁"字说到了多么复杂的程度。而当初孔子怎么说？当学生问他什么是"仁"，他的解释就两个字——爱人，也就是说发自内心地本着一种善良和真诚去对别人好，这就是仁。学生问，如果要是有个大圣贤，他的能力可以广博地把他的恩惠都遍布于老百姓，让天下人都受到他的恩泽，这就是仁了吧？结果孔子特别不以为然，他说，你说的这个太难了，这个境界尧帝舜帝他们也做不到，人何必非得当圣贤呢？然后他说了个境界，人哪，就是"己欲立而立人，己欲达而达人。能近取譬，可谓仁之方也已。"就是说，每个人在这个世界上都想有所立，用想立己的心帮别人立起来；每个人都想发达，用想让自己发达的心帮别人发达，这就叫"己欲立而立人，己欲达而达人"。"能近取譬"，离你最近的人有困难了，施与援手，帮一把。"可谓仁之方也"，这就是仁义最根本的方法。身边人，眼前事，现在做——我理解"仁"，就是这么回事，如此简单。

刚才的介绍中说，敬大姐主持了这么多届《感动中国》。2007年的《感动中国》，我记得有一位河北衡水的阿姨叫林秀贞，我看她的事迹时非常感动。她与我们以往评出的"感动中国人物"相比，过于朴素。我记得往年评出的好多都是奋不顾身的英雄。

她为什么能入选？就是从她嫁到这个村子里开始，就义务赡养村里所有的孤寡老人,有一个养一个,有一户养一户。她刚到这个村的时候,就发现有一家刘爷爷刘奶奶,无儿无女。她去那家说,我家也没有什么更多的东西,无非是我吃窝头,你也吃窝头,我喝稀饭,你也喝稀饭,但我保证不断顿,我天天来。她就这么日复一日地做。到了第8个年头,刘奶奶从炕席底下掏出一个烂纸包说,妮儿啊,这里面是安眠药,这是我和你刘爷爷给自己预备的,万一有一天不能动了,这就是我们的结局。8年了,你一点没变,天天来,我现在才觉得这个药用不上了,可以交出来了。在她嫁过来的30年里,她自己的4个儿女陆续出生,这些孩子就认为村里的爷爷奶奶都是他们家里人,他们就和妈妈一样,给人家剪指甲、做饭。她就这样送走了一位一位老人。

其实她没有太高的文化程度,也不见得读过《论语》,但是她做的是什么样的事情?给她的推选词里有这样一句话:"富人做这等事是慈善,穷人做这等事是圣贤。"什么是圣贤?什么是仁?《感动中国》推选委员会给林秀贞阿姨的评价说:"善良在村庄流淌,她用30年的光阴,去温暖世道。"这就是一种大爱无声,这就是这个世界上的至仁至善。文化需要很久远的经典故事吗?我们用2007年一位普普通通的中国妇女的故事,回过头去诠释孔子所说的"己欲立而立人,己欲达而达人",这句话后来被孟子推演得更简单,叫"老吾老以及人之老,幼吾幼以及人之幼",无非就是推己及人。

文化不是拿来写论文评职称的,文化是生命在苦难中一种救赎的力量

很多学生会问我,在今天这样一个社会,您能说一些可操作性的原则,让我们在今天这个竞争的环境里面知道怎么做到仁吗?其实这个问题孔子早就已经回答了。学生问过孔子,说您给我拆解一下，所谓仁，它的可操作性的元素是什么？孔子讲，仁，你从五个方面做，没有做不到的，叫做恭、宽、信、敏、惠。一个一个讲起来，大家都觉得不难。

恭则不侮。当你对别人有一种真诚尊重的时候，你的生命是不会招致太多羞辱的。中国的古语里有一个词叫"自取其辱"，为什么总会有一些不好的东西加到你的生命上呢，我们可以换一个角度想，是不是你对人还不够恭敬。当你有攻击性的时候，别人把愤怒给你反弹回来，你的生命也会受到一种伤害。你对这个世界保持着一种真诚的恭敬，自然会知道该怎么去做。现在社会上有很多书教大家，比如说社交技巧、人与人的交往准则，像说握手用多大力度，敬酒采取什么角度，这些东西不是不好，但我认为它太表象了。真正的恭敬是一种态度，当你"老吾老以及人之老，幼吾幼以及人之幼"的时候，你怎么能不真正地去做一件事呢？

这种恭敬会带来孔子说的第二点，就是"宽则得众"。一个真正对他人宽待的人，他可以拥有最广泛的社会基础、最多的朋友、最广的仁爱。什么是宽呢？学生问老师，"有一言可终身行之乎"？你给我一个字，让我一辈子受益。老师就说了一个字，"恕"。一个人能够原谅，这是一种生命的境界，这是一种自信的情怀，这是一种博雅，这是一种教养。一个人当你可以去原谅的时候，多么有力量，自信的人可以原谅，恭敬他人的人可以原谅，所以这样一种内心有忠恕的人，他可以得到最广泛的大众。

第三就是"信"。孔子说，"信则人任焉"。人人都想拥有自己的职业生涯，谁来使用你，就看你有没有信誉。我有一个感觉，往往毕业十几二十年后，发现在社会上事业做得最好的人，往往不是当年的专业尖子，而是为人特别质朴善良、笃诚守信的人。也就是说，我们这个社会宁可用一个专业平平、朴实敬业的好人善人，也不愿意去用一个八面玲珑、但毫无信誉的专业尖子。用自己的生命去执守信誉，这是第三点。

第四点，光傻干、实干还不够，敬业之外还要有大智慧，这就叫"敏则有功"。就是说你还要敏锐，有这种敏锐，你就可以去建立奇功伟业了。

第五点叫"惠"，一旦当了团队的领导，要想着这种恩惠让大家都能够分享，从精神利益到物质利益上，这叫"惠则足以使人"。有恩惠心的人，才可能让别人"士为知己者死"。

所以孔子说，仁难以做到吗？你记住"恭、宽、信、敏、惠"，五点都做到了，这个仁，也就做得差不多了。我们觉得不好操作吗？其实这些言词中没有太多隔膜，如果都记住的话，让它化入我们的行为，这大概就是文化穿行过了我们的生命。

真正的文化大概不是字斟句酌，不是去背诵几句经典，而是我们生命的一种感受，特别是我们陷于苦难困顿时候的一种救赎。刚才我说的儒家，它给了我们一种社会的通行准则，它让我们在社会人格上完成自我实现，让我们知道一个知识分子的情怀对于天下担当来讲，"士不可不弘毅，任重而道远"。但更多的时候，我们每一个渺小、脆弱的生命个体，我们面对的是自我的生命，当独对个人角色的时候，当你所有外在的光环都抛掉的时候，我们的内心坚强吗？我们有什么样的支撑和救赎呢？我们为什么需要文化？文化不是拿来写论文评职称的，文化是生命在苦难中一种救赎的力量。文化可以在困顿的时候雪中送炭，也可以在安稳的时候锦上添花。

这个世界上永远只有麻雀笑话大鹏，没有大鹏笑话麻雀

其实坦率地说，我自己个人更喜欢道家。我曾在北京郊区一个叫柳村的地方下放锻炼过两年，那时我的枕边一直摆着一本书,就是陈鼓应先生的《庄子今注今译》。我从书里面,看到了一种境界,那是一种困顿、贫穷、苦难都不能剥夺的生命的自由和骄傲。

庄子的境界是什么？他让我知道生命无待的境界,可以不依附外在的一切,有一种内心的气定神闲。《庄子》中有这样一个故事,有一种大鸟,它在北海里的时候叫鲲,化为鸟叫鹏。"鹏之背,不知其几千里也",这样一个大鸟,凭借海运之势,"抟扶摇直上九万里长空,背指青天,莫之夭阏,然后图南",往南冥飞去,它穿越世间苍山林海,它穿越那么多人间世相,就为了去完成一个大的使命。在这个过程中,地上有很多小鸟都笑话它,唧唧喳喳地说,你看咱也会飞呀,我们叫"决起而飞",撞到榆树、枋树,就"控于地",掉地上了,"时则不至",有时候还飞不到,但是咱也叫"翱翔于蓬蒿之间"啊,(全场笑)在蒿子秆里飞也叫翱翔啊！(全场笑)"此亦飞之至也",这不就是飞翔的极致了吗？"彼且奚适也",你看那么大一个傻东西,它干吗去呀？(全场笑)

其实大家想一想,当你们受到很多议论干扰的时候,不妨想想这个境界,这个世界上永远只有麻雀笑话大鹏,没有大鹏笑话麻雀。大鹏肯定沉默地飞过去了,因为它知道它生命翱翔的目的在哪里,它知道它在担当什么,所以没有这种计较的可能。没听说大鹏鸟扎到草窠子里跟麻雀打一架,打赢了再接着飞。(全场笑)所以孔子说"仁者不忧",一个人,当你的情怀无比宽广的时候,忧伤忧思是很少能侵袭你的。其实道家也是一样的,在我看来,儒与道看似两个体系,但是我们只以一个名义就可以打通,那就是生命的名义。我们不需要以学理的名义,也不需要以研究的名义,我们不需要学富五车、皓首穷经,我们只需要以生命的名义去感受它就够了,因为这种感受可以让它在我们遭遇很多困顿的时候,真正拯救我们。

我们有许多强大的信息搜索引擎，却没有一个"心灵搜索器"，文化恰恰拥有指引我们看见内心的力量

其实今天的社会正在文化生态上进行着转型，我想我们比历史上任何时刻都更需要这样一种生命的力量。

在大学里，有时候我会看到一些令我痛心疾首的事情，就是那些专业尖子，那些学习这么好的孩子，但是他们的人格和心理那么的脆弱和忧伤，不堪一击。文化怎么样才能够真正成为我们一种强大的力量？它不是外在于我们的知识，而是生命剔透的智慧，是需要我们扛过苦难，以一种轻灵的悟性，最终拥有坚定的内心。

从小我们都在说，要做一个有觉悟的人，何谓觉悟？觉悟是一个佛家用语，我们回到它最简单的概念："觉"，是觉字头下面一个看见的"见"；"悟"呢，竖心旁加个"吾"，所谓觉悟，最简单的含义就是"见我心"——真正看见了我的心。

在今天这样一个发达的信息时代，我们上网用百度，用Google，用任何一个搜索引擎去查一个关键词，几百万上千万条信息都在眼前，但我们永远也没有一个"心灵搜索器"，让我们看见"我的心"。这就是孔子为什么说，人要走到七十岁的古稀之年，穿越了"向学、而立、不惑、知天命、耳顺"，都穿越了，最后的境界是"从心所欲，不逾矩"——真正能够听从内心指引的方向，又不超越外在社会的规矩法则。那样一种内外合一，那样一种看似谦逊、朴素、简淡但是又那么崇高的人格。其实这就是我们生命的方向，每个人都可以走得到。

儒家也罢，道家也罢，一切起自于心。曾经有学生谈过自己很多经世治国的大梦想之后，问老师，您的人格理想是什么？孔子说，他的理想无非是"老者安之，朋友信之，少者怀之"。他说，我这个人终其一生，如果让我的老人想起我，觉得可以安顿。安顿无非有两个意思，一个是安身，一个是安心。所谓"安身",就是老有所养,孩子孝顺;所谓"安心",就是不辱祖先、精神传承。"朋友信之",我们生命中会有这样一种朋友,他从来不在你荣耀的时候晃在你的眼前,他永远站在你的背后;你困顿的时候,你需要依赖的时候,他永远在那里。对这种人,我们只有一种态度,就是"信"。朋友想起这个人,能信任,这叫"朋友信之"。"少者怀之",孩子们想起这个人来,觉得他的今天就是我的明天,他是我生命的楷模,我因尊敬他而感到一种欢欣,感到明天我可以成为他,这叫"少者怀之"。孔子说,我有多大的理想呢?无非就是我这个人,让老人想起我心有所安,朋友想起我觉得可以相信,孩子想起我觉得明天可以这样,无非如此。

真正的经典和圣贤,永远都朴素到让我们热泪盈眶,这就是我们今天的生命,这就是我们眼前的文化。儒也罢,道也罢,中国文化也罢,西方文化也罢,当学问不仅仅作为一种学理的研究,在文化的象牙塔里传承的时候,当它作为一种生命的力量,从我们每个人光阴中走过的时候,它可以获得一种更恒久的价值。那是一种草根的价值,是一种中国人可以分享的文化权利,是我们每一个活在当下的人,在价值判断出现迷惑的时候,可以依托的一种血液中的文化基因。所以我们每个人都可以完成同一件事情,就是用我们的生命激活经典,让文化穿行过我们的生命,让历史永远活在当下,让我们能够在文化的穿行中获得更多的幸福、欢乐和生命的骄傲。谢谢大家。(全场鼓掌)

(原载《解放日报》2007 年 5 月 18 日第 18、19 版)

敬一丹 全国政协委员，中央电视台节目主持人，现任中央电视台《焦点访谈》节目主持人。相继主持过《经济半小时》《一丹话题》《焦点访谈》《东方时空》《新闻调查》等知名栏目，赢得了观众的喜爱，逐渐成为中国非常有影响力的节目主持人。连续三届获得"全国十佳电视节目主持人金话筒奖"。曾主持香港回归、澳门回归、迎接新世纪、建党80周年等大型直播节目，连续五年主持《感动中国》。

传播有价值的声音

敬一丹

主持人尹欣(解放日报周末部记者):在传播中激活经典,于丹教授的声音,让越来越多的人感受到传统文化的魅力。说到"声音",这也是敬一丹老师偏爱的一个词,无论是写书还是做电视栏目,她都曾以"声音"为题。在众多纷繁喧嚣的声音中,放大弱者的声音,传播智者的声音,是她一直以来的追求。让我们欢迎她演讲!(全场鼓掌)

一般听过于丹讲话以后,我都需要停一下,因为她的讲话内容特别密集,我往往需要想一下,领悟一下。如果这是电视节目的话,我就希望这段时间放一段广告。(全场大笑鼓掌)

如果记者不能走出都市,不能走进一条山沟,把看到的另一群人的生活面貌呈现给社会的话,这是失职

今天的三位嘉宾都是女人,巧的是三个女人都有女儿。就在刚才,"文化讲坛"开始之前很短的几分钟时间里,我们三个人都谈到了自己的女儿。当然,我们的女儿都不一样大,有的是成年人了,有的还很小,还有的是风华正茂。我的话题就从我女儿谈起。

大家知道读中学的女孩子会用什么样的方式讲话,青春期的孩子处在自以为是的年龄,很爱质疑。在我女儿上中学的时候,有一天她就跟我说,妈妈你怎么总爱说那些郁闷的事?我说,什么郁闷的事?她指的不仅是我在电视里,还有在家里的饭桌上,和她面对面聊天时说的那些事:大别山的孩子大都没有文具盒,很多孩子是用装中华牙膏的纸盒来装铅笔的;在河北坝上,那里的男女老少,包括年轻的姑娘,一年到头也没有水洗澡;现在很多河水都污染了,河里的小鱼小虾都死了……

可能是我这样的话说多了,所以我女儿就问我为什么总说这些郁闷的事。我以前还没这么想过,她问了之后,我就想,是啊,我为什么总会情不自禁地注意这些让人郁闷的事?为什么会情不自禁地在话筒前跟观众说这些事?为什么在家里跟家人说这些事?也许是因为我少年的时候遭遇过"文革",也许是因为我有五年的知青生活,曾经在小兴安岭的深山老林里,最角落、最底层的地方有过一段难忘的生活。而最重要的原因,是因为我从事了这个职业,我成了记者。记者的眼睛看往什么地方,就决定了会跟孩子谈什么样的话题。

在刚才的嘉宾介绍里,大家看到我曾经办过一个栏目叫《一丹话题》。1993年时,这个栏目播出了关于扶贫的系列节目。我去广西都安采访,我们坐飞机,坐汽车,再步行,到了一个山沟里。县长说,这条山沟从来没有记者来过。我们带去了一些文具,去之前我想,孩子上学肯定是缺少这些文具的,但是到那儿一看,比我们想象的还要贫困。

我们走进一户人家,看见一位老妈妈和已经成年的儿子。

他们家锅里煮的是黑糊糊的野菜,野菜煮开后老妈妈就往里面撒了一把玉米面,我们都以为那是猪食。可过了一会儿,老妈妈和他的儿子端起了那碗黑糊糊的东西,这就是他们家的饭。他们家所有的家产也就值几十块钱。我们的摄像师实在是看不下去,就拿出一百块钱给这位老妈妈,县长说整个山沟里都破不开这一百块钱。摄像师说,你拿这个钱去买点小猪来养,也许能帮点忙。这时,老妈妈就抱住我们的摄像师说,你是我的儿子。当时我很难过,不仅是因为我眼前看到的赤裸裸的贫困,还是为老妈妈说的这句话。我们做什么了?人家叫我们儿子,把我们看做孩子!(全场肃静)

还有一个意外,是在我们看到孩子的时候,当我们把文具拿出来时,发现孩子们都不认识文具,因为他们根本就没法上学。我们拿出一些铅笔,他们很陌生;我们拿出有香味的橡皮的时候,他们误以为那是糖。最让我难过的是,那些孩子都没有表情。面黄肌瘦、衣衫褴褛的孩子我都见过,我也能预想到,可是当看到孩子都没了表情的时候,那种难受是心底里头的。(声音哽咽,热泪盈眶)

这还不是全部的意外。当我把这些镜头呈现在节目里的时候,观众纷纷来信表示震惊,有很多观众不相信今天还有这样的情景,甚至有很多来信要核实我告诉他们的贫困人口的数字。1993年,我国贫困人口的数字是8000万。有很多生活在城市的人,怎么也不相信这样的穷人就在离我们不远的地方。甚至有些质疑来自于我的同行。他们说,你是不是把贫困集中在一起,夸大了它的程度?这时候我就想,观众的不知道,这责任在谁?责任在记者、在媒体。记者是做什么的?媒体是做什么的?如果记者不能走出都市,不能走进一条山沟,把看到的另一群人的生活面貌呈现给社会的话,这是失职!(全场鼓掌)

后来我就做了一系列关注贫困的节目,我们同事这样评价：敬一丹是最早主动谈起农民话题的主持人。"谈起"这不是标准，能不能谈到点上，能不能唤起更多人的关注，这是我们更要做的。

当信封上写着"敬一丹收"的时候，我就不能不收、不能不看、不能不觉得这是对我的托付

过了一段时间，《焦点访谈》的制片人向我召唤，他说我们现在要办一个节目，在中央电视台每天晚上的黄金时间播出。我就问这个节目叫什么，他说还没有起名字，这就是后来家喻户晓的《焦点访谈》。

当我加盟《焦点访谈》节目组的时候，无论是作为记者的经验还是我内心的愿望，我自以为我都是做好准备的。但是到《焦点访谈》后不久，我发现自己其实没有做好准备。这种准备不是怎样拿话筒，怎样采访，而是怎样面对铺天盖地的观众来信。

我在主持经济节目的时候也有观众来信，那些观众来信多半是问致富信息，比如在哪儿买牛蛙，哪儿的化肥质量好。《焦点访谈》的观众来信是不一样的，观众来信信封上的落款都非常长，落款越长越说明它来自角落。比如说，"解放日报"四个字就够了，都不用写邮政编码，"中央电视台"几个字也够了。可是，给我们来信的信封上的落款都是这样写的：某某省某某地区某某乡某某村第二村民小组。它已经底层得不能再底层了，角落得不能再角落了。而打开信什么内容呢？不平、冤案、申诉……

每次打开信封的时候，我就能感觉到众生喧哗，而让我有压力的是，许多信的信封上都写着"敬一丹收"。如果这信封上写着"《焦点访谈》编辑部收"，我会觉得这个压力是大家来承担的，但信封上写着"敬一丹收"的时候，我就不能不收、不能不看、不能不觉得这是对我的托付。信里的落款都是这样写的："托付你的人"、"信任你的人"，然后是一页、两页的红手印。（全场感叹）我想，这可能是一个村的人让一个有文化、会写字的人代笔，挨家挨户地按红手印，倾诉他们的不平。寄来的信封都是皱巴巴、脏乎乎的，我就想，这些信是怎么寄出来的，是怎么到了我的桌上的。也许是那些老实巴交的农民，让自己在外面读书的女儿、在外面当兵的儿子把信寄出来的。也许他们找了很多渠道，找了很多门路，在不奏效的情况下，想起了电视里有一个《焦点访谈》。

我从不把《焦点访谈》仅仅看作是一个电视栏目，《焦点访谈》是我国民主法制进程中的一个特殊产物，在中国有些渠道还不畅通的时候，《焦点访谈》承担了超出一个电视栏目能承载的托付。有的老百姓在给我们的来信中是这样称呼的——"青天"。这谁能担得起？尤其当这些信是写给一个主持人的时候，谁能担得起？（全场肃静）

每个到《焦点访谈》的年轻记者和实习生，做的第一件事就是看观众来信。当实习生看观众来信的时候，我们所有老记者在看实习生，看他能不能看下去，动不动心，能不能从中有所发现。就算你的新闻素质还没到那个份上，你没能发现新闻线索，但如果说，看到这样的观众来信不动心，我就判断，这个人在这儿待不长。

日复一日地看着这些信，我甚至怀疑，我做好准备了吗？我做出到《焦点访谈》工作这个选择的时候，我想到要承受这样的心理压力了吗？我能坚持下来吗？那时候看观众来信，真能用得上一个词，就是郁闷，越看越郁闷，特别郁闷。快到中午的时候，我一点食欲都没有，吃不下去饭。那时候，崔永元的办公室和我们的办公室在一个楼道里，每天中午我就放下《焦点访谈》那些郁闷的信，到崔永元的办公室看看观众给崔永元的信。

（全场大笑）早期的《实话实说》栏目里，崔永元收到的来信，那实在是太有趣太生动了，不像我收到的观众来信那么沉重，那么郁闷。看完了，我觉得真好，可以去吃饭了。

后来我就慢慢悟到，我所看到的那些观众来信不是生活的全部，崔永元收到的那些观众来信也不是生活的全部，把我们各种各样的来信加在一起，然后再加进自己的感悟和认识，这可能就是生活，才比较接近于真实的生活，这就是我一直坚持下来的原因。但奇怪的是，我看了那么多让我郁闷的信，我没有抑郁，但崔永元却抑郁了。（全场大笑）

《声音》的出版，让来自最底层、最没有诉求渠道、最没有背景的人的声音，得到了放大和传播

早期的《焦点访谈》，一天会收到三四十封信，有的时候是五六十封，星期一的时候来上班会收到一二百封，这些信我一天都读不完。所以，后来《焦点访谈》编辑部所有的同事都可以拆我的信。

有一天我同事问我，你有没有想过把这些信编成一本书。我眼前一亮。托付我的那些人有什么心愿？他们就是希望通过我在节目里传播，如果我不能把这些观众来信都变成节目线索，那有没有另外一种表达方式？《焦点访谈》一年才365期，还不全是有关舆论监督的节目，成千上万封的观众来信都在节目中播出是不可能的。于是，我和同事们作了这样的尝试，从成千上万封来信中，挑出了一百多封，涉及当时中国社会最热点的话题，比如说腐败、贫困、环境污染、教育等等，然后在每封信后面都加上我读信的观感，这样就编成了一本书，就叫《声音》。

当我把大量的观众来信拿回家，写下我的读后感的时候，我公公看到了书稿，作为一位老共产党员，他很不安地对我婆婆说，一丹要干什么？这事要是在1957年，那就是右派。我婆婆很忧虑地把他的话告诉我的时候，我反倒更想做这件事情了。我说，现在不是1957年，已经是1997年、1998年了，中国已经走出了1957年的状态。1957年的时候我们能听到什么声音？万马齐喑。我刚从事话筒前工作的时候是在基层广播站，那个时候，我在话筒前经常说什么话？我念的稿子都是这样的："大家异口同声地说"、"与会者一致认为"，哪有不同的声音？到了上世纪90年代后期，我们能听到不同的声音，这不是一种进步吗？

　　这本书编好后，我到新闻出版署去作登记，出版署说，这本书不知道该往哪儿归类。听到这句话后，我更觉得这件事做得很有价值。如果说在新闻出版署登记的时候都找不到这类书，这就说明我们媒体有一件事一直没有做。我们看读者、观众的来信时，总是在内部看，它们更多的是作为我们的选题参考，但这些原生态的、来自老百姓的声音，就没有记录和传播的价值吗？

　　这本书终于出来了，我有长舒一口气的感觉，我终于对托付我的人有了一个交代，我实在不能一一回信，就把这本书当成一个回信。我愿意让大家在这本书里听到七嘴八舌的声音，听到来自最底层、最没有诉求渠道、最没有背景的那些人的声音。让我最欣慰的是，这些人好不容易发出的声音，在这个世界上没有消失，而是得到了放大和传播。我有条件把他们的声音放大和传播，我愿意为它们放大和传播。

　　就在我松了一口气的时候，又收到一封观众来信，这是一位大学生写的。他说，我看了您的《声音》，您所能听到的声音只是您能听到的，而我的乡亲们已经被生活的重负压得只剩下呻吟了。于是我又沉重了，又郁闷了。我知道我做的事情太有限了，我所能传播的声音也太有限了。尽管有人评价说，这本书表现了记者的良知，而我却一直觉得这本书是《焦点访谈》的一个延续，是《焦点访谈》的另一种形式的传播，而这位大学生的来信让我感觉到，这件事还没有完。

在话筒前，我最想做又很不容易做的事，就是放大弱者的声音，传播智者的声音

到了2003年，中央电视台新闻频道开播，在策划各种各样新节目的时候，我提了一个建议，在国家电视台应该设立这样一个日常栏目，来传达人大代表和政协委员的声音。尽管每年全国"两会"期间，代表和委员们的声音会铺天盖地，有点像倾盆大雨，但大雨过后的雨水往往很快就流走了，它所传播的有价值的信息，真的有效到达了吗？我想能不能有那样一个慢慢渗透的节目，它起到的作用有点像场外议政。

于是就想到了办这样的节目，名字叫《声音》，我想这个节目应该是七嘴八舌、议论风生的，是对国事、民生表现出密切关注的。就在这个节目开办之初，我们琢磨着给节目写一句宣传语，比如"用事实说话——《焦点访谈》""浓缩人生精华——《东方之子》""讲述老百姓自己的故事"之类的。《声音》也需要类似这样的一句宣传语。（转向于丹）于丹老师，这应该叫什么呀？

于丹：导语。

导语感觉像是在写消息，反正就是提出自己主张的一句话。就在这个时候，发生了孙志刚事件。我极其悲愤，因为早在1993年，我就做过关于中国户籍制度的节目，我就看到了中国户籍制度的一些弊端。孙志刚事件有这样深的背景，我悲愤得不知道说什么，也没能在节目里说什么。而在这个时候，北京法学界的一些知识分子说话了,他们用自己的法学背景提出了一个修改法律的建议,他们的声音直接启动了法律的修改。后来,当收容遣送制度被废止的时候,人们都看到了知识分子在这一事件中起到的作用。

我那时就想,我好歹也是个知识分子,我说了什么?我有什么作为了?在很多文化人之中,记者不是最有文化的,但是记者应该有一种判断力,能看出什么东西是有价值的,能分辨出什么是应被传播的声音。我当时对北京法学界的这些知识分子充满敬意,于是节目的宣传语就油然而生了——"放大弱者的声音,传播智者的声音"。

以前我所做的一切,如果说一开始是出于朴素的自觉,到了那个时候,我就越来越清楚自己要做什么了。我在话筒前、在屏幕前会传达很多声音,但什么是我内心最想传播的、最想放大的呢?我越来越清晰地感觉到,就是要放大弱者的声音,传播智者的声音。如果一个社会缺少这样的声音,它是不和谐的。我们周围的弱者不少,他们中的很多人没有传播渠道,没有讲话平台,媒体能为他们做些什么?媒体在各种各样的声音中能不能分辨出什么是智者的声音?什么是能推进社会向着文明方向前行的声音?对于记者来说,对于媒体来说,能不能有这样一种传播的自觉?

后来,虽然这个节目没用宣传语,但是我把这句话一直印在了心里。我总在提醒自己,在这个世界上,在话筒前,我最想做的就是这么一件事,就是这样一件很简单又很不容易做的事。

建立了这种参照以后,面对再有光芒的东西,也不会觉得炫目,我也不会被它晃了眼,我会看到它的另一面

我一直觉得能不能放大弱者的声音,眼里有没有弱者,这是一个指标。这个指标可以用来看人,可以用来看记者,可以用来看社会。如果对弱者的声音长时间忽略,不仅仅是不人道、不平等的,也会影响到每一个人。谁跟谁没有关联呢?谁跟谁都有关联,而当一群人的声音长时间被忽略的时候,我们都会看到它的结果。那么,我们能不能从今天开始,不再忽略那些弱者的声音?

但媒体好像有一个先天的特点,就是爱凑热闹,一些记者唯恐天下无事,唯恐没有热闹,做锦上添花的事情是不用动员的。在这种时候,有没有一种自我提醒,要看到角落,要看到金碧辉煌后面的阴影,这样你看到的才是多角度的、全方位的,才是接近于真实的。

我们说到记者的时候,常常强调记者要有文化,当然做记者的门槛现在都是要接受过高等教育的。但是,识文断字就算有文化吗?当我看到那些"垃圾"的时候,看到那些缺少价值的东西占用着公共资源在传播的时候,我就会这样想,老师教他们识文断字的时候,不会想到如今这些学生会这样糟蹋文字吧。

而更让人担忧的是,就算我们有了知识,有了文凭,可是没有参照。对于记者来说,如果没有一个参照,就很难把握自己,也很难把握我们在公众面前的话语。我觉得对中国国情的了解,对弱势人群的了解,仅仅靠书本、网络而没有亲身的感受,没有亲眼看到那些老人、那些孩子的眼神,是不一样的。有了参照后,就会有这样的情况,比如在一台特别盛大的庆祝教师节的晚会上,我要向山区里的教师致意。演播室里花团锦簇,灯火辉煌,可当我站在那儿的时候,眼前出现的情景就是山里的那所一个人的学校,一位老师教着复式班,下课后还要为孩子们做饭。有了这种参照以后,面对再有光芒的东西,我也不会觉得炫目,也不会被它晃了眼,我会看到它的另一面。

如果在中国当记者而不懂得中国，不懂得弱势人群的生活状态，那就是孤陋寡闻

前不久我去兰州大学，跟新闻学院的同学们座谈。我说，兰州大学的新校区距离兰州是50公里，同学们离开新校区的时候总是习惯于向右走，向右走是省会兰州，从兰州可以走向更有都市感的地方、经济更发达的地方。而出了学校门往左走是定西，那是我们国家最贫困的地方之一。我就问那些西部的学生，有谁没去过兰州吗？没有。有谁去过定西吗？很少。

我跟同学们说，你们中的很多人将来会当记者，会成为我的同行。在中国当记者，在西部当记者，该做一个什么样的记者？可能很多同学都会说，我一定要做一个见多识广的记者。什么叫见多识广？什么叫孤陋寡闻？作为一个中国记者，没去过夏威夷，没去过拉斯维加斯，这算孤陋寡闻吗？不知道鲍鱼是什么滋味，不知道一头鲍鱼是600元钱，还是800元钱，这丢人吗？不丢人。但是，如果不知道那600元和800元对于定西的人意味着什么，对于一个贫病交加的家庭意味着什么，对于一个失学的孩子意味着什么，就丢人。如果这50公里的距离你没有去过，没有见过中国最贫困的地方是什么样，就丢人。

我的这种想法也许对学生来说是苛刻的，学生现在还在校园里，但是我特别希望他们走出校门的时候，不但要向右走，也要向左走，为自己建立一个参照系，这样才能当一个称职的记者，才不是孤陋寡闻的记者。如果在中国当记者而不懂得中国，不懂得弱势人群的生活状态，那就是孤陋寡闻。

我记得十几年前，我第一次获得"金话筒"奖的时候曾经来过上海，当时所有的"金话筒"得主在上海接受采访，其中还有杨澜，她也曾在"文化讲坛"做过嘉宾。当我被问到，你对自己话筒前的生涯怎么理解的时候，我说我工作一部分的意义是为了那些看不到电视的人。十几年以后我依然这么想。谢谢大家！（全场鼓掌）

（原载《解放日报》2007年5月18日第18、20版）

对话篇

主持人尹欣（解放日报周末部记者）：

彰显文化追求，激扬文化力量！各位来宾下午好，欢迎参加解放日报报业集团第九届"文化讲坛"。

今天，我们荣幸地邀请到三位非常出色的女士：上世纪70年代中国著名外交官、中国作家协会会员章含之；《百家讲坛》知名主讲人、北京师范大学教授于丹；全国政协委员、中央电视台著名主持人敬一丹。她们三位虽然专注于不同的领域，经历过不同时代的风云，但对于文化，她们都有着自己独到的思考和见解，今天，她们就将共论"和谐文化与人文情怀"。首先让我们用掌声欢迎三位嘉宾到台上就座。（全场鼓掌）

俗话说得好，三个女人一台戏，我想今天在座的三位女嘉宾一定会给我们带来一台非常精彩而又意蕴深长的文化大戏。

（三位嘉宾演讲结束）

主持人：大家都知道，敬一丹老师曾经连续三届获得"全国十佳节目主持人金话筒"奖，今天我们这里没有金话筒，所以就

由我一直拿着个金属话筒在敬老师面前班门弄斧。不过这斧还得继续弄下去，因为马上就要进入我们的记者提问环节。敬一丹老师是一位资深记者，所以我想这第一个问题就请敬一丹老师来提。不过要给她提个要求，不能再问沉重的，来个轻松点儿的问题吧。（全场笑）

除了我是谁的女儿，谁的老师，谁的老婆之外，那我到底是谁啊？

敬一丹：（指着台下听众席）我是不是也得坐到那儿去提问？（全场笑）我觉得我要坐在那儿，我就特能找到感觉。（全场大笑）

第一个问题是问章含之老师的，主持人说得是轻松点儿的。我们都知道您现在正在做一件事，就是用英文写您的自传。以前我们都是在您父亲的故事里、在您丈夫的故事里看到您，现在终于有机会看到您自己的故事了。但是对于我这样一个英语极差的人来说，我就特别想问，您为什么要用英语写呢？写完了，谁来把它翻译成中文让我们能读懂呢？（全场大笑）还有，不管是英文还是中文，我们什么时候能看到呢？（全场鼓掌）

章含之：到底是资深记者，这几个问题都是属于保密范围的。（全场大笑）但今天在这个场合呢，对资深记者我也就不保密了。

其实英文写作对我来说，是一种自我满足的享有感、成就感。我这一辈子，外语是我的工具，我学的是外语，用的是外语，但是我却从来没有拿外语写过东西，所以我觉得在人生走到深秋的时刻，我想有一种成就，就是我学了一辈子的语言，我想看看能不能拿它写出一本书来。但是等到我走到这个里面的时候，我才发现，这个水有多深。我真不敢说什么时候能出来，因为现在的情况是，这个水已经到我腰了，（全场笑）我怕再走下去的话，就没顶了。

我一辈子用语言用得非常多，说得多，但是实际上没怎么写。这又回到了文化的主题，任何文字的底蕴都非常深，当我用这个语言开始写作的时候，我才知道自己的文字基础差。光是说话还行，要写的话还是挺难的。所以，我真不知道什么时候能写出来，但是不管能不能完成，我觉得写英文自传是我的一种成就，至少是对我学了一辈子英文的一个交代。至于说谁来翻译呢？是我。（全场大笑）当然得我自己翻译。

当我写第一本书的时候，我的一位好朋友，就是薛大使薛谋洪，他是外交部的一位非常能干的大使。他跟我说："含之啊，这个书很好。你写完了以后，这个封面我来给你写。"就是敬一丹刚才说的，叫广告词也好，导语也好。（全场笑）他说这个封面我来写。我说你怎么写？他说，"我就写'总长的女儿，主席的老师，外长的夫人。'这样一出去，这本书一定畅销。"（全场大笑）后来我说老薛啊，这书倒畅销了，我在哪儿呢？（全场大笑）我都是什么人的什么人，那我到底是谁啊？（全场大笑）除了我是谁的女儿，谁的老师，谁的老婆之外，那我是谁啊我？（全场笑）

但是呢，确实，到现在我写的东西差不多都是以写别人为主，所以我有点儿不甘心，我想写写我自己，写写我自己这一生的经历，写写像我一样的成千上万知识分子的经历，也写写我这样一个女人的经历。我觉得在很多情况下，女人做事比男人

更难。所以从女人的角度,从我经历的事情,我就想试试看。时间不是保密,确实是没把握。

敬一丹:那是不是中文要比英文出得晚一些,还是同时呢?

章含之:因为中国的出版速度特别快,所以如果出来的话应该是中文先出来。(全场笑)即使写的时候是英文先写完的话,因为现在中国出书速度奇快,外国出的书出得慢。

敬一丹:我建议章含之老师这两本书出得靠近一点儿,免得有一些人盗版。(全场笑)

盗版对于真诚的读者是一种亵渎,对于遥远的经典是一种误读

敬一丹:我一方面期待章含之老师的书,括号中文版,(全场笑)一方面也特想问于丹,你的书现在有多少盗版?这个问题问得又有点儿像《焦点访谈》啊。(全场笑)于丹的书出来以后,从出来第一天我就想,这盗版最快能多快?现在在书摊儿上我看到很多书,号称是于丹写的,我觉得都很可疑。于丹,你有没有出过一本像这么大版本的书?(指着一张 A4 大小的纸)反正号称是于丹的书,把这"子"那"子"的全都列上了。(全场笑)

于丹:没有。现在到底以我的名义出过多少书,我觉得这

是一个谜,因为它与日俱增。就在今天,就在此刻,就又能有一本新书上市。(全场笑)你问到底有多么快,我的第一本书《〈论语〉心得》上市的时候,敬大姐是到新书发布会的,可能就在你我转身回家的时候,盗版书就出来了,(全场笑)因为三天以后就有人给我们家送去了。我妈妈经常在街上被不同的人拦住,说这本书20块钱,看您岁数大16块钱也行,(全场大笑)这个书名叫做《于丹讲八子》,她说得挺好的。然后我妈就赫然看见我的照片在封面上,而且一天里会遇到很多个版本。我老公是被人在过街天桥上拦住的,前后夹击,然后两边也不能跳。(全场笑)那人对他说,这个光盘你还是听听吧,听她说说有好处。(全场大笑)我老公断然说,我不听她说。(全场笑)人家说这个很便宜啊,6块钱一张。(全场笑)然后呢,我老公差点倒找人家6块钱,总算没有跳立交桥跑回了家。这种情况屡屡发生,所以我说盗版现在有可能形成了一个巨大的产业。

　　谢谢敬大姐给我这样一个机会,在这儿我特别想认真地说一下。刚才大家听我说了很多关于文化拯救的力量,但是仅仅有文化够吗?比如说敬大姐在讲的时候,我也在反思这个问题:文化对于你所说的那些弱势群体来讲,可能只是他们生命中的锦上添花,而不是雪中送炭。现在社会中,有无形的两条线。最底下的一条线是以法律为核心的制度保障;最上面的一条线是以伦理为核心的道德保障,我所讲的很多内容是这条上线,就是用伦理、道德和文化去提升我们个体生命的那种自觉和幸福感。但是敬大姐所呼吁的,包括盗版所面临的问题,可能只能诉诸法律。当一位农民工被拖欠工钱的时候,他不诉诸法律吗?法律的这条线所保障的是社会公民集体的安全感,只有在这条线上我们的那种幸福感才能够实现。为什么我们国家提出,一方面依法治国,一方面以德治国,就是说法与德哪个方面都不可或缺,不能说它孰轻孰重,它们共同完成了我们的

一种保障。

盗版伤害了太多人，我在里面受害是最轻的。因为它首先伤害的是读者的阅读权。因为现在出的八子也罢，十八子也罢，什么草台班子纂的，什么样的观点，我自己毫无所知。我不知道他们在传播什么观点，然后扣上我的照片，盖上我的名字，这书就这样出去卖了。这对于那些真诚的读者来讲，是一种亵渎；对于我们的遥远的经典来讲，是一种误读。所以最受伤害的是阅读者，其次受伤害的是出版社，因为版权被侵犯了，这是对法律的一种戏弄和忽视。作为作者来讲，受损害是最轻的。中国在转型时期，有太多的事情需要我们用公众的理性，去共同呼吁制度的完善、法律诉求的保障，让我们都生活在这条安全感的底线之上。（全场鼓掌）

看到很多阴影，我就提醒自己，在阴影另一面还有亮光呢

解放日报党政部记者 简工博：敬一丹老师您在很多场合都提到，作为中国的记者，不了解中国底层人民的生活情况，不了解中国的情况，是一件很丢人的事情，在传达这种观点的时候，您是怎么去思考这个问题的？面对很多压力，包括来自我们良心的压力，来自各方面的压力的时候，您是怎么去平衡的？

敬一丹：前一个问题我刚才已经谈过了。孤陋寡闻有几种，比方说不知道中国是怎么回事儿，对于一个记者来说是孤陋寡闻，如果不知道世界是怎么回事儿，也是孤陋寡闻。但是我今天的话题是偏重于放大弱者的声音，从这个角度来说，我强调了这样一种警惕。

你刚才说到平衡，我觉得这是一种能力。比方说《焦点访谈》里那些从事舆论监督的记者，他们能够坚持，其实靠的就是一种平衡能力。如果这个节目在一开始的时候，只是追求酣畅淋漓、过把瘾就死，《焦点访谈》早就不存在了。可能正是分寸、平衡，使它能够活到今天。

就我个人的平衡，我觉得这可能得益于从小受我母亲的影响。我母亲是做公安工作的，比我面对的黑暗、罪恶和不平等更多，但她是一个特别积极的人，她对我的思维方式的形成是有影响的。有时候，我看到什么不好的现象就拍案而起，我妈就说，这么大一个中国，哪能都一样啊？就是她那轻轻的一句话，对我产生了影响。慢慢地，我就习惯了这样一种思维。现在的工作让我看到很多阴影，我就提醒自己，在阴影另一面还有亮光呢，这样就不会极端，也不会抑郁。（全场鼓掌）

女人做外交官有很多优势，她会更加灵活，而且可能会有更多的个人魅力

解放日报经济部记者 陆绮雯：章含之女士，您被称为中国第一代女外交官，在当今的政治舞台上，女性扮演的角色越来越重要，比如说赖斯、默克尔、希拉里等等。我想请问您对当今女性在国际政治外交舞台上扮演的角色的看法，谢谢。

章含之：首先我不能算是第一代，我也许可以算是第二代的。因为在新中国成立的时候有一批外交官，他们比我的资格老，他们应该是第一代的，我呢，只是短短的经历。我很高兴看到在今天的国际舞台上，女性的作用越来越大，这一点真是颠覆了男性在外交上占绝对优势的地位。特别是现在女性第一把手,就是总统级的人,越来越多。这一次,我特别希望在法国出一位女总统。(全场笑)可惜就差一点儿,又没出来。这么浪漫的法国,它应该出一位女总统。我从女性的角度也很希望希拉里能当美国总统。(全场笑)我不知道到底会怎么样,现在看起来,希拉里有点儿希望。

昨天我在网上看到一条新闻,说中国现在的女性领导占40%,我觉得好像没那么多。这个敬老师肯定清楚。

敬一丹:它说的是哪个层次上的呢?就算是基层好像也没有。在人大代表和政协委员中,女代表和女委员的比例还在下降。高层政界女性的比例是非常低的。

于丹:说的是妇联系统。(全场大笑)

章含之:妇联那就是90%了。我对那个40%的比例是怀疑的。不过,在外交舞台上我觉得女性还是挺行的。女人做外交官有很多优势,(全场鼓掌)她会更加灵活,而且可能会有更多的个人魅力。以前的英国首相撒切尔还是很有魅力的,就说她穿的衣服吧,永远是一个模式,不是说今天穿这个时装,明天换那个时装,她永远穿一件衬衫,再打一个大蝴蝶结,这成了她的风格。我一直觉得女性搞外交还是挺好的,很遗憾的是,咱们国家现在外交部的领导里面,女性里好像还没出一个部长级的,在国外当大使的有,但是在外交部里头的还没有。不过据我所知,现在年轻一代的新的外交官里面,就有相当杰出的女性,我希望在她们中间能很快出现一个部长级的。我认为这是一个趋向,而且会越来越多。(全场鼓掌)

老师的职责,是在孩子们成长最重要的阶段完成一段伴随

新闻晨报记者 许荞:一个没有文化的记者想向很有文化

的于丹老师提问。（全场笑）记得4月份的时候,有一则新闻与您有一点关系,说上海师范大学校长在一个会议上透露,上师大今年计划投入200万元用于鼓励老师们学于丹,就是要鼓励他们在教学中变换话语系统。您认为此举有没有必要？有没有操作的可能？

于丹：首先我非常感谢上师大对我的肯定。但另外一方面,我还是想以一名普通教师的身份来跟大家沟通。

教育是什么呢？它不是一种外在的技巧,就像我刚才讲到的,它更重要的是以教师的身份对于成长的伴随,也就是说教育的话语体系是一种表现形式。我其实不是太相信语言。语言传递出的误读的信息,比传递出的可以准确到达的信息,要多得多。现在有很多论坛、演讲比赛,这些东西有一定价值,但它并不能完全决定思想的力量和对理念的理解。

我倒是更愿意大家都以老师这样一种身份,做一种沟通。什么是老师？老师最重要的职责,就是在孩子们成长最重要的阶段,完成一段伴随,帮他们完成价值观的确立,形成对于社会的态度以及自我人格的建立,其实这些东西永远都比学业要重要得多。

我作为一名大学老师可以说,当学生走出校门的时候,他在这四年里面学到的知识有相当一部分已经过时了,因为现在知识的更新速度实在太快了,包括我们学的很多理论基础的东西,用于实践的时候也会发现断层。所以大学教育并不是万能的,对于大学老师来讲,比知识更重要的是完成这种人格的传递,跟学生之间的沟通,这对于我和所有的老师来讲,都是一个巨大的命题。

作为大学老师,我所感觉到的面对生命成长的无奈、痛楚和迷惑,远远大于我作为一位老师所获得的欢欣和肯定。因为我面对的是那么多的学生,每个学生都带着他的历史、他的家庭背景，以及敬大姐说的那个阶层的阴影，他生活的那个村落、他的困顿，包括他的人格、精神，里面有很多我们不能解释的东西。所以，对每一位老师来讲，面对学生，都是永远的命题。

我只不过是一个符号，这件事最积极的价值不是向哪个人学习，而是意识到教师语态的转换。这种语态的转换，就是我们怎样把单向的传播转变成一种双向的沟通，就是在倾听学生成长愿望的前提下，去回答他们最需要解决的问题，完成这样一种主体和客体位置上的角色转换。所以从这个意义上来讲，我特别感谢上师大提出了这样一个新命题，但我并不是一个成功的符号，我希望不要提我个人，而是我们所有老师面对成长的一个命题。谢谢。（全场鼓掌）

主席说，不能一致，你是"文学派"，我是"政治派"

解放日报周末部记者　吕林荫：我想请问章含之老师，当年您教毛主席学英语，那时候毛主席也教您学《史记》，您觉得自己当时学生的身份多一些，还是老师的身份更多一些？（全场笑）

章含之：这是我常常听到的一个问题。但是你还没有问毛主席英文学得好不好。（全场笑）

敬一丹：毛主席说的英语该不会带有湖南口音吧？（全场笑）

章含之：但是至少不是英国口音。（全场大笑）大概是谁也听不懂的口音。（全场笑）刚才问什么来着？（全场笑）

解放日报周末部记者　吕林荫：您觉得自己当时是学生的身份多一些，还是老师的身份更多？

章含之：其实哪个都不是。我刚刚去的时候，怀着一种敬畏的心情。尽管主席跟我父亲是老朋友，可是我第一天跑去所谓的教英文的时候，我特紧张，因为是去见伟大领袖，我是抱着见伟大领袖的心情去的。然后我就傻呵呵地，那时候我年轻啊，还不到30岁。傻呵呵地背着一大书包的教材，想毛主席要学英文，我得把所有教材都带上啊。（全场笑）背着一大书包的教材，然后我就摊在那儿，我说，主席您要学英文，您看看这些都是基础英文。您看您在哪个程度，要学哪个。（全场大笑）这是语法的，这是语音的，这是词汇的，这是文学的，这是政治的。主席连看都没看，说，"不用喽"。（全场笑）都不要了。我说，主席，那您学什么呀？主席说，我给你准备好了，他拿出一个本子来，字儿印得挺大的，说，就学这个。我一看，是当时批判苏联修正主义的《九评》。后来我就说，这玩意儿不能学英文，这都是政治文章，咱们得从语音、语法、词汇学起。（全场笑）我这不是老师嘛，当时是。毛主席说，我就不要那样学了，而这个东西（指《九评》）我懂。我一想也是，这些东西都是他的思想，他当然都懂。所以我那一大背包的书，统统又都背回去了。

刚去的时候，我傻哩吧唧的，以为真是教英文去了。后来我发现不是那么回事儿。也许从政治上来说，那一段时期是党内比较复杂的时期，就是1963年七千人大会之后。这是我若干年后，才悟出来的，为什么那时候主席要学英文？他那时候在思考，他是为了帮助思考问题。

开始的时候，我是把他当伟大领袖，后来我发现他学英文是为了帮助思考一些问题，是为了转移一点儿注意力，所以我也就没真的把他当学生,我也没真觉得我是个老师。

在敬畏的阶段过去之后,我把他当成一位长者。他老叫我跟他一块儿吃饭,老叫我吃大肥肉。上海长大的女孩子是从来不吃肥肉的,但是我就是在毛主席那儿开始吃大肥肉了,大肥肉还得沾着辣椒酱吃火锅。(全场笑)这样一来,慢慢地,这种敬畏就少了。

我胆子也比较大了,敢跟他在吃饭的时候争论。有一次他问我,你在学校里都教学生什么呀,我说,教文学呀。他说,不好,要教政治。(全场笑)我说政治也要教一点儿。主席说,七分政治三分文学。我说,我不同意,这样不行。我说,文学是语言的基础,要学好语言必须要学文学,政治是上层建筑,它的语言都是演化出来的。主席就说,不对,要学政治,要突出政治,七分政治三分文学。后来我说,主席你倒过来我就同意了,三分政治七分文学,咱俩就一致了。主席说,不能一致,你是"文学派",我是"政治派"。(全场笑)到后来,主席一看见我就说,"文学派"来了。(全场笑)现在想一想,我胆子也忒大点了,敢跟毛主席争论。所以我觉得我的第二阶段,我是把毛主席当作了我的长者,就是非常尊重的一位长者,不那么紧张了。

但在这个过程当中,从来没有师生关系,从来也没有觉得他是学生,我是老师,尽管主席一直到最后都叫我"我的章老师",但是我从来没敢把自己当成老师。(全场鼓掌)

敬一丹: 我想问一下,您的这位学生,他最后学到什么程度了呢?(全场笑)

章含之: 其实他没走几步。(全场笑)

敬一丹: 那走到了哪种程度了呢?Lesson? One(编者注:第一课),之后呢?

章含之: 第一课也没有。(全场大笑)但是你别说,毛主席虽然没学什么英文,但他的思路很特别。比如他会问你很多这样的问题。他问，为什么英文否定的字是在字本身前头加东西，或者是在后头加东西？我就告诉他，这个英文呢，有一个根词，往往它的否定是在前头加"un"，就变成"不怎么了"。比如说"Break"这个词是"打碎"，如果说这个东西是可能会打碎的，这个杯子是可能会打碎的，那么你就在后头加上"able"，叫"Breakable"，就叫"可以打碎的"，这是后缀；如果是打不碎的东西，是塑料的，你就在前头加一个"un"，就是"Unbreakable"。"噢——！"他兴趣极大，他说这个文字挺科学，（全场大笑）前头加一个就变成否定的，后头加一个就变成别的意思了。

敬一丹：毛主席每学一个词，都要问一句为什么吗？

章含之：对，他学英文不像学英文，照他那样学英文，永远学不会。（全场大笑）哪儿有学英文这么去研究的？他琢磨那英文字儿像解剖麻雀似的。等他弄懂了这个字儿是怎么回事后，我估计那个字是什么，他也忘了。（全场大笑）

（原载《解放日报》2007年5月18日第17、20版 尹欣、吕林荫、张航、林颖、陈俊珺、薛婧整理，金定根、张春海摄影）

点评

财富追求中的文化态度

解放日报报业集团

党委书记、社长　尹明华

今天,第九届文化讲坛荣幸地邀请了章含之、于丹、敬一丹三位女士畅谈"和谐文化与人文情怀",她们温情细腻的阐述让我们进一步感受到文化的魅力。我想从经济发展和市场原则的角度再作一点补充。

有人计算过,过去150年间,世界人均收入翻了20倍,人口翻了5倍,总的产出为此增加了100倍。如果要让今天的人口用150年前的技术达到今天的生活水准,则需要100个地球。而我们只有一个地球,并且,只有一种选择。

过快的经济增长和过多的财富积累,在很大程度上得益于市场经济这只"看不见的手"之推动。我们面临的问题始终是:

面对财富的增长,应该具备怎样的文化态度?

财富作为社会发展的一种象征,核心是市场经济中的利益驱动,利益驱动的核心是利己主义。由于利己的欲望是无限的,实现利益最大化的可能也是无限的。所以,建立在成本、收益原则基础上的制度也是合理的、至上的。在亚当·斯密看来,在这种制度制约下的个人利益实现最大化,就会增加全社会的福利。

但是,资本的增殖原则一方面以个人贪婪为动力,另一方面又进一步助长了个人的贪婪。并且,利益和财富的最大化,必须建立在相应的资源配置之上。而资源是有限的。怎样使有限的资源得到最有效率的配置,这在很大程度上,又要依据市场的供需规律进行自发调节。

所以,在一定的制度条件下,是否按市场规律办事?怎样按市场规律行事?这就涉及道德问题,从而就涉及文化态度。在财富追求的过程中,情感、道德被纯粹的资本抽象、省略以后,又在如何对待资本的态度上表现出来,包括资本对权力的凌驾,行政对市场的垄断,合法伪装下的洗钱行为,经营者对消费者的傲慢,以及教育、医疗、就业"三难"对平民生活的挤压,等等。一个缺乏人文情怀的社会,是很难做到和谐发展的。

因此,财富的增长并非一定能自然实现道德的增长。换句话说,市场和资本并非是推动社会进步的唯一动力。假如我们忽略了道德关怀和人文滋养,轻视了和谐共生与公共理想,那么,社会福利大幅增加了,却会带来"丰饶的恐慌",也就是说,大多数人不能分享社会发展的成果;生产效率提高了,却会对社会公平表现出近乎苛刻的"零度宽容",也就是说,可以无视人民群众在社会资源公平分配方面的正当诉求。财富增长,由于仅仅被定义为一种交易方式或是交换行为,而更在乎结果却会丧失其道义上的正当性。

三位女性嘉宾对人文情怀的温情阐述,使我们看到了市场动力以外的文化力量的重要性。我们还可以这样理解,所谓和谐文化和人文情怀,是关于人类社会发展的大问题,但与我们每个人的文化认识和精神境界有关;是关于人的问题,体现了人的价值观念,它触及的问题主要是:人与自己的矛盾(内在关系)、人与他人的矛盾(社会关系)、人与国家及自然的矛盾(环境关系)。妥善地处理好这些矛盾及其关系,意味着人可以体面地、有尊严和有价值地活着,意味着一种和谐共生的文化张力正在扩充你的胸怀和净化你的灵魂,意味着包括个人在内的社会财富和道德在同步增长中可以被有效地进行自然调节,意味着在我们的人生资产负债表上,将会拥有价值无限的优质资产并且可以在彼此间实现共享!

(原载《解放日报》2007年5月18日第20版)

侧记

三个女人一台文化

当章含之,从那厚厚的大红门和风云际会的外交生涯中走来的时候;当于丹,从"百家讲坛"的红火和《论语》《庄子》心得中走来的时候;当敬一丹,从主持的一档档品牌栏目和朴实无华但满是力量的声音中走来的时候;解放日报报业集团第九届"文化讲坛"演绎着的正是——三个女人一台文化的美丽与优雅。

三位嘉宾走过各异的人生舞台、不同的生命历练,昨日步入"文化讲坛",展示出她们的文化思考和人文追求。讲坛上,是嘉宾们精彩的讲演,讲坛下,是与会者入神的聆听,一种默契与共鸣在无声流转。而当讲坛上下进行热烈互动的时候,则呈现出另一种交流的畅达和丰富……

掌声和笑声,总是响起。

无声却更有力的,也许是那些没有表达出来的。

三个小时,虽只是短短片段,却余音绕梁。因为彼此心中拥有了的那一份感悟……

章含之:真的缺憾

一身红装,满头银丝,昨天的章含之很是"抢镜"。然而,作为一代国学大师之后、曾经外交场上的风云人物,章含之的开场白却谦逊得出人意料——

"我今天其实是要讲自己的缺憾。我最缺的就是文化底蕴,就是中华民族优秀文化传统。我这不是谦虚的话,是真正心里头没底。"章含之以其真实的缺憾来切入文化的话题,一下子就打动了观众。

回忆前尘往事,章含之率真而可爱。她回忆起1974年周总理接待斯里兰卡班达纳奈克夫人之时,身为翻译的她,就曾因国学功底不扎实而遭遇尴尬。当时班夫人对周总理说,总理阁下,我现在面临很多问题,我到中国来是希望你帮我解决这些问题。当时周总理谦虚地回答,我非常愿意跟你探讨这些问题,但是我不能给你决定任何事情,因为我们不能越俎代庖。"我当时就傻了,这个'越俎代庖'怎么翻?当时总理看了我一眼回头,就很感叹地对班夫人说,你看看我们这个翻译,他的父亲是中国的大学问家,可是这么简单一个成语她翻不出来。然后总理就告诉我,跑人家厨房里替人家做饭去了,这是我第一次感觉到无地自容。"

"身为翻译,我的记忆力挺好,但跟大家说句实话,我最怕的是文化,碰上这些文化我真的是很紧张,好几次总理真的是给我当头一棒。"面对"往事不可追",章含之昨天在现场告诫道:我失去的时间已经是不可弥补了,没有失去时间的年轻人一定要抓紧这个时间。走入人生的深秋,经过岁月的积淀,言谈中的章含之所散发出来的是一个智慧女子的馨香和沉静。

作为文化讲坛的嘉宾,章含之当然没有忘记"和谐文化"这个主题。对于当下的文化生态,章含之也提出了自己的忧虑:"我老搞不懂文化界老打来打去是怎么回事,这个人说那个人不好,那个人说这个人不好。"为此,她叙说了当年的一段趣事。"胡适是新文化的带头人,我父亲是旧文化的维护者,他们两个人意见很不合,有一天我父亲就跟胡适两个人跑到照相馆照了一张相,我父亲把这个照片拿回来了,然后给胡适寄去了一张,他信里面说,咱俩争论半天了,现在我们俩照了一张相,我在背后写了一首白话诗给你,你要是给我面子你拿古文给我写一首诗。后来,胡适就在另一张照片背后用文言文写了诗回赠我父亲。我鼓励这样的争论,我希望我们的文化界也有这种精神。"章含之殷切道。

于丹:如此简单

走下荧屏,端坐台上,英气不失妩媚。真不负易中天的那句——于丹真棒!

有了于丹,也让"文化讲坛"的三位嘉宾有了更多的"交集"。章含之说,我也是于丹教授的一个观众。于丹教授可能不知道,我们家老乔1937年在德国做的博士论文就是关于庄子哲学的。但是惭愧得很,有一次我读他的庄子哲学论文我是一窍不通,什么也没看懂!而敬一丹,早已习惯"一般听过于丹

讲话以后,我需要停下来一下,因为她的讲话特别密集,我往往需要想一下,领悟一下。"

而于丹则以她优美的表达,再次呈现出自己对于文化的诚挚敬意。"什么是文化?文化永远不是一块化石,我坚信文化是活着的。文化并不仅仅是象牙塔里面的一些发黄的淀积,更重要的是生命的态度,在整个社会生态中完成我们对文化的解读,更完成我们对文化的构筑。其实解读的目的是一种建设,是我们每个人活在当下用生命诠释了经典。"文化于丹,首先扑面而来的是浓浓诗意。

但是于丹谦虚,说自己"不敢担文化人这个虚名"。她坦言,之所以今天她会去解读《论语》、解读《庄子》,只是因为"这里面有太多的东西陪着我成长"。"文而化之,它是用我们自己的气息、体温、生命的质地进行体验的全身心投入,不是一种毕恭毕敬的敬而远之,其实真正的经典和圣贤永远都会朴素到让我们热泪盈眶。"在于丹看来,文化的真谛如此简单,而这简单确又如此不易得,需要最澄澈的心灵去体验去实践。

作为"老师于丹",她对文化价值还有着更具体直接的思索:"在大学里有时候我会看到一些令我痛心疾首的事情,就是这些专业尖子,这些学习这么好的孩子,但是他们的人格和心理有那么多的脆弱和忧伤不堪一击。其实我也在想文化怎么样才能够真正成为我们一种强有力的力量,它不是外在于我们的知识,是生命剔透的智慧,是需要我们扛过苦难,最终拥有坚定的内心。"在这个文化生态大转型的年代,我们需要一种可以让人重塑内心、重归理想的力量。文化可以成为这种力量吗？于丹的回答是肯定的："它是我们每一个活在当下的人,在价值判断出现迷惑的时候可以依托血液中的基因,它让我们在生命的历程中获得更多的幸福、欢乐和生命的骄傲。"在她看来,儒也罢,道也罢,中国文化也罢,西方文化也罢,当它作为一种生命的力量,从我们每个人生命的光阴中走过的时候,可以让我们获得一种更恒久的价值。

敬一丹:感同身受

以人们熟悉的主持人风采出现在观众眼前的敬一丹,在昨天的"文化讲坛"上出色完成的是演讲嘉宾的使命,神态端庄,声音深情。

敬一丹有句名言:一个记者,没有去过夏威夷不丢人,没有去过贫困老区、不知道民生困苦就丢人；一个记者,不知道一只鲍鱼值600元还是800元不算孤陋寡闻,但是不知道这600元或800元对于一个失学儿童意味着什么,就是孤陋寡闻。在"文化讲坛"现场,敬一丹让很多在场的记者领悟到了另一个道理:一个记者,能对民生困苦保持一年或者两年的痛感和敏感并不难；难的是,20多年的记者职业生涯中,当她面对今天依然存在的那些贫苦和柔弱时,依然能拍案而起,依然能痛到流泪。

昨天的敬一丹,用她亲身经历的几个故事,让在场的记者感同身受,感动不已。

敬一丹的同事做过这样的评价,敬一丹是最早主动谈起农民话题的主持人。敬一丹说,谈不谈这个话题,并不是标准,关键是能不能谈到点子上、能不能唤起大众的关注,这是我们要做的。有很多生活在城市的人怎么也不相信,就在离我们不远的地方,会有令他们无法想象的贫困,这是谁的责任?这是记者的责任,媒体的责任。如果我们的记者不能走出都市、走进山沟,把看到的另一群人的生活面貌呈现给社会的话,这是失职。

长期关注社会弱势群体、"照不到光"的角落,敬一丹难免"郁闷"。刚到《焦点访谈》的时候,看着雪片般的观众来信,面对着来自基层的呐喊、呻吟,敬一丹是"越看越郁闷,特别郁闷"。有的时候,甚至郁闷到快中午的时候一点食欲都没有。敬一丹回忆着那段时光,"那个时候崔永元的办公室就在我们一个楼道,到了中午我就放下《焦点访谈》那些郁闷的信,到崔永元的办公室看看大家给他写的信。早期的《实话实说》栏目收到的来信都是非常有趣的,我看完那些信之后就不那么沉重、郁闷了,可以去吃饭了。"

其实,敬一丹"郁闷",不仅仅为她听到的声音,更为媒体应当如何发出声音、发出什么样的声音。在2003年央视新闻频道开播时,敬一丹提议创办《声音》栏目,担当起"放大弱者的声音,传播智者的声音"的职责。

也许正是这份"郁闷"成就了敬一丹的坚持。"十几年前,我在第一次获得金话筒奖的时候曾经来上海,接受采访时我被问到对自己话筒前的生涯怎么理解的时候,我说我工作一部分的意义是为了那些看不到电视的人,十几年以后我依然这么想。"

雷动的掌声,是给这份坚持最好的回答。

(原载《解放日报》2007年5月17日第5版 记者支玲琳、黄玮采写)

第十届文化讲坛：
媒体责任与文化传播

范敬宜 清华大学新闻与传播学院院长、博士生导师。1951年开始从事新闻工作,曾先后担任《经济日报》《人民日报》总编辑。中共十三、十四大代表,全国政协委员。1998年当选为第九届全国人大常委、教科文卫委员会副主任委员,中国记协主席团成员。现为中国新闻文化促进会会长、中国范仲淹思想研究会会长、中国社会科学院新闻系博士生导师、中国人民大学新闻学院和武汉大学新闻学院教授。出版著作有《总编辑手记》《敬宜笔记》《范敬宜诗书画集》等。

演讲篇

媒体的浮躁在于缺少文化

范敬宜

主持人尹欣（解放日报周末部记者）：范敬宜先生是值得我们尊敬的报业前辈，他也是古人所说的"三绝"式人物——诗、书、画样样精通。不过他自己却说，他不是画家，不是书法家，更不是诗人，只是一个"老新闻工作者"。那么，面对当下的媒体生态，这位从事新闻工作56年的老新闻工作者，有哪些心里话要说呢？让我们欢迎范敬宜先生演讲！（全场鼓掌）

非常感谢解放日报报业集团的热情邀请，为我提供了一个和大家见面、交流的机会，也提供了一个和刘长乐、喻国明两位老师合作的机会。作为一个已经退役的"新闻老兵"，我感到很高兴，也很荣幸。

要改变"荷包鼓了，心灵却饥渴了"这种现状，必须依靠文化的回归、文化的复位和复兴

我是喝着黄浦江水长大的，也是读着老《申报》《新闻报》《解放日报》《文汇报》《新民晚报》成长起来的。56年前，也是这样一个季节，我和当时许许多多的同龄人一样，在魏巍的那篇《谁是最可爱的人》的鼓舞和激励下，在"雄赳赳、气昂昂，跨过鸭绿江"的歌声中，离开了上海，远赴祖国的东北。

半个多世纪过去了，乡音未改，乡情未了。我尤其对上海新闻界有着一份特殊的感情。因此，解放日报报业集团在两年前一推出"文化讲坛"，就立刻引起了我的注意。好像在夏天的夜空里，突然发现多了一颗耀眼的星星。从此，我每期必读，而且逢人必夸。

今年5月18日，读了《第九届"文化讲坛"实录》之后，我非常兴奋，立刻给尹明华社长打了一个长途电话，向他表示感谢和祝贺，同时说解放日报报业集团为中国的文化发展又做了一件功德无量的好事。

我和尹社长过去交往不多，通话也很少，为什么这次如此兴奋？除了参加"文化讲坛"的三位主讲人章含之、于丹、敬一丹的讲话确实非常精彩，更重要的是，这些演讲回答了让我长期以来感到困惑的问题：在市场经济大潮和西方价值观、新闻观的冲击下，在主流媒体不断遭到质疑的环境中，我们的主流媒体，特别是党报，还有没有生命力？还能不能办得更好一些？能不能更受欢迎一些、更有声有色，雅俗共赏，充分发挥它的舆论威力？它的前景是不是像有的同志估计的那样悲观？

"文化讲坛"用自己的实践和探索，从正面作出了回答，使我增强了信心，也给了我很多启发。启发之一，就是媒体的改革和创新必须从文化上来突破。"文化讲坛"在很短的时间内受到了各个阶层——上至中央领导,下至黎民百姓的赞许和欢迎,就是一个证明。

我想首先从身边发生的两件小事谈起:

第一件事是,《第九届"文化讲坛"实录》见报的当天,我正好在清华大学新闻与传播学院上课,我就在课堂上用两节课的时间给大家读了《解放周末》这四个版的内容,引起了同学们极大的兴趣,互相争着看。我说,你们必须得把报纸还给我,但到现在也没有还,我估计是回不来了。(全场笑)

几天后,我的助教给我开来了一张书目单,上面列了8篇中国古典名著篇目,说是同学们希望老师结合专业课程来讲一讲。我一看吃了一惊,这8篇是:刘勰《文心雕龙》"神思"篇和"风骨"篇、陆机的《文赋》、王勃的《滕王阁序》、柳宗元的《封建论》、苏轼的《前后赤壁赋》、方苞的《狱中杂记》、梁启超的《少年中国说》。我问助教,同学们为什么对这些古文发生了兴趣?他说:看了"文化讲坛"的实录,大家都特别受触动,觉得相比之下自己的文化知识太贫乏了,文化积累太浅薄了。老师,您以前不是也说过,学新闻的如果只是整天吃"压缩饼干",吃浓缩"维生素丸",不吃五谷杂粮,不吃蔬菜鱼肉,就肯定会得贫血症。如果只是就新闻讲新闻,就新闻学新闻的话,成就必然有限。我听了很高兴,接受了他们的建议。

第二件事情是,全国记协原党组书记徐心华同志退休后,联络了一批刚刚退下来的老新闻工作者,办了一个茶馆形式的新闻沙龙。前几天他给我打电话说,打算把新闻文化作为沙龙的重要内容,办一个像"文化讲坛"这样的论坛,想请我去讲三课。

这两件事情都不算大,但是以小观大,可以看到"文化讲坛"的影响力和冲击力。同时也反映了这样一种趋势:新闻的业界和学界正在开始出现一种对文化的渴望和追求,以前好像没有这么强烈。人们开始意识到,要想改变像刘长乐先生所概括的"我们的经济腾飞了,而文化却没有腾飞;荷包鼓了,而心灵却饥渴了",(转向刘长乐)这是你说的话吧?(全场笑,刘长乐点头微笑)要改变这种状况,不能头痛医头、脚痛医脚,必须依靠文化的回归、文化的复位和复兴。

实现这种转变,媒体的责任非常重大,而关键是要依靠它自身文化意识的提升。这是一个历史的必然。从历史上看,每当经历了某种潮流的冲击,就会出现一段时间冷静的反思,并由反思产生另一种饥渴。

对目前出现的"文化热",社会上的看法也不尽相同,有的叫好、称赞,也有的说这是"虚热"。我想,即使有的地方是"虚热",也总比"不热"要好。北方农民有句谚语:下雨就有露水。在农作物最干渴的时候,即使只有一点露水也是好的。

群众对新闻媒体有三个问题最不满意:"炒""造""搞"泛滥,工作作风漂浮,有些媒体宣传水准滑坡

当前,人们都在指责媒体"浮躁"。我认为不能一概而论,应该具体问题具体分析。不要把"浮躁"当作一个筐,什么问题都往里面装,什么都归为"浮躁"。我觉得当前群众对新闻媒体最不满意的大概有这么三个问题:

第一个是一些媒体从业人员的职业道德问题,最突出的就是"炒""造""搞"。所谓"炒"就是炒作,"造"就是造假,"搞"就是恶搞。有的甚至超出了道德底线,触及了法律问题。

第二个是有些媒体工作人员的工作作风问题。比如说工作漂浮、不严肃、不深入、不负责任,甚至于玩忽职守,不但影响了媒体的威信,还给被报道的单位和个人造成伤害。

第三个问题,有些媒体宣传水准滑坡。报纸、广播、电视本来是办给大众的,要能被受众接受,它的作用才能实现。所以群众愿看、想听,是一个起码的标准。可是现在受众普遍反映是,报纸、广播、电视中让人想看的、愿看的、耐看的、爱看的精品力作并不多。打开越来越厚的报纸,可以一眼看到底,就是说不用停留多看,一眼就看完了。打开收音机、电视机,往往几秒钟就赶快转台。总而言之,就是有味道的、有看头的、有回味的东西太少。公信力的下降,是媒体面临的一个很大的危机。

上述的前两个问题,都不属于"浮躁"的范畴,尤其是第一个问题要靠法律、法规、制度来解决。我主要想讲的是第三个问题,就是关于媒体水准滑坡的问题。

究竟什么叫"浮躁"?我曾经翻过好几部辞典,包括《辞海》在内,解释几乎就是四个字:"轻率、急躁。"我觉得这回答不了我们今天的问题。所以,一个月前我在课堂上让同学们进行专题讨论,让他们给"浮躁"下一个定义。后来他们下了好几个定义,有两条还成形一点,一条是"浮躁是指在社会转型期,由于过高、过早、过急、过多的欲望一时得不到满足,而产生的一种社会心态和行为"。比如一个大学生还没毕业工作,就想着要有房子,有汽车,有多少收入,这种过早的欲望得不到满足,就产生一种浮躁的心理。还有一条是,"浮躁是指,在商业化竞争日益激烈的情况下出现的急功近利的心理,但是又不愿意付出必要的代价。"这两个定义多少沾一点边,但我觉得还是不够全面。

在我们的新闻队伍中间,有些人是浮躁的,但大部分还是很踏实的,不像上面描述的那样。很多人学习很努力,工作很勤奋,作风也很严谨,但是他们苦于长期写不出受读者欢迎、影响重大的优质作品。这又是为什么呢?原因就归到文化上面来。从文化的角度来看,刚才说的这两种人,一种是急功近利的,一种并不急功近利,但这两种类型都有一个共同点,就是文化修养的短缺。前者反映在思想意识上,后者反映在表达能力、工作能力上。

最后归纳出一句话叫做，媒体的浮躁源于文化的缺失。不知道这是不是也有点以偏概全，就姑妄言之吧。

"余束发"是谁，"范长江是小品演员"，看到这些笑话，我感到悲哀

文化的缺失是怎么造成的？回顾一下历史就会发现，长期以来，在对新闻与文化关系的认识上存在误区。新闻本身就是一种文化，而且是各种文化的交汇点。新闻人本身就应该是文化人，不论是被称为瞭望者，还是守望者，新闻工作者都应该是有社会责任感、有学问、有道德、有能力的文化人。

从近百年的中国新闻史来看，凡是杰出的新闻大家，几乎都是杰出的文化人。王韬、章太炎、梁启超、张季鸾，一直到毛泽东、瞿秋白、邹韬奋、恽逸群、胡乔木、乔冠华，等等，这些人既是杰出的政治家，又是学养丰厚、才华横溢的文化人，政治品质和文化修养在他们的身上和笔下都得到了完美的统一。他们的作品尽管时过境迁，但现在读起来仍然觉得有味道，有的甚至百读不厌。

记得吴冷西同志生前有一次告诉我，毛主席对他说，在报人中间，我其实最佩服的是张季鸾，因为他既有政治头脑，又有倚马可待的大手笔，又会串门子，他了解的情况最多。可是到了上世纪50年代中期以后，左的思潮泛滥，其中对我们新闻界影响最大的就是把政治和文化对立起来。只强调新闻的意识形态属性，而不强调新闻的文化属性；片面地强调政治家办报，而一概否定文化人办报，甚至于把既有政治头脑，又有丰厚文化修养的邓拓同志也当成"书生办报"、"死人办报"的代表批了很久。到了"文革"中，这种排斥文化的思潮更是到了登峰造极的地步。

拨乱反正以后,政治的大气候发生了根本性的变化,许多领域对左的影响进行了比较彻底的清理,但是在新闻领域里政治和文化关系问题的"拨乱反正"似乎相对滞后。比如到了上世纪80年代中期,在讨论新闻的专业职称评定工作的时候,还有人公开提出"新闻无学",反对把新闻列入专业职称评定的范围。

改革开放之后,作为培养新闻人才源头的新闻院系引进了很多西方的新闻传播理论,但是很少听说有哪一家专门设立新闻与文化的课程。

在媒体,评价一位编辑、记者水平的时候,往往有这样的说法,"这个人文笔还可以"。这个"文笔还可以",实际上是一种似褒实贬的说法,言外之意就是,这个人只会耍点笔杆子,有点小聪明,政治上并不怎么样。这种情况到现在都还存在。

全国有那么多的新闻奖项,但似乎没有多少特别强调受奖者的文化修养。包括全国性的奖励在内,"业务能力"主要是指写作能力,并不强调综合文化素质。这从某种程度上给年轻的新闻工作者某种导向,使他们以为从事新闻工作用不着多少文化修养、文化积累、文化底蕴,用不着读多少书,也用不着在新闻写作上下多少功夫,反正写什么只要按照某种模式,在网上"扒"一点,文件上抄一点,再加上点例子,穿靴戴帽一番,豪言壮语几句,就可以很顺利地通过,甚至博得"出手很快"的表扬。

所以,现在许多媒体的报道中经常可见令人生厌的文字。比如说评论,大家可以找找报纸、杂志看一看,会发现很多固定模式。比如写"落实科学发展观",第一段就是,什么什么是什么什么的根本;第二段:什么什么是什么的关键;第三段:什么什么是它的前提;第四段:什么什么是它的基础。还有比如,要怎么样,就必须怎么样。凑对仗,搞排比。还有板着面孔的"必须强调"、"应当指出"、"毋庸置疑"等生硬的词汇。

现在社会上流传着许多由于缺少文化知识而造成的笑话。举个例子:"你的家父"、"他的乃父",(全场大笑)"你什么时候到我府上来串串门?"自己家怎么能称作"府上"呢?(全场大笑)"乃父"不是指你的父亲,而是父亲的自称。欧阳修《五代史伶官传序》中说"尔其无忘乃父之志",陆游的"王师北定中原日,家祭毋忘告乃翁",这里的"乃父"、"乃翁"都是老人的自称。

还有一个文化人给我写信,一开头就说,"敬宜愚兄,你好"。(全场笑)有一位编辑要我给他编的书写一个序言,要求用文言文写。我的第一句话是:"余束发受书于太仓唐文治先生。"意思是我在很小的年龄,头发刚刚梳起来的时候,到唐文治先生那里受教。结果他看完了说很好,最后问,这个"余束发"是谁?(全场大笑)最近还有一个面对新闻专业学生的知识测验问,"范长江是谁?"有学生答:范长江是小品演员。(全场大笑)还不止一个学生这么写!

看到这些笑话,我感到很悲哀。我们应该反思这个问题了。

现在我们处理新闻不大讲究艺术,通病是:只知道旗帜鲜明,不知道委婉曲折;只知道理直气壮,不懂得刚柔相济

提高文化修养,加厚文化底蕴,首先就是要读书,读好书,读古今中外的各种好书。多读书不仅能改变人的知识结构,还能改变人的内涵,改变人的风貌和精神世界。古人说过,士人三日不读书,则面目可憎,言语无味。

没有文化知识,不读书或者书读得少,不仅对新闻工作者来说是莫大的缺陷,就是对艺术家来说也是如此。大家都知道赫赫有名的上海大书法家沈尹默,他的书法在北大当讲师的时候就已经有点名气了，可当时北大校长看了他的字，有四个字的评价，叫"其俗在骨"，意思是他的字缺乏文化底蕴。这对他是很大的刺激，后来他就努力读书，逐渐形成了典雅的风格。

特别要强调的是，新闻工作者除了学习书本上的知识以外，还要懂一点艺术。艺术归根到底是处理矛盾的手段。音乐也好，绘画也好，都要求处理好强与弱、深与浅、浓与淡、快与慢、高与低、刚与柔、轻与重等等的关系。

现在我们处理新闻不大讲究艺术，不大考虑新闻艺术处理的效果。通病就是：只知道旗帜鲜明，不知道委婉曲折；只知道理直气壮，不懂得刚柔相济；只知道大开大合，不知道以小胜大；只知道浓墨重彩写英雄，不知道轻描淡写也可以写英雄；只知道浓眉大眼是美，不懂得眉清目秀也是一种美；只知道响鼓重锤，不懂得点到为止；只知道大雨倾盆，不知道润物无声。

我发现一个奇怪的现象，对于文化艺术修养的重要性的认识，我们文化人往往不如一些科学家深刻。比如钱学森、李政道、杨振宁、周培源等老一辈科学家，都发表过一些对于文化、艺术与科学造诣关系的精辟观点。钱学森曾为此大声疾呼。记得1991年国家给他授勋的时候，他讲了一番话，大意是：我今天能够在科学研究的道路上获得这样一点成绩，应该归功于我的夫人蒋英。蒋英是一位女高音歌唱家，而且擅长花腔女高音。钱学森说，是她给了我诗情画意，使我懂得了人生，使我在科学研究道路上避免了机械唯物论和死心眼。去年春节的时候，温家宝总理去拜访他，他又重复了这些话。这几句话我一直牢记在心，因为他讲得太深刻了。

著名歌唱家李双江曾经对我说，现在歌手的学养太差。拼长相，拼嗓子，最后拼来拼去要拼的是文化。一个歌手有没有文化，一张口就能听出来。文化是潜移默化融会在血液当中、灵性当中的，是装也装不出来的。

遗憾的是，新闻作为文化的组成部分，而且是关系最密切的部分，似乎还没有多少人来表达这样一种感悟。可能是不识庐山真面目，只缘身在此山中吧。好在现在的情况正在变化，特别是我们年轻的一代正在逐步走出怪圈。只要经过正确的引导，走对路，走正路，他们一定会跨越时空造成的文化断层。我对此并不悲观。

文化积累和农作物的成长是一样的道理，有一段"有效生长期"，过了这个有效生长期再给它浇多少水、施多少肥、用多少技术都已经无效了

时间造成的文化断层也同样需要由时间来弥补，不能用浮躁的方法来解决。

2000年以来，我一直在清华大学新闻与传播学院教书。有一位大学生曾经很诚恳地在信中对我说，希望学院能增加人文知识的教学。他说："我再过两年就要毕业了，水木清华留在我们记忆里的，不应该只是郁郁葱葱的校园和古老优雅的建筑，而应该是王国维、陈寅恪等前辈那样又深又广的知识海洋和文化积淀。"

清代诗人龚自珍有两句诗："虽然大器晚年成，卓荦全凭弱冠争。"文化积累和农作物的成长是一样的道理，有一段"有效生长期"，比如一个玉米要150天成熟，但关键的时候是在60天到80天，过了这个有效生长期，再给它浇多少水、施多少肥，用多少技术都已经无效了。

我常常说，我们年轻人的脑子像一张宣纸，滴一滴墨就会全部渗透吸收了。到了我这样的年龄，脑子就变成一张蜡纸，滴水不透了。（全场笑）从过目不忘，到转身就忘；从来日方长，到去日苦多，中间并没有明显的时间界限。所以，希望年轻同志们静下心来好好做点学问,把自己的文化功底打得牢牢的。

最后我写了几句"歪诗":

生命之树长青,
文脉之源永恒。
文化品质是媒体的灵魂,
文化复兴的希望寄托在你们一代的年轻人。
我虽然老了,
还想抖起精神和你们一起好好拼一拼!

这里第三句的著作权是属于刘长乐先生的——特此声明!(全场笑,鼓掌)

(原载《解放日报》2007 年 7 月 20 日 第 18、19 版)

刘长乐　凤凰卫视董事局主席、行政总裁，香港太平绅士。1996年，刘长乐创办凤凰卫视，2000年，凤凰卫视在香港联交所成功上市。十年间，凤凰卫视成长为年收入超过10亿港元的上市公司，连续六年被评为"中国最受尊敬企业"，并获得"2004中国500最具价值品牌"殊荣。刘长乐被授予香港太平绅士称号，并被香港特别行政区政府委任为香港策略发展委员会委员。刘长乐还曾担任"2005和2006年国际艾美奖电视节主席"。

发现良知 追求良知 传播良知

刘长乐

主持人尹欣(解放日报周末部记者):我们听到的是一位老新闻工作者的忧思,更是鼓励与期望。大家可能并不知道,范敬宜先生是范仲淹的28世孙,我想,我们也都从刚才范先生的演讲中听到了"先天下之忧而忧,后天下之乐而乐"的情怀。让我们向范先生和他的祖先致敬!(全场鼓掌)

说到致敬,很多人都对凤凰卫视充满敬意。向世界发出华人的声音,是凤凰卫视的理想;发现良知、追求良知、传播良知,更是"凤凰"振翅高飞的动力。让我们欢迎刘长乐先生演讲!(全场鼓掌)

非常高兴参加解放日报报业集团"文化讲坛",一个重要的原因是这个讲坛吸引了我,这个题目吸引了我。讲到文化,讲到文化和媒体的关系,讲到文化和媒体的责任,我觉得这个正是我们现在非常缺失的问题,我也非常感兴趣。

良知有"三知":知耻、知愧、知恩

在上世纪初,美国有一位非常著名的老银行家——老摩根,约翰·皮尔庞特·摩根,他在1912年离开了人世。摩根曾经和一位国会法律顾问有过一次非常有意思的对话。法律顾问问老银行家:"向您举债和借贷,金钱和财产是不是最重要的信用额度?"老摩根说,这两个都不是,最重要的是品德。老摩根在资本主义发展最关键的时刻能够讲出这样一番话,是值得我们深思的。

摩根在临死之前还说过一句令人难忘的话,他说:"财富应该掌握在有社会责任感的人手中。"作为媒体人,我想把这句话套用过来,我们的媒体,也应该或者必须掌握在有社会责任感的人手中。

何为良知?

良知这个词最早在中国的文字记录中,是孟子提出来的,"人之所不学而能者,其良能也,所不虑而知者,其良知也。"良知又是一种天赋的道德观念,包括恻隐之心、羞耻之心、恭敬之心、是非之心,等等。有的学者把良知归为"三知":

一是知耻。这是道德的自觉。有羞耻心,人就知道什么该做,什么不该做;应该怎么做,不应该怎么做;在做了有违道德的事之后于心不安,自觉不做那些会招人瞧不起的事。相反,人若无耻,就会肆无忌惮、为所欲为、不可救药。

知耻是简单的一件事,但是非常重要,我给大家举个例子。前天晚上,我在北京保利剧院看了林怀民先生的舞蹈团演出的《云门舞集》"水月篇"。这是林怀民先生的一个非常有意思的作品,它用巴赫的大提琴曲作伴奏,而且整个演出都只用大提琴伴奏。本来我跟林怀民先生说,我喜欢摄影,能不能到现场拍照,他说不行,因为快门的声音对我们的演员是很大的刺激。当然我就不拍了。他解决的办法是下午搞一个彩排,彩排的时

候请记者去拍照。

在这场演出开始的时候,他有一段非常重要的旁白,他说,现在演出马上要开始了,我希望大家第一不要摄影,第二不要照相,第三不要使用手机。我们要尊重舞蹈家的劳动,我们要尊重我们周边的观众,我们希望如果出现这种情况,身边的观众应该温柔地,但是坚决地制止他。演出开始,大幕拉开,一个演员在跳舞,一束追光打下来,刚跳了几个动作,大幕马上又关上了,然后旁白又说,对不起,我们发现现场有人拍照(全场哗然),我们再一次强调我们的观众是有知识水准的,是有道德修养的,请大家相互监督,下面我们重新来一遍。大幕又打开了,这时候没有任何一个人再照相,没有任何一部手机再发出动静,从头到尾,70分钟的演出非常安静。这个演出还不允许观众在70分钟之内鼓掌,演出结束后,再请你把掌声送给演员和林怀民先生。

这个事情对我有非常重要的启发,一方面说明我们的观众确实在修养和礼仪方面有欠缺,第二方面说明我们的观众是可以培养的,是有着非常好的培养基础的。所以我也想,作为媒体,我们怎样做好对公民道德的培养,可能是有所为,而且能够"有为"出一些成就的。

第二就是知愧。知过能改,善莫大焉。知愧的前提就是知道自己的弱点、缺点和错误。愧则有悔,愧则有疚。

第三就是知恩。知恩是人生的一种姿态,是人性的一种证明。"滴水之恩,当涌泉相报",这是我们传统的道德观念中非常重要的部分。

对于社会变革中的媒体来说,良知更决定着这个行业未来的发展前途

20世纪20年代,美国新闻媒体的发展经历了一场非常重要的道德革命,美国的媒体经过严格的分析,经过了对正反案例非常激烈的争论以后,把抽象的良知具体化、规则化,从而揭示了新闻事业的发展方向。

美国的主流媒体认为,新闻是属于公众的公共财富,新闻只提供事实,不掺杂媒介的私家观点。客观性是美国新闻的主导原则。而这个客观性的标准是什么?这里面有很多的标准,包括体制、范本,等等。

另外,美国一位非常著名的新闻学者弗林特,他也说过新闻的美德有13项。其中,准确、详尽、全面是第一项,真实是第二项,独立的精神和勇气是第三项,公正、公平、正义是第四项,等等。这13项我就不一一列举了。整个13项,美国的媒体把它定为美国新闻的专业主义,这种新闻专业主义在中国新闻改革的今天也多次被我们的学者,包括喻国明教授提过,这非常好,过来人的经验值得我们借鉴。我们需要形成一种独特的新闻精神和维护一种健康的新闻伦理。

当然,也有一种流行的观点说,良知是可敬的,但是却靠不住,因为法制和规则的力量才是千倍于良知。但是事实上,法制与规则的实行是以人的普遍守法为基础的,法制得到广泛的认可和遵循的最为理想和最为有效的方式,是人们对法律的自觉认同并且主动遵守。而成熟的伦理与道德良知,是自觉认同的前提。在一个良知泯灭或者普遍缺乏基本良知的社会,真正的法治绝无立足之可能。因此,基本良知的培育与重建,是各个行业目前都迫切需要的。特别是对于社会变革中的媒体来说,良知更决定着这个行业的未来发展前途。

从窦文涛的"三命",看凤凰人对良知的追求

在一个和谐的社会里,或者说以"和谐"为方向和目标的社会里,真实的媒体声音和媒体对真相的报道和挖掘,是孕育和

谐的土壤和维持和谐的必要条件。

说到新闻的良知,也许不能回避客观性、披露真相,甚至负面报道这样的字眼。我们也应该确定自己还原真相的规则,那就是善意、稳妥、客观和建设性。

很多人说,如果内地的媒体都有"凤凰"这样的话语空间,"凤凰"就没戏了。对于这个说法我非常不服气,我们负面报道的空间比内地媒体小多了。当然,我们也有两个,一个是窦文涛主持的《文涛拍案》,一个是曾子墨主持的《社会能见度》。这两个节目在深刻思考的基础上,对社会现象或一些陋习进行鞭挞、评判,在"敏感地带"对一些新闻事件进行报道和评述。这两个节目能够长久地存在,包括内地其他具有监督功能的节目、栏目或者版面长期地存在,并且能够越做越好,我认为是现在媒体政策方面的开放和开明所带来的。另外,这还说明我们善意的立场,能够得到官方和民众的认可。

当然这种接受也是不容易的。前不久,文涛曾写了一篇他做《文涛拍案》的体会——《〈文涛拍案〉的三条命》,挺吓人的。一个叫"短命"。为什么呢?第一次做《文涛拍案》的时候,做了不到一年就下马了,然后又过了一两年,我记不清了,《文涛拍案》重生了,所以说《文涛拍案》是"短命"的。

第二个是"苦命"。别看文涛这个人言谈嬉笑,很风趣,其实他非常追求完美,他经常做一个节目从头到尾是他一个人在那边,其他编辑帮不上忙。为什么呢?他太珍惜这个节目,太珍惜自己的形象了。有一次,我们北京总部技术部的主任"揭发"说,文涛有一次在录音间里连续待了23个小时。这话可不是表扬,而是抱怨他占着摄影棚,别人没法干活。(全场笑)但是文涛就一根烟接一根烟在那里思考,所以他说他是"苦命"的。

第三条,他说是"黑命"。"黑命"是广东话,命好黑啊,就是说这个人倒霉的意思。这也有一个象形的意思,23个小时这样折腾，那就成熊猫了，黑眼圈。文涛也有红眼圈的时候，他经常为他所描述的故事里面的情节所感动，所激愤，然后躲到一旁，流下一把凡人泪，回来还得若无其事地做节目。

文涛说，人人心中有良知，但是我也和其他人一样不可能处处都按自己的良知去办事。做节目给我们提供了很好的空间，让我们能够摒弃一些顾虑，按照政策的分寸，为社会正义来张目。

"凤凰"的一位观众给我写了一封信，说他非常钦佩窦文涛和曾子墨，因为这两位是追求良知的主持人。他说，也许对良知这个词，许多人都已经感到陌生了，很遥远了，但是对于一个视诚信为生命、讲究社会责任的媒体来说，凤凰卫视应该帮助人们去发现良知，追求良知，传播良知。

追求良知有环境的压力，有市场的压力，还有各种各样的压力，但是不管有什么压力，"凤凰"不会放弃自己的追求，因为良知代表了人性中最崇高的感情。

对真相的探求和还原，是媒体的良知和责任，是媒体对维护"和谐底线"所能够发挥的作用

发现良知，不仅仅是区分善恶的问题，我们还力求在历史最高层面和最大层面还原真相，去除非黑即白的善恶二元论，使民众的心态和官方的决策保持一种均势。

台湾的种族冲突在陈水扁当政之后日益严重，冲突的源头部分来源于1948年的"二二八事件"。这次冲突给台湾人留下了惨痛的记忆，也像一个永久的历史十字架背负在国民党的身上。"台独"势力借助"二二八事件"大做文章，把一个原本死亡几百人的事件扩大为死了几万人，甚至三十万人惊天数字的事件，企图把政府对民众的弹压，说成是族群冲突，把省籍问题变成一个难以化解的矛盾。

就在这个时候，凤凰卫视拍了一部关于"二二八事件"的电视纪录片。做这个片子的过程中，我们访问了很多"二二八事件"的受难者和他们的家属，我们访问了在"二二八事件"中官民两方的一些关键性证人；我们叙述了以往被淡化和忽略的外省人和国民党人在事件中被杀的情况；另外我们讲述了台湾本岛人掩护外省人，外省人掩护本岛人的一些动人的故事；我们公布了调查的真相，我们用调查的事实充分地证明，"二二八事件"的根本原因是官府腐败和军纪涣散，而不是族群问题。

这个片子最后有这样一句话：人是会做错事的，政府也会做错，最要紧的就是道歉。受难者，要虚心，要接受，要原谅。

2006年2月28日，我和马英九两个人共同主持了这个首播仪式，我们把当年的一些受难者的家属请到现场，大家一起回忆当年的情况。这个节目在台湾的中视、TVBS、中天、东森等六个大台同时播出，台湾的六个大台同时播一个专题片，而且这个专题片还跟这六个台没有关系，是"凤凰"做的，这是历史上从来没有过的。

后来，我们还制作了很多这样的片子，像《1949大迁徙》《台湾政坛17年》《蒋氏父子的台湾岁月》，等等。这些片子揭示了历史上的许多冲突和矛盾的真相。

当然老实说，完全真实是很难达到的，也很难判断，但是媒体对于真实和真相的叩问和诠释，会给观众提供多重的选择。多重的选择和多元的东西，会更接近真实。

对真相的探求和还原，是媒体的良知和责任，是媒体对维护"和谐底线"所能够发挥的作用。

我们的观众需要能够打动他们、震撼他们、直指他们心灵并引发他们思考的节目

2007年4月13日，凤凰卫视《冷暖人生》节目的专题片

《华山挑夫》在美国芝加哥举办的第43届芝加哥国际电影节上，荣获电视纪录片类"艺术与人文贡献银雨果奖"。这是华语电视节目第一次获得这个殊荣。那一年的评奖，也是亚洲所有电视节目中唯一获奖的。"雨果奖"大家可能有些记忆，1990年的时候，张艺谋拍的《菊豆》曾经获得过"金雨果奖"。

《冷暖人生》是个人物节目，但是它发出的声音似乎与别人并不相同，我们的制作团队坚持以自己的视角去选择那些有价值的人，用人的命运来记录时代，用人物的内心来解读一个时代的精神气质。同时，也让人在感动、感叹之中有些强烈的震撼和思考。比如《冷暖人生》也做过艾滋村出来的大学生、被人们忘却的英雄模范、捡破烂也捡孩子的破烂王，等等。一位观众看了节目之后留言说："不要蔑视，不要谩骂。无论是哪种生存方式，每个人经历的苦难不会比我们少，只是我们看不见，触摸不到而已。生命本身自有尊严！"

《华山挑夫》是我们记者在华山跟随挑夫一路艰辛地跋涉而拍摄下来的。栏目主持人陈晓楠说，这是一个颇有分量的国际大奖，"我觉得这对我个人，对我们团队来说，都是一个巨大的鼓舞，尤其我们获得的是'艺术与人文贡献银奖'，让我们觉得长久的努力得到了一种默契和认同。"

在当今的快节奏、躁动的电视圈中，这样一种坚守确实有些难度，但是我们也确实感受到，我们的观众需要能够打动他们、震撼他们、直指他们心灵，并引发他们思考的节目。《冷暖人生》的记者渴望着通过各自不同的鲜活的个体生命，来了解这个时代，了解人性，启迪良知。这次获得的大奖也说明，关注人性的视角，是真正国际化的视角，人类内心的东西是超越地域的，是共通的。

使我们感到欣慰的是，陈晓楠在获得这个奖之后，她的获奖感言根本没有提公司领导，也没有时间和篇幅去提她的制作团队,她所想到要感谢的是那些被他们关注的小人物。她说,"是他们人生中默默出演的故事打动了评委,我们也会把这个好消息告诉他们。"现在华山挑夫的生存状态已经有了很大的改变,虽然这些改变对整个社会来说微不足道,但是,它体现的是真实历史叙事的恒久价值。

汉代的刘向说:"君子欲和人,譬犹水火不相能然也,而鼎在其间,水火不乱,乃和百味。"在社会的变革中,有些分歧是不能消除的,它们的尖锐对立如同水火。但是,如果能够找到一个鼎锅来隔在其间,阻止水火相克对抗,让他们发挥出各自的作用,指向共同的目标——煮熟食物,调和百味,那么势如水火的分歧也能缓和。

这种缓和的要点是:坦陈立场,指出问题所在;划定界限,维护各自的底线。努力造就这样一种氛围,善莫大焉,也就是一种良知的追求。

我们必须抵制恶俗,没有理由拿媒体这个公共平台向公众倒垃圾

我还想讲讲反对媚俗,如何不断追问自己的文化价值这个问题。

"凤凰"的《名人面对面》节目已经做了整整八年了,在这八年里,这个节目能在众多的访谈节目中坚持下来,能给人一种典雅、清新、亲和的感受,得益于摄制组的求实精神。

什么是名人?人怎样才能成名?人为什么会对名人"慕名而来"?这些都是《名人面对面》不断追问自己的问题。

有人说,现在已经进入了名人的文化时代,在美国、在其他西方国家,名人都占据着新闻媒体包括电视媒体的主要位置,已经成为了流行文化的主流。在这种情况下,凤凰卫视作为商业媒体,毫无疑问要靠商业收入才能生存和发展,也就是说,赚钱是必须的，是要坚持的。但在赚钱之上还有一个标准，那就是媒体是大众的传播平台，肩负着对全民进行服务的功能。我们必须抵制恶俗，没有理由拿媒体这个公共平台向公众倒垃圾。

《名人面对面》节目先后有三位制作人，都是年轻的女孩，她们倾吐了心中的困惑：有时候对准备采访的名人，她们内心深处有着强烈的抵触；有的收视率高的节目，却是她们并不情愿做的节目；而那些有价值、能带动人们思考的名人，却站在收视率排行榜中最难看的位置上。

电视界有一句狠话：收视率是万恶之源。包括我在内的电视人又不能不为此困惑，不能不为此妥协。在媚俗的潮流下，我们的无奈、苦涩、保留，有时也是一种坚守。

这种坚守包括，不仅要采访人气极高的娱乐界名人，还要采访文化名人、社会名人、有争议的名人、问题名人，还有小众的知识分子。采访这些人，有时候我们就要付出牺牲收视率的代价。过去我们有句话叫"讲成分，不唯成分论"，现在"凤凰"要做到"讲收视率，不唯收视率论"。如果完全靠收视率，凤凰卫视就甭办了，我们其他的媒体也不要办了。我们不能从一个极端走到另一个极端。作为一个媒体管理者来说，要有一个清醒的头脑。

这种坚守还包括，把真诚当作世间最美好的品德。不仅仅是对名人生活状态的记录，还包括他们对生活的理解，对生命的解读和对内心成长的诠释，力求透过名人虚幻的光影呈现一个真实的普通人的形象。

《名人面对面》栏目组这个班底只有六个人，平均年龄27岁，采用的是怀疑、思考、导读的制作方针，实现他们的采访目标。到现在他们一共采访了400多位名人，应该说很不容易，正所谓，一花一世界，一叶一如来。在采访名人的过程中，我们的制作团队在成长，经过他们的劳作、思索和判断，为观众奉上了一种有价值的名人文化。

一个记者只要进入"凤凰"，就必须对得起"凤凰"的品牌，必须用凤凰人的姿态要求自己，因为你就是"凤凰"的 LOGO

"凤凰"一直瞄准着国际最顶尖的 CNN 和 BBC 这样的媒体，来做我们的事情。内地的记者队伍确实存在着一些先天的不足。其中有些是非常客观、非常技术的问题：一个是工资过低，（全场笑）很难招到一流人才。本来我想说的是"招不到"一流人才，但在座的有很多一流人才，所以是"很难招到"。（全场笑）第二，为降低成本，频频使用没有资质的试用人员，内容的质量无法保证。内地的电视台我知道，编制就那么多，实习人员或者不占编制人员，像小时工、临时工这样的人员很多。第三，就是委制和外包。把一个靠知识积累、洞明世事才能干好的职业，变成了一手交钱一手交货的交易，这怎么能提高质量、保证质量呢？第四，就是用栏目、版面和金钱、权力进行交易，等等。在这样的情况下，传播良知的效果自然会大打折扣。

不久前，我以一个老记者的身份与"凤凰"北京记者站的七位记者进行了一次谈心，我和他们一起研究怎么提升我们记者队伍的素质。我向他们指出了现在记者队伍的五个"没有"：没有竞争，没有评比，没有活力，表现在业务上就是没有目标，也没有抱负。我告诉他们，凤凰卫视的记者是要有分量的，是要有含金量的，"凤凰"的记者必须对得起"凤凰"的品牌。

BBC 说，BBC 是特殊的，BBC 是不同的，BBC 是重要的。这三点，每个进入 BBC 的人都耳熟能详，刻骨铭心。CNN 也是一样，CNN 的文化核心是"CNN 就是新闻"，CNN 的文化口号非常清晰,就是"我们的新闻把世界联系在一起,我们的重大新闻就像彗星的头部那样抢眼,我们是世界新闻的领跑者"。我们也要能够理直气壮地说,"凤凰"是特殊的,是不同的,是重要的,我们要成为世界重要新闻的参与者。

一个记者不管通过什么途径,拥有什么学历,只要进入"凤凰",就必须对得起"凤凰"的品牌,必须用凤凰人的姿态要求自己,因为你就是"凤凰"的 LOGO。

如果长城没有进入前 10 名会怎么样?如果长城得了第一名,而现场没有一家华语媒体的话,会怎么样?希望以后我们永远不会再孤独了

在结束我讲话的时候,我想讲一个有趣的例子。我们的经济发展已经非常迅速,但我们软实力的发展却滞后。昨天晚上和尹社长说到这个例子,就是长城能否入围"世界新七大奇迹"的评选。

长城作为中华民族精神的一个象征,它能不能够入围"世界新七大奇迹",为中国人所关注,也为世界所关注。在这样的一个活动中,中国媒体、中国观众、中国网民有着非常多的参与。凤凰卫视执著地进行了将近三个月的跟踪,希望能够介入到这次报道中去,能够拿到这次报道的转播权,哪怕不是独家转播权,独家权指的是在华语媒体中。"凤凰"为什么要积极参与这个呢?因为在我们看来,任何在世界舞台上宣扬中国的机会,我们都不应该失去。

当长城协会提出来,长城在十名之外的时候,国民哗然了。如果长城真的入不了前十名或者入不了"世界新七大奇迹",怎么办?我们还有没有能够让长城进入前七名的努力空间?所以"凤凰"非常果断地决定,我们一定要参与其中,最后我们是付了钱的，拿出了真金白银，参与了这项活动。

我们在最后48小时拿到了转播权。这个活动是在2007年7月7日评出七大奇迹，在2007年7月6日晚上12点结束所有的网上投票。就在截止投票的前48小时，"凤凰"发力了，我们向我们的观众呼吁投票。果不其然，"世界新七大奇迹"评委会主席告诉我们，在48小时之内，中国的网民投了1300万张票。（全场鼓掌）参与这个活动的网民一共1亿多，48小时之内中国的网民就为长城投了1300万张票，所以长城昂首挺胸，拔得头筹。（全场笑，鼓掌）

当长城的图像出现在现场的时候，我们都非常激动。但是，激动之外，也感到非常悲壮，或者说悲凉。我们看到现场一共21个入围的奖项，获得其他20个奖项的国家的旅游部长、文化部长全都亲临现场。葡萄牙的总统和总理，没他们什么事，他们的景点没一个得奖的，但是他们全到了现场。那些入围国家的群众载歌载舞，人多势众，摇旗呐喊，给我们送了不少宣传资料。但是在现场的中国人，不到十个。除了长城基金会两位领奖人之外，就是"凤凰"的几个人了。现场的观众一共65000人，现场的华语媒体只有"凤凰"一家。

现在我们想一想，如果长城没有进入前十名会怎么样？我们再想一想，如果长城得了第一名，而现场没有一家华语媒体，会怎么样？所以我们感到非常孤独，我们感到非常悲凉，我们希望以后我们不会再孤独了，我们永远不再孤独了。谢谢大家！（全场鼓掌）

（原载《解放日报》2007年7月20日 第18、19、20版）

喻国明 中国人民大学舆论研究所所长,中国人民大学新闻学院副院长、教授、博士生导师,享受国务院特殊津贴。主持进行了160余项舆论领域和新闻传播领域的调查研究项目,出版《传媒影响力》等12部学术专著,发表300余篇学术论文及调研报告。当选"中国媒介十大创新人物"和"创造中国传媒品牌的十大杰出人物",担任十余家媒体的战略发展顾问或咨询专家,被誉为"媒介军师"。

传播的力量与话语权的构建

喻国明

主持人尹欣(解放日报周末部记者):谢谢刘先生!在刘长乐先生北京的办公室里,有一幅字,是他父亲在92岁时题写的,上面写着"知足长乐"。上次我们专访他时问道,凤凰卫视要做到什么程度,刘先生才会知足?他坦诚地回答说,从未考虑过。相信,在追求良知的路上,刘先生和凤凰人是永不会知足的。不过,我们还是祝愿,长乐常乐!(全场鼓掌)

说来凑巧,今天的三位嘉宾都与上海有着不解之缘。范敬宜先生年少时在上海求学,刘长乐先生出生在上海长乐路,(全场惊叹)喻国明先生虽然现在一口地道的北京话,但也是在上海出生的。作为一位学者,喻先生一直跟新闻传播领域的"问题单子"联系在一起,在他看来,无视传播领域的瓶颈问题,是勇气和责任感缺失的表现。有责任,有勇气,才会更有力量。让我们欢迎喻国明先生演讲!(全场鼓掌)

传播作为一种社会力量，跟老子所说的水性是非常接近的，它的作用无所不在

今天的主题是讲媒体的责任问题，责任总是跟权力、影响力联系在一起的。但是说到权力，我们常常想到的是那些硬力量，比如说军队、警察、法庭这些国家机器，但除此之外从政治学的角度来说，构成一种社会权力，其实有三大类型，一种就是我们所说的铁血力量，就是军队、警察、法庭这样一种硬力量，第二种就是财富和资本的力量，第三种力量相比前两种要软一点，就是传播的力量，传播也是一种权力。

这种权力有什么样的性质呢？我想到一个典故：传说孔子去拜见老子，华服盛装。老子见了以后很不开心，觉得一个年轻人搞那么多形式主义干什么。所以很郁闷，半天没说话。孔子很着急，说，老师啊，你还得教我点真经啊。老子说，那好吧，我考你一个题目，嘴巴里什么东西最坚硬？孔子说牙齿最坚硬。那什么东西最柔软？孔夫子说当然是舌头最柔软。老子就张开嘴巴让孔夫子看，说你看看我现在的嘴里还剩下了什么？在空空荡荡的嘴里边只剩下了舌头，而没有牙齿。这就是老子给孔子上的一堂课。

老子在《道德经》里边特别欣赏水的这种品性，他说"上善若水，水利万物而不争"。我觉得，传播作为一种资源，一种社会力量，跟老子所说的这个水性是非常接近的。它无所不在，它在现代社会当中起的作用越来越显著。

五年前，有一位叫约瑟夫·奈的美国学者曾经提出过一个概念，叫"软实力"，他把传播的力量也列入到"软实力"的范畴之内。事实上，今天媒体的责任之所以越来越重，社会对媒体的要求越来越高，这跟一位政治学者所说的话是一致的，就是权力越大，责任就越大。如果你不去自觉地履行这种责任的话，社会就会用一种或柔性或刚性的方式强迫你去执行这种责任,这就是今天我们媒介所面对的现状。

社会越是发展,人们对传播这种力量的依赖程度就越高。一般来说,军队、警察、法庭只能在一些大秩序的维护和边界的制定方面起到一定的作用;而资本的力量,财富的力量只能在市场规律和价值规律起作用的领域里边发挥自己的资源配置和功能协调的作用;而传播在整个社会里的作用应该说是无所不在的。控制论专家维纳曾经说过,传播是社会得以联结在一起的黏结剂。这就说明了传播作为一种社会现代管理和社会权利基础的重要的支撑地位。

"我只喝"百事可乐、"我就喜欢"麦当劳,源自传播的力量给人们的心灵打上烙印

今天,我们强调传播的影响力,事实上我们媒体的责任源自于传播的影响力,而这种传播影响力的构成跟这样几个现阶段的社会发展策略是联系在一起的。

第一就是社会的有机化程度越来越高,社会越来越表现出一荣俱荣、一损俱损的性质,人们之间的生存和发展跟其他人的生存和发展的关系越来越密切。如果我们忽视社会任何一个角落、任何一个部位的生存和发展的要求,反过来会使整个社会付出很大的代价。

什么叫社会的有机化程度?就是彼此之间的利益相关的这种联系的长度和宽度。我们可以打一个比喻,比如说一个自行车的不同部件之间的联系相对来说是比较稀疏的,如果有一个螺丝钉,有一个车条出了问题的话,如果不是很讲究的人,照样可以骑着走。但是一架航天飞机有上百万个零件,这上百万个零件之间的联系是非常紧密的。造成"挑战者"号航天飞机升空时爆炸的最重要的一个原因就是因为一个密封圈出了问题。

所以,在现代社会有机化程度如此之高的情况下,如果我们对于整个社会的协调做得不够有质量，不够有效率的话，这个社会就会出现诸多问题，甚至要付出很大的代价。而在这样的一种社会协调当中，扮演最重要角色的就是媒体和媒体所进行的传播。应该说在这样的一种传播力量的使用当中，既有效率问题，也有方向问题，这就是传播的力量在使用当中的政治和经济按照谁的意图发展，按照什么样的方式最有效率，这就是现代社会对于传播的一种要求。

第二种就是现代由于工业化发展的结果，各种各样的产品和服务的客观差异越来越小。比如说各种品牌的电视机、矿泉水，比如说各种各样的饮料、服装，等等，实际上它们的差异真的变得越来越小了。而今天的市场已经不属于物理层面的性质了，很多企业家和政治家都认为，无论是政治市场还是商业市场，真正的空间是人们的心理空间。也就是说，今天人们要使自己的产品、自己的服务能够在社会上占有一席之地，能够有一定份额的话，主要不是靠产品的客观品质、客观差异，而在于能否接通人们的心灵，能否进入到人们的生活状态当中去，成为人们心灵空间的一个组成部分。而这样的一种心理烙印、心灵烙印的造就，必须要通过传播来加以实现。

比如说饮料，无论是百事可乐也好，还是可口可乐也好，我喝起来觉得没有很大的差异。但是我们新闻学院有一位新留校的女教师，她说不一样。她说，喻老师你们真粗糙啊，我喝可乐只喝百事可乐，决不喝可口可乐。为什么呢？她说这不是我有意这样的，我一喝可口可乐胃里就有生理反应，就反胃酸。喝百事可乐就越喝越爽。

真是这样吗？我们有一次几位老师在一起吃饭。当她去洗手间的时候，我们几个临时作出了一个动议，就是测试她一下，把六个杯子都倒上了可乐，等到她回来之后我们很虔诚地对这个小女生说，唉，我们这些老男人活得真是很粗糙啊，点化一下我们吧,哪杯是可口可乐? 一看老师们如此谦卑,她大受感动说:"好吧,为了老师们生活质量的提高,我也就牺牲一把了。不然平时我是不喝可口可乐的。"(全场笑)她就开始每杯都品尝了一口,然后很肯定地说,这两杯是百事可乐,好喝。那四杯是可口可乐,我喝了胃里边就咕噜咕噜。后来我们说你应该咕噜咕噜,因为这六杯都是可口可乐,本店只卖可口可乐。不信你看,我们倒饮料的瓶子还在这儿呢。(全场笑)

她一下就叫起来说,唉,你们这些"老"老师,真不厚道。(全场笑)但是我们又追问了一句说,那你以后还只喝百事可乐,不喝可口可乐吗? 小女生说,我就爱喝,怎么了?(全场笑)

小女生嘛,她天然有不讲道理的特权。(全场笑)但是这句话非常经典,它跟麦当劳的一句广告语非常接近,就是"我就喜欢"。"我就喜欢"讲的不是产品的客观差异,而是讲产品在我心目当中的位置和情感,我跟它之间的联系。人在消费物质产品的时候,很大程度上消费的不是物质本体本身,而是把90%以上的费用花在了精神性的、有一点飘忽不定的比较软的附加价值上面。而这个,就要依靠传播的力量来实现。

构建和谐的前提和基础,就是话语权的和谐,话语表达的和谐

第三点就是今天的人们对于世界的认识。尽管我们觉得我们对世界的了解越来越多,我们的信息越来越多,但实际上我们对于世界图景的认识越来越远离现实。

有社会学家指出,人们在现代社会,对于现代社会图景的认知,90%以上的知识、内容和信息不是通过自己亲身的感受、经历所获得的,而是来自于社会传播,主要是大众传播媒介给他的东西。比如说我们关于非洲人的印象,我们关于阿拉伯人的印象,我们关于以色列人的印象,我们关于基地组织的那些成员的印象，很大程度上是由CNN、美联社这样国际知名媒体的选择所造成的。但是如果你到阿拉伯世界里面去生活一两年，你跟非洲的老百姓经历过一段时间的交往之后，你会发现，你当年的印象跟亲身感受的印象之间是有很大差距的。

这种差距在80年以前有一位美国学者李普曼曾经说了，这就叫做媒介所构造出来的假环境。这个假不是说哪个点上，哪个信息上造假，而是由于它的片段性的选择所造成的社会图景跟真实世界之间的一种差距。所以如果我们仅仅依靠大众媒介来认识这个世界的时候，我们跟现实的世界是有距离的。而如果我们在社会图景构造当中不施加我们的影响，不施加我们的某种力量参与的话，也许在这个世界的图景形象的呈现当中，我们的形象、话语就会被扭曲，我们的利益就会被忽略。这就是今天为什么人们要参与大众传播，大众传播成为各种各样的社会力量扭结在一起的竞争、争夺、控制的焦点的原因之所在。

第四就是现代社会，尤其是中国社会，在解决了吃饭问题之后，人们已经进入到了一个说话的年代。也就是说，当人们已经解决了温饱之后，人们的社会参与、社会表达就成了主要的目标追求。

今天我们讲和谐，它有两个基本的含义，第一个它强调的是对于多元的政治和利益现实的一种承认。和谐的前提就是承认利益的多元化、话语表达的多元化。第二，和谐的目标是建立在一种和而不同的制度安排、社会机制上，彼此之间要充分地尊重，用制度化的方式使我们的利益联结在一起，和而不同，共同发展。这就是和谐理论的一种深刻的含义。而所有的社会和谐的制度也好，现实也好，它的构建前提和基础就是话语权的和谐，话语表达的和谐。

日本有一位军事史的专家，他研究了近200年的战争史。他研究出来的一个结论说，近200年大大小小的战争，其中

95％以上都是原本可以不用以战争这种极端的冲突形式来解决的,而造成这种冲突最重要的原因之一就是信息的阻隔、信息的误读和他们之间的偏见。这在一定意义上说明,要解决今天中国社会和谐发展的问题,在传播方面如何建立起相应的机制,消除偏见,消除隔阂,进而使社会冲突降低到社会发展所能容忍的限度之内,是一项特别重要的任务。

进行社会传播不是靠具体的事件、具体的技巧,而是要求我们站在整个社会的高度,用一种对社会整体发展负责任的精神、态度和心态

如何来行使自己的传播权?有些人是依靠政治上的强力,也有些人是凭借经济上的强力,比如比尔·盖茨这样的世界首富,他的资本的权力、财富的聚集使他在社会上很有话语力量。在座的同仁们,因为专业,因为我们的岗位,天然地接近信息的通路,所以我们在一定程度上执行和操纵着社会话语权。我们身上担负着重要的社会职责。如何来担负这样的一个社会责任、社会职责,这是一个很长的话题,但是我想用读书的"三境界"来解读这样一个基本逻辑。

为什么讲读书呢?因为读书是人们接收信息的过程,如果我们对信息接收的过程有一个深刻理解和把握的话,我们对于如何来进行话语的表达和信息的传播,就有了一种更加深刻和本质的把握。

读书的第一个境界就是通过符号的接触,文字的阅读。我们读到一篇故事、一个知识、一个理论,我们由此有一些收获,这就是语意的解读。如果你连这个层次都达不到的话,那么你就是文盲、科盲、外语盲。这是任何一个读书人都能达到的最起码的境界。

读书的第二个境界是,你不但读到了一篇故事,读到了一个科学道理、一个新闻事件,同时你还要知道这个故事是通过什么样的手法编制出来的,这个道理是通过什么样的逻辑论证出来的,这个新闻是用什么样的结构表达出来的,这就是内行。所谓的外行看热闹,内行看门道。任何一个新闻人,他要想成为一个合格的媒体人的话,必须要有这方面的专业技能、专业技巧、专业知识,这是必需的。

当然我们知道,成为内行并不是一件很幸福的事情,你知道得越多,可能就越痛苦。我有一个朋友是音响发烧友,他把他所有的闲钱几乎都花在他家的音响上边了,花了很多的精力和时间,以及财富。突然有一天他对我说,喻老师,我听不懂音乐了。我说为什么?这么喜欢音乐的人为什么对音乐一下就失去了美感了呢?他说,我现在一听到音乐呀,怪了,我听到的不是音乐本身,而是音乐后边的器材。我总觉得那个喇叭有点闷,(全场笑)那个电阻好像功放还不够提升,这个线材是不是对音乐的传输有点问题。这是内行啊,我们是听不出来的,他能听出来。但是他能听出来以后,他就失去了对音乐欣赏的美感,这就是内行的必要代价。

就像我们做电视,做报纸,外人看起来很神秘,很浪漫,是无冕之王,但是我们身在其中的人都知道,我们那个无冕是无冕,但是不是"王",恐怕大家心里都明白。我呢,也就是一个干事儿的,离"王"还远着呢。(全场笑)

这是一种痛苦。但是这还不是读书的最高境界,读书的最高境界就是要摸到一个故事、一篇论文、一项政策、一个法律的价值底牌。也就是说,他为什么要说这么一个故事,制订这样的一个政策法律,他的立场,他的目标是什么,这就是所谓的价值底牌。而把一本书从厚书读薄,读成一张纸,读成一段话,这才叫把一本书真正读懂了。要读懂一本书,是要通过这种方式来表现出来的。那么反过来说,我们要来进行社会传播的时候,首先不是靠具体的事件,也不是靠具体的技巧,而是要求我们站在整个社会的高度,用一种对社会整体发展负责任的精神,这样的一种态度,这样的一种心态。

媒体人只要能够恪尽职守,就能够写出"兔子打败狼"的奇迹

我们辨别事实,最重要的有两点:第一点就是对于社会发展"问题单子"的把握。

我们看到有些媒体很热闹,接触率也很高,什么阅读率啊收视率啊也很高,但是人们提到它的时候总是觉得这个媒体不值一提。为什么?这个媒体我可看可不看,它对于我来说不重要。而有些媒体也许它平时没有那么热闹,或者说有些记者平时所做的报道可能不那么受关注,但是他有一两篇报道深刻地把握了社会发展"问题单子"中的那个关键点,回答了那个问题,那么他就被人们记住了,他就在整个社会文明进程当中发挥了他自己的作用。也就是说,今天在媒体工作者当中比拼的并不仅仅是技巧,也并不仅仅是一些机会之类的因素,最重要的是要站在社会发展的高度,认清楚自己该做什么,不该做什么。

汤因比曾经说过一句话:"一部人类文明史,不过是人类面对自然和社会的挑战而不断应战的历史。"也就是说,我们媒体人的责任,就是要勇于摸清楚那些处在挑战和应战状态当中的人在实践当中的"问题单子",并且用我们的能力,用我们的智慧去给他们提供帮助,一种智慧的支持、信息的支持、知识的支持,这样我们的专业能力就能够融会于社会发展的潮流当中,我们的价值才能有所体现。

第二点,我们要站在社会面的角度,要有一种超出所谓利益集团的高度,实现一种社会平衡。今天,社会在传播领域里

出现最大的问题就是信息的不对称和话语表达的不均衡。我们说媒体人常常要作为弱势群体的代言人,并不是说媒体人天然是弱势群体的代表,而是从整个社会的角度来说,由于弱势群体的话语表达、信息获知,总是有这样或者那样的缺失,但是整个社会如果缺少了对他们的关注和基本信息服务的话,社会的发展就会受到阻滞,绝大多数人就要为此而付出很大的代价。我们是从一个更高的高度对这个社会发展的总体来负责任,所以我们不是某一个利益群体的天然代言人,而是要自觉地站在一个更高的高度上来履行自己的职责。应该说,这是我们尽自己的社会责任的特别重要的两个基本点。

我们正处在一个社会变革时期,出现了很多新问题和新现象,但是这正是我们媒体人的幸运所在,因为我们身处于一个日益兴旺强盛、备受关注的国家,任何对于中国社会有重大影响的事件,其实就是具有世界影响的事件。所以我们媒体人在这个进程当中,千万不要妄自菲薄。

由此我想到了一个手机上的段子,它讲的是有一只兔子在写博士论文,论文的题目叫《兔子如何打败狼》。狼看了以后大笑,说你这简直是开玩笑,你的论据在什么地方啊?兔子就指着后面的山洞说,论据在那里面。狼很好奇,想进去看看究竟。进去后定睛一看,大惊。为什么?他看到了一只狮子正在那儿剔牙呢。狮子对狼说,写论文还要什么论据呀,关键是看导师是谁啊。(全场大笑)

中国的媒体人也许是只兔子,但是中国社会应该是一只已经睡醒了的狮子,由于有这样的一只狮子,我们媒体人只要能够恪尽职守,就能够写出"兔子打败狼"的奇迹来。谢谢大家!(全场鼓掌)

(原载《解放日报》2007年7月20日 第18、20版)

对话篇

主持人尹欣（解放日报周末部记者）：

彰显文化追求，激扬文化力量。各位来宾，下午好！欢迎参加解放日报报业集团第十届"文化讲坛"。

当我们以文化之名，在这里第十次相聚时，"文化讲坛"也迎来了它两周岁的生日。

两年来，25位高端人物、文化名人在这里激情开讲，"文化讲坛"也日臻成熟。

走得越远，越不能忘记为什么出发。所以，在"文化讲坛"创办两周年之际，我们探讨媒体自身在文化传播中的责任和作为。

今天，我们非常荣幸地邀请到国内传媒三位巅峰人物——全国人大常委、原人民日报总编辑、清华大学新闻与传播学院院长范敬宜先生；凤凰卫视董事局主席、行政总裁，香港太平绅士刘长乐先生；中国人民大学博士生导师、舆论研究所所长喻国明先生，他们将共论"媒体责任与文化传播"。首先让我们欢迎三位到台上就座。（全场鼓掌）

（三位嘉宾演讲结束后）

主持人：三位嘉宾的精彩演讲，让我们受益匪浅。其实，今天三位嘉宾来参加"文化讲坛"，都克服了很多困难。范敬宜先生是我们十届"文化讲坛"演讲嘉宾中年龄最长者，今年76岁，他担任清华大学新闻与传播学院院长，学院原计划今天举行毕业典礼，但是为了如期赶来参加"文化讲坛"，他作了很多努力，最终将毕业典礼提前到13日举行。

刘长乐先生的日程安排得非常紧，他从百忙中抽时间来参加"文化讲坛"。今天还是他的一对双胞胎女儿的生日。女儿是父亲心头最大的宝。往年这个时候，只要没有特别重大的事情，刘先生无论身在何处，都要赶到女儿身边为她们庆祝生日。但是这次为了参加"文化讲坛"，他只好把美好的祝福和深深的歉意留给女儿。

同样，喻国明先生为了参加这次"文化讲坛"，也挤压了自己的很多休息时间。昨天刚到上海，一进宾馆，他就马上从包里拿出笔记本电脑来，开始工作。

这些都是点点滴滴的细节，但就是这些细节，彰显出文化人所特有的品质。让我们再次感谢他们三位的精彩演讲！（全场鼓掌）

接下来进入互动环节。今天首先提问的是一位特别来宾——凤凰卫视知名主持人、第一届"文化讲坛"演讲嘉宾曹景行先生。曹先生，两年前的第一届"文化讲坛"，您坐在台上接受大家的提问；两年后的第十届"文化讲坛"，请您为我们开始今天的提问。（全场鼓掌）

实事求是，从香港的实际环境出发，是凤凰卫视对马克思主义新闻观最好的诠释

曹景行：两年前，我有幸成为第一届"文化讲坛"的嘉宾，一届届看下来，感觉分量越来越重。我是凤凰卫视的评论员，是给凤凰卫视打工的，今天你们把我的老板都请来了，他无论哪方面的分量都比我重。（全场大笑，鼓掌）

两年前，我参加"文化讲坛"后，就到清华大学新闻学院报到，成为一名新闻教学的新兵。而今天，你们又把我的院长请来了。（全场大笑）院长的分量是最重的，而且我可以和我的学生们一起称呼他"范爷爷"。（全场大笑，鼓掌）

第一个问题就向"范爷爷"提了。您在上课时经常给学生们讲马克思主义新闻观，那么今天，包括凤凰卫视在内的众多媒体，该怎么体现马克思主义新闻观？怎样使媒体成为老百姓真正需要的媒体？

范敬宜：这个问题请你们老板回答吧。（全场笑，范敬宜将话筒递给了刘长乐）

刘长乐：这个问题实在不是我该回答的。（全场笑，刘长乐推辞中）

主持人：曹老师，您怎么问了这么一个问题，大家都不接话筒了。还是请范院长回答吧。

范敬宜：马克思主义新闻观的基本原则就是"实事求是、一切从实际出发"。凡是符合这一原则的，也就符合马克思主义的新闻观。从凤凰卫视本身来说，她处在这样一个特殊的环境中，同时在"一国两制"的制度之下，她有很多独特的东西，不可能完全按照内地的模式来运作。我是凤凰卫视的忠实观众，我爱看凤凰卫视，主要还是因为她能实事求是，能从实际情况出发，这是值得赞扬的。香港回归十年的实践，体现了"一国两制"的成功，而"一国两制"本身就符合实事求是、一切从实际出发的原则。祝凤凰卫视在新闻界的影响越来越大。（全场鼓掌）

《乡村八记》告诉我们，当代新闻学子并不都是想象中那样脱离实际，只要引导得当，可以做出让人刮目相看的事

解放日报周末部记者 张航：范院长，您的学生曾经写过一篇调查报告叫《乡村八记》。温家宝总理对这个报告作了重要批示，他说："从事新闻事业，我以为最重要的是要有责任心，而责任心来源于对国家和人民的了解和深深的爱。"请问范院长，您当时是出于怎样的心情和思考，提笔给总理写信推荐《乡村八记》的？

范敬宜：这件事情发生得比较偶然，完全不是导演的。那是2004年的春节，我们根据清华大学新闻与传播学院的传统，提倡同学们利用假期去做一些社会调查。有位叫李强的同学，他家在山西，他的父亲是一位基层干部，他就利用这样一个时间到农村做了八天调查，每天写一篇笔记。

回到学校以后，他交了这篇三万多字的作业。学院副院长跟我说，他看到一篇非常精彩的文章，问我想不想看一看。我看了以后大吃一惊，一位大学二年级20岁的学生，能够写出这么一篇成熟的调查报告，实在太难得了。

他提出的问题主要是当时的社会热点，但又没有得到解决的。比如，第一个，农民实际收入下降的问题，有100多个非常详细的数据；第二个是农业税过高的问题；第三是农村教育的问题；第四是村政权的问题，等等，都是非常现实和尖锐的问题。

当天晚上我写了一千多字的评语，然后放到校园网上，让全院的老师、同学看一看。做完了这件事情以后，我觉得这个范围太小，影响太小。于是我送给中宣部部长刘云山同志、中宣部常务副部长吉炳轩同志看看，又给农业部部长杜青林同志寄了一份。我让他们看的目的,主要是想让他们了解,我们当代学子并不都像有的人说的那样,严重脱离实际,都需要"重新回炉"。也想说明,只要引导得当的话,这些年轻人可以做出很多让人刮目相看的事。

刘云山同志和吉炳轩同志都作了批示热情肯定。后来我又想到温家宝总理对"三农"问题非常关心,就又把李强的调查报告送给他,我在信里说,我知道您日理万机,非常忙,这篇文章您看过后不必批示,也不必回信。没想到,过了十多天以后,温总理就给我回信,说李强这样的青年学生"十分难得"。

我推荐李强的报告,是想让中央领导同志了解当代的青年,了解当前农村的一些实际情况,另外一个原因,我觉得像李强这样的好学生,应当被全社会所了解和注意。(全场会心地笑,鼓掌)

把职业事业化,把自己的这个饭碗延伸到对事业的追求,是"凤凰"最重要的特点

新闻晨报记者 秦红:我想请教刘长乐先生,有人形容凤凰卫视的精神是"一个疯子和500个疯子的故事",您的员工也形容您是"榨汁机",把"女生当男生使,男生当牲口使"。(全场大笑)记得杨锦麟先生说过,自从进了"凤凰",就每天起得比鸡还早。我很好奇,凤凰卫视的员工为什么一边受到"压榨",一边还能干得那么起劲呢?

刘长乐:这个问题该曹老师回答。(全场大笑)曾荫权先生的标志性口号叫"做好这份工"。讲究打工者的职业道德,这在香港员工中非常突出。"凤凰"进一步提出了和香港职业道德不一样的理念,就是"职业事业化",就是希望我们把媒体事业当作自己的生活,当作自己事业非常重要的一部分。这点很重要。媒体产业是一个创意产业,非常需要全身心地投入,非常

需要激情地投入,非常需要对自己的职业有事业化的追求。所以不管是一个疯子,还是500个疯子,其实我们现在有1000个疯子,(全场笑)我觉得最重要的是把职业事业化,把自己所端的这个饭碗延伸到对事业的追求。这是凤凰人最重要的特点。

同时,我不谦虚地说,首先我就把自己当牲口用,而且可能用得比牲口还厉害,比牲口还辛苦。我自己所付出的时间和精力,也感染了他们,他们也认为我们应该都是一样的,我们都应该为"凤凰"努力。当然,我们不是"牲口",是"凤凰"。(全场大笑,鼓掌)

传统媒介让我们用很低的代价把握一个丰富多变的世界,这是其永远存在下去的理由和基础

"解放网"网友、上海外国语大学附属浦东外国语小学老师:喻教授,有三个问题请您选择其中一个回答。第一个问题是,在新媒体浪潮的冲击下,您觉得未来报纸还有没有生存的余地?第二个问题是,报道新闻的时候,您认为记者应该怎样引导读者去思考?第三个问题是,您怎样看待文化娱乐节目明星化现象?

喻国明:我的记性差一点,所以我只记住了第一个问题。(全场笑)

现在由于数字媒介的崛起,所有的传统媒介,无论是报纸、杂志，还是广播、电视，其实都面临着一个深刻的转型。但是我们有很多人对这种转型本身的深刻性是缺少理解的，因为只抓住了一些表面的东西，没有对最重要的东西加以必要的关注。

我在两个多月前写过一篇文章，就是讲媒体的概念到底是什么，我们媒体人到底应该坚守什么样的东西。这篇文章可能是对这个问题的回答。

无论电视、报纸、杂志，其实我们看重的是它的物理属性。过去一提到媒介，总是以它的物理属性来论及它的全部，但实际上对于一个传统媒介而言，信息的采集方式、聚合方式，信息的把关和制作方式，以及信息的传播方式和传播渠道等构件本身，这才是媒介的一个整体的概念。过去我们把物理属性概念当成媒介的全部，而今天数字化给我们的一个昭示是，应该脱离过去物理属性媒介概念的把握，而把它放大到一个全要素的过程当中去把握。

就是说，物理属性的改变，比如介质平台的改变，其实它只是传统媒介的一个要素的改变，它并不是传统媒介的终结。报纸、杂志、广播、电视这些传统媒介在未来数字化平台之上，仍然有它的生命力和价值，而这种价值是新媒介无法取代的，因为所有传统媒介与新媒介相比较而言，它的价值在于，它是以少胜多的一种精致文化、精品文化的聚合的生产者和传播者。

我们多少年来所整合出来的全套模式告诉我们，如何通过少量新闻事实的制作和传播，方便人们去把握丰富变化的大千世界。这种需求一百年以后，一千年以后，我们人类仍然需要，这是传统媒介永恒不变的价值。它让我们用很低的代价把握一个丰富多变的世界，这就是传统媒介的价值。传统媒介在未来的媒介平台上、数字化的世界里面，仍然有精神文化以少胜多的核心价值，所以传统媒介永远有它存在下去的理由和基础。（全场鼓掌）

"中国移动控股'凤凰'"纯属误传,"凤凰"现有股权结构在相当长时间内不会有任何变化

解放日报记者 吕林荫:请问刘长乐先生,最近有传闻说中国电信要兼并凤凰卫视,不知道这个消息是不是准确?

刘长乐:先要纠正一下,这个传闻中说的是中国移动。这个消息发生在上星期,实际上是内地媒体先传出来的说法,说是中国移动要控股凤凰卫视。这条消息造成了极大的影响,海外也很哗然。这个消息出来后,有朋友马上给我打电话,问我这是怎么回事?我说,毫无疑问当然没有这回事。凤凰卫视的股权结构中,我所拥有的公司今日亚洲占有37.6%的股权,中国移动购买了默多克新闻集团19.6%的股权,默多克拥有17.6%的股权,华颖国际拥有8.34%的股权,这个股权结构在相当长的时间内不会有任何变化。对于这条失实消息,我们公司内部也有不同的反应,大家有些议论,有的同事甚至比较紧张。"凤凰"现在这种宽松的局面一定不会改变,凤凰这种股东的结构也不会调整,在这里,我郑重跟大家作这样的解释。(全场鼓掌)

媒体人在道德修养上的提升,包含着我们对文化的诉求和人文情怀,"凤凰人"管它叫道德的追求、伦理的追求

申江服务导报记者 徐灿:刘长乐先生您好,刚才听您的演讲中说到,"凤凰"在48小时内为长城拉了1000多万张选票,我听了热血沸腾。同时,我还想代表我个人问候一下您的夫人,因为今天是您女儿的生日,这天也是您夫人的受难日。(全场鼓掌)

美国第一位华裔市长黄锦波说过,很多中国人都受过教育,

但没有教养。我们媒体的从业人员大多受过高等教育,但有的人表现得没有教养。我的问题是,在教育和教养这个问题上,您是如何要求凤凰人的?

刘长乐:非常感谢您对我太太和我女儿的关心。(全场笑)我在昨天午夜时分给我女儿打电话。滴滴在美国,点点在北京。我女儿叫点点、滴滴。(全场大笑)女儿接到电话说,老爸,你是第一个给我打电话的,因为刚好12点整。我又给她们两个人发了短信"祝你们生日快乐",署名是"爸爸妈妈",代表我太太一起发的。我相信她们会理解,因为工作的原因我不能和她们在一起。

您刚才提到教养和教育的关系,实际上它们有联系,但是又不能够相互替代。作为媒体从业人员,知识水准就像文化水准一样,确实有一个非常重要的修养过程。但是这个修养的过程应该不包含或者不完全包含道德的成分。我们现在社会的道德水准,我认为,市场化的进程带给我们的污染和影响是存在的。

第二点,作为我们的国民素质修养,这一块还应该有一个提高的过程。日本和韩国在发展过程中都曾经遇到过道德滞后的问题。

曹景行老师曾经办过一个节目叫《风范大国民》,就是想对国民进行引导,我们不敢说教化。我想,对于媒体人在道德修养方面的提升,应该包含着我们的文化追求,还有我们的人文情怀,凤凰人管它叫道德追求、伦理追求,这是非常重要的。

关于个人素质，也是非常重要的。现在很多中国人到海外旅游，我们游客的素质排世界倒数第三，法国人排倒数第一，日本人是排第一。当然这个排名有没有那么科学，那是另一回事。现在内地人到香港旅游，被香港媒体所披露的陋习越来越少。"自由行"刚开始的时候，内地的游客在金紫荆广场光着脚蹲在那儿，鞋在旁边晾着，被很多报纸披露。当然这些报纸也低俗化。（全场笑）但是现在，这种现象越来越少了。

从媒体角度来说，"凤凰"首先要求尊重别人，要以礼相待，要以诚待人，这是我们所说的道德追求方面非常重要的一点。同时，我们也希望我们的媒体能够积极影响国民的素质。中华民族的复兴是文化本身的复兴，同时复兴的过程也应该是一个文明的过程。这就是我所说的文明的概念，一个是中华文明本身的复兴，一个是复兴的过程也应该是文明的过程。（全场鼓掌）

（原载《解放日报》2007年7月20日第17、20版　尹欣、吕林荫、张航、林颖、陈俊珺整理，金定根摄影）

点评

传播中的文化理解

解放日报报业集团
党委书记、社长　尹明华

今天,三位嘉宾演讲的内容,与媒体有关。

我们被人评说,这很重要。媒体的传播特性,决定了如果不端正自己的观念、行为,缺乏社会责任感,很容易陷入一种悖论,即会以短视的方法要求人们有长远目光,以狭隘的立场要求人们有大局观念,以本位主义的做法要求人们为社会作贡献,等等。

事实上,我们也已经看到,有一些大众传媒,会不同程度地习惯于以正确的姿态,要求社会这样或那样;喜欢以自以为是的理由,指导读者的阅读行为;试图以合理的形式,显示自己比他人优越。对于传播的结果盲目乐观,对于自身的评价过于自信。

　　这种媒体的浮躁之气，被范敬宜先生认为是缺失文化。怎样履行媒体的责任？刘长乐提出要传播良知。传播的力量何在？喻国明提出要有"水性"的品质。我完全赞同他们的观点。

　　在一个变化的多元社会，传媒的这类浮躁表现，是不合时宜的。这是因为，传播的价值，应该就是社会的价值取向；传播者的职责履行，应该就是社会的使命追求；传播产品的提供，应该是社会的必然需求。当读者有可能通过价格，来调节自己和传播的关系，甚至可以不通过货币等价物，随意选择信源渠道时，传媒有理由变得坐立不安起来。

　　传播，与其说是一种职业，一种介质，不如说是一种观察世界的方法。从文化的角度看，是一种习惯。所提供的恰恰是所需要的。价格存在其间，但不是衡量等价的主要理由，相互之间的交换十分自然，完全具有文化的默契和理解。进入到这样一种境界，供需双方的价值，就能获得一种均衡，体现出彼此的尊重。

　　传播，与其说是要求读者，定义社会，不如说是被读者要求，被社会定义。我喜欢用"联系"这个词，来表明传媒对社会的文化作用。事实上，我们在定义对象的同时，也在被对象定义。这种双重定义的现象，几乎是同时发生的。读者掏钱或花费时间，阅读、收看传媒内容时，就是给予传媒价值一种定义式的评价。让我们知道，我们做了些什么，我们做对了什么，我们还可以做到怎样的程度。

　　传播，不仅是一种市场行为，更是一种文化理解的方式。科学在思想中给我们以认识，道德在行动中给我们以秩序，市场在公平中给我们以收益。传播，则是在对科学、道德、市场和社会的文化融合中，给我们可能的理解。使我们感到，跨越人际和人文边界的链接，除了内容之外，还取决于一种让人喜欢接受的方式。

有人说，世界上所有的统计方法，都无法测量一个微笑的温度。对于传媒人来说，读者和观众微笑的温度，其实不需要任何统计方法的测量，而完全应该是一种文化意义上的流露表达，一种习惯范畴中的稳定联系，一种融合基础上的互动理解。只有这样，传媒的使命才可能是社会的使命，传播的价值才能是理想的价值，传播人的责任才能是公众的责任。

最后，让我们再次用热烈的掌声，感谢三位嘉宾的精彩演讲！

（原载《解放日报》2007年7月20日 第20版）

侧记

媒体和有关媒体的眼光

无限视野在巅峰。

当范敬宜、刘长乐、喻国明三位媒体人士,昨日走上解放日报报业集团第十届"文化讲坛"的时候,500多名观众对此次"文化讲坛"的主旨与追求,心领神会。

《媒体责任与文化传播》这个主题,属于媒体人自己,关注自身的责任与作为,这是一种内省;

更属于我们的社会生活,注重传播的方式价值,这是一种担当。

而这样一种内省与担当,通过传媒巅峰人士的眼光,更显得高瞻远瞩、心诚志笃。

范敬宜透视:新闻本身就是一种文化

原人民日报总编辑、清华大学新闻与传播学院院长范敬宜,作为一名"新闻队伍老兵",眼光自然老到。

关注媒体生态,他的眼光里,有从业 50 多年的丰硕积累,又有冀望后辈的宽厚与殷切。

当前,对于"媒体浮躁"的批评不绝于耳。范敬宜认为不能简单地一概而论,不应把"浮躁"两字当作筐,什么问题都往里面装。他将群众对新闻媒体的不满归结为三点:一个是媒体个别从业人员的职业道德问题,即"炒(作)""造(假)""(恶)搞",其中有的超出了道德底线,触及了法律;第二是媒体个别从业人员的工作作风,不负责任,甚至于玩忽职守,不但影响了媒体的威信,甚至给被报道的单位、个人造成伤害;第三有内涵、有分量的新闻报道不多。

浮躁的媒体从业人员自然写不出优秀的新闻作品。然而,一些工作勤奋、作风踏实的记者也苦于长期出不来读者欢迎、影响重大的"优质产品"。这又是为什么?范敬宜将原因归结到"文化"上:尽管前者急功近利,后者并不急功近利,这两种类型都有一个共同点就是文化修养的短缺,前者反映在他的思想意识上,后者反映在表达工作能力上。因此,可以说,媒体的浮躁源于文化的缺失。

如今,越来越多的读者和观众对高文化品质的栏目表现出"饥渴"。对于这种"文化饥渴",社会上的看法也不尽相同,有的叫好、称赞,有的说这是商业社会里的"虚热"。对此,范敬宜认为,即使是"虚热"也总比"不热"好:"北方农村有句谚语叫'下雨就有露水',在农作物最干渴的时候即使给一点露水也是好的。"

另一方面,因文化修养欠缺而闹出的笑话也层出不穷。范敬宜举了"你的家父""他的乃父""到我府上"等发生在新闻从业人员身上的例子,一时间会场上笑声一片。这些笑话背后隐藏着什么,文化的缺失又是怎样造成的?范敬宜将其归结于

长期以来人们对新闻与文化关系的错误认识。而他对新闻和媒体关系的透视则是,"新闻本身就是一种文化,而且是各种文化的交汇点。新闻人本身就是文化人,不论是称为'瞭望者'也好,还是'守望者'也好,新闻工作者都是应该有社会责任感、有学问、有道德、有能力的大家。"因此,只有以"文化人"的身份自尊、自信、自我要求,才能成为一名合格乃至优秀的新闻人。

在今天,排除烦扰,踏实文化功底,多写好作品,正是这位自谦"新闻队伍中的老兵"的老新闻工作者,对所有年轻记者的殷切期许。

刘长乐审视:良知更决定着媒体前途

凤凰卫视董事局主席、行政总裁,香港太平绅士刘长乐,静听别人发言时也常手摇纸扇,颇有"绅士"味道。不过他一开口讲话,却掷地有声,富有启迪。

睿智、自信是他的眼光,无论是回顾凤凰的成长,还是展望媒体的未来。他认为,"在社会变革中的媒体,良知更决定着这个行业的未来发展前途。"

凤凰卫视,素以"发现良知、追求良知、传播良知"为追求。当内地媒体羡慕凤凰卫视"空间大"时,凤凰人却有自己不为人知的酸甜苦辣。

最近几年,媒体似乎迈入了"名人时代"。在这样一种情况下,是跟着这股风走,大发名人财,还是顶住压力,坚守底线?刘长乐坦言,作为商业媒体,凤凰卫视无疑要靠商业收入才能生存和发展。但在赚钱之上还有一个标准——媒体的社会公信。"我们必须抵制恶俗,没有理由拿媒体这个平台向公众倒垃圾。媒体也应该或者必须掌握在有社会责任感的人手中。"

收视率是不少媒体竞相追逐的目标,但刘长乐却敢说:"我们有时候要付出牺牲收视率的代价,如果只讲收视率,凤凰卫视就不要办了。凡事不能走向极端。"这番"讲收视率,又不唯收视率"论,充分体现了他作为一个媒体管理者的清醒头脑和社会良知,也道出了凤凰卫视良好的社会公信力的来源。他举例说,以《文涛拍案》知名的主持人窦文涛,以"短命""苦命""黑命"来形容自己的节目和工作状态,经常为他节目里故事的情节所感动、所激愤,躲到一旁流下一把凡人泪,然后回来若无其事地继续做节目。因为他认为"做节目给我们提供了很好的空间,按照政策的分寸来伸张正义",因为凤凰人相信"良知是人类人性中最崇高的感情"。

汉代刘向说:"君子欲和人,譬犹水火不相能然也。而鼎在其间,水火不乱,乃和百味。"这句话深得刘长乐之心。他认为,在社会的变革和重组中,有些分歧是不能消除的,它们尖锐对立如同水火。但如果能够找到一只鼎锅隔在其间,让它们发挥出各自的作用指向共同目标:煮熟食物,调和百味,那么势如水火的分歧也能缓和。"这种缓和的要点是坦陈立场,指出问题所在,划清界限,维护各自底线,努力造就这样一种氛围,那就善莫大焉。"

喻国明前瞻:创造"兔子打败狼"奇迹

中国人民大学舆论研究所所长、被称为"媒介军师"的喻国明,站在"文化讲坛"上侃侃而谈的,自然是媒体的命运。

他目光稳健,且长远,一开场就前瞻了传播在今天和未来的作用,他说,"传播作为一种资源,一种社会力量,跟水性是非常接近的。它无所不在,在现代社会当中起的作用越来越显著。"因为社会越是发展,人们对传播的力量依赖的程度就越高。

在喻国明看来,媒体的责任源自于传播的影响力。因此,媒体的责任首先不在于具体的报道事件,也不是具体的报道技巧,而是要求我们站在整个社会的高度,以对社会整体发展负责任的态度,去辨别事实和是非,并传播给大众。

他指出,媒体应该善于把握社会发展中的大问题、重要问题。"我们看到有些媒体很热闹,阅读率、收视率也很高,但是人们觉得这个媒体对于我来说不重要。而有些媒体也许平时没有那么热闹,一些记者平时所做的报道不受那么关注,但是有一两篇报道从某个角度回答了社会深刻问题的时候,就被人们记住了。"在他看来,媒体应该"有所为、有所不为",媒体人的责任就是用自己的智慧和能力,为处在"挑战—应战"状态中的社会,提供一种帮助,一种支持。将专业能力融会于社会发展的潮流当中,媒体的价值才能体现。

当前,媒体被期许为弱势群体的代言人。喻国明认为,这并不是说媒体天然是弱势群体的代表,而是因为,今天社会在传播领域出现最大的问题是信息不对称和话语表达的不均衡。如果整个社会缺少对弱势群体的基本信息服务,整个社会发展就会遇到障碍,甚至付出代价。因此,媒体有责任为实现社会平衡而履行自己的职责。

此外,喻国明还为当前媒体从业者道德水准作了辩护:"我不太赞成说今天的媒体工作者整个的道德滑坡这样一个判断。在我看来,媒体的职业道德在于它是否扮演了社会分工当中所应该履行的角色,比如说守望者的角色,比如说话语均衡表达者的角色。从这一点上来说，现在的媒体人努力在尽自己的职责。"没有人能够否认，我们正处在一个社会发展、急剧变革的时期，有很多新的问题和新的现象。在喻国明看来，这正是媒体人的幸运所在，因为背后有一个正在兴旺发达的国家、社会。他讲了一个有趣的故事——有一只兔子在写博士论文，论文题目叫《兔子如何打败狼》。狼看了大笑：你的论据在什么地方？兔子指着后面的山洞说，论据就在里面。狼进去一看，大惊失色——一只狮子正在那里剔牙，它对狼说："写论文要什么论据，关键看导师是谁。""中国的媒体人也许是只兔子，但中国社会应该是一个已经睡醒的狮子。由于有这样的狮子，我们媒体人只要能够恪尽自己的职守，就能创造出打败狼的奇迹来！"

　　台上三位嘉宾精彩演讲后，台下率先站起来提问的，是一位特殊的观众——曹景行。他是第一届"文化讲坛"的嘉宾，两年后的7月，他兴致勃勃再次赶来，聆听一场有关媒体与文化、责任与价值的"头脑风暴"。

　　吸引曹景行的，是《媒体责任与文化传播》这一切中媒体人思考的主题，更是两年来"文化讲坛"所呈现出来的那份努力与真诚——彰显文化追求，激扬文化力量。

　　透视、审视、前瞻……这关注媒体命运和文化力量的眼光，以其诚挚、热情和智慧,更吸引了台下所有的观众。

人们在吸引中聆听,在聆听中思考,在思考中感触……

(原载《解放日报》2007 年 7 月 17 日 第 5 版　记者曹静、黄玮采写)

第十一届文化讲坛"聚焦长三角"专场：
区域发展与文化动力

葛剑雄 复旦大学历史学博士。现任复旦大学图书馆馆长、中国历史地理研究所教授,教育部社会科学委员会委员,中国地理学会历史地理专业委员会主任,中国秦汉史研究会副会长,中国史学会理事,上海市历史学会副会长,国际地球生物圈中国委员会委员,HISTORICAL GEOGRAPHY编委,上海市政府参事,上海市政协常委。曾多次前往美国哈佛大学、英国剑桥大学等国际著名高等学府进行学术交流。已出版专著二十余部,发表论文百余篇。

演讲篇

文化的生命力在于流动

葛剑雄

嘉宾主持慎海雄（新华社上海分社总编辑、新华社长三角新闻采编中心主任）：在请葛剑雄先生演讲之前，我先讲个小故事。我们新华社上海分社有一位女记者叫张建松，很能干，最近，国家极地办来个通知，邀请她参加第24次南极考察。在考察行前，我们商量，能不能到上海动物园去看一下极地动物在上海的生存状况。她就去了，看到了南极的帝企鹅、海豹。她发现一个非常奇怪的现象，南极的帝企鹅到上海生活，已经是第三代"移民"了，这么热的天，它们在35摄氏度的高温下还能闲庭信步，待在空调房里反而会生病。（全场笑）都说一方水土养一方人，我觉得其实一方水土也养一方"鹅"。（全场大笑）因为它们的生存环境变了，而且慢慢地固化了，变得非常适应上海的高温天气。

今天葛剑雄先生演讲的题目是《文化的生命力在于流动》，大家欢迎！（全场鼓掌）

主持人、各位领导、各位朋友，大家下午好！今天很高兴有这个机会，在这里讲一点自己的心得体会。

刚才听了主持人的话，我感到很亲切。他讲的是企鹅的流动，我下面要讲的是人的流动。今年是我移民上海50周年纪念，（全场笑，鼓掌）我本人祖籍和出生地都是浙江，到小学6年级才到上海来，50年了。主持人还讲到，他们的一位记者要到南极去，这对我来讲也很亲切。现在是第几期了？（转向慎海雄问道）

慎海雄：24期。

我参加的是第17期南极考察队。当然到南极是一次偶然的机遇，不是正规的流动。我今天要讲的是，文化的生命力在于流动。

我觉得海派文化也不过是上海众多文化中的一部分，如果认为上海的文化都已是海派文化，那是一种误解

我想以上海文化为主来讲这个问题。我不用海派文化这个概念，因为我觉得海派文化，即使大家对它的评价一致，它也不过是上海众多文化中的一部分，因为上海以前的流动太快，所以还有相当一部分文化没有融入或者被改造为海派文化。如果认为上海的文化都已是海派文化，那是一种误解。今天恐怕也是这样，很难说今天有哪一种文化已经完全有上海特色，并且具有排他性，而且我相信永远也不会有。对于一个活跃的城市、一个经常处于交流状态的城市而言，它不可能只有一种文化。

那么，上海历史上的文化状况如何？现在有两种极端的说法。一种是西方冠以的，说上海是从一个小渔村变成了东方大都市、国际大都市。其实在小渔村变成大都市之前，上海的发展已经经过了相当长的一个阶段。另一种说法是这些年才有的，说即使西方不来上海开租界，上海也会发展成今天的样子，我想这也是一个阶段性的说法。

我个人认为，上海之所以能够在文化上具有在中国乃至在世界上少有的优势，应该承认有两个重要的因素，一个是租界，一个是移民。尽管租界产生于帝国主义对中国的侵略，它是违背中国人民意愿的，并且是中国人的耻辱，但它客观上为一种新文化的产生、为一个新的国际大都市的诞生提供了一定意义上的文化基础。但是有了这个基础之后，真正的文化创造靠什么？还是靠上海的人，其中就包含了人的互动交流，不断的交流。

1843年开埠以前的上海，客观地讲，它的文化在中国文化中处于中等水平。尽管它所在的地区是江苏省的松江府，这是中国最近一千年来经济文化各个方面最先进的地区，但平心而论，当时的上海县在松江府中不过处于中等地位，无论是它的文化底蕴，还是它当时的文化状况，都抵不上松江府的华亭县，抵不上青浦，甚至抵不上嘉定。跟其他城市，比如苏州、杭州、扬州、嘉兴、常州这些地方相比，上海不过是一个县城，显不出多少优势来。但是，在1843年开埠以后，上海的发展速度非常快。到上世纪初期，国内外公认上海已经具备了文化方面的某种优势。

除了我刚才提到的租界以外，靠什么呢？应该讲就是靠人口的流动。在上海刚开埠的时候，整个县的人口仅仅50万多一点，但是它的发展速度快到什么程度呢？到1900年的时候，上海的人口突破100万；1915年的时候，人口突破200万；1929

年的时候，人口达到 300 万；1942 年的时候，人口已经接近 400 万；到 1949 年上海解放的时候，人口是 550 万，加上流动人口号称 600 万。这样的速度，在国际上是少有先例的。我比较过伦敦，伦敦的城市化发展速度也非常快，但是在人口增长方面，无论是从速度，还是从外来人口的比例来讲，都没有上海那么快、那么高。上海在相当长的一段时间里，外来的移民占到总人口的 80%，而且这些人多数是以定居为目的。

这里顺便讲一讲，从文化交流上讲，流动人口也可以起作用，但是作用最大的，是由对本地产生归属感的移民所起到的。在座各位当中，特别是很多年轻人，你们大概也是属于移民，对吗？我们可以比较一下，当你在上海还是处于一种念书，或者流动的状态下，跟你现在有一定的归属感相比较，应该承认，无论是主观上对文化的认同，还是有意识对本地文化的一种改造，都要比你在流动状态下强得多。

来自各地的高素质外来人口，使上海的文化吸收了营养，也使这些差异很大的文化在上海汇集、交流

上海的文化交流靠什么？就靠大批外来人口。这批人又是素质比较高的。为什么？上海主要的移民来自浙江和江苏，其中最主要的部分又来自长江三角洲，就是以前我们讲的浙西，现在叫浙江南部，还有江苏南部。这些地方是从公元 10 世纪以来，也就是说从五代到北宋初年开始，已经在经济、文化方面处于先进地位的地方，并且久盛不衰。所以上海流动人口来源的地方本身就是经济、文化发达的地区，相对而言，这些移民的素质是比较高的。还有一些人尽管不是来自发达地区，但是能够在上海生存下去，是因为有他们的特长。所以，上海移民本身素质高，传播文化的能力就强。

另一方面呢，它是多元的。比如说，除了江苏、浙江以外，

还有一批很重要的移民来自广东。我们知道,清朝在五口通商以前,唯一开放的口岸就是广州,广州早就积累了一批涉外人才。上海在刚开埠的时候,涉外人才十之八九来自广州。从一般的 Boy(服务员)到打字员,到洋行的 Compardor,就是买办,都清一色是广州人,以后才慢慢增加了苏州人、宁波人、本地人。广东移民在上海也有很多优势,比如南京东路上的四大百货公司,全是广东人开的。

又比如来到上海的安徽移民,我们以前知道有很多徽商,尽管徽商到了上海以后风光不再,但是他们在上海的商业中,特别是在华界的商业中起了很大的作用。还有上海移民中的湖北人,因为当年张之洞在湖北办洋务,在铁路、机器制造、开采矿产方面,湖北有一批人才,在上海办洋务、造铁路、搞机器生产的时候,他们就发挥作用了。

这样看来,跟天津等其他移民城市相比,上海的国内移民是最多元的。几乎在全中国,没有一个地方的人当中没人移居上海,没有一个少数民族的人当中没人移居上海。这就使上海的文化吸收了各方面的营养,也使这样一些差异很大的文化在上海汇集起来,进行交流。

上海的文化交流不仅存在于国内,还来自于国际;上海的文化不仅是现代化的,也融入了传统与现代的交流

这样的特点还反映在中外的交流上。

上海刚开埠的时候,只有 26 个外国人。但到太平洋战争爆发前期,上海外侨的高峰达到 15 万人,这 15 万人还不包括流动人口,是经登记的、在上海常住的侨民。当然,一开始是因为有英租界、法租界,以后有了美国租界,美国租界和英国租界合并成为公共租界。来自这些国家的移民当然比较多,其中有几支外国人群体起的作用显然更大。

一支是犹太人。我们知道,沙逊、哈同、嘉道理家族中,很多都是犹太人。犹太人在上海这样一个新兴发展起来的工商业、服务型的国际大都市中,如鱼得水。讲上海是冒险家的乐园,这个话是西方人说出来的。"冒险家的乐园"有两层意思,一方面当然包括有些人利用非法的手段获取财富,但是另一方面也说明,这些人到上海,他们承担了风险并且也获得了成功,所以才成为乐园。包括后来在欧洲,法西斯驱逐犹太人以后,很多犹太人把上海视为他们的乐土,因为当时他们在欧洲、在世界上很多大城市都被驱逐,但是在上海,他们可以自由地登陆,非常容易地定居,所以在上海,犹太文化曾经起过比较大的作用。

另外一支就是白俄。俄国革命以后,被驱逐出境的那些俄国的上层、贵族和知识分子,他们中相当一部分人到了上海。他们对西方文化与上海文化的交流,比如在音乐、绘画、舞蹈、语言等方面,起了很大作用。当时很多在上海学习西方文化的人,就是跟着这些白俄知识分子学的,在上海一些主要的艺术社团里,白俄移民都起了作用。

还有一个特殊的群体就是日本人。很多人误以为日本在上海是有租界的,其实日本是没有租界的,日本人主要就是聚集在公共租界,也就是今天虹口那一带。但是日本人在上海的活动,在文化上对上海的影响也是不可小觑的。这其中,有的是正常的文化交流,对中国是有好处的。比如说,中国有很多社会科学方面的知识,包括很多社会学词汇,有很多是通过上海从日本传过来的。有些日本教科书,通过上海的一些机构,将影响力扩大到全国,而被我们所采用。

但另一方面,日本也利用上海在文化上进行渗透,进行他们的活动。我们知道,日本通过上海做了大量调查,掌握了中国很多方面的资料,也通过上海购买了湖州大藏书家陆心源的皕宋楼,把那里的珍贵文化典籍统统拿走。但是与此同时,中国人在上海也购买了不少日本的珍贵典籍。可以看出，上海的文化交流，不仅在国内，也有来自国际的影响。这方面的例子还很多，由于时间关系就不一一讲了。

所以当时上海的文化交流，可以说一种是地域性的。比如上海跟苏浙等地的移民的交流，以及跟流动人口的交流，这是一类。这方面的成果很多，有些已经远远超出了交流的范围，得到了新的提高。比如我举一个年纪大一点的上海人都了解的例子——越剧。越剧发源于浙江的嵊州，当时叫嵊县，但是它原来在浙江的时候，只是演演草台戏，层次比较低，叫"的笃班"。它真正成为有影响力的剧种，是在上海。在上海通过知识分子的介入，帮助其总结、提高，以及利用上海这样的舞台，使它演到全国。我们也知道，很多来源于上海之外的文化名人，他们刚到上海时还不是什么名人，是通过上海这个特殊舞台的交流使他成名的。这种例子非常多。

还有一部分交流，就是刚才讲到的中西之间的交流，中国与西方的交流。

第三个层次就是传统和现代的交流。我们提到这个问题时，有人觉得不理解，上海既然是这样一个现代大都会，它的传统体现在哪里呢？因为，传统文化的拥有者，他们也会到上海来。这样，上海在近代这段时期内，就发生了传统和现代之间的交流。它的结果，我认为是相当积极的。

人口应该有进有出，交流不应是单向的，而是双向的

当时的上海，由于处在这样的交流中，它的人口绝不是只进不出。比如说，上海在迁移的高峰时候，每年迁入人口大概在 50 万左右，但是每年迁出多少呢？上世纪 30 年代，有好几年迁出的人口在 45 万以上。也就是说，上海的人口尽管增长，但是曾经有进有出，交流不是单向的，而是双向的，并不是所有

人才都要集中到上海来。

我举一个大学的例子,当时在上海周围地区的几所大学,应该说都是各有千秋,比如苏州的东吴大学是当时中国法学水平最高的学府之一,中国恢复在联合国的合法席位以后,在世界范围内产生影响的几位大法官、法学界的泰斗人物,几乎都是东吴大学出来的,他们并没有因为上海重要,而都迁居到上海来。

又比如复旦大学1980年的时候拥有10位科学院院士,但这10位院士中有8位是原来浙江大学的。1980年,浙江大学的院士有40多位,但并没有因为上海强大,这些人才就都非要来上海不可。还比如说以前的无锡国专,曾经起过很大的作用,很多研究国学的大师级人物都是在那里主讲或在那里受过训练的。

而上海的一些大学呢,复旦大学开始是私立的,后来变成国立,它当时比较见长的是新闻学、心理学,还有农学;上海交通大学的工程学出名;同济的医科、土木工程学出名。这样的话,相互之间交流的结果是互补的、互相促进的。当时经常有这样的情况,有人是在上海念的大学,然后到江苏去做小学教师,再到浙江去办一所中学,然后又回到上海,是处于一种良性循环的交流过程。这样的交流对双方都是互利的,在这个过程中,江苏、浙江的文化也得到很大的提高。前几年,我让我的学生去做社会调查,他们发现在长江三角洲地区,不少小镇以前都曾经有过好几种报纸和杂志,这些办报的设想是从哪里来的呢?有很多都是从上海学的。

但是非常遗憾,1950年以后,这样的交流逐步停止了。从人口上看,1950年到1957年,上海净迁入49万人。但对比一下上海迁出人口的情况,我们可以看到,上海那个时候主要是在进行文化和人才的输出。

比如以前上海的文化人中,很多重要人物都到北京去了。还有一部分去支援各地建设,包括支援东北、支援西北。解放以后,又有参军、参干,比如福建有很多老干部,包括新闻界里,很多原来都是复旦新闻系的,有些还没毕业就跟着解放军南下参军、参干了。还有一批人,从1945年以后一直到1949年,陆续迁往台湾。在1953年以前,还有大批人移民到了香港。有个笑话说,有一次香港高官在一起开会,大家互相看了看就说,我们既不讲英语,也不讲广东话,我们干脆讲上海话算了。为什么呢?你们看,董建华、范徐丽泰、吴光正这些人,尽管他们并不都是上海人,但是都曾经在上海生活过,都会讲上海话。

而上海净迁入49万人,主要是退伍军人、南下干部,以及投亲靠友、到上海来求职的人。客观地讲,迁出的人群与迁入的人群,在文化上对上海来讲,不是一种正常的补充。

1958年到1965年,上海净迁出83万人,这些人主要是支援大小三线的。根据1980年的统计,上海支援三线,我看到的数据是2000亿元人民币,这是物资。人才就更多了,有很多是整厂迁移,其中又以技术工程人员、熟练工人为多。1966年到1976年,当时以上山下乡为主,还包括一部分继续内迁的,上海总共迁出90万人。

那些年里,人才的交流越来越困难。我们还记忆犹新,当时有谁要调到外地,或者从外地调进来,一般都要找到对象进行"两调"。从1958年国家制订法律不得随便迁入城市开始,体制以外的流动都停止了。

行政区划、单位所有、有进无出,是阻碍文化交流的三个主要因素

这种状况,改革开放以来有没有改变?当然有了很大的改变。但是我们应该看到,在今天,一方面资讯发达,另外一方面交通越来越便利，前天我坐动车组，从上海到杭州也只要75分钟。从长江三角洲其他的任何一个地方到上海来，比起当年陈云同志从他的青浦老家到商务印书馆上班，都要方便得多。（全场笑）

但是与此同时，阻碍文化交流的因素依然存在，首先是行政区划。以前上海如果要做什么事，比如当年南京梅山钢铁厂要划归上海，那里就要通用上海粮票、上海户口，就只能用行政区划的方法才能解决问题。在这种情况下，文化的自由交流很难实现。

第二个因素，就是单位所有。我曾经跟史晋川先生讲，你就是复旦的人才交流到了浙大。而现在的交流呢，要么我们想把他们的人才"挖"过来，要么他们想把我们的人才"挖"过去。如果不"挖"，正常的人才交流还能不能进行？还有，现在这种交流，我们往往认为人才归了你，我这里就削弱了。我们为什么就不能通过交流，像历史上曾经有过的那样，让双方互补互利呢？

第三个因素就是，现在往往是有进无出。改革开放以来，特别是这几年，上海敞开大门欢迎人才进来，但是出去了多少人？如果一个人才在上海发挥不了太大的作用，他会不会出去？现在看来，很少。还有，上海的文化假如说真的要影响国内其他地方，或者世界其他地方，人才不走出去，不去进行人与人之间的交流，行吗？这些问题都是我们今天必须面对的。

正因为这样我才愿意，也希望用这个观点跟各位交流，那就是文化的生命力在于流动。我希望在不久的将来，我们能够看到上海人、上海的文化进入到一个与江苏、浙江，与全国、全世界更加密切交流的时代。谢谢大家！（全场鼓掌）

（原载《解放日报》2007年8月17日第18、19版）

宋林飞 全国政协委员。现任江苏省社会科学院院长、南京大学社会学系教授。兼任第四届国务院学位委员会政治学社会学民族学评议组成员,博士后流动站法学学科评议组成员,"八五""九五"全国哲学社会科学规划社会学学科组成员,教育部高校社会学专业教学指导委员会副主任。国务院特殊津贴获得者;国家有突出贡献专家。主要从事经济社会学及政策研究。

推进发展需要文化思维

宋林飞

嘉宾主持慎海雄(新华社上海分社总编辑、新华社长三角新闻采编中心主任):葛先生从解放前白俄的舞娘到现在文化交流中的弊端以及困惑,纵论上海的文化交流问题。确实引人思考。

宋林飞先生是江苏省社科院的院长,他也长期从事房地产研究。虽然现在有些地方的房价年年涨、月月涨、天天涨,可是宋院长执著地为调控房价而呐喊,所以我对宋院长是很崇敬的,因为价格越涨,他的斗志越高。最近听说他的有关建议得到了中央的高度重视,所以我现在还没买房子,等到宋院长的调控建议出效果的时候,建议他先发一个短信给我。(全场笑)但是他今天不谈房价,谈文化。我们欢迎宋先生给我们演讲:《推进发展需要文化思维》。(全场鼓掌)

各位来宾,各位朋友大家好!这次解放日报报业集团的同志来南京邀请我参加文化讲坛,我马上就答应了,主要原因是近十年来我在全国"两会"上的一些发言和提案,《解放日报》曾多次登载,所以我也属于"老作者"了,在此要表示感谢。(全场笑)但是后来一想,觉得答应得有些草率,因为当年我第一次讲文化就没讲好。1987年我写了一本书叫《现代社会学》,当时上海人民出版社把这本书和王沪宁的《比较政治学》列为新学科丛书,在北京的红旗杂志社搞首发式。首发式上来了很多专家学者,当时周谷城老先生也来了,他在发言的时候说:"宋林飞写了一本社会分析学,我看了一下发现没有介绍我的'文化定义',下次他要补上。"20年过去了,周老先生的嘱咐我还没有完成,这次又跑到上海来讲文化。现在想想,我还是蛮有勇气的。(全场笑)

长三角的发展需要文化,需要优秀文化,需要个性的文化

今天我就谈文化思维。我想讲三个看法,第一是长三角需要文化,需要优秀文化,需要个性的文化。

小时候我听到一个故事:有人到一位老先生家去做客,老先生出于礼仪吩咐家人:"上茶!"那人第二次去的时候,老先生发现这个年轻人谈吐不俗,他很高兴,就吩咐家人:"上好茶!"那人第三次去的时候,老先生已经开始喜欢他了,觉得这个人很有才识,所以就吩咐家人:"上我的茶!""上茶""上好茶""上我的茶",这是三种礼遇。我想,我们是不是也可以类比一下:长三角的发展需要文化,需要优秀文化,需要个性的文化。个性文化是不能模仿的,所以就是一种创新文化。这样来看问题,我觉得应该说是一种文化思维。

文化是一个民族的灵魂。一个国家在崛起之前,都有一段时间的文化繁衍。在中国历史上是这样,在当代,我们的改革开放也是这样。在改革开放初期,也有一个很重要的文化推动,那就是真理标准大讨论。从思想深度和冲击力来看,应该说那是一次真正的"文化大革命"。在这次大讨论的初期,我带南京大学哲学系的学生到安徽农村调查,当地领导表示支持我们的调查,但他提了两个要求:"第一,你们师生来调查,不要反对我们搞包产到户。第二,你们系主任胡福明写了一篇《实践是检验真理的唯一标准》,请他来给我们讲一课。"你们看,他们的条件不是向我们要经济,要物质,要的是理论知识,就是要文化。

改革开放发展到今天,文化的重要性进一步提高了。当今世界,文化与政治、经济的相互交融,在综合国力竞争中的地位和作用正越来越突出。我们对文化的认识也要有进一步的提升,必须充分估计到在经济、政治、文化、社会等四位一体的发展过程中文化的战略地位,要考虑到在知识经济和信息时代,文化竞争力的核心作用。

我们面临的第二次现代化,是文化知识与社会发展的现代化

国外有许多学者认为,我们正在面临第二次现代化。开全国"两会"的时候,我们收到了中国科学院发给我们的关于第二次现代化的评估。这种理论认为,重视经济发展和物质进步是第一次现代化;重视文化知识与社会发展,是第二次现代化。也就是说,第二次现代化是指工业社会向知识社会、工业经济向知识经济的转变。

我曾到多伦多大学访问,又到过美国、俄罗斯、法国等很多国家,觉得他们新的建筑都不多。不像在我们这里,都是把城市的建筑物作为城市发展的标志。那么这几十年来,那些国家的发展体现在什么地方?他们的发展在于文化,在于科学技术的进步,在于金融向国外的扩张、服务业的外包,等等。所以,

它的精华其实在于物质后面文化动力的进步和发展。

在这种国际背景下,我们长三角地区的经济怎么发展?特别是城市经济怎么发展?以前我们认为城市缺乏规模效应,是"小马拉大车",所以很多地方都主张搞大城市。但是做大相对容易,做强是比较难的,所以怎么做强,是现在很多大城市都在考虑的问题。

我最近到了两个地方,一个是南京市鼓楼区,它位于南京的主城区。调查发现,因为很多大学都在这个区,它就充分利用科教资源,以科学研究和技术服务为核心的高新技术产业,已经发展成为这个区主要的经济增长动力,它的发展速度远远快于南京市和江苏省的速度。这个城区找到了文化发展的动力,就克服了大城市城区经济发展的瓶颈制约。后来我又到苏州的主城区沧浪区去调查。这个区多年前就提出了一个口号叫"文化立区"。我们在世界经济史上看到的多是工业立国、出口导向、科教兴国,"文化立区"的提法是不多见的。

长三角要实现持续的率先发展,关键在于文化自觉

第二个看法是,长三角可持续发展的关键在于增强文化动力。

有人说,长三角经济即将出现拐点。我不赞成这个看法。我认为,长三角经济快速发展还要持续相当长的一段时期,但是这里也有风险。其中的关键是发展模式的创新。

上个世纪七八十年代,在长三角地区首先出现了"苏南模式",乡镇企业在江苏率先异军突起,这其中上海人作出了贡献,上海的一些退休工人和星期日工程师支持了苏南的乡镇企业;到了上世纪八十年代,出现了"温州模式",个体私营经济在浙江遍地开花;上世纪九十年代,在市场经济过程中出现了"浦东模式",外向型经济、总部经济在上海浦东闪亮登场,成为长三角经济发展新的动力源。

那么,现在长三角地区如何实现持续的率先发展?上海、江苏、浙江三地社科院联合编写了一本蓝皮书,去年轮到我主编,我就写道:可持续率先发展,就是长三角已经率先发展了,怎么把这个率先长期化?现在看来,一个重要途径就是文化推动,尤其是其中有一个问题叫文化自觉。文化自觉这个概念大家可能比较生疏一点,我在这里简单谈一下想法。当前文化自觉的重点是克服长三角地区的文化弱点或者叫"弱文化"。在古代,苏浙出状元;在当代,苏浙沪地区的文化也相对发达,有很多亮点,也有一些值得反思的地方。费孝通先生在晚年强调文化自觉,主张看看自己说过的话、做过的事,是否要修正、改动。

长三角地区也有文化自觉的问题。所以,下面我斗胆对三个地区的文化发表一点议论,偏颇之处请大家批评。

现在上海正在建设国际大都市,我觉得它文化上的问题是需要克服所谓的"大上海文化"

上海文化被称为海派文化,这是一个褒义词,肯定了它对外开放的意义。现在上海正在建设国际大都市,我觉得它文化上的问题是需要克服所谓的"大上海文化"。我的家是从上海迁移到江苏南通去的,我小时候经常回上海,我一到舅妈家,舅妈就会说:"乡下外甥来哉。"看到我妈就是:"乡下姊妹来哉。"在当时的上海人看来,不要说是农村来的,就是周边城镇来的人都是"乡下人"。(全场笑)

长三角地区的经济发展和文化建设,上海都是龙头,这一点是毋庸置疑的。客观上,上海经济已经对江苏经济和浙江经济形成了很大的辐射拉动作用。主观上,上海人今后应该为江苏人、浙江人进一步作出榜样,胸襟更宽、思路更新,也就是说,要更有文化。

江苏文化中的求实与创新精神十分可贵,不仅使中国民族工业在这块热土上首先发育成长,还创造了胡锦涛、江泽民两任总书记青年时期良好的学习和成长环境。但是,江苏文化也有弱点,近年来这个问题已经暴露出来。前不久,太湖蓝藻水污染事件爆发,是苏南经济快速发展进程中的一个负面现象。太湖蓝藻水污染的恶化,不是某一届、某一地政府之过,也不是某一家企业造成的,大家都是有一定责任的。江苏人具有率先意识,但是在一定程度上受到了先发展后治理等观念的影响。

最近江苏省委、省政府多次开会,要在更深层次上寻找落实科学发展观中存在的盲点和不足。省委书记李源潮说:我们欠了自然的债,必须还,必须快还。他要求铁腕治污。应该说在江苏经济发展几十年来,这一次是最突出强调的,这也是文化自觉的表现。

我曾经在胡锦涛总书记召开的一次座谈会上说,彻底贯彻科学发展观、树立正确的政绩观,具有非常重要的现实意义,有利于培育发展长效机制,更好地解决民生问题,但是真正要做到,绝不是一件轻而易举的事情。很多干部,都有成就冲动,没有成就动机的干部不是好干部,但是不能保证有成就动机的干部都能量力而行。

下面我说说浙江文化。具有敢闯、敢冒险的精神是浙江文化的优点。我在我国新疆伊犁、美国纽约、俄罗斯圣彼得堡等很多城市都见到过温州人开的餐馆和商铺,温州人遍布世界,真是"无温不市"。好比以前江苏人说"无宜不教",就是说没有宜兴的教授,大学是办不成的。温州人在国外看到我都很高兴,浙江人在外地都把我们江苏人看成老乡。

浙江文化中也有"弱文化",例如经济伦理问题。在当前的世界市场上,不少国家对中国的低价产品的质量与品牌颇有微词,这已经成为我国进入WTO后国际贸易的新壁垒,这个问题应该引起商界的高度关注。几年前,浙江、上海、江苏三家社科院在义乌联合召开了"市场经济诚信"的理论研讨会。这说明,诚信文化建设已经引起了长三角地区理论界的高度重视。

我国搞市场经济搞了十多年,时间不长,还不成熟,我认为最不成熟的地方就是诚信不足。这不是一地的问题,这在长三角地区有一定的普遍性。比如上街买东西,标价是不是合理,标牌是不是真的,总是让人有些不放心。这种不信任的文化在我身上也根深蒂固,有一次我在纽约买东西,想给女儿买一条项链,我就问:"这个是不是真的?"美国营业员说:"你们中国人怎么老喜欢问是不是真的,(全场笑)在我们美国标价不能假,假的是要受严厉处罚的,我们用不着这样做。"

这就是我对三个地区文化的一点简单的思考。

当年中央决定上海浦东开发开放的时候,江苏省提出要"支持和主动呼应浦东开发开放"。以后,江苏和浙江都提出了"接轨上海"的口号。要怎么接轨呢?我在上海也参加过讨论。现在最重要的就是文化怎么接轨的问题。要加快发展长三角一体的文化观念,打破行政区划的概念,克服各种以行政区为区隔的地方主义文化。长三角一体化不只是经济要素的自由流动,更重要的是深层次的文化要素的交流与融合,要以文化一体化推进经济一体化。

"强政府、强市场"的基础在于"强文化"

第三,要寻找、培育新的发展模式。文化对经济发展具有重要的作用。有些文化因素可能促进经济发展,有些文化因素可能阻碍经济发展。单位文化、地区文化,其中都存在一定的文化壁垒阻碍文化要素的流动。突破单位与条条块块的局限,共同培育区域创新文化,是建立长三角区域创新体系的关键所在。

当今世界提倡合作创新、技术创新、科技创新、制度创新，其实目前合作创新已经越来越成为主流。我们已经进入了大科技时代，科技前沿的重大进展绝非一个单位、一个地区的力量和资源所能实现。研究开发的社会化、国际化，是一个大趋势。所以，过去我们三地的社科院之间走动没有这么频繁，三地的领导走动也没有这么频繁。现在大家都希望共同寻找好的区域经济发展途径。现在世界上有那么多的人向往"地球村"，我们能不能提出一个"长三角村"的理念，同时把这种理念转化为以下的实践：组织核心技术、关键技术的联合攻关，共享研发成果，提高区域的竞争力。

发展市场经济有人主张"强政府"，有人主张"弱政府"。如果是"强政府、弱市场"，当然要不得。有没有"强政府、强市场"？如果有的话，应该是肯定的。但依我看，首先需要的是"强文化"。陈云同志倡导领导干部要"踱方步"，多思考战略性问题。但是，现在有一些领导干部忙于迎来送往，缺少读书和思考问题的时间，怎么增强文化？

创新发展模式的关键在于，变"长三角制造"为"长三角创造"

现在发达国家的学者也越来越多地应用文化因素来解释经济增长。目前，我国经济仍然处在投资推动为主的发展阶段。长三角正在发生经济增长方式的转变。国际上判断经济增长阶段的一个流行标准是：科技进步贡献率30％以下的是粗放型，30％到50％是准集约型，也就是半粗放半集约型，50％到70％是集约型，70％以上是高度集约型。也就是说，经济增长方式的优劣、经济发达的程度，其判断标准主要是看经济中科技等文化的含量。我最近测定了一下，到去年年底，江苏经济中的科技进步贡献率已经达到50％以上，开始进入集约型经济增长阶段。

"苏南模式""温州模式""浦东模式",都曾经创造过辉煌,引领过长三角以至中国经济的发展,开一时风气之先。但是由于这些模式的内外部环境和条件在不断变化,因此它们必须不断地创新,不断地趋同。所以我不太赞成当时说"苏南模式"好,"温州模式"有问题。到了上世纪90年代,江苏的乡镇企业改革了,这个时候又有人提出"温州模式"成功了,"苏南模式"失败了。没有这回事,我觉得不要以一种模式来否定另外一种模式。

创新发展模式的关键,是进一步增加知识、科技、人才和文化含量,确立文化优势,提高文化竞争力。这三种模式发展的前途都是同一个道理——"长三角制造"要变成"长三角创造",卖体力要变成卖智力,贴牌生产要更多地转变为专利生产。长三角要成为独有竞争力的世界大都市群,关键在于推进科技、观念等文化要素的原始创新。现在我们讲的"原创"都是讲技术,其实有利于制度创新的理论等都需要原创,走前人没有走过的道路。其中政府的责任是扩大公共文化的供应,引导与丰富民间文化。

古人说,上有天堂,下有苏杭。苏杭是长三角的代名词,这里不仅是享乐的"天堂",更是创业的"天堂"。不仅有城市景观的文化积淀,而且要培育更多的文化资本,形成更多的文化纽带。我们共同的责任,是积极参与文化建设,造就一流的区域文化,推动长三角成为中国、亚洲乃至世界的经济增长极、社会发展的实验室,以及最适宜人居的地方。

今天到这里第二次讲文化,恐怕又没讲好。(全场笑)谢谢大家!(全场鼓掌)

(原载《解放日报》2007年8月17日第18、19版)

史晋川 经济学博士。现任浙江大学经济学院教授、博士生导师、常务副院长,兼任国家社会科学基金评审委员会委员、教育部社会科学委员会委员、中国社会经济系统工程学会副理事长、中华外国经济学研究会副会长、浙江省经济学会会长、浙江省人民政府经济建设咨询委员会委员、浙江省社科规划办理论经济学科组副组长。主要研究领域为现代西方经济学、宏观经济理论与政策、区域经济发展战略、法与经济学和公司治理结构理论。享受国务院政府特殊津贴专家。

商帮文化,动力还是阻力

史晋川

嘉宾主持慎海雄(新华社上海分社总编辑、新华社长三角新闻采编中心主任):宋先生很谦虚,他从开始到最后都说"没讲好",其实讲得挺好的。(全场笑)为什么?因为他对苏浙沪三地的文化作了比较巧妙的点评,特别是勇于解剖江苏文化的弱点。其实太湖蓝藻问题,我个人理解是长三角共同"努力"的结果,(全场大笑)所以对蓝藻的治理也得长三角共同努力。譬如说酸雨,不可能在上海有酸雨,就不飘过浙江去。比如说像中国的沙尘暴,现在连日本、美国都很焦急。所以在环保这个问题上,长三角也必须进行一体化治理。宋先生的话给我很大的启发。

说到浙商,我曾经写过一篇文章,有一句话到现在我都觉得比较满意,就是说,"每一寸土地都有铜板在跳动,每一根头发都为致富而畅想。"习近平书记在浙江主政的时候,有"三个浙江"的说法:一个是浙江省的浙江,像去年浙江省

GDP 超过 1.5 万亿元；一个是外省的浙江，400 万浙商在外地，一年的销售额也大致相当于一个浙江省的 GDP——1 万多亿元；还有一个是国外的浙江，在国外有几百万浙江人，每年都在创造着一个无形的浙江。浙江省的浙江、外省的浙江和国外的浙江——习书记经常用这"三个浙江"来概括浙江，浙江省的 GNP（国民生产总值）是大大地超过它的 GDP（国内生产总值）的。

说起浙江，必须要说到浙商和商帮文化，今天，我们邀请到我母校非常资深、非常有实力的学者史晋川先生，来和我们谈《商帮文化，动力还是阻力》。大家欢迎！（全场鼓掌）

葛先生是浙江人，宋院长是上海人，我呢，苏浙沪两省一市的人都不是，我是山西人。（全场笑）

1949 年，刘邓大军从太行山打到大西南，大西南的女学生纷纷报名参加解放军。一位要参军的女学生遭到她父亲的坚决反对，说共产党不是招女兵，是给他们的军官找老婆，（全场笑）这位女学生很坚决地说，这是阶级敌人造谣！（全场大笑）然后她就参军了。这就是我母亲的故事。（全场笑，鼓掌）我的父亲是山西人，我的母亲是四川人，这就是我名字的由来。但是我对苏浙沪应该是有一点发言权的，因为在 8 岁之前，我随军在苏浙沪两省一市都待过，后来父亲转业定居杭州，但是我是在复旦大学念完硕士和博士的。我念硕士的时候，葛先生是我的学长，他是复旦 1982 年时仅有的两位博士之一。（全场鼓掌）当时，我们都是葛先生的"粉丝"。

今天，我非常荣幸也非常高兴能参加解放日报报业集团文化讲坛，并就"区域发展与文化动力"这个主题来发表我个人的见解。

眼下，商帮文化似乎不仅仅是为经济唱戏搭台，它好像要成为医治社会当中商业道德沉沦等弊病的一剂良药

在中国改革开放的初期，人们并不过多地关心文化，大家都认为经济的发展与金钱、资本、储蓄、投资有极大的关系，而与文化相对来说，关系并不太大。但是到了上世纪90年代中期，我们可以看到，那个时候在中国的经济发展过程当中，兴起了一小股所谓的文化和经济关系的热潮，一些地方政府纷纷挖掘他们当地的历史文化资源，用这种资源来实现"文化搭台，经济唱戏"这样一种效果。这些节庆活动看起来跟当地的历史文化资源有关系，但实际上，有的活动的文化含量并不高，在一些地区，文化仅仅是作为当地招商引资、集聚区域经济发展人气的一种手段。

近几年，我们又注意到出现了一股讨论经济和文化之间关系的新热潮。明清两朝以来中国历史上的商帮，成为现在人们热衷谈论的话题，在很多报纸、财经杂志、电影银幕、电视荧屏上都充斥着明清商帮的故事，主要代表是晋商和徽商。乔致庸——我的老乡，随着电视连续剧《乔家大院》的热播，已经成为中国历史商帮中最著名的人物之一。用今天的时髦语言来说，他似乎成了全国企业家学习的楷模。文化，尤其是跟商帮紧紧联系在一起的各种文化，现在似乎不仅仅是为经济唱戏搭台，似乎也已经成为中国经济发展当中的一种主旋律，它好像要成为人们医治这个社会当中商业道德沉沦等弊病的一剂良药。

当我们身处在这样一股有关商帮文化的浪潮中，更要理性地看待这个问题，理性地探讨在现代市场经济当中，商帮文化对于一个区域的经济发展而言，究竟是动力还是阻力；在什么样的条件下它能成为动力；在什么样的条件下它会成为阻力？

在一些人看来，经济学家只有一颗冰冷的会计算的心，而缺乏一颗有文化的人文关怀的心。其实经济学家并不都是这样的

也可能有人认为经济学家来谈文化，不太适合。葛老师是历史地理学家，适合谈文化。宋院长是社会学家，也比较适合谈文化。当代经济学的发展，走的是科学实证主义的路子，在经济学的研究当中充斥着大量的 X、Y 这样的经济变量，大量 α、β 这样的经济参数，有着大量奇形怪状的曲线和图形来作预测。这些变量、参数、曲线、图形，它们所代表的东西跟文化好像都没有什么关系，都是跟钱有关系，成本、利润、价格、收益等等。所以在一些人看来，经济学家只有一颗冰冷的会计算的心，而缺乏一颗有文化的人文关怀的心。但是我想告诉大家的是，其实经济学家并不都是这样的。（全场鼓掌）

经济学家是很重视文化因素的。上世纪 60 年代，经济学帝国主义的扩张进入了政治、法学、文化、社会学、历史学、教育学等领域。尤其是在这个过程当中新制度经济学的兴起，使得经济学家越来越多地意识到文化因素对经济发展的重要影响。

新制度经济学中有一个流派叫新经济史学派，它的代表人物之一是道格拉斯·诺思教授。1993 年，他与芝加哥大学的罗伯特·福格尔教授一起获得了诺贝尔经济学奖。那一年，我正好在芝加哥大学。诺思教授在他的名著《西方世界的兴起》当中告诉我们：制度，有效率的制度，是经济发展的基础。制度为经济发展奠定了基础，制度重于技术。

新制度经济学的研究同样也表明，制度的演进，制度在变化过程当中，旧的制度的消亡，新的制度的确立，是需要社会中人们的共识以及相应的行为来支撑的。同样地，制度的维系也需要社会中人们的共识和行为来支撑。离开了这种共识和支撑，任何制度都无疑是建筑在沙滩上的大厦。

能达成这种共识，背后的因素是什么？最简单也是最准确的回答，就是文化。因为文化是社会中人们所选择的生存方式，是社会中任何一个人都回避不了的。而制度包括两种类型，一种是由正式的法律形式来确立的制度，也就是我们讲的正式制度。另一种是由社会生活过程中，人们的习俗、惯例等形成的制度，这就是我们通常所讲的非正式制度。

文化对于正式制度和非正式制度都有着非常明显的影响，尤其是对于非正式制度的形成和维系，有着更加明显和直接的作用。甚至在一些经济学家看来，人们的社会活动无非是受到两组条件的约束，第一组条件是人和自然的关系，这组条件称之为技术约束。人们在社会活动当中还要受到另一组条件的约束，就是人和人的关系对我们行为的约束，而这一组条件就是制度。如果我们把人们活动当中所有非技术性的制度约束的总和称之为制度的话，那么我们可以说，文化本身就是制度的一个有机的组成部分。

经济制度必然与文化信仰相联，商人们不同的文化背景会内生出不同的经济制度

新制度主义经济学在上世纪90年代的前中期发展出一个新的学派，叫历史比较制度学派，它的领军人物是以色列籍的美国斯坦福大学教授阿夫纳·格雷夫。格雷夫教授在他的《经济、社会、政治和规范诸因素的相互关系与经济意义：中世纪后期两个社会的状况》等一系列经典文献中，以活跃在11世纪到14世纪地中海的两个不同的商人群体为研究对象，研究了在人们选择经济制度的过程中文化与社会因素的影响，揭示了不同经济制度中的文化内涵，和文化因素对经济活动方式以及它所造成的路径依赖的影响机制。

在11世纪的地中海地区，活跃着两个著名的商人群体：马格里布商人和热那亚商人。他们从事相同的职业——航海贸易，也遇到了相同的问题：当一个商人在A城市组织货源的时候，他怎么把他的这些货运输到其他城市，然后在其他城市销售。这个问题又引发出两个问题：一是在其他城市选择什么样的商人作为他的代理商；二是构建什么样的机制才能够制约这些代理商，使得他们不至于通过欺诈等机会主义的手段损害委托商或者贸易商的自身利益。

马格里布商人的解决方法是，选择同一族群的马格里布商人作为代理商。也就是，A城市的马格里布商人选择的一定是其他城市里的马格里布商人来做他的代理商，而同时他可能自己也会充当别的城市的马格里布商人在这个城市的代理商，互为代理。这是一种水平的分工结构。那么，采取什么样的机制来防止那些代理商侵害自己的利益呢？很显然，它动用了马格里布这个族群的社会网络，包括社会信息的网络传递机制。要是哪个马格里布商人骗了我，那么，对不起，在这个群体当中通过口口相传，最后将没有人会跟这个有劣行的商人做生意，他将会被排除出马格里布商人群体。也就是，一个人只要对另一个人做了坏事，一旦他的这种不好的声誉传出去，将受到其他人的集体惩罚。

格雷夫教授把这种惩罚机制称为"多边的声誉机制和多边的惩罚机制"，这是一种基于社会民间组织习俗惯例的集体惩罚机制。尽管马格里布商人也有伊斯兰法律体系，当碰到贸易摩擦的时候，他们也可以诉诸法律，法庭的判决也可以得到国家的支持，但是尽管如此，马格里布商人仍然是用非正规的方式来签订他们的契约，用非正规的方式来解决他们在贸易或者经商中的冲突和矛盾。

热那亚商人不一样，他们选择非热那亚商人作为贸易代理商。格雷夫教授在他的分析中告诉我们,从12世纪开始,热那亚商人就停止了运用"握一握手就可以签订合约"的古老习俗,而是制订了一套广泛的契约登记以及契约实施的法律制度,建立了永久性的法院,制定合同法来调节商人之间的贸易冲突或争端。

为什么同一个地区两群不同的商人,会发展出两套完全不同的经济制度或者说契约执行制度?答案是,经济制度必然与文化信仰相联,商人们不同的文化背景会内生出不同的经济制度或者说契约的执行方式。

马格里布商人是一群活跃在穆斯林世界的犹太商人,生活在集体主义的社会当中,有着集体主义的文化信仰,同时还具备了集体主义社会中的信息传递网络。基于这样的信仰和这样的网络,他们构建了一个用于支撑他们贸易活动的、集体性的惩罚机制。一句话,马格里布商人的这种制度,是以地缘、血缘、亲缘为核心纽带的一种人格化的交易方式,或者说是一种适合于熟人社会的人格化的交易机制。

热那亚商人是一群从罗马帝国中解放出来的城邦商人。他们的宗教、文化所信奉的是个人主义,在个人主义的文化信仰支配下,同时也因为缺乏像马格里布商人那样的密切的社会网络,所以他们发展出一套以法律制度来作为有效运行基础的交易方式。一句话,热那亚商人无须以地缘、血缘、亲缘为纽带,他们的制度是一种建立在法律基础上的契约执行制度,或者说是一种可以向陌生人社会推广的、普遍主义的非人格化的交易机制。

弘扬商帮文化,应当以遵守法律和确立非人格化交易方式的主导地位为前提

格雷夫教授对11世纪地中海不同商人群的研究,在我看来,实际上是开辟了经济学和经济史学从学理层面上研究商帮文化的先河。2003年10月,在复旦大学的新政治研究学国际研讨会上,我作过这方面的发言。我试图利用格雷夫教授的历史比较分析理论来分析浙江的温州商人群体行为特征,以及它对温州区域经济的影响。《解放日报》在头版作了报道,说"史晋川教授在沪预言,温州模式将发生变迁",很客观。但是被转载之后就不对了,有的都市报说"史晋川教授惊人预言,温州模式在20年之内即将消失"。(全场大笑)

我的这个观点曾经引起了国内外学者的争论,比如有日本学者就不同意我的观点。他们认为,正是温州人的人格化交易方式,促进了温州的区域经济发展。我不否认这种人格化的交易方式在改革开放的前中期对温州区域的经济发展,乃至对整个浙江的区域经济的发展是有它的贡献的,但因为那个时候是计划经济,还没有适合现代市场经济的法律制度。

但是改革开放到了今天,我想我们对于商帮文化的认识应该更加清晰。我个人认为,在商帮文化中的确有很多很好的经商理念和经商方式,但是我们也不能因此就忽略了商帮文化中,基于地缘、血缘、亲缘和人格化交易方式所带来的负面影响。

第一,以地缘、血缘、亲缘为纽带和人格化交易方式为特征的商帮文化,在交易范围扩大后,并不利于商业活动中"诚信"的经商理念的确立。商帮文化中的"诚信"概念,在很大程度上要靠人格化的交易方式来维系。一个在本地做生意很诚信的人跑到外地,跑到一个陌生人的世界,跑到一个脱离了人格化交易方式制约的世界,可能是不诚信的,甚至骗起人来一点都不脸红。

所以,解决当今中国社会经济活动中存在的不诚信问题,根本之道是要靠完善的法律制度,确立非人格化交易方式在经济活动中的主导地位。我们的经济、合约的执行，应该以法治为基础。

第二，商帮文化对于"三缘"的纽带和人格化交易方式的倚重，尽管在一定条件下能够润滑交易，降低交易成本，但是它会导致商帮中商人的封闭性，阻碍商帮中的商人去开拓新的产业。道理很简单，商帮中的商人已经对人格化的交易机制、对"三缘"的核心纽带形成了很强的依赖，你要他走出现在的产业进入新的产业，这是要他的命。在新的产业里，没有人格化的交易机制，他就会觉得非常不确定，认为风险很大，他就不愿意跨出这一步。商帮文化所带来的封闭性，在一定程度上限制了商帮的开拓，导致了商帮对活动路径的依赖。

即使在传统领域，商帮的开拓也要借助于一个非常重要的手段。什么手段？移民。没有大规模的移民，一个商帮是不可能在新的领土上开拓它的事业的。我们家从2001年到2006年，曾经在纽约曼哈顿住了六年。我们亲眼看到，在中国城边上一个很著名的区域，叫"小意大利区"，这个区域在这六年当中，最好的店面最好的铺面，逐渐都变成温州人的了。（全场惊叹）这是很厉害的，当然靠的是商帮的力量，它是一个商帮对付了另一个商帮。

第三，由于商帮文化中对"三缘"纽带和人格化交易方式的认同，个别商人还会作跨经济领域扩张，形成一种商权利与公共权利的结合，破坏正常的交易秩序。

总而言之，对待商帮文化，我们一定要有全面的审视。一方面，我们应该肯定和继承乃至发扬光大商帮文化当中一些优秀的成分，但另外一方面，我们也要警惕商帮文化中那些虚伪的东西和有害的成分。

现代市场经济的建立，根本是法律制度的构建，发展出一套以法律为基础的非人格化的交易方式。在遵守法律和确立非人格化交易方式主导地位的大前提下,我们可以借鉴商帮文化的一些优秀成分,在这种条件下,商帮文化可以成为区域经济发展的动力。而脱离了法律制度和非人格化交易方式去谈商帮文化,是一种思想上的糊涂,对区域经济的发展将有害无益。谢谢大家!(全场鼓掌)

(原载《解放日报》2007年8月17日第18、20版)

对话篇

嘉宾主持慎海雄(新华社上海分社总编辑、新华社长三角新闻采编中心主任):

彰显文化追求,激扬文化力量。各位来宾,下午好!欢迎参加由解放日报报业集团和新华社长三角新闻采编中心联合主办的第十一届文化讲坛"聚焦长三角"专场。本人是新手,除了主持过婚礼和联欢晚会之外,主持这样的讲坛,还是第一次。(全场笑)说得不好的地方,请大家给我鼓鼓掌!(全场笑,鼓掌)

今天的文化讲坛,是围绕长三角展开的。可以说,今年是个"长三角年"。今年5月,温家宝总理主持了长三角区域协调发展座谈会,对长三角的科学发展、协调发展提出了更高的要求。今年7月,上海市委书记习近平、市长韩正率上海市党政代表团到浙江、江苏考察,两省一市就长三角的协调发展达成了许多共识。据我所知,上海市今年还将承办四个大型会议,一个是两省一市党政主要领导参加的峰会,一个是两省一市常务副省长(副市长)参加的长三角协调座谈会,还有一个是长三角地区的16位市长参加的城市市长年度峰会,此外,上海市今年还将举办首届长三角发展国际研讨会。所以,今年的长三角可谓精彩纷呈。

关于促进长三角地区的发展,上海市委书记习近平近来有许多指示,讲得非常精彩,他说,"授人玫瑰,手有余香",长三角的协调发展要互惠共赢;上海在贯彻中央关于长三角的协调发展的过程当中,要"认真贯彻、积极响应、主动自觉,做与本身地位相适应的事情"。这的确是高屋建瓴,大气谦和,开明睿智。

无疑,长三角是今天中国版图上耀眼的一串明珠,怎么形容它的重要性都不过分。我在这里借用习近平书记的一个比喻,他说,长三角就像一棵大白菜里面的菜心,精华都在里面。我本人喜欢吃肉,我说长三角是咱们中国的里脊肉,非常鲜美。(全场笑)

审视长三角可以有不同的视角,也可以有不同的概括。第一,地理概念的长三角。大家都知道,长三角是长江和钱塘江入海口的一个扇形的冲积平原,地理概念是五万平方公里,现在已经把它拓展到十万平方公里。第二,经济概念的长三角。简要地说就是"1234":用占全国约1%的国土面积,生产出20%以上的GDP、30%的进出口贸易和40%的实到外资。第三,都市群当中的长三角。长三角地区是由16个城市形成的城市带,专家称之为世界六大城市群之一。第四,文化意义的长三角。有人说长三角是吴文化、越文化,其实吴文化和越文化是不一样的,吴文化非常柔和,越文化比较激越,吴文化、越文化再加上上海文化,我觉得这就是长三角的文化。

我们今天就来纵论长三角的文化。非常荣幸地邀请到长三角地区三位知名学者,共论"区域发展与文化动力"。他们是复旦大学图书馆馆长葛剑雄先生、江苏省社会科学院院长宋林飞先生、浙江大学经济学院常务副院长史晋川先生。有请三位嘉宾上台就座!(全场鼓)

(三位嘉宾演讲结束后)

慎海雄:刚才史教授对商帮文化存在的利弊作了比较深刻的剖析。我先给三位专家刚才的演讲作个小结。文化的生命力在于流动,葛先生用他的实证、用上海的过去证明了这点;一体化需要文化的推动,宋先生用长三角的现在说明了这一点;经济制度的选择需要文化作为支撑,史先生用土洋商帮的兴衰和发展说明了这一点。

下面进入互动环节,大家有什么问题可以与嘉宾进行交流。

因为没有从传统村落里成长起来的地缘、血缘、亲缘关系,商帮文化在上海这样的移民城市里是无法形成的

新华社上海分社记者 徐寿松:我想和史先生聊聊他说的"商帮"话题。中国的商业文化似乎总是离不开官的影子,一部商业文化史很可能就是一部官商文化史。您看胡雪岩,大家都知道他是富甲东南的大商人,但他同时又是红顶商人。江苏的盛宣怀也是一样,盛宣怀本人就是亦官亦商的。相比较而言,上海倒是有点例外。上海的商业文化中间,买办的色彩浓厚一些,尤其是在近现代。但不管是官的色彩还是买办的色彩,这些因素和现代商业所要求的契约精神和规则艺术都是相违背的,甚至相冲突的。现在在长三角地区,浙江的工商业草根的色彩浓厚一些,非常有趣的一个巧合恰恰是浙江的工商业也相对弱一点。而江苏的苏商和上海的沪商仍然是官商色彩比较浓厚。想请教您的问题是,从文化的角度上说,长三角区域的工商业应该如何去面对自己的历史遗存?

史晋川:(笑)这个问题我觉得应该由葛老师来回答。因为这要涉及历史。我们先说上海。上海存在很多商帮,比如宁波帮、温州帮等,但上海本身是没有商帮的。为什么?因为葛老师刚才讲了,上海是一个移民城市,移民城市不可能有从传统的村落里成长起来的地缘、血缘、亲缘关系,它是没有这些东西的,因此商帮文化在上海这样的移民城市是没有办法形成的。

在浙江的温州和义乌,你就可以看到,温州的商帮是很厉害的,但是不太有人提起义乌帮。原来义乌人挑着货担卖糖的时候,还有人说义乌商人,但现在很少有人说义乌帮。因为义乌这个城市在市场经济发展起来后,迅速成为了一个移民城市,在义乌当地活动的外地商人,包括已经住在那儿的外来定居者,已经超过了义乌本地人。

葛剑雄:阿拉伯人就好几千。

史晋川:对。在义乌经商的有好几万外国人,在义乌可以看到穆斯林盖的清真寺和基督教的教堂,还有各种各样的文化补习学校,几乎世界各国的菜肴、餐馆都能在那里找到。在这样一个社会是很难形成某一商帮的。

另外,在中国的"士农工商"排列中,"商"排在最后。从封建社会到辛亥革命,一直没有很完整的系统的法典来保护商人的利益。在这种情况下,商人就会利用地缘、血缘、亲缘关系来从事他们的交易活动,这是他们自己的一种保障机制。各式各样的商会会馆,在某种程度上就是出现贸易纠纷之后的一种仲裁机构。

改革开放之初,为什么像温州商帮等这样的商帮会出现,那是因为当时计划经济时代的法律是不保护这种商业活动的,商人们自己要拉帮结派,形成他们贸易中合约执行的机制。我不知道这样讲全不全,请葛老师帮我补充一下?(转向葛剑雄,笑)

要讲历史事实,要看有关的统计数字,而不要被一些表面很热闹的话所迷惑

葛剑雄:我刚才在听晋川演讲,我就想说,他的很多观点,我都赞成。因为这几年,有几次人家叫我讲徽商、晋商,讲商帮。我说,从我的研究角度,我认为徽商也好、晋商也好,还有什么其他"商"也好,以前获得成功其实很简单,第一靠商品,就是找到了最合适的商品。徽商、晋商发财不是靠其他,是靠盐,都是做盐生意发家的。第二靠市场,徽商做生意都不是在徽州做,否则早就亏本了,徽州人节约得不得了。他们是到长江三角洲来做,是到当时中国最富有最发达的地区做。晋商很多在北京。他们都不是在家乡做,他在乡下怎么做生意?所以是靠市场。

刚才晋川讲到三个"缘",我们上海有学者还提出"五缘",那就是加上一个"神缘",大家拜同样的神,拜妈祖,拜关公,还有一个"物缘",你卖房地产,我也卖这个。我一直不太看好这些"缘"。可以说在中国转型时期，这些"缘"都能够起作用，但到了中国走向法制健全的社会的时候，再讲这些"缘"，就倒退了。今天到你政府办事，因为我们是老乡，说这个是同乡乡缘。我是你的小舅子，这个是血缘。（全场笑）社会还怎么发展？没有一个发达社会是这样的。

至于说到上海的买办，买办就不太讲什么"缘"，买办是讲契约、讲法制的，这是有本质上区别的。你苏州的薛家是买办，他从来没有因为跟你薛家做生意，就跟什么张家李家那些不是买办的家族有什么不一样，他是讲法律的。外国人到中国来，大多数跟谁都讲法律，没有因为我们有亲戚关系或者什么其他关系就两样了。他们恰恰就是晋川刚刚介绍的热那亚商人，而不是马格里布商人。

但是，我们现在往往拿一些还不成熟的片面的东西作例子。比如说，现在有人说家族集团不好，也有人说家族集团很好，而真正成功的家族经济对自己接班人的挑选，绝不是因为简单的血缘关系，而是他真正有这个能力，或者找不到比他更好的人了。今天我们拿中国转型时期这一二十年或者最多三十年的经验来判断，还为时过早。不信你今后看着。

我的家乡浙江南浔镇，它的商人原来比不了徽商，但是到了近代却很明显，浙江的商人取代徽商，广东的商人取代徽商。什么道理？很简单。我们家乡原来有一个富人，曾经给家里人定出几条规矩：第一条，要跟官方打交道，这个跟徽商一样；第二条,叫后人多读书,这也差不多;但有另一条是徽商所不具备的,那就是要跟外国人打交道。所以我家乡做丝生意的人,到了十六铺后,很快就跟洋人联系上,把丝推广到国外去了。我们小小的南浔镇的商会,你去看,还写着英文。他们甚至自己组团到纽约去。所以,很快就开展起了国际贸易。广东商人到上海,不仅仅是在广东人的范围里做生意,也把视野扩大了。但是徽商在上海的地位就大大不如他们,租界里面,徽州人的移民比例排在广东人后面,在华界才排广东人前面。

如果我们实事求是对待历史的话,那么我想首先我们要讲历史事实,然后要看有关的统计数字,而不要被一些表面很热闹的话或者今天看得很愉快的话,甚至为后人所称道的话所迷惑。我是实话实说,所以,一般情况下,如果是哪个商人的后代开一个研讨会或者举办一个论坛,我是不大敢去的,如果在那里讲,他会把我赶出来,还不如不去好了。(全场大笑,鼓掌)

现在在上海的浙商已经不是传统的浙江商帮了,他们已经融入上海

慎海雄: 我想补充一下。我在浙江学习、工作了18年,离开浙江到上海也将近四年了。我在外地时参加的浙商活动比较多。我觉得要关注的一点就是,今日的浙商和历史上的徽商、晋商是很不一样的。他们实际上是联谊性质的组织。比如上海现在有五万多浙商,他们的经营范围互不涉猎,像正泰是搞电器的,中融是搞房地产的。每年的浙商大会,我都应邀到杭州参加,我看到,其实现在更多的是外地政府来拉浙商,来招商引资,会场外面像摆摊似的。在省内,浙商更多的是党委政府希望倡导的一种精神,所以我觉得,今日的浙商跟过去的商帮不一样,它是非常松散、没有任何契约的,不是非得一起干同样的事情。

但是有一点，温州有好多村落确实有这种情况。比如说，温州有一个农业银行的个人贷款几乎没有坏账，那时候连房贷也做。我说你为什么没有坏账？他说，如果我向这户人家发了贷款，他要是还不了，那么他肯定得把房子拍卖了，而且在这个村子里他待不下去，只能主动地离家走掉。这就是非常原始的，就像刚才讲的马格里布商人的特点非常浓。

葛剑雄：我们希望大家客观地、准确地来总结商帮的经验和教训，而不要一味拿一些古代的东西来说。现在有一个倾向，特别是影视剧里面，把商人吹得简直个个是雷锋。（全场大笑）这样会误导商帮文化，会影响像慎先生刚刚讲的这样好的态势。我们应该承认，比如说现在在上海的浙江商人，已经不是传统的浙江商帮了，他们已经融入上海。像有的浙商，他在上海提的口号就是"做新上海人"，这就是融入。（全场鼓掌）

要主动去接轨，不要等着人家来接轨，大上海要有低姿态

解放日报观点版编辑　杨波：我有一个问题想请教慎海雄老师。我上个星期到杭州出差，碰到了一件小事情。我记得四年前长三角地区推出了"一卡通"计划，我到了杭州后乘出租车，上面也有一个跟上海一样的"一卡通"刷卡机。我上车后就问司机，我有上海的"一卡通"，是不是在这里也可以刷呢？司机说对不起，上海的"一卡通"不能用。我觉得奇怪，这个计划推出四年了，怎么到现在还没有办法推行？您能不能就此谈一下您的看法？

慎海雄：我简单地回答。上海的"一卡通"推出得比较早，杭州的设备是这几年才搞起来的，所以还不能兼容。其实，不兼容的背后，说白了，还是一个利益分配的问题。

让我们来算一笔大账。杭州市委书记王国平拍板让西湖

不收门票了,是损失了一块收入,但是大量游客纷至沓来,其他的效益上来了,每年会增加4亿多元的收入。

过去人们有一个顾虑,认为上海就像一桶水,周边的城市像一杯水。而上海老是说,你要跟我对接,你要跟我兼容。人家就想,你这么一大桶水,我只有一杯水,你这样一来,我这杯水不是完了么?所以习近平书记有一个非常重要的观点,我本人非常敬佩。他说,我们要主动去接轨,不要等着人家来接轨;与人方便也是与己方便。大上海要有低姿态。在"一卡通"的问题上,听说现在已经达成了很多共识,今年会有实质性的进展。希望你下次到杭州的时候,能够使用上海的卡。(全场鼓掌)

打通三个行政区域之间的分割,不仅是书记、省长、市长之间的交流,还应该有文化的交流

上海市政府发展研究中心咨询部主任 张兆安:长三角的大文化有共性的地方,小文化是有区别的。从宏观上讲,地域文化是有差异的,假如从微观的角度来看,这三地人的特点也是有区别的。我的问题是,造成这种差异的主要因素是什么?这种差异对长三角区域经济的竞争与合作的格局,会产生一些什么样的影响?求教于宋院长。

宋林飞:以前我们谈长三角地区文化的时候比较重视差异,现在我们看到的趋同的地方比较多。实行市场经济以后,经济要素流动得更频繁,文化的发展却有些滞后,但是目前经济的发展正在拉动文化的交流和教育,人们的观念正在慢慢地趋同。比如苏南模式,以前拿这个模式来反对温州模式,后来又拿温州模式来贬低苏南模式。现在看看,你说苏南模式搞乡镇企业,有没有搞个体经济呢?个体发达得很。当时说温州那边没有外向型经济,但是现在他们也在不断地引入外资。从文化到经济,现在趋同的一面多,这是好的现象。

另外,也有差异的一面,这个差异是个性的文化。凡是优点,应该保留下去,发扬光大,但是影响经济要素流动的,就要杜绝。比如地方保护主义,在个别地方,就存在指定用本地产品的现象。这种地方保护主义在国际上体现为农业保护主义,影响国际农业的发展。在长三角地区,这种现象不明显,但也有类似情况。这种地方区域文化实际上是一种政治文化,很容易强调本地区的GDP。文化的差异正在逐步缩小,但是这个问题仍然在影响经济和文化的发展。我们应该建构一些共同的东西,求同存异,建设一些共同的区域文化,同时要不断创造一些新的共同文化。

凭我们学者的个人力量很有限,《解放日报》这样的主流媒体能够倡导这一点,像张兆安老师在政府部门工作,政府也能做很多事情,主要是从制度文化的改变上。打通三个行政区域之间的分割,不仅是书记、省长、市长之间的交流,学者层面也应该交流,使文化能够共同发展,这样有利于长三角的经济一体化,使长三角共同繁荣。(全场鼓掌)

文化最终能不能起到作用,不是取决于政府、主流媒体的支持,而是取决于文化自身

上海社科院经济研究所研究员 陈维:我想提两个问题。第一个问题想请教葛教授,文化该怎么流动?因为现在在文化发展方面,一个是强调对优秀文化的培育和建设,但是还有另外一种思路就是强调培育文化的影响力。但文化的影响力有来自内核的东西,也有通过外力因素来造成强势文化,那么我们到底是应该注重培育文化的影响力,从市场的角度去开拓呢,还是从文化的优秀内涵来开拓?

第二个问题想请教宋院长。长三角是一个创新之地,三地在各自的发展方面创新性很强,但是在区域协作方面的创新不够。请教一下宋院长,这个问题的原因在哪里?您对推进区域协作方面有什么样的看法?

葛剑雄:一讨论文化,就比较复杂。我的观点很简单,我们一般讲文化不管怎么定义,无非有三个方面,一个物质文明,一个精神文明,一个制度文明。在物质文明的交流方面一般不存在太大的问题,因为物质文明是可以比较的。今天有一种新的食品,它更营养更好吃,这是可以比较出来的。但是如果讲到精神方面,这就不同了,没有客观的标准。比如,我喜欢喝茶,你喜欢喝咖啡,究竟谁优谁劣,没有一个标准。制度上来看,除了物质和精神的层面以外,还有一个政治导向的问题。所以在这样一种情况下,不管从哪个方面来讲,交流都是解决问题的最好办法。

以前之所以不能交流或者怕交流,很大一种心态就是认为,通过这样的交流,自己本身的文化会失去保护。我记得念高中时,正是中苏大辩论,要我们高中生来讨论《九评》,讨论苏联的修正主义。现在一想很可笑,因为我们那时根本不了解苏联是什么情况,不了解世界是什么情况。

又比如说,我们讨论传统文化,很多时候我们都是在自己假设的背景下,而不是把传统文化真正放在一个开放的世界背景下来讨论。所以我们有很多的盲目性。我这样认为,真正开放以后,如果文化本身是有优势的,尽管它可能暂时会被某种假象掩盖,甚至在市场上会被一时挤垮,但是只要我们把它保存好,它的生命力就会慢慢发挥出来。

我自己是研究历史的,现在很多人说,你看你们这些研究历史的不行了,"还珠格格"比你们强。(全场笑)但是我一点都不担心,因为这属于不同的层面。那是一种历史的娱乐,你用历史的东西娱乐一下,这没有什么关系。你不能让一个人打了一天工,很辛苦,晚上回到家还要看《二十四史》《十三经》。他们娱乐一下为什么不可以?但是要有一个前提,那就是你知道这不是真实的历史。

真正的文化,它是冲不垮的。但是政府的引导是有很大作用的。我们在座各位主流媒体的记者编辑、主流的学者,你们向什么方向引导,也是很起作用的。因为哪怕是完全应该发生的事情,也需要一定的条件。比如说雅文化和俗文化,可能在相当长的一段时间内,本来不应该有那么多的俗文化,很多不应该延续那么长时间,但是它延续的时间很长。而有些雅文化还没等到发挥作用,就灭绝了。因此,要控制住这个度。你要给它一个比较公正的竞争条件,比如国家通过各种基金、各种赞助,让一些本身应该得到发展的文化得到保护。否则不在一个平台上,的确不能进行公平竞争。但是这种文化最终能不能起到作用,还不是取决于政府、主流媒体的支持,而是要取决于文化自身。

这几年我们有一些偏向,一会儿偏这个,一会儿偏那个,你骂超女,他骂那个,一说就全都不好了,看不到其中也有一些积极的因素。反过来,一说好,就好得不得了,搞得到处都是秀场。说到文化产业,在商言商,既然是产业,当然要赚钱。但是文化产业背后是什么?谁支撑它?不是靠市场,而是应该靠文化本身。应该掌握好这样的比例。所以不要以为西方国家百分之百靠市场。百分之百靠市场的社会是没有的。西方国家对一些值得弘扬的文化,除了通过政府支持以外,还会通过基金会,甚至通过宗教来支持。

物质文明有标志,精神文明靠什么?很多就是靠信仰。我们爱我们的国家,相当程度上是一种精神、一种信仰、一种支撑,而我们现在往往因为缺少这种信仰,今天"超女"一来,明天"韩流"一来,我们就把握不住了。我觉得一方面要自由地竞争、交流,另外在这个过程中,我们要构筑起一种民族、国家的群体信仰。(全场鼓掌)

从 GDP 的理念发展到 GNP 的理念,这一评价机制的改变,才能促进长三角的共同繁荣

宋林飞:在计划经济时代,我回上海都要带全国粮票,江苏粮票不能用。当年出国的时候,我要从江苏南京开车过来,开八个小时才到虹桥机场。而现在三地合作、交流比以前好多了。但是不足的地方也有,比如,现在一谈到长三角的经济,产业同构的问题就不能避免。产业同构可以促进专业化的发展,但也确实存在恶性竞争。恶性竞争的原因在哪里?就是在体制、机制里面。从政治文化讲,如果都把本地的 GDP 看得很重,都追求本地政绩,就容易产生协作不够的问题。怎么办呢?我觉得应该改变一下评价机制,不要仅仅强调浙江人的经济、江苏人的经济、上海人的经济,要从 GDP 的理念发展到 GNP 的理念。评价机制改变以后,大家都把长三角的发展、共同的繁荣作为我们的评价机制,而不是局限在一个省、一个市。

不要把爱家乡、爱祖国,都局限在本区域一时的成就上

新华社上海分社记者 张代蕾:我想请问宋院长一个问题。您提到了地区文化都有自己的特色,长三角文化中的农耕文化

是以水为根本的,讲究天人合一,但是现在工业文化的发展又可以概括为"人定胜天"。长三角地区的水危机似乎证明了农业文化逐渐被工业文化打败,逐渐消亡。宋院长能不能从文化思维的方面来谈谈,我们是否可以找出一条道路,让传统的农耕文化和工业文化和谐均衡地发展,而不是让两种文化非得处于你死我活的状态?

宋林飞:在英国工业化初期也有类似的问题。我们可以从档案里面找到当时的情况。英国在上世纪60年代初,泰晤士河污染到发出恶臭味。议会大厦就在泰晤士河边,议会开会的时候都要把窗户关起来,因为那气味实在太难闻。但夏天又很热,要开窗户,就用厚厚的窗帘挡着,而且窗帘还得用漂白粉先漂了,这样闻到的就是漂白粉的味,不是臭味。恩格斯在他的《乌培河谷来信》里说到,他家乡的乌培河水已经被染成了红色,他非常痛心。他说,河流被污染,但是大河边的资本家的心情是轻松愉快的。

污染的问题是工业革命带来的负面影响,应该尽量地减小这个代价。

我们平时谈文化思维少。有一次,新华社记者来采访我时说,你们苏南有些干部谈经济头头是道,但是谈文化发展说不上几句。我就这个问题也专门与我们的领导说过。我们有个性文化,有地方文化,文化上存在差异是可以的,但是在目前的情况下,政府应该拿出一个什么样的指导方针,来推动整个长三角的发展,这才是我们爱家乡、爱国家的表现。不要把爱家乡、爱祖国都局限在本区域一时的成就上。这个问题如果解决得好,我们的环境就保护得好。

另外对水污染的问题,恩格斯曾经说过,污染不是一个企业、一个人把它污染的,大家都有责任。他称之为"社会谋杀"。对于水污染,现在应该大家一起去参与,去治理。这次污染对江苏的干部教训非常深刻。接下来举行的江苏省领导干部学习班的主题就是,在科学发展观当中要发现哪些是盲点、弱点,哪些方面落实贯彻得不足。(全场鼓掌)

文化的作用,就是在制度安排出现矛盾时起到平衡的作用

解放日报国内部记者 张斌:我有一个问题要请教史晋川先生。我记得法国前总统密特朗说过,欧洲一体化是从一个文化的欧洲开始。我想长三角区域的发展也是这样,有很多文化上的门户之见是需要破除的,您觉得有哪些方面?

史晋川:这个问题比较难回答。我个人觉得文化作为区域经济发展的动力,是非常重要的。在我的演讲里观点很明确,文化是人们形成共识非常重要的决定力量,而这种共识会决定人们在经济发展中所需要的制度或者所需要的制度安排等整个一套机制。一个好的制度安排、有效的制度出来之后,会对经济绩效起到很大作用。这看起来好像是一个单方面的过程,从文化到政治、到制度的绩效,但实际上这个过程并不是那么简单的。如果说经济的绩效、经济的层次或者发展的水平差异非常大的话,即使文化层面有一定的统一安排制度,但这种制度本身安排的时候也不完全取决于文化。一个制度出来会有有利的一面,也会有不利的一面,这个时候就涉及我们对制度安排有利和不利两个方面的平衡。如果平衡不好,就有矛盾。平衡得好,这个制度就可以安排出来。文化的作用,就在于在平衡的时候具有一种很大的作用,能够帮助制度安排时作成本利益的平衡。

对长三角来说,为什么文化和区域经济发展这个问题非常重要?坦率地说,长三角在历史上,尤其是近代史以来,从区域经济发展的总体来说,狭义的长三角是一个比较匀致的经济体。而且这个联系一直是以上海为中心,以浙江和江苏为两翼。

葛剑雄:以前差别没有那么大。

史晋川:我同意葛老师的说法。差别的产生与计划经济年代的做法是很有关系的。如果没有计划经济那 30 年,以及后来体制惯性的阻碍,如果是让市场经济自己发展的话,经济的匀致性到目前为止会是很不错的。当然,总体来说,与全国其他地区比,现在长三角这个地区的经济发展水平还是非常不错的,而且从历史上人员的交流来说,文化共性的成分也是比较大的。(全场鼓掌)

(原载《解放日报》2007 年 8 月 17 日第 17、20 版　高慎盈、黄玮、尹欣、吕林荫、张航、林颖、陈俊珺、熊幸立整理,金定根摄影)

点评

文化勃兴促发展

解放日报报业集团
党委书记、社长　尹明华

提起长三角,人们便想到世界第六大城市群;想到中国经济的发动机和增长极;想到这片土地的神奇产出:苏浙沪两省一市以全国2%的土地,11%的人口,去年创造全国五分之一多的国内生产总值(GDP),近四分之一的财政收入。在夺目的数据光环下,长三角各地正进行着发展方式的转变,追寻着经济增长的文化动力。

以史为鉴知兴衰。有辞赋吟唱:东南形胜,三吴都会,钱塘自古繁华。有名言为证:富庶莫过江浙,苏杭称雄天下;苏湖熟,天下足。这些说的都是长三角往昔的繁荣盛景。但滋润"鱼米之乡"的是吴越文化,"稻香"中弥漫着的是清雅浓郁的

"书香"，经济因着文化而更加发达。吴越文化具有包容开放的先进性，是长三角在南宋以降数百年独领风骚的财智支撑，是苏浙率先由农业文明转轨工商文明的文化根由。

19世纪40年代后的百年时光，西学东渐，吴越文化和西方文明震荡融合，形成了海纳百川、兼容并蓄的海派文化。从文化融合和文化形态意义上来说，这种海派文化是上海的，也是长三角的，只不过在上海表现得最为典型，其历史上的物质极顶，便是仅次于纽约和伦敦的世界第三大金融中心；其文化上的曾经地位，便是"东方巴黎""东方好莱坞"，世界级文化大都会。海派文化中的海纳百川，首先表现为文化上的积聚、扩散、包容和创新，是五方杂处、八方辐辏、多元共生的一种生生不息的动态过程。

洋为中用道可道。放眼世界，纽约、伦敦、巴黎、东京、五大湖等著名都市圈，它们不光是一种经济符号，一种看得见的硬实力，更是一种文化力量，一种以影响力为标志的软实力，是世界创意重地，是国际文艺交流中心，是全球信息加工传播枢纽。在这里，人们能够看到，区域的物质文化是"肉身"，区域的制度文化是"骨架"，而区域的精神文化是"灵魂"。

当下，长三角各地都在各显风采打文化牌。上海正努力建设"文化大都市"，浙江正奔向"文化大省"，江苏决心打造"文化强省"。而人称长三角文化三城记的沪宁杭，也都亮出了城市精神名片，如，上海的"海纳百川、追求卓越、开明睿智、大气谦和"，杭州的"精致和谐、大气开放"，南京的"厚德载物，同进文明"。这些城市精神都彰显着各自的城市性格和文化追求。同时，区域内的文化交流与日俱增，各种层面的合作协议纷至沓来。

这里要特别一提的是，2010年上海世博会也被誉为"文化世博"，其文化元素日益凸显。正如上海市委书记习近平不久前接受中央主要新闻单位集体采访时所深刻指出的，"世博会对经济的拉动作用是巨大的,但不是唯一的。同时,世博会对经济的促进只是一个方面,更深远的在于文化层面的带动和促进。"上海世博会离不开长三角地区的坚实支撑,是长三角的共同机遇,是长三角乃至国内各省区市展示文化和文明的共用橱窗。鉴于此,"机遇共抓、资源共享、主题共演、活动共办、声势共造",必将成为苏浙沪两省一市的共识。

种种迹象显示:长三角文化新世纪的春天不再遥远。文化长三角的美好愿景正徐徐展现,苏浙沪文化的韵律正雄浑可感、精美可触。长三角各地同属吴越文化,同处江南人文渊薮,地域相邻、人缘相亲、文化相融、经济相通,这方由长江和海洋造就的冲积平原,必将复兴为文化沃土。

长三角地缘独特,缘水而兴:西溯长江,直达荆楚巴蜀;北上运河,通连京津鲁冀;东临大海,驶向蓝色文明。因此,长三角的文化勃兴,不仅是自身发展的强大推手,也是对中华文化和世界文明的重要贡献。

上善若水,和而不同。今天,我们在这里举办文化讲坛"聚焦长三角"专场,共同期待长三角文化的新的辉煌,携手推进长三角地区的蓬勃发展。

"江南好,风景旧曾谙。日出江花红胜火,春来江水绿如蓝。能不忆江南?"

(原载《解放日报》2007年8月17日第19版)

侧记

一个文化的长三角

法国前总统密特朗曾说：实现欧洲一体化，我们将从一个文化的欧洲开始。

昨天，由解放日报报业集团和新华社长三角新闻采编中心合办的文化讲坛"聚焦长三角"专场，正是以苏浙沪三地学者的妙论，演绎了文化视野下的一次长三角聚焦，憧憬着一个文化的长三角。

以文化的方式聚焦长三角，有历史地理学家葛剑雄穿透历史的深邃，有社会学家宋林飞评点苏浙沪三地文化特点的独到，有经济学家史晋川人文关怀的温暖。

本届文化讲坛，在嘉宾主持——新华社上海分社总编辑、新华社长三角新闻采编中心主任慎海雄知性而不失幽默的"穿针引线"下，嘉宾们的讲演和台上台下的对话，围绕着"区域发

展与文化动力"这一主题,深入浅出,引人思考。

历史地理学家的深邃——文化的生命力在于流动

一登上文化讲坛,复旦大学图书馆馆长葛剑雄教授就笑着"宣布":我出生于浙江南浔,今年是我"移民"上海50周年。

亲切的开场白,引发了台下不少新上海人的微笑,立即对其《文化的生命力在于流动》的演讲题目有了一种具体的感知。

身为历史地理学家,葛剑雄对上海文化的源流颇有研究。他认为,上海之所以能够在文化上具有在中国、乃至世界上少有的优势,出于两个重要因素:一个是租界,一个是移民。前者虽然违背了人民的意愿,但在客观上对新文化的产生奠定了基础。而上海文化的真正形成,却是依靠了后者——人的互动交流。

随后,葛剑雄对上海文化的各方源流进行了细致梳理:苏浙地区的移民提高了上海的人口素质;广州的涉外人才来到上海,南京路上四大公司都系广东人所有;在机器制造、矿产上颇有擅长的湖北人,则推动上海矿业、制造业的发展;犹太人在上海经商,诞生了沙逊、哈同等大亨;白俄贵族也有不少流亡上海,带来了他们的高雅文化……正是海纳百川,吸取各方营养,才造就了上海特有的海派文化。

葛剑雄特别指出,当时上海尽管汇聚各方人士,但上海的人口绝不是只进不出。以数字为例：上海人口流动最高峰时每年约迁入50万人，而迁出的人也有45万以上。"有进有出"，说明上海的文化既有集聚能力，又有辐射能力。人口的双向、多向流动，构筑了良性的循环交流，在此过程中，长三角地区的整体水平被推向了更高的高度："我举一个大学的例子，当时复旦以新闻、心理学专业见长，交大以工程学出名，同济的医科、土木工程是特色。而当时上海周围的几所大学也都各有千秋。比如苏州东吴大学，是代表中国法学最高水平的高校；又比如浙江大学，上世纪80年代的时候有40多位院士。又比如无锡国专，很多国学大师都是在那里受过训练的。"

1958年，体制以外的人口流动停止了。改革开放后，这一状况有了很大的改变，流动让上海焕发出新的文化活力。当今，资讯越来越发达，交通越来越方便，文化的交流似乎没有阻碍。然而，葛剑雄认为阻碍文化交流的因素依然存在。如何减少行政区划、单位所有制对文化交流的不利影响、消除人口"有进无出"的思想误区，都是我们今天要讨论、解决的问题。

社会学家的独到——长三角需要文化需要优秀文化需要个性文化

江苏省社会科学院院长宋林飞教授很感慨：跑到上海这样的"大码头"来谈文化是需要勇气的。但"区域发展与文化动力"的主题吸引了他，引发着他的深深思考。在昨天的文化讲坛上,他以"长三角需要文化,需要优秀文化,需要个性文化"这一递进句,表达了自己的恳切心声。

上个世纪七八十年代,长三角地区出现了"苏南模式",80年代出现"温州模式",90年代出现了"浦东模式",均为经济率先发展的创新典型。在21世纪,长三角如何才能实现持续率先发展?宋林飞认为,一个重要途径就是文化推动,其中,文化自觉尤为重要。

推动长三角协调发展,是当前三地的共同责任。当被问及"苏浙沪三地在各自发展方面创新性很强,但是在区域协作方面创新不够,原因在哪"时,宋林飞坦言:"原因就是在体制、机制里。大家都把本地的GDP看得很重,所以大家都追求本地的政绩,容易产生协作不够的问题。我们应该改变一下评价机制,把长三角的共同繁荣作为我们的评价机制之一。"

不仅在经济层面是如此,在文化层面上,长三角同样需要深层次的文化要素的交流与融合。在宋林飞看来,长三角地区存在着文化差异,但这差异正在缩小。长三角地区应该求同存异,加快发展"长三角一体"的文化观念。突破单位与条条块块的局限,共同培育区域创新文化,是建立长三角区域创新体系的关键所在。

演讲开始前,嘉宾主持慎海雄介绍其"常年来执著地为调控房价而呐喊",而临近演讲尾声的一段话,则让观众感受到了宋林飞的坦率和正义:"陈云同志倡导领导干部'踱方步',多思考战略性问题。但是,现在许多领导忙于迎来送往,不读书少思考,哪有文化。只有搞清楚市场经济运行的规律,政府才能够为市场提供良好的公共服务,并适时适度干预市场,解决市场存在的问题。强文化,这样才有真正的强政府、强市场。"

经济学家的温暖——越来越意识到文化因素对经济发展的重要

8岁前随父母在苏浙沪都待过,后来定居浙江杭州,又在复旦大学念完硕士、博士,浙江大学经济学院常务副院长史晋川教授笑称:"我对苏浙沪应该是有一点发言权的。"

对于经济学家的身份,史晋川也有着自己动情的表白:在一些人看来,经济学家大都只拥有一颗会计算的、理性的、冰冷的心。其实,经济学家是很重视文化因素的。上个世纪60年代,随着经济学的跨学科发展和新制度经济学的兴起,经济学家越来越意识到文化因素对经济发展的重要影响。此次登上文化讲坛讲文化,史晋川呈现给观众的就是一位经济学家的人文关怀"温暖"。

以文化的视角关注长三角的发展,他选择了"商帮文化"来切入。"如今,屏幕上充满着晋商和徽商的人物和故事。各个地方政府、文化界人士及媒体也在竭力打造本地区的新一代商帮的形象。当人们身处在这样一股有关商帮文化与区域经济发展的热潮之中,作为一个经济学家,不得不用自己的理性来提出一个问题:在现代市场经济中,在一个经济全球化的年代中,商帮文化对于区域经济发展,是动力还是阻力?"

史晋川引经据典,以11世纪地中海地区两个族群的商人的故事,说明商帮由来已久:"在11世纪的地中海地区活跃着两个著名的商人群体,一个是马格里布商人,一个是热那亚商人,他们从事相同的职业——远程航海贸易,也遇到了相同的问题：如何选择代理商和利用何种机制来制约代理商？马格里布商人的解决方法是寻找同族商人作为代理商，动用马格里布这一族群的社会网络，也就是多边声誉机制和多边惩罚机制作为契约实施的保证；而热那亚商人则选择非热那亚商人来作为贸易代理商，制订了一套广泛的契约登记和实施的法律制度，建立了法院，调节商人之间的贸易冲突。"

为何在同一个地区会发展出两套不同的制度？答案是：经济制度必定与文化信仰能够相容。"商人们不同的文化背景，生出不同的经济制度或契约的执行方式。马格里布商人信仰集体主义文化，采取的制度是以地缘、血缘、亲缘为核心纽带、一种人格化的交易方式。热那亚商人信奉的是个人主义，在个人主义文化信仰的支配下，他们发展出一套能够以法律制度作为有效运行基础的交易方式。"

分析商帮及商帮文化，史晋川认为其中有很多好的经商理念和好的经商方式，但以地缘、血缘、亲缘为纽带和人格化交易为特征的商帮文化也存在着其负面的影响。例如，商人可能将政府官员纳入到三缘关系和以人格化交易方式为主的人际网络当中，导致政治腐败的出现。他认为，脱离了法制的建设，脱离法律制度的确立以及非人格化交易方式主导地位的构建，而一味去谈论、宣扬或者弘扬商帮文化，是一种误读。

（原载《解放日报》2007年8月15日第5版　记者黄玮、曹静采写）

第十二届文化讲坛暨全球图书馆高峰论坛：
文化积淀与现代阅读

澳大利亚国家图书馆 澳大利亚国家图书馆位于首都堪培拉的格里芬湖畔,是澳大利亚最大的图书馆。作为保存收集澳大利亚所有出版物的机构,凡本国出版的书、刊、报、地图、乐谱等,澳大利亚国家图书馆均能得到一份缴送本。随着出版物形态的改变,现也大量收藏有关澳大利亚的微片、电子出版物、未刊的手稿、画和口头历史录音带。目前,有藏书500万册,十多万种来自世界各地的期刊和报纸,以及地图、照片、影片、珍本等。

演讲篇

21世纪如何阅读

澳大利亚国家图书馆馆长
简·符乐顿

嘉宾主持周瑛琦（凤凰卫视主持人）：大家可以看到，女人现在有多强——我们台上唯一的一位女馆长，是昨天晚上深夜到达上海的，最晚到达的却是今天第一位发言的。

有请澳大利亚国家图书馆馆长简·符乐顿女士，掌声欢迎！（全场鼓掌）

我们正面临着很大的挑战，但我们深知，图书馆的目标仍然是将知识一代一代传承下去

大家下午好！今天我非常高兴来参加"文化讲坛"。

能成为澳大利亚国家图书馆的馆长,让我深感荣幸。虽然澳大利亚原住民的文化历史有六万年之久,但书面历史却是欧洲人移居到澳大利亚以后才开始的。

我到上海的这次活动稍微晚了一些,因为昨天要参加一个赠送仪式。在这个仪式上,加拿大总理向澳大利亚总理赠送了一件迄今为止澳大利亚现存最早的印刷品。这个印刷品是在1796年7月30日印刷的,是悉尼大剧院的一个演出广告。在这之前,我们一直以为,在澳大利亚出现的最早的文本,是悉尼市的一个警察局局长所发布的一份安民告示。那是在1796年11月16日印刷的。

加拿大总理送给澳大利亚总理的这份印刷品,是在加拿大图书馆里发现的。我们非常高兴,因为加拿大人已经意识到这个文本对于澳大利亚人来说是多么重要,而且我们也能感受到在全世界范围内图书馆之间的深厚而慷慨的情谊。还有一点非常有趣,就是澳大利亚最早的宣传品,或者说澳大利亚最早的印刷品,它是与人们的娱乐活动密切相关的,记述的并非什么特别深刻的道理,或是哲理,也没有什么更多的科学意义,它就是和人们的娱乐消遣相关。

澳大利亚国家图书馆是一个非常年轻的图书馆,它建于1901年,是当时象征着国家统一和独立的最重要的标志之一。那些创建图书馆的人们,希望它能够成为一个伟大的图书馆,希望它不仅仅拥有与澳大利亚相关的馆藏,而且能够在这里展现来自全世界的文化产品的魅力,并在全世界的图书馆中扮演重要角色。

今天,尽管世界在不断变化,而且变化的速度非常快,但是我们的目标与理想不变。当然,我们的主要工作还是收藏,收藏那些跟澳大利亚有关的印刷品,包括书籍、报纸、杂志等印刷品,甚至像饭店里的菜单我们也都收集。

在最近的几年里,澳大利亚国家图书馆顺应世界发展的潮流,收集了很多以数码形式存在的产品和图书。过去的15年里,大多数的作品都有着数码形式的存在,而且我们现在看到,越来越多的作品只有数码的形式而已经没有纸面的形式了,我们要做的就是对它们进行收集,比如从网上把它下载下来。收藏这些只存在于数码状态的信息,我们面临着很大的挑战,但我们深知,我们的目标仍然是将知识一代一代传承下去,所以,更应当始终以认真的态度去对待。

就像我们对传统印刷品感兴趣一样,未来的研究人员对我们收藏的网络档案一定也很感兴趣

从1996年以来,国家图书馆和我们的一些伙伴图书馆开始致力于收藏网站上的一些信息,所有的这些收藏都可以在一个叫"潘多拉"的数据库中找到。这个"潘多拉"被我们称为澳大利亚的"网络文印室"或"网络档案馆",现在"潘多拉"里的档案已经被使用得非常广泛了。

在建立"潘多拉"这个数据库的过程中,我们面临着两个重要的挑战。首先,我们知道每个重要的网站都很有可能随时从因特网上消失,其中最明显的一个例子就是2000年悉尼奥运会网站。当奥运会举办完之后,这个网站就不存在了,而我们将这个网站完整地收录到了我们的档案中。即使有的时候网站还存在，但是经过时间的推移，它们的内容和形式都会发生巨大的变化，而我们也将在档案中展示这些变化。相信，未来的研究人员对我们所收藏的这些网站的档案一定也会非常感兴趣，就像我们对传统的历史上的印刷品感兴趣一样。

第二个重要的目标，就是我们必须意识到，所有今天我们所看到的数码信息都很有可能有一天没有办法再提取出来，主要是因为技术发生了新的变化，原有的数码储存方式开始落伍了。

我在这里举一个例子，澳大利亚国家图书馆最近收到了一些文档材料和研究的数据信息，是一位著名的医生罗宾·沃伦所做的研究。他是一位非常有名的澳大利亚病理学家，他最早是研究胃溃疡的，2005年，他获得了诺贝尔医学奖。他的一些关键性研究都是在上世纪70年代和80年代初进行的，当时人类刚发明计算机不久，所以他做的很多研究都存储在5.25英寸软盘上。现在这种软盘的技术已经非常落伍了，将这个软盘上的数据保存并且维护下来，对我们来说是一个很大的挑战。

在人们建立这些数码资源的时候，并没有考虑到要将它们长期保存下去。在短短的30年里，在计算机发明之后，我们接触、使用信息的方式已经发生了巨大改变。那么，我们如何来确保不同形式的数据信息相互兼容呢？我希望我们能够通过对一些新的数据格式的转换，来应对这样一个挑战。我们会每天对档案进行监控，来决定哪些文件的格式是存在风险的，或者说是过时的。

"潘多拉"数据库是由澳大利亚一些网站组成的，它仅是澳大利亚网站当中非常小的一个部分，事实上许多有研究价值的网站并没有保存在这个"潘多拉"数据库中。

在2005年和2006年，我们使用了内部档案的手段来收集所有的澳大利亚网站,在这个过程当中我们收集到了 5 亿多件文献。与此同时,我们每年也在不断地收集澳大利亚各个网站的信息和内容。尽管我们在不断地努力收集网站上的信息,但是我们却没有办法把所有的信息提供给公众,因为我们现在还没有得到明确的许可。与此同时,我们图书馆也正在积极寻求支持,以确保澳大利亚人都能够获取这些数据,获取这些以数据形式存在的过去的信息。

读者对于我们图书馆的设施都非常满意,他们能够在图书馆中开展一些社会活动,同时也可以在图书馆中享受如咖啡馆一般的服务。与此同时,技术上的创新和多样化、数字化,也将进一步帮助我们优化服务。与社会的沟通,也是我们寻找和使用信息的一种新途径,我想我们应该逐渐地摆脱传统的一些模式和方式。

图书馆正在将虚拟的世界逐渐改造成图书馆的"第二生命"

几百年来,图书馆一直为读者提供书籍,同时也通过读者反馈的意见来出版新的书籍。这样的沟通方式,不仅仅帮助我们传播内容和信息,也可以帮助我们进行更好的沟通,能够在读者之间构建起相互关联,并且积极地推动对话。

事实上,我们也可以通过博客、搜索引擎、iPod、播客等工具来推动图书馆的发展。现在,全球的读者也正在非常热情地拥抱一些新的服务,比如说"维基百科"。在澳大利亚国家图书馆,我们也希望能够让我们的服务顺应新的传播形势,我们也以短信的方式来提供参考服务,同时也提供像"维基百科"这样的服务。这样就不仅仅可以让用户来找我们,而且我们可以积极主动地去为用户提供服务。

现在,年轻的一代人能够用 Google 这样的网站来搜索信息，澳大利亚国家图书馆也已经将我们的信息与 Google 进行整合，通过 Google 可以搜索到一千家澳大利亚图书馆当中的内容和信息。

为了能够在数字时代更有作为，我们也对藏品进行了数字化整理，当然我们最终的目的是能够让所有需要这些藏品的人得到它们。我们的重点是放在一些比较独特的藏品上，对图片、地图、音乐等等这样的一些藏品进行数字化。同时我们也启动了一个项目——将澳大利亚从 1803 年到 1954 年的报纸数字化。这样读者便可以通过文本搜索的方式来获取所需的信息，当然文本搜索意味着，我们要使得所有人都可以在成百上千种报纸的文章当中搜索到他们所需要的内容。

我们还对 900 万件藏品进行了分类，同时也与一些澳大利亚的博物馆进行合作。通过合作，我们就可以建立由 1000 家澳大利亚图书馆所组成的一个藏品的数据库。

我们希望能够进一步推动一些类似的合作方式，事实上这种合作关系会帮助图书馆获得良好的发展，我们的目标也就是能够进一步推动信息的获取，通过合作，让我们的信息获取过程变得更加便捷。

自 1971 年以来，我们就开展了一个旨在为读者提供在线书籍的项目。在全球的各个角落，发行商正在将他们的书籍数字化，中国在这个领域也走在前列。可以说，图书馆正在将虚拟的世界逐渐改造成图书馆的"第二生命"。除此之外，图书馆这个概念仍然是非常重要的。人们可以在网站上列出他们自己的藏书，他们可以分享自己的藏品和自己在阅读方面的体会。

在澳大利亚国家图书馆，我们也很高兴地发现，有一群读者已经建立了澳大利亚国家图书馆社团，这个社团正是为那些喜欢有一个安静的地方能够进行思考的人们所设立的,同时也是专门为年轻人设立的。通过这种社团的设立,我想我们的未来以及阅读的未来,都是有希望、有保障的。谢谢大家！（全场鼓掌）

（原载《解放日报》2007年9月14日第18、19版）

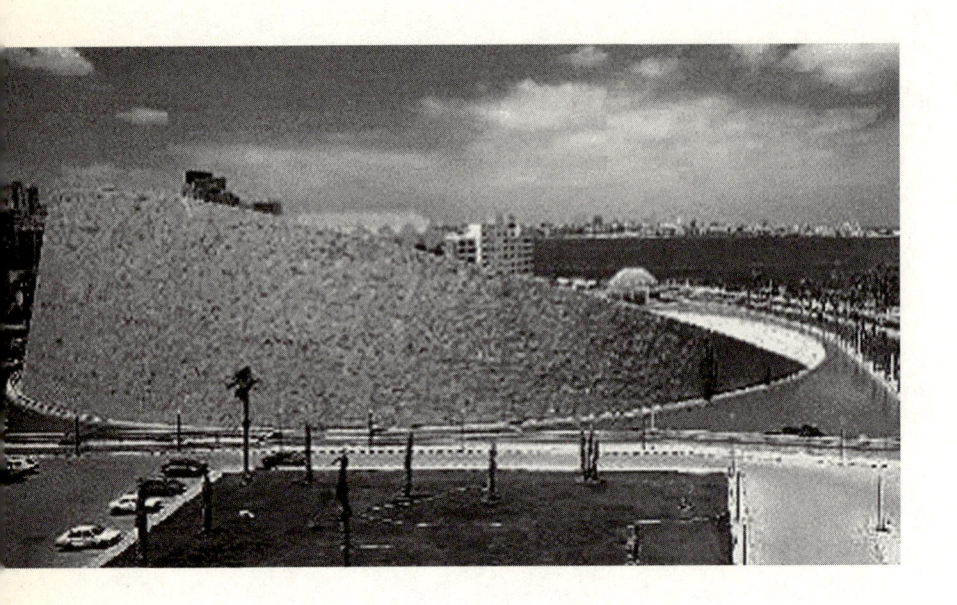

埃及亚历山大图书馆 两千三百年前,亚历山大图书馆就在追寻成为"世界知识总汇"的梦想。亚历山大图书馆是世界上最重要的研究文献资料收藏地,对科学、艺术和人类文明的发展起到了良好的推动作用。亚历山大图书馆馆藏丰富,学科门类从艺术到动物学,涉及广泛且有较强的针对性。亚历山大图书馆的数据库与全世界的图书馆网络相连,收藏涵盖了从古希腊、古埃及和伊斯兰教的经卷手稿到现代的诠释性文献。

文化与阅读的冥想

埃及亚历山大图书馆馆长

伊斯梅尔·塞拉吉丁

嘉宾主持周瑛琦(凤凰卫视主持人):非常感谢澳大利亚国家图书馆馆长简·符乐顿女士的精彩演讲。

刚才简·符乐顿馆长说,要把网上的东西进行统筹、储存,这个工作量是非常大的,意义也非常大。我们感谢他们能怀着这样的使命感来做这件事情。

我们之前请几位馆长列出他们各自认为对世界影响最大的十本书,澳大利亚馆长选出的第一本书就是《易经》,其他几位馆长也选出了和中国有关的几本书,比如《红楼梦》,他们都有看。每一位选出的十本里面都有相似的地方,比如说达尔文的、牛顿的、莎士比亚的、《可兰经》《圣经》,等等,所以我们相信人类的文明是共通的,是我们共同的。

接下来我们介绍的这位馆长,他接触的领域非常多,有许多与我们中国息息相关。他对建筑物很感兴趣,他本身是建筑师,他对基因科技也很感兴趣,他曾经担任过国际农业研究磋商组织主席、世界银行扶贫协商小组的发起人和主席,也曾经担任世界银行的副行长,专门管环保方面的事务。他最有名的一句话是在1995年8月说的:上世纪的战争是为石油而战,我相信下世纪的战争可能是为水资源而战。他在1978年就访问了中国,1998年曾经竞选过联合国教科文组织的主席,他的朋友很多,包括联合国前秘书长安南、加利。

今天我们非常荣幸地邀请他跟我们谈谈文化与阅读。有请埃及亚历山大图书馆馆长伊斯梅尔·塞拉吉丁博士为大家演讲《文化与阅读的冥想》!(全场鼓掌)

图书馆在将来一定会继续存在,且仍然作为人类文化传统必要的掌管者和协调者

谢谢主持人!女士们、先生们,我们正处在一个互联网的时代。不得不说,我们亚历山大图书馆也有一个互联网档案馆,假如澳大利亚出现了自然灾害,造成档案损失的话,我们可以给你们提供一些数据。(全场笑)

在这个时代,语音、文本、图像和数据的界限正在变得越来越模糊,甚至是在逐渐消失中。过去,人们把书面文本看作是人类沟通最重要的途径。现在,文本的功能正逐渐转化为信息的交流和帮助不同年代的人进行相互沟通。但这并不意味着文字就会被废弃,书籍就会消失,相反,我们的子孙后代在今后还将继续生存于这样一个非常丰富的文化环境当中,并在其中作出不同的选择。

如今,电视机已经非常普及,手机也无处不在,人们可以在很多地方使用互联网,年轻人也非常善于在互联网上寻找一些新奇的东西,甚至是创造一个崭新的世界。但与此同时,平面的报纸、杂志、书籍也是前所未有的丰富。可见,电子产品、无线数字技术和我们传统的媒体,是可以携手共进的。

上世纪的技术发展和我们在新世纪遇到的信息爆炸相比,是不足为奇的。我们正在经历第三次全球性的革命,我相信在信息时代,这场革命的规模并不亚于过去的两次变革,即农业革命带来了文明的出现;工业革命改变了工人和产品、产品和服务的关系。现在正在经历的这场信息通讯的变革,也将带来质的变化。

信息通讯技术的发展正从计算机平台转向通讯平台,比如手机和掌上电脑等。随着无线宽带技术的进一步发展,贫穷的人也可以逐渐享受到通讯技术的进步。现在全世界已经有几十亿部手机了,其中,中国就拥有4亿多部。人们可以非常便捷地上网,网上信息的存储也越来越简单、便宜。技术的进步也使得信息可以随身携带、随时检索。想象一下,一个iPod就可以存储几百万份文档材料。总的来说,信息的密度在急剧增加,交流也越来越通畅。

我们该如何与这个快速发展的世界互动呢?今天的世界正在向这样一个趋势迈进:节奏越来越快,文化产品可以随意取用、随意丢弃。我们可以从"呼拉圈时代"一下子跳到魔方或者电脑游戏的时代,我们可以更深层次地探讨文化传统并找到创造这一切的文化根源。

在我看来,我们正面临着两种情景:第一,所有的国家都会成为所谓浅尝辄止的国家,即关注力变得非常短,用一种非常浅薄的方式接触这个世界。我们成为消费技术的人,同时也消费商品,消费服务。正是借助于互联网,我们能知道每个产品的价格,但却不知道很多产品的价值。教育在很大程度上成为一个追踪年轻人不断变化的注意力的工具。

在这种情况下,不论是图书馆还是博物馆,都有可能被视为老古董而被人们丢弃。人们宁愿在家里上网看一个老古董的图片,而不是到博物馆里去看属于那个国家的藏品。他们不愿意仔细地读完一本书,而愿意看由这本书改编的电影,或者只是看情节简介就行了。

然而,我不认为这就是我们最终将要面对的未来。我相信,信息通讯技术的革命所带来的巨大资源,能使我们的下一代更便捷地获得历史所积淀的文化传统和知识。对所有人来说,所需要的信息都能轻松地获得。而这些巨大的资源可能都将由图书馆和博物馆等保护和表达文化的机构来调配。

和一般人的想法恰恰相反,我不认为未来以互联网为基础的信息技术革命会造成图书馆和图书的消亡。我认为图书馆在将来一定会继续存在,且仍然作为人类文化传统必要的掌管者和协调者。图书馆的存在会使一代一代的年轻人继续"读"书,虽然他们"读"的方式和我们今天会不一样。

利用日新月异的技术,建造这座"织布机",把人类的智慧织成绸缎

极端丰富的文化就需要全新的组织和交流方式,以配合新的阅读方式。我们现在已经看到了这些变化的产生,比如,表达信息的方式正越来越不同,我们不再书写长篇大论,而是经常编辑个人主页,并通过超级链接来连接另一些文章和网页。出版产品也趋向于把声音、图像、文本信息以及视频数据结合在一起。

同时，我们组织信息的方式也发生了变化。"维基百科"就是一个很好的例子，它使得全世界数千名工作人员一起创造出了这样一个产品。当然，如果没有信息通讯技术，这一产品也是不可能实现的。现在也有很多人自己出版作品，用不着出版商给他们提供帮助，就能直接将自己的作品登载在网络上，比如 Youtube 和 Facebook 等网站的成功都体现了这一重要的趋势。

最后，像 Google 这样的搜索引擎也进一步证明了，我们完全可以在网上对浩如烟海的信息进行非常高效的搜索。

不过，因特网就像热闹的街道一样，任何人都能将任何东西放在网络上。只有专家才能分辨出高质量的信息和垃圾。对不断增加的海量信息进行有效的管理，让人们能够轻松地从中获取他们所需要的高质量的信息，这就是图书馆在将来需要做的。

一个世纪以前，一位非常有名的诗人写过一首诗：

在智慧的年代，在黑暗的时刻，
知识如流星般从天空洒落，
没有被质疑，没有被整合，
如果日日编织，所得的智慧足以让我们疗伤治病，
但是却没有纺织机，
让我们将它织成绸缎。

图书馆早已献身于这座"织布机"的制造。在新世纪里，图书馆将继续利用日新月异的技术，建造这座"织布机"。因为，这是我们的最终目标，是我们的使命。对信息进行分析和解释，使它成为我们能够获得的知识，我们相信智慧会为我们带来一个更美好的世界。

新技术也能让发展中国家的贫困者，以一种"蛙跳"的方式追赶并超越发达国家已经取得的成就

女士们，先生们，我们刚才谈的都是这个星球的"高端用户"，我们还没有谈论高新技术如何才能进入贫穷的国家和地区。随着技术和经济的发展，我相信这些国家的人也能接触到这些新技术。但不管怎么说，在全世界的很多国家，新的技术总是倾向于有钱人、有权人、受过良好教育的人，以及那些对新技术敏感的人。但这会进一步造成数字鸿沟的加大，造成贫富差距的扩大。

然而，新技术也能够让发展中国家的贫困者，以一种"蛙跳"的方式追赶并超越发达国家已经取得的成就。我并不觉得将所有的学校连成一个网络就能够解决所有的问题。尽管，新的技术并不会将传统的教育方式彻底颠覆，但它一定能够彻底改变老师和学生们的资源和工具。如果能够加以很好的应用，那么这些新的技术就能够让穷人获得更多的机会。比如，现在越南正在利用数码图书馆来推动农村的发展，这些村庄已经成为知识型的社区，有多媒体电脑、打印机、照相机，还有200多个数码电影播放器。

对于发展中国家来说，在硬件设施和授权软件上的投入是非常巨大的。巴西每年花在买授权软件上的钱比他们扶贫花的钱还要多。所以他们现在正逐步建立一个开放源系统，这又带来一个标准和兼容操作的问题。

联合国已经制定了目标：在2015年之前，将世界上50％的人联网在一起。如果大家没有很统一的标准，是没有办法轻易达到这个目标的。因为形成统一的标准势必要降低进入的门槛，越来越多的人参与到其中，就意味着会有更好的产品，更多的人参与竞争，将会带来更高效的市场。

但是谁来设定这些标准？那些有权力的人往往有可能在设标准的问题上滥用自己的权力，为了国家的利益或者商业利益导致消费者付出更大的成本。这里有一些非常复杂的问题，我们相信就算这个标准完全是由市场推动的，政府也需要制订一些反垄断的条例来保护公众的利益。同时，这些标准还应当鼓励新的技术的出现。

获得知识是一种基本权利，分享知识是一种基本义务，这能够做到，会被做到，也必须被做到

我们记录和保护文化遗产，是基于双重的责任。一方面要记录我们的历史，包括民间故事、民间习俗，还有人们口口相传的东西，要防止它们消失。另一方面也是为了要让未来的人们知道这些伟大的传统，这些美好的故事。但这绝不是由一家机构能够完成的，需要多方面的协作，需要一些开放源的格式。而如果有一些格式已经过时了怎么办？我们是不是过几年就需要将一些可能会过时的数据重新进行收集和再录一遍呢？刚才澳大利亚国家图书馆馆长已经提到了，我在这里也想再谈一谈。

我们知道，信息和思考对于人类的发展非常重要，但是读者和作者之间也是需要有中间人的，图书馆就是这样一个非常重要的中间人。我们可以通过图书馆找到这些信息的源泉或者关联性的搜索，这在过去没有数码化的时候是难以想象的。同时还有一些专业文献的数字整合也会带来很大的影响，比如巴西、阿根廷、智利已经将它们的卫生和农业的专业文献整合在一起，这带来了很好的效果。

一言以蔽之，未来的图书馆不仅仅是将古老的文献进行数码化就可以了，其实它会带来很多新的技术，很多新的知识，并且将自己转变成为一个新知识和旧知识连接在一起的桥梁。

而且图书馆还能对最新产生的只存在于数码格式中的技术进行叠加。所以，未来的图书馆，一定是所有知识的永远不会丢失的"家"。

有些人怀疑，书籍最终会消亡。但大家可以想一想，多少人曾经猜测信息技术最终将使人们的办公形式实现无纸化，但事实上，今天我们所使用的新技术和新纸张比以前还要多。更多实时的信息数据对大家来说越来越重要，这种数据在数量和质量上都在提高。比如"Google Earth"这个新的地图产品，它的技术已经达到了30厘米的清晰度。我们可以用更新的技术为公众寻求更多的福祉，但是不是也应该更好地保护个人隐私呢？如何在尊重个人隐私和保证公众的最大利益之间找到一条底线呢？

我们需要一些全新的思考方式，需要跨学科的研究，需要很多的想象力。考虑到这些新技术对环境、对生活、对人类互动的方式的影响，我们可以看到，未来是一个激动人心的挑战。

女士们，先生们，新的思考方式将推动一个全新的世界，一个以知识为基础、以技术推动经济的世界。所有有才能的人都能获得更多的机会，并能利用全新的知识持续提高生活水平。

我们追求的是这样一个世界，在这个世界里，科学价值能得到尊重，人们积极的好奇心都能得到尊重，尊重真相，尊重知识，尊重理性。在这样的世界里，公平、合作将得到推动，创新者将得到回报，多样性将得到喝彩。

获得知识是一种基本权利，分享知识是一种基本义务，这能够做到，会被做到，也必须被做到。谢谢！（全场鼓掌）

（原载《解放日报》2007年9月14日第18、19版）

俄罗斯国立图书馆 世界上规模最大的图书馆之一。馆藏广泛而又完整,文献涉及247个语种。汇集了大量藏品,拥有2600万册图书。除完整收藏俄罗斯的印刷出版物和作品外,还大量引进俄罗斯知名科学家、文化教育工作者以及杰出的私人收藏家的藏品。是一个集图书馆学、文献学和书志学为一体的研究中心。目前,俄罗斯国立图书馆拥有的馆藏资料总计超过了4200万件,被誉为"俄罗斯的记忆"。

文化,图书馆与阅读

俄罗斯国立图书馆馆长
维克多·瓦西里耶维奇·费多洛夫

嘉宾主持周瑛琦(凤凰卫视主持人):谢谢伊斯梅尔·塞拉吉丁先生。我也相信科技的发达一定可以给人类的精神和生活带来一次革命。说到这儿,我想到过去这两年比较热门的一本书,相信如果没有现代的网络科技,这本书也不一定会存在。这本书叫做《1421:中国发现世界》,不知道各位馆长有没有收藏这本书?作者的名字叫加文·孟席斯,他是一个非常有意思的军事学家,在这里他提了一个想法,第一个走遍世界的人不是哥伦布,而是中国的郑和。

那么薄的一本书,一放到网上,将全世界都难以解释的一些发现堆积起来,成就了厚厚一本在全球销量惊人的书。所以,我相信刚刚塞拉吉丁先生说的话,网络科技会让人类重新发现一些永恒的或者是永远失去的东西,让人们对于人生、对于人类的存在有一个全新的思考。

接下来,让我们来看看"俄罗斯的记忆"。俄罗斯国立图书馆是全世界容量最大的图书馆之一,总共收藏的资料有4200多万件,在刚刚播放的图书馆视频介绍画面中,我们也看到了,我相信大家也很向往去那里看一看。

　　在俄罗斯国立图书馆140年的历史中,平均每天有400多人登记成为它的新读者。而馆长先生也是非常有意思的。俄罗斯总统普京曾经参观过俄罗斯国立图书馆,本来计划作一个简短的访问,可是最后在那里停留了两个多小时,这可能也与馆长的知识渊博和幽默有关系。

　　我昨天一下飞机,就有"文化讲坛"的工作人员跟我介绍这位馆长,说这位馆长非常幽默。馆长也跟我分享了一个非常有意思的信息,他说莫斯科现在的地价很贵,好的地段要两万美元一平方米,他可以考虑来上海居住了。下面有请俄罗斯国立图书馆馆长维克多·瓦西里耶维奇·费多洛夫先生作演讲,题目是《文化,图书馆与阅读》。(全场鼓掌)

再过25年,大概只有600到700种语言能保留下来。如果这样,我们用什么来保护这个星球的多样性呢?

　　非常感谢主持人对我的介绍!我还是要回到莫斯科去居住的。(全场大笑)

　　各位尊敬的来宾,1500年前,中国隋朝的"国家图书馆馆长"牛弘在《书厄论》中写道:"书有五厄",他指出威胁图书生存的分别是:权力机构的排挤、火灾、水灾、国家的大混乱和战争。15个世纪过去了,今天我的几位同行也向大家介绍了世界各地图书馆发展的状况。有人认为,在现代的信息社会里,在信息技术飞速发展的情况下,图书馆已经无可救药地落伍了。今天我想就这个问题,谈一些自己的看法。

　　虽然,世界各地的图书馆仍存在并不断发展着,但是中国

先人所提出的命题仍然具有现实意义，突发性现实灾难仍然威胁着我们的馆藏，例如，在塞尔维亚和伊拉克所遭受的空袭中，当地图书馆遭到重创。此外，也并非所有的图书馆都能得到国家的有力支持。而社会发展还给图书馆增加了新的威胁：在向信息社会过渡、信息技术迅猛发展的条件下，不断有人提出，传统的图书馆已经无可救药地落伍了，最终将被因特网所支持的虚拟网络资源所代替。真的会这样吗？

在尝试回答这个问题之前，我们先来看一下，我们所感兴趣的四个主体——书、读者、阅读和图书馆，它们究竟处在一个什么样的大环境之下。

首先，我觉得有两个决定性的因素。一个是全球化和文化的多样性，另一个是人类所积累的大量知识、海量信息和有效利用它们的可能性。

先来说一下全球化。全球化所带来的非常明显的影响，在语言领域有着显著的体现。众所周知，语言不仅是一个种族存在的基石，而且是独特文化的主要捍卫者。专家认为，目前世界范围内现有的 6800 种活的语言，其中的三分之二实际上是没有书写形式的，而且正在以每周一种的速度消失。专家们普遍认为，再过 25 年，大概只有 600 到 700 种语言能够保留下来。如果这样，我们用什么来保护这个星球的多样性呢？今天，我们在这里听到了英语、俄语，还有阿拉伯语，但是这些也只是众多语言中很少的一部分。

第二点,孔子曾经说过,"知之为知之,不知为不知,是知也"。而今天,我们的难点在于,如何去探知那些我们尚不知道的问题。因为知识的总量,已经大到了仅仅凭借人类短暂的生命历程难以完全了解和掌握的地步。

即使有的国家消失了,新的社会结构不断出现,可是作为人类才智储存所的图书馆还会依旧存在

四个主体中,第一个因素是图书。首先我要指出,我今天所说的图书是指信息的载体,既包括古代的手抄本,也包括现代意义上的书籍、各类报纸、网站,等等。换句话说,也就是所有人类思想活动的任何一种物理形式的体现。

以前的书籍和读者都是非常单一的,但是随着印刷术的发展,使得同一本书被许多不同的读者进行阅读成为一种可能,图书也随着人类知识的丰富而变得更加多样化。比如我们在网络上发表一本书,身处世界各地的千百万的读者都可以通过网络读到它。

现在再来看一下读者的变化。最初读者的数量是非常少的,而且这些为数不多的人都是当时社会的精英。后来,数百年之后,随着全民识字率的不断提高,掌握阅读的本领不但成为了可能,而且成为公民充分享受社会权利的一项必要条件。与此同时,阅读也开始从一个给人们的精神带来美的享受的活动,变成了一项普通却又必不可少的精神行为。

所以说,读者群体也发生了巨大的变化,阅读成为了一项广泛的、普通的、公众性的活动。在这种情况下,并不是一定非要拿着一本书或者一份报纸看,才是阅读,也可以通过互联网、通过电脑进行阅读。当然,传统意义上的书本阅读和现在的网络阅读,实际上是非常不同的两种过程。由此,阅读本身和读者群体在新的技术条件之下,也都随之发生了巨大的变化。

第三点,谈一谈阅读。如果大家认同读者与书的交流不仅仅是一种精神上的享受,同时也是一种劳动与工作的看法的话,那么如今最主要的就是在由传统的图书阅读转向新兴的网络阅读的过程中,阅读本身的质变问题。当读者,尤其是年轻读者,对于传统的图书兴趣下降,而对新兴网络读物的兴趣大增时,那种认为当今的阅读并没有发生什么变化的看法,就显得没有说服力了。

下面讲一下图书馆。图书馆是社会组成中具有比较积极意义的保守元素之一。我个人认为,图书馆是维持社会文明进步和稳定性的决定性因素之一。即使有一些国家消失了,新的社会结构不断出现,但是作为人类才智储存所的图书馆还依旧存在。

没有必要开展争夺信息垄断的斗争,创造型的合作才会带来双赢的结果

现在让我们来看一下图书馆发展的具体状况。先来看一个具体的问题,比如说,上海一座工厂里的一位普通工人,是不是必须要对中国历史如数家珍?是不是必须要知道中国历史上的三国时期到底是怎么回事,还是他只要掌握一些基本的职业技能就可以了?还有一个简单的问题,不会使用电脑的中学老师,能够称得上是顺应时代发展的好老师吗?这些问题都是交织起来的。我认为,人类的发展已经到达了这样一个时期,类似于计算机常规数据那样的一小部分知识,或许才会得到人类的青睐。

那么,图书馆究竟应该朝什么方向发展呢?图书馆现在的发展面临着两条道路:第一条路,就是按照传统模式将图书馆保存下来。也就是说,把书籍、报刊以及各种纸质的档案文件资料作为基础为读者服务。当然,在这样情况下,图书馆是无法与网络竞争的。

第二条路是这样的,它也许更受欢迎,并更为行之有效,那就是,图书馆在保持运用原有的处理信息和资料的方法的同时,充分吸收、消化新的信息技术,从而使图书馆的传统优势能够充分得到加强。

这是图书馆发展的主要路线,那么,实现这一路线究竟需要什么样的条件?我认为,国家和社会必须理解图书馆革命性转变的必要性,并且应该为图书馆的转变创造相应的条件,比如在立法和资金上进行支持。同时,图书馆管理员必须有意愿地工作。今天图书馆管理员的工作与他的前辈十几年前所从事的工作,有着本质上的区别。如今,一位管理员如果要充实图书馆的馆藏,他往往不是寻找书,而是通过网络资源来寻找;为图书编目录的馆员也不再需要编辑卡片,而是建立电子档案,更是帮助其在互联网上寻找有用的信息。还有一项重要的条件,就是让迅速壮大的互联网使用群体明白,图书馆是他们的盟友,完全没有必要开展什么争夺信息垄断的斗争,创造型的合作才会带来双赢的结果。

我今天提到的这些,实际上触及的是人类将会遭遇的共性的难题

今天我所说的这些都带有一定的人文色彩,虽然好像只涉及文化、教育和科学几个方面,但是我觉得今天提到的这些,实际上触及的是人类将会遭遇的共性的难题。比如说,我今天已经提到过的全球化和文化多样性的问题,传统的自然资源正在面临枯竭,寻找新的生物为基础的能源将加剧全球性供给不足的矛盾,气候变暖所造成的诸如淡水资源匮乏等问题,也正在困扰人类。最关键的是,贫富国之间的差距并没有缩小,除了在传统的教育、健康、社会保障等方面的差距,现在又出现了信息保障方面的差距。

有这么一句话,谁掌握了信息,谁就拥有了世界,而这一句话实际上已经成为了现实。

在这种情况之下,信息保障就显得非常重要,而对发达国家和欠发达国家之间的平衡发展也有着非常重要的意义。所以,在这种情况下,我认为今天的论坛是非常有意义的,因为所有的世界大型图书馆都应该在新的条件下进行有效的合作。

一星期以前,我们成功举办了第20届国际莫斯科图书展,展会的主宾国是中华人民共和国。我有幸从中国国务委员陈至立女士手中获得了有关中国历史的500册赠书,这500册书籍已经被我们存放到图书馆的特别藏馆中。此外,我也要向解放日报报业集团表示特别的感谢,举办本届讲坛来交流探讨问题,是非常具有现实意义的,我回国后将向国内的同仁传达这届讲坛的成果。也谢谢今天的主持人,感谢今天的所有来宾,我将在莫斯科恭候各位嘉宾的光临,谢谢!(全场鼓掌)

(原载《解放日报》2007年9月14日第18、19版)

上海图书馆 创建于 1952 年 7 月 22 日,馆名由陈毅市长亲笔题写。1996 年末,上海图书馆新馆正式对外开放。新馆建筑呈多维台阶式块体结构,象征着历史文化积淀的坚实基础和人类向知识高峰不断攀登。馆藏文献达到 5095 万册,以历史文献最具特色,包括古籍 170 万册,碑帖拓片 18 万件,名人手札约 11 万件。其中善本图书 17 万册、宋元刻本 300 余种,唐、五代以前写经 224 余种,家谱 19 万册。最早的藏品《维摩诘经》距今已有 1400 年的历史。

每个人都是一座图书馆

上海图书馆馆长
吴建中

嘉宾主持周瑛琦：非常感谢俄罗斯国立图书馆馆长维克多·瓦西里耶维奇·费多洛夫博士的精彩演讲，他的演讲让我们享受了一次普京的待遇，非常感谢他！（全场笑，鼓掌）他在刚刚的演讲中说到，世界上的语言正在以每周一种的速度消失，说到这个，我给大家介绍台上出现的一个现象——咱们每个人该坐哪里，都没有用不同的语言在座位上写上名字，而是用照片来标识，（举起印有周瑛琦照片的座椅靠垫）我们用了一种人类都能理解的方式来沟通。

爱因斯坦曾经说过，那么多的科学数据、方程式，我不用背，背了记不得，反正这些东西都已经写下来了，我愿意花更多的脑力去思考，去想象。尤其是现在人类共同面对着许多许多难题，需要我们更多人去想象，去解答。

接下来就有请上海图书馆的馆长来为大家演讲了。大家别看吴馆长一头白发,他是"少年白",他其实怀着一颗赤子之心。下面让我们欢迎吴馆长为大家演讲——《每个人都是一座图书馆》。(全场鼓掌)

谢谢主持人!

最近有两件事对我触动很大。两个月前,我在甘肃天水参观了伏羲庙,庙里各种阴阳八卦的符号和实物深深吸引了我。八千年前,我们的祖先就能高度概括自然现象了,可惜那时还没有真正的文字,我们无法真正解读先人们的思想。上个月,国际图联在南非开年会,我特地去看了好望角。我在回国途中买了一本书叫《1421:中国发现世界》。这本书很有趣,也很有争议,因为很多关键的资料都不是第一手的,据说当时中国朝廷已经把所有与航海有关的资料销毁了。这两件事对我触动很大。因为没有文字,人类已经失去了无数智慧的资源;因为没有把它们储存于图书馆,人类又失去了很多珍贵的记忆。这使我想起英国科学哲学家波普尔的一句话:"假如哪一天物质世界被严重损毁,但图书馆依然存在的话,那么我们的世界很快就会恢复原样。反过来,假如哪一天图书馆被严重损毁的话,那么不知道要给我们的后人增添多少麻烦。"

通过阅读,我们不仅能够与隔了百年甚至隔了千年的先人对话,还能与比自己年龄大的前辈们共享知识,共享经验

我今天演讲的题目是《每个人都是一座图书馆》。从信息收集、加工、整理等一系列的信息活动来看,人的知识体系和图书馆的知识体系在很多方面都是相通的,也许可以这样说,图书馆是人脑的延伸。

人有积极的学习天性。有一本书的书名叫《孩子都是哲学家》，因为孩子们都喜欢提问题，但大量问题是没有答案或没有唯一答案的。一个人每天会碰到很多问题，假如你要培养一个能人，就要激励他不断地去搜寻答案，要培养一个庸人，也很简单，你把所有的答案都给他就可以了。

人的一生都在学习，一个人有多少知识是从书本上获得的，有多少是与他人交流获得的，有多少是自己亲身体验得到的？有数据说，从书本上获得的知识占了八成。也就是说，一个人的大部分知识是通过阅读获得的。通过阅读，我们不仅能够与隔了百年甚至隔了千年的先人对话，把先人的经验变成自己的经验，把先人的知识变成自己的知识，而且可以与比自己年龄大的前辈们共享知识，共享经验。

人有独特的信息能力，信息能力就是信息素养。一个人的思维能力是无限的，但记忆能力是有限的。我还记得美国学者路易斯·肖在传统的人类智力"3R"，Reading、Wrighting、Arithmetic，也就是阅读、写作、计算之后又增加了第4个"R"——Reference，也就是查找知识的能力。他说，懂得如何查找到所需要的知识，就等于掌握了人生全部知识的一半。其实很多知识留在待查状态就可以了，因为你知道如何去找到它们，所以查询能力是一个成功人士的基本功。

朱光潜说过："一个人不可能把所有读过的书都储藏在脑子里，我们必须于脑以外另辟储藏室。"他举了例子，卡片、笔记,这些都是人的记忆力的延伸。丘吉尔就喜欢在每一个房间都配备纸和笔,以便随时能够记录自己的思想和灵感,绝大多数有成就的人都有记笔记或记日记的习惯。

人有丰富的隐性知识。由于文字无法记录下来,人类不知道失去了多少隐性的记忆。事实上,在人类文明史上作为文明记录保存下来的只是其中极少的一部分。人有很多一刹那间产生的灵感,还有很多非常特殊但是难以记录的一些隐性的知识。在英国的时候,我曾经听一位老师跟我说了这样一个笑话。有一天,一位搬运工来他家做客,他当时随意说了一句:"你看看我的这些书怎么样。"搬运工站起身来,环顾四面墙上摆满的书,很快地说了一句:"5吨。"(全场笑)三百六十行,行行都有其非常特殊的职业灵感。人类有很多只能意会、很难言传的经验,其中有一些被我们称为人类的非物质文化遗产,譬如说昆曲、古琴、中医,等等。

梁启超说过:"中国凡百学问都带有一种'可以意会不可以言传'的神秘性,最足为智识扩大之障碍。"只有把隐性的知识转变为可以记录下来的、可以交流的显性的知识,才能更好地实现知识的共享。

中国文化之所以保持文化性格的一贯性,其重要原因是中国有丰富的文化典籍和藏书文化

每个人都是一座图书馆,无数个小图书馆催生出社会的大图书馆。人们希望把自己头脑当中的东西集中起来放在一个地方,于是就有了图书馆。有人把一万年以前法国拉斯科洞窟的壁画也叫做图书馆,说它是人类最早的图书馆之一。今天,亚历山大图书馆的馆长也来了。亚历山大图书馆无论是在过去还是在复活后的今天,都是世界上最伟大的图书馆之一。中国最古老的图书馆的馆长是两千五百年前的老子,他担任过周朝的"守藏室之史",也就是"图书馆馆长",或者叫"档案馆馆长",在过去图书馆和档案馆是一家的。

中国古代四大发明当中有两项发明是跟书有关的。发明源于需求,正是由于当时社会特别是藏书家对书的广泛大量的需求,纸和印刷术的发明才得以被广泛地利用起来。汤因比在他的《历史研究》中说,中国文化之所以能够在全球各种文明当中历经风雨寒暑,仍保持文化性格的一贯性,其重要原因是中国有丰富的文化典籍和藏书文化。汤因比就是在考察了中国文化的这一独特性的基础之上,发出了上述感慨。

在现代社会里,图书馆作为知识交流中心的作用越来越明显。今天,图书馆已经成为所有社会文化组织当中最完美、最贴近民众日常生活的网络之一。我看到纽约州有这样一个数据,2005年访问纽约州各个图书馆的人次是一亿零五百万,而同一时期到州内健身场所去的人次是一千万,也就是十分之一还不到。人们之所以会经常跑图书馆,是因为他们想和其他的人在图书馆里共享知识和经验。

"天堂应该是图书馆的模样。"图书馆是永恒的,无所不在的

阿根廷文学家博尔赫斯说过:"天堂应该是图书馆的模样。"在担任阿根廷国家图书馆馆长的时候,博尔赫斯已经双目失明了,但他心里非常亮堂。他认为图书馆里的书已经穷尽了所有符号的组合,所以他把图书馆比作宇宙,把宇宙比作图书馆,强调图书馆是永恒的,无所不在的。为此,他专门写了一篇非常有名的小说《通天塔图书馆》。我非常赞同图书馆是无所不在的说法。

图书馆深深地扎根于民众日常生活当中。几年前,图书馆界流行着一句口号,即"图书馆是人们的第二起居室"。在鹿特丹市图书馆,我看到一些人在书架旁边下棋。馆长告诉我,这是为了吸引更多的人来图书馆。他还拉我到一个地上印有棋盘的大厅里,看人家下棋。他笑着跟我说,下完棋,他们就会去看书的。很多图书馆为了吸引读者无拘无束地来,提供了很多舒适的设施,比如说沙发、椅子、茶水、铅笔以及红十字药箱,等等。

图书馆承担着为所有人提供咨询的义务。一些现代化程度比较高的图书馆已经开始提供"24×7"的全方位的信息服务。

无所不在,英文叫"Ubiquitous",日文叫"泛在",就是在信息社会里,任何时候、任何情况下都可以实现信息联网的状态。所以,图书馆无所不在还有另外一层重要的含义,那就是充分利用虚拟技术来开拓图书馆的信息服务,但是很多图书馆在这方面的准备是不充分的。

人的知识是动态的,但是知识一旦进入图书馆就变成静态的了。那么为什么图书馆不能像人一样,去储存和处理动态的信息呢?前面我已经说过,因为没有文字,没有图书馆,人类已经失去了无数的有价值的资源。今天,数字化已经影响到社会生活的方方面面,难道我们还要错过这个时代给我们留下的极为丰富的智慧与财产吗?

图书馆是人类分享知识的最佳伙伴。我相信在任何时候,任何地点,图书馆都会在你需要的时候出现在你的面前。谢谢各位!(全场鼓掌)

(原载《解放日报》2007年9月14日第18、19版)

对话篇

嘉宾主持周瑛琦(凤凰卫视主持人)：

今天非常荣幸来到上海参加解放日报报业集团第十二届文化讲坛。我是出生在台湾的小姑娘，祖籍安徽，生活在海外，工作在香港，这次一来到上海就受到这么隆重的"解放"之礼，使我开心得不得了。(全场笑，鼓掌)

今天我来到这里，也带着一份特殊的感情。解放日报报业集团非常重视这届讲坛，这届讲坛的会场是曾经开 APEC 会议的地方。对今天这个主题，我也颇有感受。所以，能为阅读、为文化做一点事，对我来说有特殊的意义、特殊的情感。

首先，请允许我对这个主题谈点认识。人类有千百万年的发展史，文字记载是为了传播知识，也是为了传播情感。人类在有文字之前，其实就已经会阅读了。中国人说仰观天文，俯察地理，那时候我们就懂得观察自然现象，看到鸟兽的纹路，就开始创造文字。我相信埃及的朋友也有这样的经验。像"日"、"月"这两个字，小朋友不用学习就大概明白是什么意思了。还有像北京奥运会会徽上的"京"字，外国人一看也差不多知道是什么意思。

大家都知道，四大发明中有两大发明就跟阅读有关系。一个是印刷术，另外一个是造纸术，它们影响了几千年。现在时代进步了，上世纪以来科技迅速发展，又把我们的世界改变了。

回到今天的主题，到底现代阅读和文化积淀间有什么样的关系？有多大关系？现代阅读又包括哪些内容，哪些方法，哪些方式，文化积淀又属于哪些范畴、内容，以什么样的形式存在？今天我们请到了四个国家的鼎鼎有名的图书馆馆长，为我们回答这些问题。

在他们上台之前，我想读一段人类史上伟大的科学家爱因斯坦说过的话。他说："我们在地球上的情况非常奇妙，每个人的生命如此短暂，不知为何，有时候似乎为了神圣的目的来到这个世上。从日常生活来说，我们能确定的一件事就是为了他人，为了无数同命运息息相关的灵魂而存在。我认识到多少我内在和外在的生命力是建立于别人的劳动力上，不管是活着的，还是已经死去的。我必须认真发挥全部的精力，才能还回我收到的这么多。"所以，为了全人类文明的传承，我们每一个人都应该付出最大的努力，这是我们义不容辞的责任！（全场鼓掌）

（嘉宾演讲结束后）

周瑛琦：几位馆长刚才说到，图书馆是非常神圣的地方，我也非常认同。我相信有很多朋友的初恋就是在图书馆谈的。另外,我每周也会带孩子去一次图书馆。到了图书馆,我们能感觉到自己是如此渺小,需要继续激发求知的欲望,要对这个世界继续有更深入的了解。而当我们在感觉到渺小的同时,图书馆则会让我们青春永驻。让我们再次用掌声感谢四位图书馆馆长!(全场鼓掌)

我们接下来欢迎各位朋友发问。

阅读并没处在危险中,只是阅读的方式发生了一些变化

解放日报机动部记者 尤莼洁:我想请教简·符乐顿馆长。2004年美国国家艺术基金会公布研究报告《阅读在危险中》,引起美国社会的极大震惊。现在的传播手段如此多元化,阅读怎么会陷入危险中呢,这是不是一种危言耸听?

澳大利亚国家图书馆馆长 简·符乐顿:我不相信阅读处在危险中,我只是觉得我们的阅读方式发生了一些变化。我们应该认识到,网上的博客也已经成为人们获得信息的一条途径,也开始挑战人们的书面阅读方式。正如主持人所说的,现在的信息面越来越大了,比从前大得多。但我并不认为阅读受到了任何威胁,而且我相信人们还会继续读书本上的知识,虽然他们会越来越多地浏览网上的信息,但是他们仍然会读书。同时,因为有了新技术,可以给他们提供新的途径,可以让他们读到更多的东西。这一点是毫无疑问的。

周瑛琦:我想解放日报报业集团的同仁们可能和我一样,每天都像一架信息机器。我们现在的阅读速度必须要变得越来越快,否则你就可能会丢掉饭碗。(全场笑)

问题并不在于阅读信息，而是能否找到自己真正需要的信息

新闻晨报记者 郭翔鹤：请问俄罗斯国立图书馆馆长先生，微软公司曾经预测，到2020年传统的阅读将会全部电子化，90%的书籍、杂志、报纸等都将以电子书形式出版发行。如果图书阅读最终将被电子阅读取代，未来图书馆还有什么用呢？

俄罗斯国立图书馆馆长 维克多·瓦西里耶维奇·费多洛夫：我并不这样认为。我们来看一下现在世界范围内的大型图书馆，馆藏的数字化程度实际上并不是很高。据我所知，最多也就达到70%到80%左右。我认为，包括我的同仁们也认为，现在大多数的图书馆都在试图帮助读者利用图书馆的传统优势。现在的问题并不在于阅读信息，而是能否找到自己真正需要的信息。比如说上网，你几乎可以找到关于任何问题的答案，可是你往往却不能确认找到的是不是正确的答案，你也不知道所找到的答案具有怎样的代表性。而图书馆实际上能够解决这方面的问题，也就是说能够保证你所需资料的完整性以及代表性。

图书馆应该扮演一种中间者的角色

解放日报周末部记者 尹欣：有个问题请教埃及亚历山大图书馆馆长先生。Google计划在2015年之前建成网上图书馆，这个计划遭到了一些国家图书馆馆长的反对。请问馆长先生，

您对搜索引擎建立网络图书馆有什么看法？

埃及亚历山大图书馆馆长 伊斯梅尔·塞拉吉丁：我了解到欧洲的一些图书馆对于Google这个计划产生了一些争议。当然，我本人对这个计划是非常支持的。我认为这个计划能够对信息进行数字化，并向身处世界各地的人们提供他们所需要的信息。图书馆应该扮演一种中间者的角色。

谈到Google的这样一个计划，它有一点不同。大家都知道，文化中涉及不同的语言，所以Google在构建在线图书馆的时候，会倾向于原语言为英语的材料和信息。譬如说，Google的搜索会得到20个到30个结果，但是其中大部分都是英文网站，这就意味着其他的语言可能会受到歧视。第二，搜索到的结果并不一定是最能代表我们人类文化成果的。第三，法国人、意大利人、保加利亚人，等等，他们的一些作品本身可能知名度并不是很高，但是以这些语言创作的作品的重要性却是很高的。有位法国人写了一本书就是有关Google的，说它并不是很重视英语以外的其他语言。

Google在线图书馆所提供的信息只是浩瀚知识海洋中的极小一部分。这是我对你的问题的回答。（全场鼓掌）

《哈利·波特》走红并不会带来威胁，但只读《哈利·波特》那就糟了

新闻晚报记者 李宁源：我有一个问题请教上海图书馆的

吴馆长。《哈利·波特》这几年在全球风靡,很多人就开始反思,中国为什么没有《哈利·波特》出现,是因为中国人读书读得少,还是因为中国人缺乏想象力?

上海图书馆馆长 吴建中:谢谢你的提问,但我自己还没有读过《哈利·波特》。

周瑛琦:您是拒绝看,还是没时间看?(笑)

吴建中:中国文学是伟大的,中国的语言是丰富的,中国的儿童是富有想象力的,但是我们儿童的压力太大了。(全场笑)责任在于我们这些家长或者说我们这些大人的身上,因为我们很喜欢开出一系列的书单让他们看,认为这是必读的书,等他们看完以后可能人到中年了。(全场笑)我们应该改变这样一种方式,让学生们自由地去阅读,自由地去想象。如果这样,他们一定能够创作出让全世界儿童喜欢读的畅销作品,我想将来肯定会有这样一天。(全场鼓掌)

俄罗斯国立图书馆馆长 维克多·瓦西里耶维奇·费多洛夫:关于《哈利·波特》,我想再说两句。《哈利·波特》这两年在世界上的走红,并不会带来什么实际意义上的威胁,但是如果孩子们只读《哈利·波特》,只以一种眼光去看世界的话,那就比较糟糕了。今天在座的有来自澳大利亚、埃及、俄罗斯和中国的图书馆馆长,我们应该让我们的孩子尽可能多地互相了解,孩子们应该读各种各样的文学作品,包括中国的传统文学,包括俄罗斯的传统文学,包括埃及的传统文学、澳大利亚的传统文学,这样他们就能以更宽广的视角来看待这个世界。(全场鼓掌)

我列出的书单是:所有你们在图书馆内还没有读过的书

周瑛琦:之前我们请几位馆长各自列出他们心目中的"影

响人类最重要的十本书",我发现他们列的书目有很多是共同的。埃及亚历山大图书馆的馆长说,这个问题不是问我们最喜欢的十本书,而是问最重要的十本,所以当然有相同的地方,至于我们最喜欢的,可能差别就大了。现在《哈利·波特》好像成了商业文化的主流,好像是给孩子的唯一选择似的,那么有没有别的选择?请四位馆长给我们提供一下。请你们现在就想一想自己最喜欢的小说是什么?刚才听到澳大利亚国家图书馆馆长说她最喜欢的是瑞典的犯罪小说。

澳大利亚国家图书馆馆长 简·符乐顿:让我公开推荐的话,就推荐一些澳大利亚的书籍。我推荐一本很好的儿童作品,事实上它已经有二十年的历史了,讲的是一个小动物在澳大利亚全境进行旅行探险的故事。澳大利亚也有诺贝尔文学奖的获得者,他们的作品也非常精彩。

埃及亚历山大图书馆馆长 伊斯梅尔·塞拉吉丁:我很高兴能够推荐一些作品,除了影响人类最重要的十本书之外,我还想推荐的,譬如说埃及作家纳吉布·马哈福兹(Naguib Mahfouz)写的一本关于人性方面的书。第二本是一本科学方面的书,这本书非常有趣,是讲坐在轮椅上不能动、不能说话的斯蒂芬·霍金的故事,这本书是从科学发展的角度来进行介绍的,同样是非常好的一本书。斯蒂芬·霍金,他是一个科学家,也是小说作家,他也完全可以担当一个哲学家。

周瑛琦:谢谢。亚历山大图书馆馆长推荐了人性和科学方面的作品。那俄罗斯国立图书馆的馆长,您呢?

俄罗斯国立图书馆馆长 维克多·瓦西里耶维奇·费多洛夫:人类在自己漫长的历史里写出了许多伟大的书籍,而所有这些伟大的书籍都曾经有自己忠实的读者,我之前推荐的十本书只是对我个人产生最强烈影响的。但是阅读所有的书籍其实也是不可能的,比如各位馆长坐在这里,不可能说每一位馆长都读过馆藏的所有图书。让我推荐一个书单，就好比叫一个酒厂的厂长说出究竟是喜欢白兰地还是伏特加，这是非常困难的。所以我给大家列出的书单，也就是所有你们在图书馆内还没有读过的书，都尽量地去读。（全场大笑）

上海图书馆馆长 吴建中：我很惭愧，可能要回答不及格了。刚才各位馆长在回答问题的时候我的大脑一直在搜寻，好像是十几年没有看小说了。但我很喜欢看传记、历史这方面的书，前几天看了《世界是平的》，还有《1421：中国发现世界》，现在正在看的书是《季羡林说国学》，这本书引经据典，又很通俗，让人看了感到很充实。

图书馆能帮我们识别一些有毒的信息，找到一些好信息

解放日报观点版记者 支玲琳：刚才主持人周瑛琦讲到，我们每天就像一部信息机器一样去搜索信息。在网络如此发达的年代，我们可能不会缺乏阅读，反而会陷入一种滥读，导致我们大脑堵塞。对此，不知道各位馆长怎么看？

周瑛琦：我也经常被这个事困扰。怎么样选出质量优秀的书来读，就像我们吃食品一样，我们要吃优质的食品，不要吃垃圾食品。那么在这个信息庞大的世界里面，怎么来筛选？

上海图书馆馆长 吴建中：在我的博客中，我最近写了一些有关阅读方面的东西。

周瑛琦：您也写博客？（全场笑）

吴建中：我曾经写到，人类一切美好的东西都是有节奏的。写作是有节奏的，阅读也是有节奏的。作者在写作的时候往往充满激情，充满理性，如果我们不静下心来，很难进入作者的心灵世界，很难和作者一起共享这个美好的节奏。

埃及亚历山大图书馆馆长 伊斯梅尔·塞拉吉丁：我想垃圾食品和毒药还是有区别的。偶尔吃一点垃圾食品还是没问题的，只是不要吃得太多就可以了。但现在的问题是，你有时候会从互联网上得到错误的信息，这就是为什么我觉得这一点是非常重要的。如果你上网仅仅是为了娱乐，为了玩游戏，或者是和其他人聊天的话，这就没有多大问题。但是如果你在网上是为了寻找一些非常重要的信息，你就必须要对这个信息的质量进行评估。否则，如果你使用了错误的信息，那就等于将这种毒药或者有毒物质的毒性散播开去。再回到图书馆上说，讲到图书馆的功能，我们有提供信息资讯的功能，当然在互联网上也有很多的信息，但我们可以通过图书馆来帮助我们识别一些错误的信息或者有毒的信息，找到一些好信息。

图书馆要提供很多数据，但更有责任提供指导，提供权威

周瑛琦：的确，我们很容易从互联网上获得一些信息。有位同事跟我说，他到新闻研究所学到的第一件事就是，老师告诉他：资讯不要来自网络。我们也要提醒自己。

澳大利亚国家图书馆馆长 简·符乐顿：我有一点不同意见。事实上并不是在线的信息就一定是垃圾，一定是错误的，一定是有毒的，而书面的、文本的信息就一定是好的。我们在判断好与坏、真与假之前，要作一些分析。一个信息是不是真理，我们有很多判断的标准，每一位读者都需要有思辨能力。图书馆本身并不是书本的创作者。前面大家也提到了《1421：中国发现世界》这本书，事实上很多学者对于这本书是有争议的。因为很多历史学者认为在许多图书馆中藏有这本书，而且把这本书中的描述当作历史，是很荒谬的。我们应该让不同的意见都呈现出来进行比较，不仅仅在互联网上，在我们平面媒体上也应该判断出信息的质量。

埃及亚历山大图书馆馆长 伊斯梅尔·塞拉吉丁：在这里我们可以辩论辩论了。我觉得在一些领域里我们的确有办法让一些争议得到仲裁。自然科学总是有办法仲裁到底是对还是不对；科学界有办法确定什么是好的，什么是不好的。但是你却没有办法断定一些事实哪个是好的，哪个是坏的。有一些事实在大家看来是有争议的，但是在证据逐步增加之后，大家就能够断定多少年以前发生了什么事或者没发生什么事。比如有的人认为二战期间的犹太人大灭绝并没有发生过，但是那么多的事实证明了纳粹德国想要灭绝犹太人。图书馆要提供很多数据，但是图书馆更有责任提供指导，提供权威，而且基于图书馆提供的现有的证据之上能得出一些结论。所以图书馆有责任给人们以指导，告诉人们这里面有这么多的信息你可以自己去找，这里有一些指导书籍或者参考书是可以向大家推荐的，我认为这是图书馆可以扮演的角色。

俄罗斯国立图书馆馆长 维克多·瓦西里耶维奇·费多洛夫：现在我来回答这个问题，我们来看一下所有出版的书籍，在这些书籍中有大量的我们称之为层次比较低的出版物和不可信的出版作品。而这种不太可信的出版作品跟因特网的出现并没有直接的关系，它在任何时候都存在。考虑到每位读者都有自己的阅读品位和阅读倾向，比如说对于一个连中学都没有毕业的人，你让他去读《论语》，这实际上是非常困难的。但是为了使阅读产生更好的效果，我们还是应该做一些事情，所以作为阅读本身转变的过程，我认为我们将通过这种阅读的转变促成一个新的社会形态。也就是说，社会不可能只需要那些大师级的、有重大意义的作品，也需要其他形式的，如比较通俗的东西，而生活将对这些作出自己最正确的判断与选择。谢谢大家！（全场鼓掌）

（原载《解放日报》2007年9月14日第17、20版　高慎盈、黄玮、尹欣、吕林荫、张航、林颖、陈俊珺、熊幸立整理，金定根、金鑫摄影）

点评

追求与读者更贴近

解放日报报业集团
党委书记、社长　尹明华

已经举办了11届的解放集团"文化讲坛",今天第一次邀请国外嘉宾和中国上海的同行一起,共论"现代阅读"这一崭新的文化现象。

很长时间以来,阅读这样一种文化消费方式,总是和传统媒体紧密结合在一起。这些传统媒介,主要指书、报纸,等等。因此,对书的崇拜和敬仰,是一以贯之并且绵亘已久的。正如意大利著名小说家翁贝托·艾柯所说,"到目前为止,书还是最经济、最灵活、最方便的信息传输方式,而且花费非常低……书是那种一旦发明,便无须再作改进的工具,因为它已臻完善,就像镰子、刀子、勺子或者剪子一样"。

但是，信息技术对传统阅读方式产生的冲击，使更多人开始感受到，"写给谁看"比"写什么"更重要。互联网已经在改变人们的阅读习惯，乃至生活方式。今天，媒介接触的形态在决定消费人群的形态。在阅读成本的挤压下，读者拥有的阅读权利发生了变化，他们要求根据所需要的去选择但不愿被强制，有信息的需求但不愿以大众的方式去接受，希望体面接受但不愿成本过高，希望能够吻合个性化的生活节奏而不愿被轻率地要求。

因此，新的阅读需求在创造了必读、必有内容的同时，还要借助于新的媒介来保持适应。传媒大亨默多克就认为："我们所处的环境的产生，每当新的一波技术涌来时，都会促进旧时代的提升。每一种新式媒介都会激励它的前辈变得更有创造力，与消费者更为贴近。"

我相信，今天我们在这里谈论现代阅读的主要意义，就在于追求让我们的工作与读者更贴近，让媒介的内容与读者更贴近。在此，我要代表解放日报报业集团，衷心感谢嘉宾们的远道而来。我们期待着他们的精彩演讲。

(原载《解放日报》2007年9月14日第19版)

当代阅读宣言

一个正在被技术改写的时代,需要我们对当代阅读作出以下思考:

在资讯全球化、传播形态和传播方式日新月异的浪潮下,以开放的态度开启阅读方式的革命,以主动的姿态应对传播技术的变革,是馆藏阅读书籍者和关注公共阅读潮流人理所当然的责任。

20世纪70年代,法国哲学家利奥塔在《后现代状况》中这般描述:学术知识将转换成电脑语言,教师的角色将被电脑存储库取代,学生可以坐在终端机前随时调用——人们尚存疑惑:书籍,作为人类千年文明传承的载体,难道终有一天将成为被人遗弃的标本?

科技的发展,可以让预言变成现实。在搜索引擎强大的聚合功能面前,古典图书馆正显露颓势;在网络传播即时海量的模式面前，耕作式深度阅读变得不合时宜；在一切皆可数字化的年代，翻阅纸张正沦为向牧歌时代致敬的行为艺术……拿起终端、放下纸张；追求愉悦、告别沉思；亲近感性、疏离理性——仿佛正如英特尔总裁安迪·格鲁夫所言，技术具有创造和毁灭的力量。人们担心，新的传播形态，让即时阅读成为可能，但也不可避免地会导致"浅薄时代"的到来。

时代在变，读者正在被改变。在Internet面前，我们需要告别的，只是书籍崇拜，而非文明和文字。我们坚信，离开了纸张，人类依然可以触摸文明的灵魂。从竹简、羊皮纸、纸张到电子书，介质永远在变，但阅读作为人类最高精神体验方式的地位，却从未被根本撼动。

面对数字文明的冲击，人类的困惑和犹疑，也许不过是伊索寓言里的那只布里丹的驴子——同时面对着两堆稻草左顾右盼，不知所措。面对技术浪潮的汹涌澎湃，人类不应拒绝或冷眼旁观，而要接纳并迎头赶上。我们坚信，一种新的传播方式所带来的，不是让阅读趋于消亡，而是要让阅读随时可能。现代传媒的伟大，不仅仅在于技术，更在于内容本身的超越、想象结构的重组。我们同时坚信，阅读革命所酝酿的，将是人类史上前所未有的文明大裂变。

在人类文明演进的征程上，不管是过去、现在还是未来，新传播形态注定将书写辉煌的一笔。未来技术的不确定性，其实是我们的财富：众生皆能公开创作，体现了大众传播回归平等之理念；众生皆能公开、平等、免费阅读，正契合了传承五千年的公共图书馆精神；与此同时，也让社会阅读风气，在物质化的当下有了被更广泛传承的可能。

为此，我们聚集于中国上海，解放日报报业集团第十二届"文化讲坛"暨全球图书馆高峰论坛，共识于并合力于倡导以下一种态度：

阅读革命所带来的，不是阅读体验的消亡，而是无限阅读的新生。它将使追求新知识、新发展的人类社会，在更为广阔的范围，在更高的效率基础上，以更为显而易见的方式获益！

澳大利亚国家图书馆馆长　Ms. Jan Fullerton
埃及亚历山大图书馆馆长　Dr. Ismail Serageldin
俄罗斯国立图书馆馆长　Dr. Viktor Fedorov
上海图书馆馆长　吴建中
解放日报报业集团社长　尹明华

2007年9月12日
中国上海

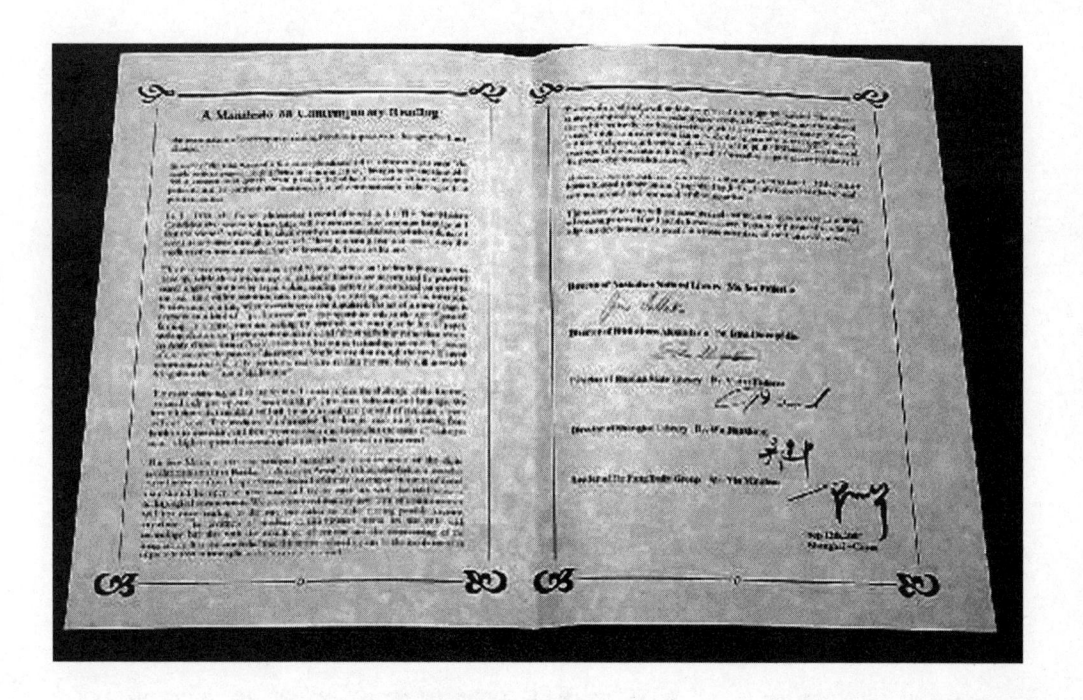

侧记

向阅读致敬，无论什么时代
——第十二届"文化讲坛"暨全球图书馆高峰论坛侧记

"今天，我们聚集于中国上海，解放日报报业集团本届文化讲坛暨全球图书馆高峰论坛，共识并合力于倡导以下一种态度：

阅读革命所带来的，不是阅读体验的消亡，而是无限阅读的新生。它将使追求新知识、新发展的人类社会，在更为广阔的范围，在更高的效率基础上，以更为显而易见的方式获益！"

2007年9月12日，上海国际会议中心，这份庄严而铿锵的《当代阅读宣言》，表达了澳大利亚国家图书馆、埃及亚历山大图书馆、俄罗斯国立图书馆、上海图书馆四大图书馆馆长和解放日报报业集团负责人,关于阅读的一项共识与一种合力——

向阅读致敬!

向阅读致敬,无论什么时代!

澳大利亚国家图书馆馆长:
阅读只是方式发生变化

澳大利亚国家图书馆馆长简·符乐顿是四位馆长中唯一的女士,也是最晚抵达上海的嘉宾。姗姗来迟,是因为有一个重要活动不得不参加——加拿大总理向澳大利亚总理赠送澳大利亚最早的印刷品的仪式。

符乐顿女士解释说:"虽然澳大利亚的原住民有六万年历史,但澳大利亚的书面历史却是直到欧洲人移居澳大利亚才开始的。之前,澳大利亚最早被发现的文本是1796年11月16日悉尼警察局局长的一份安民告示。最近,在加拿大图书馆发现了一份1796年7月30日悉尼大剧院展演的一份广告,这成为了迄今为止发现的澳大利亚最早的印刷品。"令她感到有意思的是,这份"澳大利亚最早的印刷品,跟人们的日常生活密切相关着,它并没有特别的深刻、特别的哲学化或特别的科学,和我们现在的因特网的情况非常像。"

位于澳大利亚首都堪培拉的澳大利亚国家图书馆,其前身是1901年成立的联邦议会图书馆,一个象征国家统一和独立的重要机构。符乐顿女士介绍,进入21世纪以来,澳大利亚国家图书馆积极应对时代发展需求——广泛收集以数码形式存

在的产品或图书。对所有的网络信息进行档案存储,这显然是一个浩大、无穷尽的工程,但图书馆工作人员们有一个共同目标,要"将今天的知识传给下一代"。怀抱着这样的使命感,他们以认真的态度做好今天的信息保存工作。2005年和2006年,澳大利亚国家图书馆使用了内部档案的手段来收集所有的澳大利亚的网站,共收集到多达五亿件的文献。

当被问到当代阅读是否陷入危机时,符乐顿女士乐观地认为,当前只是阅读方式发生了一些变化,阅读整体并未陷入困境。"当然,博客等已经成为人们获得信息的方式,但现在的信息面越来越大了,人们会继续读书面上的知识,这一点是无疑的。"在澳大利亚,有一群读者自动地围聚在图书馆周围,"他们建立了澳大利亚国家图书馆这个社团,这个社团建立的目的就是让那些喜爱安静的人能够有进行思考的地方,同时这也是专门为年轻人设立的社团。"这似乎是阅读将会拥有一个光明未来的一个极好例证。

埃及亚历山大图书馆馆长:图书馆要与最新技术叠加

埃及亚历山大图书馆馆长塞拉吉丁博士曾获得哈佛大学博士学位,并在世界银行供职二十余年,渊博的知识、丰富的经历赋予他一种全球性视野。

近几年来,全新的信息和通讯的变革给人类生活带来了质的变化。塞拉吉丁博士认为,当人们可以随时随地轻松上网、轻易存储海量信息时,世界将会走向这样一个趋势——文化产品可以随意获得、随意取用,也可以随意丢弃。

在塞拉吉丁看来,人类可能面对两种不同的前景:一种前景就是"浅尝辄止"的状态,我们成为消费技术的人,同时也消费商品,消费服务。由于有因特网的帮助,我们知道每个产品的价格,但不知道产品的价值。在这种情况下,无论是图书馆,还是博物馆,都有可能被视为老古董。人们宁愿待在家里在网上看一个老古董,而不愿到博物馆去看,他们也不愿意仔细看完一本书,他们会看改编的电影。

"然而,我们一般的想法和这个观点是相反的",塞拉吉丁话锋一转,"我们的看法不像大家所认为的那样,IT 技术会推动图书馆或者书消亡。图书馆将继续存在,而且会成为人类积淀文化传统的掌管者、协调人,这些图书馆会让一代一代的年轻人更多地去读书,虽然他们读的方式和我们今天会不一样,内容的极端丰富将会导致我们组织和交流这些信息的方式发生变化。"

塞拉吉丁很赞赏一首诗歌:在智慧的年代,在黑暗的时刻\知识如流星般从天空洒落\没有被质疑,没有被整合\如果日日编织,所得的智慧足以让我们疗伤治病\但是却没有纺织机\让我们将它织成绸缎。"我们的目标就是修建这样的织布机。图书馆将在新的年代、新的世纪里采用新的技术,成为这样一台织布机。"未来的图书馆不仅仅是将老的文献数码化就可以了,其实在这一过程中,时代会带来很多新的技术、很多新的知识,图书馆要将自己转变成为一个将新知识和旧知识联结在一起的桥梁,并与最新产生的技术叠加。"所以,未来的图书馆一定可以让所有的知识找到一个永远的不会丢失的家。"

俄罗斯国立图书馆馆长:图书馆是网民的盟友

俄罗斯国立图书馆被称为"俄罗斯的记忆",而馆长

维克多·瓦西里耶维奇·费多洛夫便是"俄罗斯的记忆"的守护者。他的演讲，条理清晰，充满了俄罗斯式的广博和幽默。

费多洛夫首先为三百多位观众梳理了书、读者、阅读和图书馆等四个主体在时代环境下的变迁。

以前，书籍和读者都是非常单一的，但是随着印刷术的发展，使得同一本书被许多不同的读者进行阅读成为一种可能。而如今，我们在网络上发表一本书，世界各地千百万的读者都可以通过网络来读到它；同样，读者的数量最初也是非常少的，这些为数不多的人都是当时社会的精英。如今，阅读成为了一项大范围的、普通的、公众性的活动，书籍本身和读者群体在新的技术条件之下都发生了巨大的变化。

至于阅读，费多洛夫认为，如果同意读者与书的交流不仅仅是一种精神上的享受，同时也是一种劳动与工作的看法的话，那么如今最主要的变化，就是在由传统的书本阅读转向网络阅读过程中阅读本身的质变问题。当读者尤其是年轻读者对于传统书籍兴趣下降，而对新兴网络读物兴趣大增时，那种认为阅读并没有什么变化的看法就显得缺乏说服力了。

在费多洛夫看来，图书馆是社会组成中具有比较积极意义的元素之一，是维持文明进步稳定性的决定性因素之一。在各种社会结构的不断变化中，图书馆却一直存在着。今天，图书馆的发展面临两条路：第一条路是按照传统模式将图书馆保存下来，也就是说以书籍、报刊和各种纸类的档案文件资料作为基础向读者服务。第二条路也许更受欢迎和有效，图书馆在保持运用原有信息和资料的同时，充分消化吸收新的信息技术，将图书馆的传统优势即资料的准确性及代表性和对新信息技术的利用结合起来，"迅速壮大的因特网使用群体将明白，图书馆是他们的盟友，完全没有必要开展什么争夺信息垄断的斗争，创造型的合作将带来双赢的结果。"

上海图书馆馆长：每个人都是一座图书馆

一上讲台，上海图书馆馆长吴建中就讲述了自己刚刚遭遇到的两个震撼：

"两个月前，我在甘肃天水参观了伏羲庙，阴阳八卦的各种符号和实物深深地吸引了我。八千年前，我们的先人就能高度概括自然现象了。可惜那时还没有文字，我们无法真正解读先人们的思想。上个月底，国际图联在南非开年会，回国途中买了一本书，叫《1421年：中国发现世界》。这本书很有趣，也很有争议，因为很多关键的资料都不是第一手的。这两件事对我触动很大。因为没有文字，人类失去了无数智慧资源；因为没有把这些记录保存于图书馆，人类又失去了不少珍贵的记忆。这使我想起英国科学哲学家波普尔关于图书馆的一个比喻：假如哪一天物质世界被严重损毁，但图书馆依然存在的话，那么我们的世界很快就会恢复原样。反过来，假如哪一天图书馆被严重损毁的

话,那么不知道要给我们的后人增添多少麻烦。"

"每个人都是一座图书馆",这句充满诗意的话是吴建中的演讲题目。他认为,从信息收集、管理和交流等一系列信息活动来看,人的知识体系和图书馆的知识体系在很多方面都是相通的,可以说图书馆是人脑的延伸。"首先,人有积极的学习天性。有数据表明,从书本上获得的知识占八成。通过阅读,我们不仅能够与隔了百年甚至隔了千年的先人对话,把先人的经验变成自己的经验,而且能够与比自己年纪大的前辈们共享知识和经验。其次,人有独特的信息能力。信息能力就是信息素养,指一个人信息查询、加工、分析等的能力。第三,人有丰富的隐性知识。由于文字无法记录下来,人类不知道失去了多少隐性的记忆。事实上,在人类文明史上作为文明记录保存下来的只是其中极少的一部分。人有很多一刹那产生的灵感,或极其特殊但难以表达的技能。只有把隐性的知识变成可交流的、可编码的显性的知识,才能更好地实现共享。"

当人们希望把各自头脑中的知识集中在一个地方储存起来时,图书馆便诞生了。有人把一万多年前法国的拉斯科洞窟壁画称作人类最早的图书馆,而中国最早的图书馆馆长是两千五百年前的老子,他担任过周朝的守藏室之史,相当于图书馆馆长。吴建中欣赏阿根廷文学家博尔赫斯的一句话:"天堂应该是图书馆的模样。"博尔赫斯认为,图书馆里的书穷尽了所有符号的可能组合,因此,他把图书馆比作宇宙,"图书馆是永恒的,无所不在的"。

(原载《解放日报》2007年9月13日 记者曹静、黄玮采写)

访谈

FANGTAN

追问于丹

3月16日,星期五。

中午12时28分,于丹在虹桥机场给我们发来短信:"刚刚到上海……"

下午2时,在上海交大老图书馆,于丹出席一个座谈会。结束时已近5时。她对我们说:"接下来还有好几档活动,晚上我们再聊吧。"

深夜11时,于丹终于赶来了。在她下榻酒店的大堂咖啡吧,她与我们面对面。

对这一系列的"追",烦不烦?

●一次签售持续了十个半小时,旁人说,你体力太好了。我说,这无关体力,关乎良心。

●如果这种古典精神没有化入自己的生命,我还有什么资格去讲《论语》。

解放周末:今天我们在Google中输入关键词"于丹",530万

条有关您的新闻就跳了出来。您接受过很多采访,似乎该说的都说了。在这种情况下,我们采访您,您是不是觉得有点"凑热闹"的感觉?

于丹:易中天老师第一次为一家媒体对我的专访,又是发短信,又是打电话,希望我认真对待。这就是你们这次专访。所以尽管今天这么晚了,明天一早还有讲课任务,但我还是决定接受你们的专访。

解放周末:在不到半年的时间里,您的书被人追捧,您的身影被人追随,您的活动被人追踪,您的故事被人追溯,您的人生被人追根,甚至还有某种言行的追击。您对这一系列的"追",烦不烦?

于丹:我觉得没有什么理由烦,但有一点无奈。被媒体给放大成这个样子,并不是我喜欢的生活方式。但不管怎样,只要是真诚地对我,即使是批评,我都心存尊敬,更何况是真诚地喜欢你。他人的这份真诚应该受到我的尊敬,在这个问题上,我没有理由烦。

解放周末:烦还是不烦,取决于内心。

于丹:我的两本书出版之后,第一次签售是八个半小时,第二次签售是十个半小时。旁人说,你体力太好了。我对他们说,这无关体力,关乎良心。人家这么对你的时候,你的情绪不是你自己的。我不是歌星,不可以戴着墨镜说,你走开,我没时间。如果这样的话,如果这种古典精神没有化入自己的生命,我还有什么资格去讲《论语》和《庄子》?

解放周末：其实，拂去那些近乎喧嚣的表层之"追"的一路风尘，我们感到应当着重思考的，是那些由"于丹热"引发的关于文化生态的问题。所以，我们今天想作一些追问，文化的追问。

于丹：我喜欢这样的追问。

孔子思想，是世界性的文化基因？

●健康的文化生态，一定是多元的、富于建设性的、生生不息的。

●文化基因实际上积淀在血液中、骨髓中，它是一种生活习惯、一种伦理判断。

解放周末：1982年，诺贝尔奖得主们在巴黎的例行聚会中，谈到21世纪人类需要什么思想时，几经斟酌之后的答案，是孔子思想。在经济全球化的时代，您觉得为什么这些诺奖得主会有这样一种共识？

于丹：每个人都不能用自己的心去忖度别人的想法，我只能说自己的判断。这个世纪的文明是一种融合的文明，我个人崇尚的是一种多元文化。也许科学家们站在世界的角度来看，认为东方儒学的回归在人心和谐上有一种制衡作用。因为中国儒学的核心思想就是和谐，讲究的是天与人的和谐、个人与社会的和谐，讲究的是每个人"天下己任"、全社会"和而不同"。这有助于建立后工业时代的稳定秩序。

但我认为，从中国本土来讲，不能过分强调和推崇文化一元论。任何好的文化，我更愿意用健康这个词来评价。健康的文化生态，一定是多元的、富于建设性的、生生不息的。我不希望说由于儒学是我们本土的产物，就认为文化应该是一元的，就要用儒学去拯救当今世界，拯救所有的文化问题，那样有失偏颇。

解放周末：孔子思想中，天下一统的国家观、兼容并蓄的文化观、和而不同的交往观、克勤克俭的生活观、仁义礼智信的道德观，这些文化传统，既是我们最重要的历史和民族文化基因，或许也具有全人类的普适意义吧？

于丹：文化基因实际上积淀在血液中、骨髓中，它是一种生活习惯、一种伦理判断。一位农村大妈，她可能目不识丁，但她知道孔夫子。她知道孔子的态度和观点，知道逢年过节大家要互致问候，也知道教育子女要为人诚信。也就是说，仁义礼智信一直为中国普通百姓所追崇。百姓熟悉的"忠厚持家久，诗书继世长"等，很多都是真正的儒家思想。可以说它对世界的确具有一定的普适意义，但不能说它是世界性的文化基因，毕竟它更重要的是东方的，是中国的。

直面道德落差，该怎样看待那些"社会病"？

●对于当今这个时代，我们不必大惊小怪，因为任何一个时代都有它不尽如人意的地方。但要直面现状，并用积极的态度去改进它。

●我们哈哈一笑，感到过去的看法都是幼稚的，其实再过十年、二十年，也会认为今天的很多看法是幼稚的。

解放周末：英国著名历史学家阿诺德·汤因比说过一段话，他说："物质力量越大，我们对扬善抑恶的精神境界和美德的需求也就越大。我们从未充分地从精神上把握好我们的物质力量；而今天的道德落差比任何时代都要大。"用这段话对照当下的时代、我们面对的社会，您怎样看待这种道德落差的现状？

于丹：对于当今这个时代，我们不必大惊小怪。任何一个时代都有它不尽如人意的地方。但是要直面现状,并且用积极的态度去改进现状。用孔子的话说,君子欲讷于言而敏于行,也就是说,用行动改变社会,这是中国知识分子的传统。

解放周末:那么,对当今社会存在的道德落差问题,我们该如何面对?

于丹:应该采取一种宽容的、积极的心态。第一宽容,就是承认现实。第二积极,就是改变现实。为什么先要承认现实?我从来不是愤世嫉俗的人,也不习惯于批判式的指责。我们必须看到中国文明的成长和变化。上世纪70年代我读小学的时候,老师说,你们看,中国多民主,我们选人大代表从来是百分之百通过,再看美国,51%就可以当总统了。这就是那时人们眼中的民主。80年代,人们说好人不打官司,谁要是打官司了,那这人八成是投机倒把了。谁要打过官司,遭歧视啊。到了90年代,大家说,某某看心理医生了,他得精神病了吧。

解放周末:特定时期,就有特定的认知。

于丹:而今天,我们进入了21世纪,如何看待民主,如何看待法制,如何看待心理健康?回过头,我们哈哈一笑,感到过去的那些看法都是幼稚的。其实,再过十年、二十年,同样也会认为今天的很多看法是幼稚的。

解放周末:现在道德方面存在着种种"社会病",比如人心铜化、人品锈化、人格权谋化、行为表演化。这化那化,本质上都是没文化。您认为呢?

于丹:今天我们最应该做的就是"化",就是"文而化之",就是《周易》中说的"观乎人文,以化成天下"。

有人说现在道德沦丧,我个人不太同意。我坚持认为,今天的中国处于一个很好的阶段。党的十六届三中全会决议里面明确提出,必须坚持以人为本的原则,这个概念足以说明,这是个好时代。什么叫以人为本?它从根本上扭转了我们国家对于人的价值的判断。

解放周末：社会转型，难免也会带来这样那样的问题。

于丹：当然，我们的社会从计划经济向市场经济转型，肯定会刺激个人欲望，出现欲壑难平甚至物欲横流的现象。这种现象在某个阶段一定会出现，但它也一定只是历史进步中的一种代价。

解放周末：进步，就一定有代价。

于丹：泰戈尔有一句名言说得很好，他说人要往前走路，抬腿是行走，落脚也是行走。光抬着脚，是走不了路的。所以从这个意义上来讲，我觉得今天出现的道德失衡，应该是在寻找新的平衡。我相信，再过十年、二十年，我们会像过去看待民主、法制、心理健康一样，去公允地看待这个时代的道德现状。

孔子成了一个符号、一种慰藉心灵的代用品？

●儒家给了我们土地，让我们能够站在这个地上行走，但是如果没有天空的话，我们就没有思考，不能飞翔。

●孔子是个普遍的代称，他代表了中华文化源头，中国人朴素的安身立命之本。

解放周末：有一种观点认为，现在的"孔子热"热的不是孔子。社会失范、市场失序、道德失灵，人们需要一种代用品，孔子也就成了一个符号、一种慰藉心灵的代用品。您怎么看待这个"代用品"的说法？

于丹：我不同意这种说法。我认为孔子在这个年代是一个文化指称。孔子代表的是中华整体文化在心灵上的唤醒和复归。中华文化中不仅仅有儒家思想，也包括大量的道家思想，这就是我在讲完《论语》后主动提出讲《庄子》的原因。我认为如果只有"儒"而没有"道"的话，我们的文化建构是不圆满的。

解放周末：中华文化中的"儒教""道教""佛教"是三位一体的。

于丹：儒家给了我们土地，让我们能够站在地上行走，去实践，去以身践道，它鼓励社会人格的自我实现，这没有错。但是如果没有天空的话，我们就没有思考，不能飞翔，没有生命角色上的自我超越。只有土地没有天空，我们会变成过分沉溺的现实主义者，而失去理想色彩，生命自觉无法建立，就容易再一次进入集体无意识。

解放周末：既要有大地，也要有天空。

于丹：对。我认为中国人说的人格理想就是盘古的理想，所谓"神于天，圣于地"，神圣两极，人就在天地间。孔子是个普遍的代称，他代表了中华文化源头，中国人朴素的安身立命之本。

天地之间两条线，孰轻孰重？

●中国的儒与道，殊途同归，以不同的表述描述了一种和谐状态，就是个人与社会永远不要过分夸大冲突，而更应该强调和谐。

●我们这个社会有两条线。最低的一条线是以法律为核心的制度保障，它是保障公民安全感的；最上面一条线，是以道德伦理为核心的，它是提升人的幸福感的。

解放周末：人站在天地间，而每个人面对着的是两个天地：一个是现实世界，一个是精神家园。现实世界讲秩序，精神家园讲道德。在您看来，道德和秩序哪个更重要？

于丹：这两者是同等重要的。很多东西是和谐的统一，也就是说，两个坐标是能够制衡的。用儒家的最高理想来描述人格，孔子说，人到了70岁可以做到"从心所欲不逾矩"。从心所欲，是个人道德指标，就是按照自己心灵指引的方向去实现个人；不逾矩，是外在的制度指标，是遵循外在的一切社会要求，这两者能够合二为一，这是一个很高的理想。用庄子的话就更简单了，五个字，叫"外化内不化"。外化，就是顺应制度；内不化，就是坚持人格道德。中国的儒与道，殊途同归，以不同的表述描述了一种和谐状态，就是个人与社会永远不要过分夸大冲突，而更应该强调一种和谐。

解放周末：但是面对没有秩序的现实生活，道德往往会很脆弱。

于丹：我们这个社会有两条线。最低的一条线，以法律为核心的制度保障，它是保障公民安全感的；最上面一条线，以道德伦理为核心，它是提升人的幸福感的。所以我们不要过分强调、夸大道德的作用。社会上很多不公正的现象，光靠道德抚慰是没用的。一定要在制度保障了人民安全感的前提下，我们再谈以德治国的道德建设。在这个层面上，我们对外在的顺应，实际上顺应的就是一种核心秩序，我们才能做到"从心所欲不逾矩"。但关键是这个"矩"已经给我们保障好了。

当人为生计所困时，给他"面包"还是"圣经"？
● 《论语》思想绝不是阿Q精神。
● 我们不能等着法制这个基石完全都搭建好了，再来顾及内心。

解放周末：您把《论语》比喻为中国人的"问病泉"。那么，当人们直面一些社会的阴暗，产生困惑时，也可以向《论语》"问病"吗？

于丹：这还是底线与上线的问题。没有底线，何谈上线？当一个人的生命权利受到危害的时候，怎么能够靠道德的这种抚慰让自己忍辱偷生？《论语》思想绝不是阿Q精神。现代公民社会的制度保障，永远是公民幸福的前提。

解放周末：有人说您的《〈论语〉心得》是"心理按摩"，使人们在面对浮躁、喧嚣、焦虑、苦恼的社会现实时，整理一下心境，抚慰一下心灵。但也有人认为，这样会使人们因痛感减少而导致内心麻木、妥协。

于丹：公民的自我内心建设是有前提的，也就是说，社会的基础保障有了保证之后，我们内心的提升才有可能。孟子曾经说过，"无恒产而有恒心者，惟士惟能。"就是说，只有士这个阶层，他才能房无一间、地无一亩，像杜甫说的那样，自己住着茅屋，然后向往"安得广厦千万间，大庇天下寒士俱欢颜"。一般的老百姓是，无恒产则无恒心。这是古圣先贤都承认的。当人的温饱、社会安全、人格自由，都没有得到保证的时候，我们仅仅沉溺于道德，去说精神抚慰到了一个什么样的程度，这并不是今天应该提倡的。

解放周末：这就如同一句名言所说，当人们饥肠辘辘需要面包的时候，不会要"圣经"。那么当弱势群体、困难人群为生活而奔忙时，《论语》《庄子》对他们有什么用？

于丹：现在中国的很多制度正在建构完善的过程中，这应该是外在与内在同步进行。我们不能等着法制这个基石完全都搭建好了，再来顾及内心。内心的、人格的建设与外在的制度建设，完全可以齐头并进。不能把一切责任，都推卸到社会制度建设不完善上，也有很多属于人心失衡，属于在多元时代中的迷惑,属于个人价值建构上的迷失。

津津乐道于孔孟之道,会不会引导人们安贫乐道?

●他们中的很多人,生活境遇不见得怎么好,但是他们需要有一种心灵上对自我的指认。

●文化不是象牙塔里学术的专利,也并不是精英们的"奶酪"。

解放周末:"道不远人",但许多老百姓困扰于"上学难、上学贵","看病难、看病贵"等现实难题时,无心尝"道"。这个时候,津津乐道于孔孟之道,会不会引导人们安贫乐道?

于丹:签售《〈论语〉心得》《〈庄子〉心得》的时候,我觉得非常震撼,甚至有点意外。来买书的人,以最基层的草根为主,还有很多大爷大妈。他们中的很多人,生活境遇不见得怎么好,但是他们需要有一种心灵上对自我的指认。

我在北京签售《〈论语〉心得》那天,已经是深冬了,刮大风,非常冷。签售《〈庄子〉心得》那天,下大雨,到了当天夜里转为鹅毛大雪。签售的地点是在相对偏僻的中关村图书大厦。就是在这样的天气、这样的地点,《〈论语〉心得》当天签售了12600册。《〈庄子〉心得》签售那天,我自认为《庄子》比《论语》要小众一点,说有个两三千本就差不多了,结果当天签了15260册。深夜12点的时候,外面下鹅毛大雪,读者还打着伞等着。你说他们为什么而来?他们未必是为我而来,就是觉得这个东西能够让他们以一种非学理化的形式去进行生命体验,能够感悟和分享,能够贴近他们自身的感受。

解放周末:对于弱势群体、困难人群来讲,他们不仅需要物质上的满足,也需要文化饥渴上的满足。

于丹:我之所以选择以这样的方式来讲心得,两本都是心得，其实就是认为，在当今，我们每一个草根，我们每一个生命体，生命中都有缺憾，我们在社会中还有很多需要得到的东西，但是我们是不是能够建立一种内心的自省，是不是能够获得一种自我提升与分享的力量，文化能不能成为一种生命的拯救，其实我只想作这个尝试。

解放周末： 生命的拯救，也需要文化的力量。

于丹： 说深一点，我认为民主这个词不应单纯是一个政治概念，更大意义上，它是一种文化权利。我是学古典文学出身的，我不认为文化是象牙塔里学术的专利，它也并不是精英们的"奶酪"。大众碰不得吗？中国的经典文化应该有"为体"和"为用"两个层面。在"为体"层面上，去做精英研究，去传承，"藏之名山，传之后世"。

但是它不能"为用"吗？内涵研究可以是专业的，但是外延的感悟为什么不能以一种非学理的形式，进入寻常百姓家？

"君子喻于义，小人喻于利"，市场经济条件下，讲利就是小人？

● 在今天提倡大家富贵，没有什么坏处，问题是现在我们的社会中很多人是"富而不贵"。

● 少了生命的尊贵，单纯的富，就是没有义的利。

解放周末： "君子喻于义，小人喻于利"，这也是孔孟之道的一条教诲。但现在是市场经济，没有钱是万万不能的。难道如今讲利就是小人？在今天，怎样正确理解"义"与"利"？

于丹： 孔子说，富贵如果可求，虽然执鞭之士，我也愿意去做，但是富贵不可求啊。他并不是反对富贵。在今天提倡富贵，没什么坏处，问题是现在的很多人是"富而不贵"。少数暴富的人缺失生命的尊贵，就是缺失道德的底线、心灵的责任、悲悯的情怀,和对整个社会要尽的那份心、那份义务,对草根的那份理解,对社会环境的那份感恩。如果少了这份生命的尊贵,单纯的富,就是没有义的利。

有义之利和无义之利,在今天应该有它的判别标准。并不是说单纯的利一定都是错的,因为今天就是市场经济。我们也不能苛求,要两千五百年前的古人来预言今天的现实。他们那个时候还认为中国大地之外没有其他国家呢。他们的知识水准是受眼光限制的。

解放周末:有人认为,民众缺乏"利益意识",也就不会有自主意识、民主意识、主人翁意识、公民意识。计划经济时代压抑了人对利益的追求,那种一元化的服从,并不是社会要素健全的和谐,是不正常的。

于丹:义利之辨,从来都不要割裂开来。有的人把经典断章取义,把经典中很多概念抽离出来,解读成了人为的对立,这不好。我认为我们解读经典,应该是把它激活为一个融通的体系,而不是静态的、隔绝的概念的分立。

助推社会公平正义,文化具有怎样的力量?

●当我们的制度建设逐渐走上正轨的时候,也许就不需要那么多人治,也不需要那么多人奔走呼号了。

●基于社会与群体,我们期待制度建设;基于道德和个人,我们期待心灵的统合和发现。

解放周末:有一种观点认为,文化人、学者、专家,作为社会有识之士、主流人士,民众目前最需要他们的,是去关心民生疾苦,为社会公平正义而奔走呼号。

于丹:文化是多元的,文化的结构功能也不是一元的。如果要求法律工作者、律师、法官他们为公平正义奔走,可能比较适合,但是要是让一个学高能物理的人或是一个学生物化学的人,放下手里的研究去为民生疾苦奔走呼号,好不好呢?当我们的制度建设逐渐走上正轨的时候,也许就不需要那么多人治,也不需要那么多人奔走呼号了。奔走呼号其实是在前制度化阶段,我更希望能够通过正当的程序,让我们的制度建设落到实处,而不是全社会的人都在奔走呼号。

解放周末:事实上,人们也体悟到在助推社会公平正义的进程中,文化所释放的巨大力量。

于丹:文化引导社会向善,因为文化具有最能打动心灵的特点,唤起多数人感恩、怜悯、慈爱的善良本性。

解放周末:儒家"仁爱"、道家"不争"、佛家"慈悲",就融合成现代社会科学所说的"社会向善文化"。

于丹:从这个意义上说,传播文化,给社会一种文化滋养,唤起人的善良本性,唤醒社会的良心,既有利于改变社会失范、失序的现状,伸张"民本"的正气,淡化"官本"的瘴气,也有利于关爱弱势群体,从本质上助推社会的公平正义。

解放周末:多一些人文关怀,多一些悲悯情怀。

于丹:基于社会与群体,我们期待制度建设;基于道德和个人,我们期待心灵的统合和发现。

当今社会,又回复到需要文化启蒙的阶段?

●每一个时代都需要文化启蒙,启蒙不是一劳永逸的。

●在这个社会上,没有万能钥匙,每个人都要去寻求属于他个人的钥匙。

解放周末:同样解读《论语》,有南怀瑾先生的《论语别裁》,有您的《〈论语〉心得》,以及台湾大学哲学系教授傅佩荣的《傅佩荣〈论语〉心得》,等等,您作过对比吗?

于丹：我所做的，不是《论语》本身的内涵注释或解读，而是一己延伸，心有所得。这是我和他们各位先生、前辈的最大的不同。

解放周末：许多人读您的心得，感到您是用体验感悟先贤，用平易的语言敲打深刻的概念。

于丹：谢谢这种感觉、这种鼓励。

解放周末：南怀瑾先生说过，中华文化有几千年的历史，近些年来却像一个乞丐一样，向西方讨文化的饭吃。如果不想拾人牙慧，就要找回打开上下五千年中华文化之门的钥匙。那么请问，体验式的对话、感悟，是否就是我们要寻找的那把通往传统文化的钥匙？

于丹：传统文化不是一道门，通往传统文化的门有很多道，关键要看在哪一个层面上去探讨。如果在外延层面上，在每个人的一己心灵延伸上，通往传统文化，可以说每个人有每个人的钥匙。如果站在学术研究上，学理研究自然有它一套精密的钥匙。在这个社会上，没有万能钥匙，每个人都要去寻求属于他个人的钥匙。

解放周末：从销量和在大众当中的影响来看，似乎研究赶不上心得，这是文化的庆幸，还是另一种悲哀？

于丹：这是拿金字塔的塔尖和塔基座进行比较。作比较，应该在同一层面、同一逻辑起点上。比如说，我们可以比较在研究层面里的几本书是怎么样的，因为它们是"为体"的，是塔尖上的，是学院的、学理的。但是我们不能拿塔尖和塔基座进行比较，不能拿研究和心得作比较，它们的价值是不同的。就好像一个人，在吃粮食的层面上，你可以说，是吃馒头好，还是米饭更好；在吃菜的层面上，是吃肉好，还是吃素菜更好。但你不能比较，是吃米饭好，还是吃菠菜更好。

解放周末：虽然不符合逻辑，但是很多人还是在作着这样的比较,而比较的结果也让有的人产生这样的疑问:您的心得这么受欢迎,是不是表明当下的社会,又回复到文化启蒙的阶段?

于丹:实际上,每个时代有每个时代的启蒙运动,因为每个时代我们面临的文化格局不同。我认为,2007年对我们来讲,是中国在举办奥运会的前一年,也可以看作是我们现在正站在国际规则的一个新的门槛上,我们不熟悉的世界的多元化格局就呈现在我们眼前。

解放周末:当我们站在这个门槛上时,遥远的《论语》《庄子》成为人们内心的映照,这是不是也反衬出现代人在信仰、道德上的困惑,是不是"我们走得太远,已经忘记我们为何出发"?

于丹:每一个时代都需要文化启蒙,启蒙不是一劳永逸的。我们有过"五四运动",我们有过一次次的思想解放运动,我们有过上个世纪末的文化转型,难道从此就不需要再启蒙了吗?任何一个时代,启蒙都在进行。

"于丹热",是一场文化发烧?

●"悟"是一生的历程,是一生渐生渐长的生命感悟。

●在今天,应该是"人到四十刚始惑",人没到40岁,连迷惑的资格都没有。

解放周末:您认为《论语》是有温度的,它不烫手,不冷漠,略高于体温,亘古不变。但现在经您的"解读",引发了媒体所说的"2006年的一场文化发烧"。

于丹:国学有一定的热度是好事,但是凡事都是过犹不及。第一,文化不一定是在全社会的潮流问题上,而应该是在个人的内心体验发现上;第二,文化不应该是一口吃成个胖子,一下子的高烧就燃尽了生命所有的热情。它应该是循序渐进的,有

"觉"有"悟"的。其实当你听一次讲解、读一本书时,这都可能是怦然心动的那个"觉"的时刻,但"悟"是一生的历程,是一生渐生渐长的生命感悟。

解放周末:您现在是不是进入了"四十而不惑"的人生阶段呢?

于丹:我在今天,应该说是"人到四十刚始惑"。人没到40岁,连迷惑的资格都没有。20岁、30岁的人,都在奋力干活,这时候连惆怅都是奢侈,你有什么时间去迷惑?人的一生,各个阶段都会有它的问题,那又怎么可能有一种经典,用瞬间的火热就能解决所有的社会疾患?所以我就一直在呼吁:让我们回到《论语》应有的那种温度。

解放周末:但出现了刚才提到的"文化发烧",这是不是一种虚热?

于丹:我希望它不是一种被放大的集体泡沫,而只是每一个人内心经常的愿望。而一个人经常具有对文化渴求的那种热度,毕竟是好事。

文化应该让人敬而远之,还是让人亲而近之?

●过分的畏惧是因为我们膜拜。当一个人仰望他人的时候,要先审视一下自己,是不是跪着。

●我们看文化,觉得可畏,敬而远之,就是因为我们把它过分地经典化了。

解放周末:人们常说,面对博大精深的文化,我们要有敬畏之心。但对"敬畏"两个字,现在产生了一场文化争议。一方面,这些年来发生了那么多的破坏文物、毁坏文化遗产以及其他糟蹋文化的事情,人们批评这些都是对文化毫无敬畏之心的无知之举;另一方面,有的人对文化传播活动和传播者又有议论，比如有人认为，于丹这样解读《论语》《庄子》，让人们对传统文化不敬畏了。请问，您怎样理解这"敬畏"二字？

于丹：我的态度是敬而不远，或是敬而不畏。恭敬是永远都要有的，但是我们一定要畏惧吗？过分的畏惧是因为我们膜拜。当一个人仰望他人的时候，要先审视一下自己，是不是跪着。也许你站起来，就变成平视了。

解放周末：在有的人看来，文化的研究和传播，只有那般高不可攀、深不可测、面目可憎、让人心生畏惧，才是维护"敬畏"之道；而搞得通俗易懂、活泼温暖、让人心生喜欢，就是对文化的大不敬。

于丹：我们看文化，觉得可畏，敬而远之，就是因为我们把它过分地经典化了。中国历史上有多少东西被人为地经典化了，文学里面，《国风》最早的时候不就是各个地方唱的民歌吗？到了后来，"诗三百，一言以蔽之，曰：'思无邪'"，然后它就被叫成《诗经》了。这就是个经典化的过程。

现在我们说宋词多么多么好，实际上姜夔写的词原来都是配曲的，比如《声声慢》，本身就是一个曲调啊。曲调失传了，传下来歌词，我们就把它经典化了。历史上所有活着的形态，一定都有它的大众基础。最早《诗经》怎么来的？无非就是"行人振木铎徇于路以采诗"，是采集上来的，那不就是从老百姓那儿来的？

解放周末：也就是说，中华文化不应该供着让人敬畏，而应当生动活泼地活在当下，活在大众的言谈之中。

于丹：对。所以今天，我们应该在"为用"层面上去重新尊重经典，把它们还原到生态之中，回到它本初的面目。而我们对自己文化的传承，永远都是尊敬的，但是不一定要保持畏惧和膜拜。

对于那种"讨伐"声,内心真的不在意?

● 这个世界上所有的东西,其实都是半瓶子葡萄酒,没有尽善尽美的完整的一瓶子酒永远在我们面前,但我们面前也很少只有一个空瓶子。

● 当一个人暴跳如雷的时候,才是他自己真正受到伤害的时候。

解放周末:说到"于丹热",许多人击节赞叹,也有人冷眼旁观,还有的人拍案而起,比如不久前的"十博士联名声讨"。您内心真的不在意这种"讨伐"声吗?

于丹:我没有过多的时间花在那种口水战上,因为我还有很多重要的事情要做。我真心地认为,每个人在网络平台上,都有他的表达权。他们如果是出于对于中华文化的深情,出于一种责任,我能理解。大家年少的时候,都有过意气用事,看到一种观点,一定要亮剑相向。只不过我希望我们都平和一点,以一种高级一点的语言,去做学术的探讨。

解放周末:忠言逆耳利于行。但是有的声音明显不是逆耳的忠言,而几乎是刺耳的谩骂声,那也应该宽容待之、泰然处之吗?难道这也是孔夫子"内心淡定"的要求吗?

于丹:这个世界上所有的东西,其实都是半瓶子葡萄酒,没有尽善尽美的完整的一瓶子酒永远在我们面前,但我们面前也很少只有一个空瓶子。当或多或少这半瓶子酒摆在这儿,人的态度的最大区别,就是悲观主义者说,这么好的酒,怎么就剩半瓶了;乐观主义者说,这么好的酒,还有半瓶。对我来讲,那个帖子,第一,它里面有对中华文化的感情,我看见了。第二,它有提倡治学严谨的建议,我也看见了。这就是那半瓶子酒的价值。至于空的那半瓶子,它用什么样的语言,用什么样的姿态,既然是不符实的,我又何忧何惧?

解放周末：正如孔夫子所说，仁者无忧，智者无惑，勇者无惧。

于丹：这是孔子所说的君子三达德，仁者才能做到不忧，智者才能不陷于困惑，勇者才能做到不惧。既然古圣先贤都把这些东西教给你了，你的内心又何忧何惧？从不忧上来讲，我做的，我认为是有利于大众的事情。那么，我有什么可畏惧的呢？别人骂几句能怎么样？其实一个人，当他暴跳如雷的时候，才是他自己真正受到伤害的时候。

运用"表达权"，想怎么说就怎么说？

●一个好时代，当它是健康的时候，它扛得住坏消息，因为它有能力去反击；只有那些不好的时代，才会满天好消息。

●现在的媒体还只是在数量上恣肆生长，至于它的规范、提升、自律和它的职能体现，这些等到一定的时候，会有一些品质的要求。

解放周末：值得注意的是问题的另一面。现在有的网站、媒体，可以轻而易举地让那些骂人的脏话出笼，甚至有的还热衷于发表那种"垃圾"。比如几个月前，黄健翔骂女记者的那些脏话，还有十博士联名信中那些辱骂的语句，就被一些媒体频频发表。您是研究传媒的，您认为，这究竟说明了什么？

于丹：现在的媒体还只是在数量上恣肆生长，至于它的规范、提升、自律和它的职能体现，这些等到一定的时候，自然会有一些品质的要求。但我相信，我们这个社会一定会进入一个良性的循环系统。

解放周末：多元社会的一个文化特征就是议论风生，而不是鸦雀无声。

于丹：有人说，网络出现了，怎么铺天盖地都是假消息啊，可是在新闻学上有这样一个观点，"Good Time Bad News（好时代坏消息）"，"Bad Time Good News（坏时代好消息）"。一个好时代，当它是健康的时候，它扛得住坏消息，因为它有能力去反击；只有那些不好的时代，才会满天好消息。

解放周末：但社会文化的声音，总得有一个出发点、立足点的基本要求，或者说，我们的文化生态应该有一个基准点。

于丹：对于有些人、有的媒体来说，先不必说文化，就说文明。而文明的基准点，就是现代社会人与人之间的互相尊重，这是最起码的文明要求。

解放周末：谈论这个话题，实际上涉及怎样理解、怎样运用"表达权"的问题。"表达权"作为公民"四权"（知情权、参与权、表达权、监督权）的一个方面，要依法保护。但有的人、有的媒体就认为，我想怎么说就怎么说，我想怎么登就怎么登。对于"表达权"，您认为有哪些基本的文化要求？

于丹：对有的人来说，这样的问题还没有必要提升到文化层面上去讨论，不妨先在公民道德、文明的层面来探讨。我觉得我们的社会应该有个口号，就是"让我们回到幼儿园"。讲卫生、有礼貌、不说脏话、不骂人，这是幼儿园的功课，是上小学前就应该解决的，这些不应该作为成人社会的要求，更不是进入文化层面的要求。在运用"表达权"上，自然就有内容、场合，以及底线的基本要求。至于文化层面的要求，那就应当更高一些。

哪一种角色，最富有"灵魂的香味"？

● 一个人的自我意识是不是强，就是看你能不能完成你的动态制衡，让你的每个层面都很幸福。

● 一个人，他的角色越多，不是更累，而是更轻盈。

解放周末：罗曼·罗兰说："幸福是灵魂的香味。"在您扮演的多种社会角色中，比如讲台上的教师、荧屏背后的策划人、《百家讲坛》上的主讲嘉宾，以及目前"周游列国"式的巡回演讲人，您感到哪一种角色让您最富有"灵魂的香味"？

于丹：我的本职是一个大学老师。人在某个阶段上，都有一些偶然的角色，但是也有他的生命职守、心有所属，一个恒定的角色。

解放周末：这是阶段性与恒久性的关系。

于丹：对。你的阶段性的身份，有很多是偶然的，但是你可以选择一个相对稳定的角色。我的一个很大的奢侈，就是选择了一个我热爱的职业。

我对学生讲，一个人的职业可以分成四个层次，最高的层次是你在职业中感到生命被提升、被成全，而且你坚信由于你的努力，还可以成全这个行业。这个层次幸福的提升感是很强的，是一种生命实现。第二个层次，你可能没有强烈的幸福感，但是你有充分的乐趣，你很 Enjoy（享受），让你觉得有创造性，想起这个职业你不发愁，这个层次也不错。第三个层次，我把它称为职业化，你没有幸福感，没有快乐，但起码你不讨厌，能守住底线，不渎职，你能做得好。至于第四个层次，就更低一些了，你想起上班就头疼，想着又要挨批，你就觉得萎靡不振。人在这种状态中，被耗费掉的不仅仅是时间，更重要的是生命的状态。

解放周末：不希望我们今天的采访，让您感到是碰上了第四个层次。

于丹：（笑）怎么会！人在第四个层次，如果熬上十年，给你换个第一、第二层次的工作，你也不可能做好，因为人已经被消耗殆尽了。第一个层次的职业是可遇不可求的，但是你起码可以选择在第二、第三个层次上，永远不要在第四个层次上。

解放周末：显然您站在了可遇而不可求的第一个层次上。

于丹：你们刚才说我有这么多角色，我把那些角色归结到一个层面，就是社会角色。这是我的第一种角色。

第二种是伦理角色、家庭角色。一个女人总说我为家庭作了什么牺牲的时候，会形成一种抱怨，因为牺牲的本意就是被剥夺生命、送到祭坛上的祭品。对女人来说，伦理角色的健全是她幸福感中很重要的一个指标。我的第二种角色，我很喜欢。

第三种角色，是我的社交角色，一个人一定要有朋友。整个生命的穿越，在情义相伴中，是多姿多彩的。

第四种角色，对一个人的幸福感最重要。前三种角色都是外在的、物理层面的，最后一种是心灵角色，就是自我角色。一个人的自我意识是不是强，就是看你能不能完成你的动态制衡，让你的每个层面都很幸福。

解放周末：这么多角色系于一身，看来您是得心应手的。

于丹：人有一点外在不如意时，真能那么想得开吗？可是我觉得生命中快乐的依据太多了，我为什么要不高兴？一个人，他的角色越多，不是更累，而是更轻盈。因为你快乐的时候，快乐是双份的，在你烦恼的时候，它是减半的，会有很多人替你分担。所以当一个人有四种角色的时候，每个角色又是很多元的，那你在这个社会上拥有的就足够了。

解放周末：这样"灵魂的香味"就浓了。那么您的这种"香味"，会像香水那样很快挥发，还是会像陈年老酒那样越陈越香？

于丹：我从小就有一个价值判断，凡事尽心就好，不作预期。小时候我就特别喜欢《菜根谭》里的一句话，"风来疏竹，风过而竹不留声；雁渡寒潭，雁去而潭不留影。故君子事来而心始现，事去而心随空。"事情来了，它放在这儿了，马上用心去做，这是你的职业化。但是做过了，就让它过去吧，心如果不腾空的话,我们就太重了。什么是空？苏东坡说,"空故纳万境,静故了群动"。把自己的心腾空,就像国画中的飞白,它可以包纳万种境界。

解放周末:做学问需要静心,文化人要甘于寂寞。日本作家村上春树说:每个人都像是一座两层楼,一楼有客厅、餐厅,二楼有卧室、书房。大多数人都在这两层楼间活动。实际上,人生还应该有一个地下室,没有灯,那里是人的灵魂所在地。给生命留一间暗室,常常走进去才能出好的作品。

于丹:一个人的心清净了,才能够了解整个世界的动态。我们应该给生命一种"虚室生白",能够让自己的生命留白。

解放周末:但人们也担心,您现在这样东奔西走,还能静下心来搞教学、搞研究吗？

于丹:我的东奔西走不是从这两本书开始的,最近十年,我的生活节奏就是这样。我做的是影视传媒教学,给很多家电视台当顾问,这么多年一直东奔西走。每周前半周我一般不离开学校,但是周末我大多在外面,讲课、调研,一般到周日我就回家备课了。

我很欣慰的是,这么多年来,我从来不调学生的课。每个学期,本科、研究生的课,我都上得很满,一直给自己排很多课,我觉得我这个年纪就应该多上课。正常的教学我不耽误,现在已经推掉了大量的个人演讲,我不可能从这么年轻的时候就开始作为一个职业演讲家来存在,我是一个传媒研究者,肯定要读书、充电、做分析报告。现在,我在时间上的自由度还很大,对时间的把握还在自己手上。

《〈论语〉心得》的出版,包含着怀念父亲的情结？

●于情于理,我的《〈论语〉心得》都应该交给中华书局。

●现在还能对我有这样的关注和判断,只能作为一种鞭策的力量,毕竟有前辈的眼睛还在温柔而严厉地看着我。

解放周末: 注意到您的《〈论语〉心得》是由中华书局出版的。这里头有没有包含着您一种怀念父亲的情结?

于丹: 有这个因素。我父亲已经去世多年了,他是搞国学出身的,他对我这个独生女儿走这条路,影响很大。在《百家讲坛》讲完《论语》以后,整理书稿的时候,找到我的出版社有十几家,加上找到央视的,有将近三十家,都想要这个书稿。中华书局的同志跟我说得非常坦诚,他们说,我们是一个百年老店,学术实力是可以信任的,只是市场营销做得不太有经验。我们以前从来没做过这样的畅销书,营销能做到什么程度,很难说,但是我们很希望能拿到书稿。后来我想了想说,第一,于情,你们是我的父执辈,出于尊敬,要选你们;第二,于理,作为一个学古典文学的研究生,我是读着中华版的书长大的,在中华书局出一本书,对于我们这个行当的人来讲是一种荣誉。从心理上,我对这样一个百年老店充满了信任。于情于理,我的《〈论语〉心得》都应该交给中华书局。

解放周末: 读到曾任人民日报总编辑的范敬宜先生的一篇文章,里头透露了您父亲于廉解放前是地下党员,后来又担任过中华书局的副总经理。范敬宜说:"我感觉到于丹血脉中流淌着父亲的智慧和品格,感觉到她一定有良好的家教、家风。"对范先生的这种感觉,您的感觉如何?

于丹: 谢谢范伯伯。我的父执辈现在还能对我有这样的关注和判断,只能作为一种鞭策的力量,毕竟有前辈的眼睛还在温柔而严厉地看着我。

(原载《解放日报》2007年3月23日第13、14版　记者高慎盈、尹欣、吕林荫采写)

性情于丹，妙趣横生

"我在家要是敢那么'得瑟'，用我老公的话讲，他会'焚书坑儒'的！"

"你会几岁教你的孩子背《论语》？"这是于丹现在不断被问到的一个问题。有人想象于丹在家一定是跟老公吟诗作画，女儿坐在床上晃着小脑袋背《论语》。于丹听后大惊，直接用"可怕"来形容这样的场景。她说："我在家要是敢那么'得瑟'，用我老公的话讲，他会'焚书坑儒'的！"

于丹出身于书香门第。她一两岁就开始识字，4岁学习《论语》，5岁就看《红楼梦》。

她说："我的孩子跟我的成长环境不一样。我四五岁的时候正是'文革'期间，当时的孩子们没什么可学的，也没有电视。而我孩子的这个时代，她从这么小就看动画片，就上亲子班做手工，她周围到处都是信息，她可以向世界学习的东西很多很多，她不简简单单只有《论语》要背。"

尊重孩子的快乐，是于丹在教育女儿苗苗时，苗苗教给她的。

"我记得苗苗五六个月大的时候,坐在那儿还东倒西歪呢,她的床上堆满了长毛绒玩具、电动娃娃,各式各样好玩的东西。可她偏偏坐在一堆玩具里边拧一个空药瓶子,来回拧,无穷无尽地拧。带她的阿姨就老跟她抢瓶子,说你看这个娃娃多漂亮啊,你看那个玩具多好玩啊。她特别不屑一顾给扒开,继续爬过去把瓶子拿过来,还在那儿拧。我当时挺受震撼的。我忽然意识到我们有很多时候是在以自己的判断去要求别人,哪怕是你爱的人。也许在六个月大的婴儿眼里,这个瓶子就是世界上最经典的玩具,那我作为她的妈妈,我为什么不尊重她呢?"

于丹一回家,全家人就紧张起来:"看着点儿,当心苗苗那'猴妈'!"

于丹的家,五彩缤纷,比幼儿园还幼儿园。从沙发到地板,从摆设到饰品,甚至把偌大的儿童游戏气垫都"搬"回家来了。于丹39岁怀孕,40岁生女,身为女人的幸福,因为女儿苗苗的诞生而得以升华。

得女之后,工作繁忙的于丹仍然经常出差,有人问她:"那么长时间不回家,女儿还能认得你吗?"于丹立刻得意起来,因为一岁半的小苗苗就是能"不计前嫌"地跟她亲,跟她好。

于丹一回家,就像炮弹似的冲到苗苗面前说,咱俩"疯疯"吧。大小"疯疯"立马勾结起来,摸爬滚打,把家里折腾得跟狗窝一样。

"女儿一看见我就觉得'疯疯'的人回来了,尽管带她的时间短,她还是无比热爱我。她常常死死搂着我的脖子说,就跟妈妈,就跟妈妈！因为我们家所有的人都在教她规矩,只有我在破坏她的规矩。"于丹如是说。

有人说苗苗看上去就是"于丹小一号"。在形容女儿时,于丹常常会说出一些令人惊讶的比喻。比如,指着一张女儿笑颜绽放、看上去幸福得无以复加的照片,她就说:笑得跟个烂柿子似的！

因为"疯疯"成性,就连家里带孩子的阿姨都经常"训"于丹。只要得知于丹要回家了,全家人就紧张地传递"鸡毛信":"看着点儿,当心苗苗那'猴妈'！"

北京四中的同学们,为她收藏17岁的那场雪

这位与众不同的母亲,在回忆起自己的成长经历时,被太多故事、太多感动萦绕着。

北京市第四中学的高中时代,是改变于丹性情的美好时光,她从一个有点儿自闭、寡言少语的孩子,成长为一个热情洋洋洒洒的少女。

她所在的那届文科班共有28位学生,刚好14个男生,14个女生,大家关系特别好。毕业的时候,全班同学在一个男生家里聚会,当时有人问什么时候28个人才能再聚齐。于丹提了一个绝妙的建议:在今年的第一场雪,不管大家在哪里,哪怕是旷课,也都得来那个男生家。

可那年的雪偏偏下得特别晚,到了寒假,第一场雪才姗姗来迟,而爱好游山玩水的于丹照例外出旅行去了,没在北京。回家以后,妈妈说,那天家里的电话都快打爆了,大家都去那个男孩家聚会了,唯独缺她。后来有同学跟于丹说:真遗憾,你错过了今年的雪。她很不以为然:我们现在才17岁,到70岁以

前还有多少场雪呀!怎么叫错过呢?

直到整整四年以后,文科班的28位同学才又一次相聚在一起,还在那位同学家里。大家在一起包饺子的时候,那位男同学走进里屋,从一大摞日记本里掏出一本。他说:"于丹,我这儿还有你的东西呢!"大家看着于丹,都不说话。他翻开一页,对于丹说:"这是你的。"

于丹接过来一看,空白的一页纸,还皱皱巴巴脏兮兮的,角上写着一个日期。这时,大家告诉她,在大家约定的17岁的那场雪里,唯独提出这个浪漫约定的人没有出席,怎么能让你不错过这场雪呢?本子的主人想到了一个主意。那天,他取出日记本,翻开新的一页,写下日期,捧着本子走到了雪地里,雪"哗哗"地落在本子上,等把纸页盖得满满当当之后,他"啪"地合上本子,对其他同学说:"大家看见了,这场雪在这儿,找一个我们大家都在场的时候,把17岁这场雪还给于丹。"

结果,这场雪,在四年以后,"还"到了于丹的手里。

年少轻狂时,她带着一个手电筒就敢独闯沙漠

于丹一玩起来,常常会做出一些"不靠谱"的事情,手电筒的故事就是其中的一则。

于丹这样回忆那段"传奇"经历:

"那个暑假,跟着两位师兄出去玩。我们的第一站是敦煌莫高窟。到了那里,我们白天去看洞,下午大概四点半,洞就全关了,我就特别向往洞外的鸣沙山,特别想去闯沙漠,可师兄说要等到哪天不看洞一早才能去。

"每天过了四点半,他们俩经常一背摄影包就出去搞创作了,哄着我在旅馆吃杏。我想他们不让我一个人进沙漠,无非是觉得天黑,怕我走丢了。我就去找讲洞的讲解员,借来了他的手电筒。我给他们留了一张字条,说你们别担心,我带手电筒了。

"除了手电筒以外,我还带了一把英吉沙短刀,裹了一条毛巾,毛巾里面带着一盒火柴,跟手电筒交叉斜挎的还有一壶水,戴了一个破草帽,穿着牛仔短裤、小背心,一个人奔着沙漠就出发了。

"刚走进去的时候,大概有摄氏三十八九度的高温,烈日炎炎。走着走着,突然觉得皮肤凉飕飕的,再四下一看,明白了什么叫'天似穹庐,笼盖四野'。只见四周长得一模一样,我原本是顺着一条干了的河道进来的,但是到这一刻别说河道找不着了,四处的沙丘也全是一样的。气温像坐滑梯一样,一下就降到摄氏零上五六度了。

"第一个反应就是得生火。沙漠里只有一种蕨类植物叫骆驼刺,根扎得非常深,我用那把英吉沙短刀刨,刨不出来就得扒,十指鲜血淋漓。划掉半盒火柴还没生起火来,我才想起来把毛巾垫在下面作引子,骆驼刺终于烧起来了。然后握着一把刀,我烤完前身烤后身,转着圈烤,一会儿骆驼刺快烧没了,就得再去刨。

"快天亮的时候,他们哥儿俩看见这堆火把我给找着了,一顿臭骂。他们问我,你知道沙漠里有狼吗?我说不知道啊。又问,你知道沙丘会平移吗?不知道。又问,你知道沙尘暴吗?那时候哪有沙尘暴啊,不懂。又问,你知道沙漠里面的降温是一下子可以降三十多度的吗?这个知道了,刚知道。

"最后他们俩问我,你带的那手电筒有用吗?这时候我突然想起来了,我带的水是有用的、毛巾有用、火柴有用,唯独手电筒没用。'你不是说,你带了手电筒就什么都不怕了吗?'我就这么受尽挤兑,被拎出了沙漠。"

故事讲到这里,并没有结束。

多年以后,于丹研究生毕业了,正赶上大学生带户口下放锻炼,她被下放到北京郊区一个叫柳村的地方,工作极为艰苦,情绪也很低落。就在那个时候,当年同行的一位师兄得知了她的状况,特地从海南寄来一封信。于丹打开一看,一张白纸,没有抬头,没有落款,居中写着一行字:"我什么都不怕,我带手电筒了。"

那一刻,于丹突然明白了,她生命里的那个手电筒的作用,不是在她进入沙漠的时候给她光明,而是在穿越成长之后给她勇气。

于丹说:"少年时候,带一个手电筒,你就可以说我无所畏惧,这种年少时候囤积的勇敢,会在岁月里发酵,最后酝酿出一种醇美的滋味。"

"在那样一个境遇,那一片苍茫中,'生命终究难舍蓝蓝的白云天',就这一句歌词,足够让我感激罗大佑。"

在去柳村下放锻炼的那段黯淡岁月里,已经二十四五岁的于丹有过失落,而她终究以自己的方式把生活点亮。她总是绑着红色的发带,穿时髦漂亮的牛仔裤,在一天辛勤劳作后坚持穿行于文学的世界,还有一台录音机始终相伴在她的左右,那里面装满了李宗盛、罗大佑、齐秦、崔健,他们陪伴着她走过那段苍茫的青春岁月。

有一次在柳村的路上骑着车,于丹突然被一个干净的男声吸引住了,唱的是那句"生命终究难舍蓝蓝的白云天"。她"哐当"一下就把自行车扔在街上,冲进音像店,掏出口袋里仅有的10元钱,买下了那盘罗大佑的《恋曲1990》。当她拿着2元钱的找零和一盒卡带走出音像店的时候,眼泪"唰"地就流了下来。

"在那样一个境遇,那一片苍茫中,'生命终究难舍蓝蓝的白云天',就这一句歌词,足够让我感激罗大佑。李宗盛、罗大佑、齐秦、崔健，这些名字记忆了我到暮年沧桑都不会忘却的少年情怀。"

铁杆球迷，力挺德国队二十多年

于丹的爱好极为广泛，而且差不多样样精通。

她爱昆曲，从小就唱，能拍出许多折子戏，唱得很好；她迷恋爵士乐，家里的碟多极了，对各个调性的爵士乐都很熟悉；最绝的是，她还是个铁杆足球迷。

因为自己超爱德国队，带着一岁多点儿的苗苗一起看球时，于丹还会"强迫"女儿为德国队呐喊加油。

于丹说："我力挺德国队已经二十多年了，从1982年中国转播世界杯足球赛时就开始了。我看球的历史可比我的好些男学生长多了，他们现在还经常拉我一起看球呢！"

1982年世界杯决赛期间，正是于丹参加高考临考前后，由于不复习，净看球，在考场上有道题目问到联合国秘书长是谁的时候，她实在想不起来了，就很"豪迈"地填上了卡尔·海因茨·鲁梅尼格。

"阳光沏进咖啡里，就着咖啡把阳光喝下去，浪掷浮生，原来可以那么潇洒。"

于丹酷爱旅行，她这样描述在行路中读书的"奢侈"场景：

"比如说，在灿灿烂烂的烈日晴空下，在丽江古城，往一个咖啡馆那么一坐，就坐在路边，然后你看着有1600年历史的大石桥，底下的流水'哗哗'地急流而去，桥头上，马帮的布农铃'哐啷啷'地在风中响着。阳光极其奢侈，大把大把地洒在书上，沏进咖啡里，就着咖啡把阳光喝下去，看流光飞逝，你会觉得浪掷浮生，原来可以那么潇洒。这是一个读书的境界。

"另外,我还喜欢在阴天,坐在西湖边。看西湖一定要有烟波,一定要在缠缠绵绵有一点阴雨的时候,柳丝、湖水,一切不甚清晰,你会觉得南宋遗风飘飘洒洒突然就来到你身边。穿过历史的画卷,你会隐约感觉到,当一千年前这个地方还叫临安的时候,那种'有绮筵公子,绣幌佳人,递叶叶之花笺,文抽丽锦;举纤纤之玉指,拍按香檀'的韵味四溢。此刻,捧一卷诗词在这儿读,你才能读出宋代的韵味来。"

于丹这样理解旅游:"人在各地,千万不要跟着旅行社,跑到一个地方,照张相片转身就走。我觉得旅游旅游,重要的不是'旅',而是'游'。旅行社它只能管你的'旅',逍遥游那一段,归你自己的心管。人其实就是在世界的每一个细节、每一处风景里,进进出出,完成一次又一次的历练。"

下定决心不开车,因为没有方向感

在外人眼里,于丹仿佛是一个无所不能的"女超人",时刻头脑清晰,反应敏捷。然而,在家人眼里,她却是个常常犯糊涂的"大迷糊"。

"千万不能让她开车,早上开出去晚上得去河南省找人!"

"你太抬举她了,她哪能开到河南省,到晚上还在怀柔转悠呢!"

这是一段发生在于丹的老公和母亲之间的对话,正巧让于丹听到,早就拿到驾照的她从此下定决心不开车。

"我们家里人现在都这么表扬我女儿:在认路方面,现在你就比你妈强。因为我走路回家都会走丢。我还经常夹着一摞讲义,在北师大校园里气急败坏地揪住一个人说:'快把我带到教四楼!'然后人家无比同情地说:'老师,师大挺大的,确实挺难找。'然后我心想:哼,我在这校园都二十几年了,我还找不着,怎么可能呢?"

于丹对自己的总结就是:"我没有方向感。"

于丹猛地站了起来,把椅子都带翻了,她说:"赶快下去接我的老师!"

于丹的故事,不是带着神奇的色彩,就是泛着诗意的光芒,也有一些鲜为人知的,闪着动人的泪光。

这件事发生于雨雪交加的《〈庄子〉心得》北京签售当天。那天的正式签售从下午 1 时开始,到 3 时多时,她收到工作人员递来的一张条子,字迹已被雨水晕开:"于丹老师,您四中的语文老师廖锡瑞先生从早晨 9 时就在楼下排队了。"

看到这张字条,于丹猛地站了起来,把椅子都带翻了,她说:"赶快下去接我的老师!"

廖先生已经 80 岁了,瘦瘦小小的他一看到于丹就抱住她大哭起来,他一遍又一遍地念叨着:"想死你了,想死你了,想死你了……"随后,他对于丹说道:"教你外语的王老师去世了,教你地理的郭老师去世了,教你历史的赵老师去世了,我是代表他们来看看你的,我总算是看见今天了。"

那一刻,于丹想起了自己的中学时代,廖老师总是用拳头顶着胃,他的胃被切除了五分之四,只能吃泡了水的饼干。在冬天学生们都去上自习课的时候,就是廖老师,披着一件破棉袄,弯着腰,一个宿舍接一个宿舍地给学生生炉子。炉子生晚了,怕学生们回去冻着,生早了又怕煤气泄漏熏着。每个冬天,廖老师就这么没完没了地关心着生炉子的事情。

于丹说,自己在四中时算不上是一个好学生,可她在那个当时还破旧的校园里,收获了太多。

"高兴的时候你就好好去爱,难受的时候就到我这里来哭一哭。我会在这里等你。"

北京四中的老师们,用他们的身体力行,将师者的风范传承给于丹。

"当老师十几年,我陪伴过多少场失恋啊!我身上洒过多少学生的眼泪啊!"师者于丹这样感慨道。

有时候,学生们也知道有些爱情不会有结果,来找于丹倾诉,她只会告诉他们:"这场恋爱不让你谈,你的生命会留下遗憾,让你去谈,我又很心疼。不过没关系,高兴的时候你就好好去爱,难受的时候就到我这里来哭一哭。我会在这里等你。"

"以尊重成长的名义,去伴随孩子们的长大。"于丹这样定义自己身为老师的职责——伴随成长。她就是这样陪伴着一拨又一拨的学生慢慢成长。

十年以后,学生重聚,请班主任于丹再来一次晚点名

最让于丹难忘的教师经历,恐怕就是她在北师大担任本科生班主任的那四年光阴了。她带过的那批学生毕业已经十多年了,可每次一聚会,同学们会从美国、加拿大、意大利,从世界各地专程赶回来。这个年级的"整齐"几乎造就了一个传奇。

在那四年里,班主任于丹坚持每周花两个小时陪全班同学闲聊。每月的最后一个周末的晚点名时间,都是用来为当月生日的学生过集体生日的。每个人都要在贺卡上给过生日的同学写上一句话,而于丹则会写一封长信给"寿星"。

班上有一位来自农村的女孩,在过集体生日时流着泪说:"进大学后的生日是我 18 年来的第二个生日。在我的记忆中,4 岁时过了一次生日,妈妈给我煮了一个鸡蛋。18 岁,这是第二次。"那天,班上的女生们拿出自己最漂亮的衣服为她打扮。

这个过生日的仪式从未间断。四年下来,每个学生都存下了厚厚一大摞生日祝福。

学生们筹备上大学后第一个新年晚会时,于丹的任务是跑腿——骑着自行车去买晚会要用的红格子桌布、收集家中的花瓶带到学校。晚会当天,简陋的教室里,课桌上铺上红格子桌布,花瓶里插着鲜花。关上灯,同学们围坐一圈,一杯红酒,一人一口,点亮蜡烛一支,一曲《祝福》唱了7遍,唱得每个人都泪流满面。

这届学生创造了许多令于丹感动的奇迹。在全校运动会上,艺术学院通常在全校26个院系中排第23名,而那一次他们拼尽全力,取得了全校第五名的历史最好成绩。

如今,这批学生都已经30多岁了,在他们入学十周年庆典的时候,又送给于丹一个惊喜。

那天下午三点,于丹应邀来到学校艺术楼的101教室,只见一屋子人到中年的学生,以当年的宿舍为单位,整整齐齐地坐在那里。她走进去,一位男生站起来说,524宿舍长报告,524应到谁谁谁,实到谁谁谁,报告完毕。第二位学生接着站起来说,526宿舍长报告……然后是女生宿舍,223宿舍长报告……最后,班长站起来说,本年级应到人,实到人,请于老师晚点名。

那一刻,于丹收到的是这样的信息:在这个嘈杂、喧闹的社会里,她的学生们内心还有一份坚持,他们的心里仍然有一些透彻的、天真的、光明的东西。

身为师者,在那一瞬间,她是最幸福的。

(原载《解放日报》2007年3月23日第15版)

让生活多些审美的悠游

——对话于丹

上海,兰馨大戏院。

幕落,又起。昆曲《长生殿》首次在现代舞台上全貌呈现,华美精致。似600年的梦。

台下,于丹微微仰了头,手指在膝盖上轻盈敲击,双目晶亮。是永恒的蓦然心动。

曲终,于丹雀跃着见到饰演唐明皇的蔡正仁和饰演杨贵妃的张静娴,捧上鲜花,还有敬意。

68岁的蔡正仁激动:"于老师,你的昆曲讲得好!还要再讲!"

60岁的张静娴也激动:"《于丹·游园惊梦》我差点落了一集,还是凌晨看重播补上的!"

艺术家和这位特殊的观众如此心心相印,都是为了昆曲。不久前,于丹在央视讲昆曲,将这古老艺术演绎出另一番美丽。

而对话于丹,就在《长生殿》落幕之后,从她和昆曲的此次荧屏相遇开始,优雅且深刻注释"让生活多些审美的悠游"之普遍意义。

从《论语》出发,抵达昆曲

解放周末:这一回我们带着好奇与疑问,再次与您对话。当许多观众在听您讲完孔子、庄子之后,期待着下一个"子"的时候,您却给了大家一个意外,讲起了昆曲。

于丹:我讲完《论语》和《庄子》以后,总有社会各界的人来问我,接下来该讲荀子了,该讲孟子了,该讲韩非子了,都在问我要讲哪个"子"。大家心里有个定势,觉得我还会在诸子当中讲下去。其实那段时间我自己也很困惑。《论语》和《庄子》,我讲的无非是心得,我不是研究诸子百家的,我的专业是传媒学。

我在讲《〈论语〉心得》时说过一句话:"我们不能决定生命的长度,但可以决定生命的宽度。"宽度何在呢?这说的就是人有多少种可能性。我作为一名教传媒学的老师,能够有机缘在大众传媒的平台上把诸子讲出来,讲讲经典,这实际上就是给我提供了一个拓展新的宽度的可能。那之后,我问自己,接下来的宽度是什么?

解放周末:寻找生命的下一个宽度,于是从《论语》出发抵达昆曲?

于丹:我想用《论语》里的四句话来作解答,是孔子用来形容知识分子人格状况的。这四句话是:志于道,据于德,依于仁,游于艺。说的是知识分子人格成长的轨迹,它们静态地排列在那里,而我更希望把它们看成一个动态的轨迹,是一个阶段、一个阶段地向前走的轨迹。所谓"志于道",一个知识分子为天地立心,为生民立命,有志于天地大道,这是很多人都会有的。但是你有了志向以后,还要把它给架构起来,靠什么?就要靠"据于德"。就是说,你要构建起一个自己的道德体系,然后才能有所根据,否则"志"就是空的。

解放周末：这前两句的所指是生命个体的内在。

于丹：对。那么在一个人外化的时候，要在社会中与人合作、与人交往，依托什么呢？孔子称为"依于仁"，仁爱天下。这是儒家一直提倡的，所谓"仁以为己任"，要有人际的交往，有社会的规范，要有职责的承担。当一个人在仁爱天下的时候，他已经从个人走到了社会的层面。

解放周末：由此，个体生命具备了社会境界。

于丹：如果仔细琢磨，孔子说的第四句话最有味道。"游于艺"说的是你必须要找到一种艺术的形式，让你心游万仞、独与天地精神共往来，从社会中穿行之后重回自我。它要求一个人从自我出发，穿越社会，承担责任，最终归于一个自我的生命境界。这个境界不是一种自私的、封闭的、小我的，而是在一个艺术的形式之下，能够让生命真正飞扬起来的境界。也就是说，一方面不疏离天地大道的承当，另一方面不泯灭生命自我的飞扬。

人的生命中，一定要被一些"相遇"刻画过

解放周末：在现代生活中，我们往往更多看到天地大道的承当，而容易忽略自我的生命飞扬。

于丹：现今，整个社会有太多太多的位置需要人们的投入。但是，是不是我们投入了，被这样一个时代所选择、被历史放在一个位置上，就完成了自己的全部价值了？我们还有一番生命潇洒吗？

解放周末：这样的生命叩问，值得我们每个人深省。那么，您自己是怎么拥有一番生命潇洒的？

于丹："游于艺"嘛，这三个字老是在我心里萦旋不去。

解放周末：比如，"游于昆曲"？

于丹：是的。当然，昆曲也可以成为很多人的寄托。它不

是唯一的,但它一定是形式之一。"游于艺"不是指找到某一个具体的方式、门类,而是心中全部艺术的激活。有时候,艺术与人的生命是有某种默契的,不是刻意地作为一种技巧去学习。真正的艺术总是能够唤醒人心中某些潜在的基因、某些激情愿望、某些含蓄优雅。就像遇到一杯好咖啡,遇着一处好风景,这跟你遇到一种艺术形式是一样的缘分。为什么有人喝咖啡觉得很苦,而有人一喝就会爱上它;有人见到一处风景,只是过眼云烟,有的人就会铭心刻骨。在这个世界上,有一些相遇,是你注定一定要遇见的。

解放周末:"游于艺"在乎"游",而非"艺"。

于丹:对。"艺"可以有多种多样,可以是昆曲,也可以是一杯咖啡,只要能够"游"起来。重要的是,人的生命中,一定要被这些"相遇"刻画过。

解放周末:而您和昆曲"相遇",究竟是怎样的一种刻画?

于丹:《牡丹亭》中杜丽娘有一句话说得好:"不到园林,怎知春色如许。"其实那个春色离她有多远?一步之遥,自己家的花园。在今天,有很多人在说,我特别想去北欧,我特别想去南非。实际上,春色离我们那么远吗?昆曲正是这一抹春色。我不能承诺昆曲对你的生命有多高价值。听完能拿高薪?可以获得文凭?都不能。但它至少可以让人们生活得轻盈一点、纯粹一点。

解放周末:问题是今天还有多少人知道昆曲,许多事物是人们经过接触后不喜欢,而昆曲在今天不被喜欢的原因,可能就是没有机会接触。

于丹:一步之遥,却没有机缘跨进去。

只要生活有深情,就是好事

解放周末:您讲昆曲,是为了给大家创造一次可能的机缘吗?有人说,在戏曲艺术式微的环境下,像您这样的学者为戏曲摇旗呐喊,这样的普及能带来人气效应,这正是昆曲和传统戏曲所需要的。您怎么看?

于丹:我从来不觉得一件事情陡然升温、突然变得很热就一定是个好事情。我是觉得,昆曲对今天来讲,是一个参照系,它能够让你知道有这样一种一往情深,它让你听到行云流水,让你看到载歌载舞。如果能够有更多的生命与它相遇,有这种缘分,那我们的生活就会多一些审美。

但是我对任何事情的态度都是不强求。我们不能呼吁所有人都必须投入到昆曲中去,去拯救它。也不能说要给昆曲做多少新编戏,一定要让今天的昆曲像明代那样兴盛,那是不太可能的。明代的时候人们看昆曲,五十折的戏连着看下来,那相当于今天看韩剧啊。那时候是没电视连续剧的,今天不是有了么,你再要求大家都坐到戏园子里看五十折,那就不可能了。

解放周末:对待古老的戏曲艺术,今天我们应当本着尊重而理性的心态。

于丹:就像现在有很多人说,《论语》中是不是就没有糟粕,所有东西都适合今天?但是,我们怎么能苛责二千五百年前的人,他说的话句句都能适合今天呢?

我们应当学习如何以一种宽和的态度,客观地去面对文明。站在今天的角度去看昆曲,它存在着,它有生命力,它优雅婉转，有这样一种美丽在那里，我们可以去体会去欣赏，可以把它作为今天的一个坐标，这就已经够了。

解放周末：有这样一种美丽在那里，人心该怎么去追寻、对待？

于丹：我们不可以用一种超乎功利的心态去面对吗？我不认为在我讲完昆曲以后，就一定要让昆曲就兴盛成什么样，就有多少人去热爱，那同样是一种功利之心。我仅仅是作为一个外行人，一个戏迷，受了我所敬重的老师的托付，机缘巧合，能在这个平台上把我要说的话说出来而已。我不想说昆曲的弘扬也好、振兴也好，以后一定要到一个什么程度，我只是说它还活着，它很优雅。昆曲对我们每个人来说都是一件美好的事情，如果有缘分，你会喜欢它。没缘分也没关系，生活里还有更多其他可喜欢的东西。只要生活有深情，就是好事。

山坡上开满了鲜花，但在牛羊的眼中，那只是饲料

解放周末：至少，您的阐述或许为观众提供了某种跨越"一步之遥"的可能。然而，现实生活中人们似乎正越来越因对物质、对利益的关注，而被阻隔在这些"可能"之外。

于丹：我觉得，在今天这个时代，人们缺乏一种生命对社会承担之后的轻盈潇洒。我们往往出现一种简单的二分法的对立，觉得一个人过分地强调自我的存在，就失去了对社会的责任，而一个人对社会的全情投入，就意味着你不能再去拥有更多的自我空间。

解放周末：就是要求牺牲自己？

于丹：牺牲是我特别不喜欢的概念，因为牺牲意味着变成一种被剥夺生命、放上祭坛的祭品，它崇高，但是它不鲜活。人是在承担之后，才让自己的生命更辽阔、更自信、更快乐，所以不必用一个被剥夺的词汇来形容这个过程。人在这个世界上

可以承担重任,但我不喜欢忍辱负重,我喜欢举重若轻。

解放周末:举重若轻就需要给生活一点审美。

于丹:我很喜欢这个说法。不过,我们需要"给"生活吗?其实生活里面处处都蛰伏着美。我们不是缺少美,而是缺少发现美的眼睛。有一句话说得地道:山坡上开满了鲜花,但在牛羊的眼中,那只是饲料。

解放周末:这个道理浅显又深刻啊。

于丹:这个世界上缺少鲜花吗?满山遍野。可是我们今天的社会,正在越来越鼓励牛羊的眼光。牛羊说那是饲料,因为饲料是有用的,是可以充饥的,用今天的标准来说,它是可用"功利"来衡量的。

解放周末:"功利"不应该是唯一的眼光标尺。

于丹:一个人本着物质化的眼光,去找到世界上一种有用的价值,或许不应该受到很多褒贬,这也是人生的一种价值。但令人遗憾的是,越来越多的家长让孩子从小弹钢琴、练舞蹈,已经不是为了培养艺术才能或者修炼气质,弹钢琴是为了考级,跳舞蹈是为了加分。孩子学这些东西的时候,不是作为鲜花接受的,而是作为饲料接受的。

解放周末:作为技巧穿行而过,那是"游"不起来的。

于丹:我总是在想,怎么能让今天这样一个繁华的世界多一点审美的眼光,而不是牛羊的眼光;人们能纯粹地看到一些用来欣赏的鲜花,而不是用来充饥的饲料。这需要一种素质,但更多的是需要一种勇敢。

解放周末:人要超越功利是需要勇气的。在您看来,是什么使得社会上充满着牛羊的眼光?

于丹:只有当你的生命足够富足,不需要把它转化成饲料,你才可以欣赏它,对吧?这个富足,除了物质上的,还需要我们有足够的生命的勇气和辽阔,来让自己的生活有诸多格局。我们今天其实是缺少了一种超乎功利的生命的深情。这种深情不表现为一种外在的、狂热的、趋同的追逐，而表现为人内心一种从容悠游的一往情深。古人有一句话说：人无癖不可交。一个人没有点癖好的话，就不能交朋友。有人就迷石头，有人就爱集邮，当人一旦像个孩子一样去痴迷于一样东西的时候，他的性情是天真的。我们爱什么，这不重要，不止一个昆曲。这个世界上可以让人去痴迷的东西有很多。人去爱一点东西，会有赤子之心，而这种赤子之心是我们的一种救赎。

解放周末：牛羊的眼光，让人急功近利，人与人之间少了些许宽容和理解。而审美的眼光，让人多了赤子之心，去完成对生命的一种救赎。

于丹：我们今天的心为什么不柔软、不宽容了呢？就在于，我们生在一个笃信科学的时代，已经不信任童话了。我不是反科学，我觉得人如果能在享受高科技的同时，不失去梦幻的能力，人生是完美的。就像你问孩子，冰雪化了以后是什么？按科学的答案他可以说化成水，你要给他分，但按童话的答案，他说化成了春天，你不能判他错。我们今天有没有一个可能，完成科学与童话的多选题？

从讲《论语》到讲昆曲，我一直在传递一种态度

解放周末：可人们会慨叹，牛羊的眼光是无奈的结果。比如，您提到的孩子学钢琴、练舞蹈是为了加分，是某些制度设计造成了现实。您不觉得"游于艺"与现实存在某种矛盾？

于丹：我是这样看的，我主张人生要多一些层面，我们不要在同一个逻辑命题上去选择是与否。为什么不能构建更多的层面呢？我喜欢丰子恺先生的说法："人的生活可分作三层：物质生活、精神生活和灵魂生活。"在这三重生活上讲，物质生活就是求真的，只要活得真实就够了；精神生活就是求美的，大家

都能有审美的悠游；而灵魂生活是主善的，遵从自己的信仰。"游于艺"可以存在于灵魂层面上，可以存在于精神层面上，我不见得说我要在物质层面上"游"啊，我们都还要脚踏实地地做事。孩子可以在物质层面上去应试，但是他同时也应该拥有自己的精神悠游。

解放周末：有人认为，今天商业社会的生活，已经不再必要、也没有空间"游于艺"了。

于丹：我不这么认为。我从来都不是一个厚古薄今的人，我从来都认为世界会越来越好。我们今天这个时代就比以往任何一个时代都好，因为它多元化。实际上在物质越来越丰富的时候，精神悠游的可能性也会越来越多。关键是我们自己有没有去抓住这种可能性。我觉得是现在人们过多地强调了外化，就是社会的标准、价值的认同，外在的种种，如职称、房子、车子、薪水，都要攀比。这是外化，外化其实没有错，但关键是还有三个字叫"内不化"。内不化就是生命有所坚持。其实，现在"游于艺"的可能性比古代多多了。就像你向往某个地方，就能去旅游；向往一种文明，就可以去实地触摸；想学艺术技能，比过去方便了许多。物质的繁盛不是坏事，但物质是用来作依托的，最后它应该帮助我们完成心灵的遨游。

从讲《论语》到讲昆曲，我一直在传递一种态度——与其去挑剔和指责，不如用我们欣欣的心来还原生命的本真。

解放周末：推动社会主义文化大发展大繁荣，积极而卓有成效的文化建设，正可以为每个心灵的"游"建立丰实美好的背景。

于丹：是的。"游"究竟是什么呢？它其实是一种心态，这个心态是柔软的、美好的、鲜亮的。今天来到上海，在飞机下降的时候，我看见了上海的阴天，它阴得很温柔。我从酒店的24层楼望出去，看见一片红顶的老房子，在绿树的掩映下，交错着高楼，天空中有暗灰色的云朵，一朵一朵开出花来，浮游在空气里。我当时就想，如果一个人只能从晴天看出灿烂，那是一种奔放的心，但同时要是能从阴天看出温柔来，那是一种宁静的心。只习惯于晴天的人，看到阴天就会抱怨，但如果你能看出阴天的温柔、宁静、安全，那你会有一种阴天的欢欣。阴晴圆缺在我的心里都是柔软的灵动，这个世界的美好不一而足。

（原载《解放日报》2007 年 11 月 23 日第 13 版
记者黄玮、吕林荫采写）

敬一丹的声音

敬一丹，全国政协委员，中央电视台著名主持人，连续三届获得"全国十佳电视节目主持人金话筒奖"。

敬一丹偏爱"声音"，写书、开办栏目都曾以"声音"为名。在她的声音里，蕴含的是真情，传递的是力量。

谈弱势群体，她低沉凝重；谈媒体责任，她疾声速语；谈记者使命，她铿锵有力；谈媒介生态，她意味深长……

在众多喧嚣的声音中，敬一丹的声音朴实无华，满是力量。

我不仅仅代表中央电视台在提问，也代表着很多观众，我要把观众的感觉和声音带给总理

今年，是敬一丹担任全国政协委员的第十个年头。在全国"两会"期间，她格外忙碌，忙碌缘于双重身份：作为记者，她融入社会，敏锐洞察与辨析；作为政协委员，她关注民生，理性建言。在她看来，凝视与倾听，正是记者和政协委员双重身份的良好契合。

解放周末：在今年全国"两会"温家宝总理记者招待会上，您向总理提了一个关于反腐败的问题，有人认为问得很"焦点访谈"。这个问题是怎样选择的？

敬一丹：每年"两会"的总理记者招待会，都是社会和各新闻媒体关注的一个焦点。每位记者的提问其实都是代表他所在的媒体提出的，各媒体也希望能够通过这个平台，展现其看问题的角度、眼光和方法。

这次提问，中央电视台新闻中心准备了三四个问题，除了反腐败问题外，还包括环境、教育和"三农"等问题。在这几个问题当中，我们思考、讨论、辨析哪个话题是最值得与总理进行交流的。后来觉得，从目前来看，随着一批大案、要案的查处和披露，反腐败话题是最容易引起共鸣的，于是提问的大方向就圈定了。虽然这个问题我是代表中央电视台提出的，但从内心来讲，也是我个人最关注、最想问的问题。

解放周末：虽然问题是提前设定的，但这个提问还是很有现场感。

敬一丹：在记者招待会现场，作为一个记者，我的使命不单是提问，还要倾听。所以，从总理一露面，我就开始留意他的话，并且在他的开场白里迅速捕捉到了与我所提问题相关的内容，于是就引用了总理的话作为提问开头，"刚才总理说，除了做公仆的权力，没有其他权力"，自然地引出了反腐败问题。

解放周末：在您的提问里，还特别提到了"观众的声音"，为什么引入观众的声音？

敬一丹：这可能就是为什么这个提问能让很多人产生共鸣的原因吧。我觉得我不仅仅是代表中央电视台在提问，也代表着很多观众，我要把观众的感觉和声音带给总理。所以我在提问里提到，关于反腐败的问题，我们听到了来自观众的声音，一方面大家都觉得特别欣慰，因为加大反腐败力度一直是我们的期待；另一方面有人又很忧虑，为他们看到的腐败现象忧虑。既欣慰，又忧虑，这就是我能够感觉到的观众对于反腐败问题的感受。在短暂的、有限的提问时间里，我字斟句酌，尽量用简练、准确的语言，传达出我所供职的媒体和我所面对的观众这两个方面的声音。

节目结束后，不是长吁一口气，而是觉得自己特别有负于他们的期待，内心不轻松，反而很沉重

双重身份、双重眼光为敬一丹提供了宽广的思考角度。一面为国事建言，发出自己的声音；一面吸收来自"两会"的各种声音，并将其传播出去。于是，她用声音连接起自己的双重身份，收获内心的双重满足。

解放周末：在今年的全国"两会"上，您特别忙，白天在人民大会堂里作为政协委员议政，晚上又要回到演播室录制"一丹两会信箱"。您的双重身份，是不是也被人们寄予了双重期待？

敬一丹："两会信箱"是《东方时空》多年来的一个子栏目，过去叫"岩松两会信箱"，今年正好白岩松有别的任务，就由我来替他拆信。每年的"两会信箱"都会收到很多封信，记得去年我们栏目组的走廊里就堆满了信，看都看不过来。今年，尽管我们鼓励大家在网上写信，但还是收到很多封来信，甚至有不

少寄到了"两会"的会场。工作人员给我送信，一送就是那么高的一大摞。信封上写着的收件人，也特别有意思，有的写"人民大会堂敬一丹两会信箱收"，还有的写"《焦点访谈》主持人、政协委员敬一丹收"。

解放周末：这是观众对您双重身份的认知，您自己如何协调这两种身份？

敬一丹：其实，双重身份也带给我双重便利。作为政协委员，开会的时候，我集中地吸收信息；作为记者，我的职责是传播，传播的内容一部分来自于观众来信，一部分来自于"两会"。我常常把会上还"热乎"着的声音传达到节目中，比如说，白天在会上听敦煌研究院院长樊锦诗谈了遗产保护的问题，晚上就把她请到我的节目里谈这个问题。当然，最开始的时候，我也有些担心，一边开会，一边做节目，自己能不能招架得了。可到节目真正做完的时候，我却觉得自己好像还没做够似的，因为想谈的话题实在太多了。

解放周末：没来得及谈的话题，是不是有一些以后会变成节目选题，继续关注下去？

敬一丹：的确有一些是可以继续关注的话题，比如退休职工的待遇问题，就是这次来信中集中反映的一个问题。以前我还没意识到这个问题的涉及面有那么大，像很多信中提到的企业单位和事业单位退休职工的待遇差异，这不就是老百姓最关心、最直接、最现实的利益问题之一吗？

解放周末：在众多来信中，什么样的信让您记忆深刻？

敬一丹：太多了。一位记者在"两会"驻地采访我，正赶上工作人员给我送信，我随便拆开一封，信的落款是几十个红手印，都是村民留下的，那位记者看了觉得"触目惊心"。而对我来说，相对习惯了，因为做《焦点访谈》，我们收到过太多这样的来信，几乎每一封都是沉甸甸的，都会让人为之心头一颤。这次我印象很深的是一封特快专递,打开大信封一看,里面竟然装着不同人写的好几封信。

解放周末:为了省邮寄的钱?

敬一丹:这可能是一个原因。看到这封信的时候,我就想,这些来信的观众,他们是在什么样的环境里,是在一个什么情况下给我写的信,他们是怎么商量的,他们对这个"信箱"抱有多大的期望。但是,因为绝大多数来信反映的是个案,我们的节目又不是信访办,没有力量把这些问题一一解决。所以节目结束后,我不是长吁一口气,而是觉得自己特别有负于他们的期待,内心不轻松,反而很沉重。

穷到极点不是衣不蔽体,而是没有表情。孩子是最不该没有表情的

职业的关系,让敬一丹有机会走进那些布满阴影的角落,走进那些常被冷落的人群。走得越近,她就越清晰地感受到他们对于发出自己声音的渴望。敬一丹说,"提出问题是媒体最基本的职责,媒体要传播弱势群体的声音,放大弱者的声音,让大家都能听到。"

解放周末:回顾一下,这些年您在全国"两会"上的提案,多是为弱势群体鼓与呼,有人说您有"弱势群体情结",这种情结从何而来?

敬一丹:我对弱势群体的关注,开始于对贫困人群的关注。十多年前到广西采访,我给当地孩子带了很多文具,但那里的孩子根本就无学可上,脸上都没有表情。穷到极点不是衣不蔽体,而是没有表情。孩子是最不该没有表情的。那次采访让我感到,我的工作不仅是为了那些能看到电视的人,同样是为了那些看不到电视,甚至不知电视为何物的人。

后来当上全国政协委员,最初关注的点还比较散,后来,就开始情不自禁地把注意力集中于流动人口问题上。起初在我印象中,流动人口是一个庞大却很模糊的群体,通过接触,慢慢感觉到这个群体里可以分很多类,而群体中的个体又是具体、鲜活、生动的。

解放周末: 最早关注的是他们中的哪一类?

敬一丹: 对农民工的关注比较早,是在十几年前我主持经济节目的时候,从民工潮对铁路的冲击这个现象开始关注这一群体的。后来,这个群体又衍生出很多分类,比如农民工的妻子。所以,我在提案中又开始关注流动人口中的女性,有到城里来的打工妹,也有留在农村的女人。接着又关注他们的下一代,既关注那些在城市边缘生活的孩子,也关注那些留在农村的孩子。

解放周末: 有的提案来自采访,有的又成为采访的选题,双重身份自然地形成了一种互动。

敬一丹: 对。刚才你们说我有这个"情结",我也不清楚为什么,不是刻意地去关注,而是一种自发的情感。无论是作为记者,还是政协委员,每当谈到农民工、弱势群体这些话题,都特别能牵动我,让我动心。去年,我在提案中提到了农村留守儿童的问题,当时就想,一定要做成节目。我觉得,作为一位女政协委员,如果没有为这些孩子发出声音,就像母亲没有尽职。"两会"三月份结束,五六月份,我就做了一期《新闻调查》,就叫"留守儿童"。那次是在人口大省四川,调查了当地留守儿童的生活环境和生存状况,也把我在提案中的一些想法体现了出来。做完这期节目,我才有了一种踏实感。

解放周末: 双重身份也使关注的目光、表达的声音和传播的渠道,进入了一种良性循环。

敬一丹: 从某种意义上来说,在这种循环中,媒体的传播作用可能更大。提出问题是媒体最基本的职责,媒体要传播弱势群体的声音,放大弱者的声音,让大家都能听到。

内心饱满的感情,胜于眼泪的表达

双眼透过芜杂,注视阴暗的角落;双耳穿越喧嚣,倾听弱者的声音。有这样行动的人,一定情感丰富、细腻。敬一丹便是如此,有时采访对象的一句话、一个眼神,都能让她泪如雨下。但是,一次失败的采访经历提醒她,镜头前的情感要有节制,于是,她一次次将眼泪化作内心情感的张力。

解放周末:您给很多观众留下的印象是沉稳、不苟言笑,好像是个情绪波动不大、不易动情的人,但是您的同事和朋友却说,敬一丹心肠极软。

敬一丹:我是个特别容易感同身受的人,刚当记者的时候,还失控过。

那次,在河北省采访一位抗洪烈士遗孀。她比我大一岁,突然失去丈夫,就懵了,懵的表现就是不停地和别人讲她的丈夫。我们的摄像小伙子调试机器的时候,她就悄悄告诉我,他们夫妻感情特别好。他们家有个中药柜,她长期患病,丈夫懂一些中医,就自己研究怎么给她治病。她生病的时候,丈夫给她梳头,她给我讲她透过镜子看丈夫给自己梳头那个情景。我的脑子里就开始跟着她说的,出现一个又一个画面。

解放周末:您已经进入那个情境了。

敬一丹:对,不知不觉的。她说出事那天,她丈夫本来已经出门了,出去后又折回来,进屋抱了她一下。都老夫老妻了,这个拥抱说明他们感情极好。他走了以后,她就是不相信他不能回来了。直到一天晚上,儿子已经睡了,她收拾东西,看到了他们从前一起看的几本书,那些书是几年前孩子没出世时,他们俩琢磨着怎么能生个儿子时看的,还有他们的避孕工具。那天半夜,她说她把这些东西全都烧了。

听到这,我一下子失控了,眼泪顿时就下来了。她用这种方式向丈夫表达,在她以后的生命中,不会再接受别的男人。她是在与自己的生活告别,她将永远带着一种约束,一种作为英雄妻子的约束。我当时满脑子想的就是,她这么年轻,今后的日子怎么过?她的路怎么走?这是一段女人与女人的对话,她把我当成一个女人,我也把自己仅仅当成了一个女人。

解放周末:把别人的苦当成自己的苦,把别人的悲化作自己的悲,也许正是这种情怀,让您能够倾听到那些沉重的内心的声音。但对于记者来说,冷静、客观毕竟是一种职业要求。

敬一丹:从采访来讲,那是一次失败的经历。后来在编辑那期节目时,我找不到一个镜头自己不是在流泪的。我们的摄像师回来跟别人半开玩笑地说,敬大姐采访烈士遗孀,两个人一块儿哭,都分不清谁是遗孀了。他的话提醒了我,作为记者,应该客观、冷静,对情感有所控制。

解放周末:去年您主持《感动中国》,许多观众都落泪了,但您控制住了,没流泪。可事后又有人批评,说敬一丹错过了一次在电视上流泪的机会。您怎么看?

敬一丹:在一次业务研讨会上,确实有一位同行提出了这个问题。我就问他,作为观众,您感动了吗?他说,感动了。我说,那就行了。

解放周末:感动,不一定要用眼泪表达。前不久播出的又一期《感动中国》,您用富有感染力的主持向老红军致敬那一段,就很感人。

敬一丹:在这次《感动中国》的候选人物中,我作为推选委员,力荐"老红军"。别的意义不讲,就讲在今年纪念长征胜利70周年的时候,如果我们不向这些还健在的老红军表达敬意,

那么再等十年，也许就再没有这样面对面表达的机会了。在过去的一年里，我到小崔（崔永元）组织的《我的长征》去了5次，在那里，与一些老红军有过面对面的交流。我自己也没有想到，我自以为很熟悉的老红军能带给我那么强烈的震撼。所以当我向别人大力推荐、游说，应该让"老红军"当选的时候，当我准备那段介绍"老红军"的台词的时候，内心都极其冲动，经常说着说着就流泪。

解放周末：是哪些情况带给您强烈的震撼？

敬一丹：都是一些细节。有一次我们去一位老红军家里慰问，临走时，请他在签名簿上签名。他拿着本子准备签的时候，我的头靠近他的头，听到了他"呼噜噜……呼噜噜"的喘息声，能感到他的气管不太通畅，好像夹杂着痰和血丝。听到这个声音，我的心突然被撞了一下。然后那位老红军接过笔，颤颤悠悠地在本子上写下了一行字：第几方面军、第几连、战士某某某。一看到这儿，我的眼泪"唰"地就掉下来了。

解放周末：尽管您内心波澜起伏，但在主持《感动中国》的时候还是控制住了自己的情绪。在有人把眼泪当作吸引观众目光的手段，甚至把"有泪尽情流"当作时尚的现在，您为什么还要控制？

敬一丹：也许泣不成声的主持会有另一种效果，但我想要的效果不是悲伤。后来业内有评价说，我那次的主持，内在情感非常饱满。内心饱满的感情，胜于眼泪的表达，也一定是会被人们所感受到、所理解的。

面对这些原生态的文本,有没有这样一种力量,能够从嘈杂的述说中抽出一些声音来

有人归纳说,敬一丹成名于《经济半小时》,立命于《一丹话题》,而晋身于《焦点访谈》。1996年《焦点访谈》向她发出邀请时,她正在主持《一丹话题》,那是全国第一个以主持人名字命名的节目。那一年,她40岁。但《焦点访谈》制片人一句"我希望你能来",还是让敬一丹动了心。然而在最初怀揣新闻激情与理想进入《焦点访谈》时,她却意外地遭遇到了一种"猝不及防"。

解放周末:1998年,您出版了一本书,叫《声音》,里面收录了150封观众来信,您称它是"《焦点访谈》的延续"。为什么说是延续?

敬一丹:这要从我刚到《焦点访谈》的时候说起。其实到《焦点访谈》,我是有业务准备的,过去做经济节目,我一直做深度报道,当时就比较倾向于那些有沉重感的选题,对舆论监督报道特别有感觉。《焦点访谈》一开办,我觉得那就是能让我找到感觉的节目,在我看来,它是中国舆论监督和新闻改革的前沿。所以,当《焦点访谈》向我召唤时,无论是心态,还是经历,我都觉得自己准备好了。可就是有一点没准备好,那就是铺天盖地的来信。

解放周末:信多到什么程度?

敬一丹:让我猝不及防。每天要收到几十封,信封上都指名道姓地写着"焦点访谈 敬一丹收"。如果人家写"焦点访谈"收,我可能就没那么沉重,但信是写给我的,这是观众对我的一种托付。托付多了,就让人沉重。刚开始读信的时候,常常气愤得不得了,经常拍案而起。但日复一日,年复一年,每天都收到大量的信,表达的多是民怨,而且都是事关身家性命的,压得我有点喘不过气。这时候我才感到,我没做好这样的准备,那就是一个记者要承受那么多、那么重的托付。

解放周末:那么,《声音》这本书,是不是您对这种托付的另一种回应?

敬一丹:是的。这本书的出版,让我对给我写信的人有了一个交代。《焦点访谈》的节目容量有限,不可能一一回复这些信或者做成节目,我一直在寻找电视以外的表达方式。坐我对面的一位同事,天天听我在那唉声叹气,就问我,想没想到把这些信编成一本书。他提醒了我。后来真着手做这件事的时候,我就想,面对这些原生态的文本,我有没有这样一种力量,能够从嘈杂的述说中抽出一些声音来。为什么用"声音"做书名,就是我一打开信,就感到各种各样的声音扑面而来,每次拆信,都觉得喧哗。

解放周末:从喧哗的声音中抽取有代表性的声音,从上万封信中选择一百多封信,这不是一件容易的事。

敬一丹:经过统计、抽样,从来信中选出了当时社会的一些热点问题,那时就有反腐败,还有教育、环境、贫困问题,等等。

这本书里有观众的来信,还有我读信的观感,具体算是什么文体,我也说不清。后来去新闻出版署给书登记的时候,他们问,这本书算哪一类啊?都说不清它应该算哪一类,因为从没有过这样的书。我当时感觉特别好,这不是说我创造了一种书的类型,而是觉得如果这本书能出来的话,它本身就是一种进步。你想啊,观众来信一般都在电视台内部看看就完了,哪能公开出版啊?后来我公公在家看到我的书稿,就跟我婆婆说,一丹要干什么啊,这事要是在1957年,那就是右派啊。

我听到那么多来自底层的声音，所以看任何事情，无论有多少显赫、光鲜，都会想到，这个社会还有角落，还有阴影呢

沉重的声音，让敬一丹总是轻松不起来，可她依然情不自禁地倾听沉重。在她看来，一个女人如果没有善良和悲悯，就丧失了作为女性最基本的素质。悲天悯人的情怀是她天然的印记，社会责任感于她而言，更成为了一种无需调动的自觉反应。

解放周末：《声音》出版的时候，正好赶上一股"主持人出书热"，有的人出书是为表达自己的声音，而您在书里表达的更多的是底层人群的声音，里面有含冤负屈者的呼救声，有穷愁困顿者的求援声，有苦闷抑郁者的呻吟声。您为什么甘当弱势群体的传声筒？

敬一丹：这本书和所谓的个人出书，是不一样的，我也不把它看成是我个人的书。观众的声音，就是我最想发出的声音，也是我对他们的一种交代，我还能给人家帮什么忙啊？媒体的责任之一，就是为那些没有诉求渠道的人提供通道，所以我特别想传达这些人的声音，而且也特别愿意被他们利用，让他们利用我的传播便利。

解放周末：书出版了，有了交代了，内心是不是不那么沉重了？

敬一丹：很多人看完这本书后都感到震撼，我也自以为给了观众一个交代，但后来收到了一位来自农村的大学生的信，他让我又沉重起来。他在信中说："敬大姐，我看了您的书，您所听到的声音，只是您能听到的，而我的乡亲们已经被生活的重负压得只剩下呻吟了。"

解放周末：这是一种提醒，还有不少人的声音微弱得常常听不见。

敬一丹：他的信让我刚刚轻松了一下的心又紧张起来，我意识到这种沉重并没有结束。除非我不选择，只要我选择了作为记者的使命感、责任感，只要我还在《焦点访谈》工作，当我享受这个职业带给我的那种酣畅淋漓的感觉时，就要继续承受沉重，就要继续挑起沉重的托付。

解放周末："长太息以掩涕兮，哀民生之多艰"，倾听底层的声音，往往意味着分担痛苦。苦难声音的累积，会不会让您感到疲惫和愁苦？

敬一丹：我身上一直有一种沉重的感觉，也许是我成长的经历，让我始终没有一种纯粹的轻松感。人都说十三四岁的经历对一个人的一生是非常重要的，我在那个年纪，正好遇上"文革"，身上就打上了沉重的烙印。《焦点访谈》这个节目，让我听到那么多来自社会底层的声音，使我内心有了一种参照，所以看任何事情，无论有多少显赫、光鲜，都会非常自然地想到，这个社会还有角落，还有阴影呢。

记者的一种责任就是要把底层人群的声音放大，这是应有的良知和良心

敬一丹偏爱"声音"这个词，她想听到更多，她想传播更多。2003年，她提议创办了一个新的电视栏目，名字还叫《声音》，她希望能"七嘴八舌地反映中国不同阶层、不同地方的人们的状态"。如果说《声音》这本书的出版，只是一种朴素的交代，那么《声音》栏目的推出，则散发着她对于"声音"理性思考的光芒。

解放周末：您主持《焦点访谈》是响应号召，而主持《声音》，

则是出于主动，这是不是标志着您对"声音"的思考已经从自发转为自觉？

敬一丹：我是在当上全国政协委员后，开辟了这个栏目。当时有一种意识，就是希望在节目中传达政协会议上的有价值的声音。"两会"上的提案和议案就像一座富矿，有很大的挖掘潜力，而媒体报道却是倾盆大雨式的传播，"两会"结束后，就难以听到、看到了。对于那些有价值的声音，观众真的消化了吗，吸收了吗，有效到达了吗？因此，我想办一个长流水式的节目，使多年来的一种自发倾向，进入到一种自觉的状态。

解放周末：在这个栏目里，您想要传递的是一种什么样的声音？

敬一丹：当时要给节目拟定一条宣传语，我想到了这样一种表达：放大弱者的声音，传播智者的声音。

解放周末：这两种声音恰恰是当下一些媒体最为缺少的。

敬一丹：现在的媒体看上去很热闹，但听一听传达的有多少是弱者的声音，又有多少是智者的声音呢？这两种声音缺少其中任何一个，都是媒体社会责任的缺失。有些媒体，让人看着就觉得气愤，小道消息、假大空的新闻满天飞。夸大、胡吹、捕风捉影、无中生有，把手中的笔作为讨好个别人的工具，这是知识分子应该做的事吗？知识分子起码应该有一种判断力，能判断什么是有传播价值的声音。假如媒体不能真正传播智者的声音，那么这个民族就少了智慧的力量。

解放周末：比起智者，弱者更缺少表达声音的渠道。

敬一丹：所以媒体还要放大弱者的声音。记者的一种责任，就是要把底层人群的声音放大，这是应有的良知和良心。弱者的声音太容易被忽略了。想到那位大学生给我的来信，那些只剩下呻吟的乡亲们幸好还有一个这样的孩子，他有表达的能力和渠道，但是还有多少人是没有任何表达渠道的啊。如果一个社会长时间忽视这种现象的话,就不是一个和谐的社会;如果没有"议论风生"的基础,我们的社会也称不上是一个和谐的社会。而在如今社会那么多、那么嘈杂的声音中,传播智者的声音、放大弱者的声音,媒体责无旁贷。

记者要把目光投向角落,投向容易被人忽略的地方。遥望社会,是知识分子应该永远保持的责任心

谈到不同人之间的隔膜,敬一丹讲起了电影《通天塔》。"通天塔"出自《圣经》,是指人类为了见到上帝,准备建造一座通天塔,上帝为了阻止人类,混乱了他们的语言,造成思想无法统一,文化产生差异,分歧、猜忌等问题接踵而来。于是,这座塔便成了一个泡影。在敬一丹看来,在现实生活中,由于地域、文化和心理的差异逐渐增大,人与人之间的沟通障碍也随之增加。而这时,记者需要做的是促进沟通,而不是增加隔阂。

解放周末:放大弱者的声音,光靠一个敬一丹是不够的。您认为媒体应该起到什么样的作用?

敬一丹:做一点,是一点。有时候我们可能会想,努力去做就会有很大推进吗?也许未必,所以我从不奢望能有立竿见影的改变。我们发出的那些声音,能起多少作用,就起多少作用。我不高估媒体的作用,但是也绝不放弃。比如留守儿童的问题,我不指望做一期节目就能改变他们的生活境遇,解决他们的所有问题。但我希望,看过这期节目的人,以后再见到这些孩子的时候,能够停下来,好好地看看他们。让这些孩子能进入人们的视线,引起人们的关注,从而形成一种社会舆论。

解放周末:唤起人们的悲悯情怀。

敬一丹:对。我想这多多少少能改变一些漠视,改变一些无视。我一直有这样一种想法,其实在这个社会里,谁和谁都有关系，你怎么能觉得一位农民工就和你没有关系呢？如果公众长期对一个群体投以漠视、无视、歧视的目光，这里面就有媒体的责任。媒体如果没有自觉去做一种沟通的话，那么这种隔阂将会加深。

解放周末：甚至埋下恶的种子。

敬一丹：所以，首先要让大家知晓，知晓，才能关注，然后才能让这种隔阂少一点，让和谐的因素多一点。我第一次感受到不同人之间的隔膜，还是在十多年前做经济节目的时候，我在节目中说，中国的贫困人口有八千万，这个节目播出后，很多人不相信，表示震惊。那时候好像是1993年，我想，为什么大家会震惊？就是因为媒体传播得太少。我对亲戚家的孩子说，我在大别山看到那里的孩子中午吃饭，一个班里没一个孩子是有菜的，他们也没见过文具盒，都是拿牙膏盒装铅笔。城里的孩子都说不可能，不相信。我想，连我身边的人都不知晓，而不知晓，你就不可能让他们乐为贫困群体做好事。

解放周末：不知晓，是一个危险的信号。我们的媒体是否该对此有所反思？

敬一丹：从那时起我意识到，应该让公众知道，在离我们并不遥远的地方，有一群人还处于另外一种生活状态。这是媒体的责任。媒体是干什么的？难道就是凑热闹的？凑热闹是一些人天生的心态，但作为记者，应该提醒自己，要把目光投向角落，投向容易被人忽略的地方，要做更有价值的传播。

解放周末：如果只盯着"热闹"，眼睛贴在"热闹"上，必然会使视角变窄、视野变小。

敬一丹：是的，我们的目光如果没有一种遥望的本领，就会感到缺少一种力量。遥望社会，是知识分子应该永远保持的责任心。所以我经常提醒自己，能不能看得远些，再远些，让我们的职业有一种遥望的感觉，使得公众在评价记者这个群体的时候,觉得这是一群真正的知识分子。

对于我们记者来说,孤陋寡闻是什么?不是你不知道美国,而是你不知道一位中国农民的生活状态。作为中国的记者,了解中国很重要,不了解中国很丢人!

在一些年轻人看来,不懂网络是孤陋寡闻,不知道美国也是孤陋寡闻。但在敬一丹眼里,却有另外一种更为可怕的孤陋寡闻,"很多人对自己的民族从哪里来没有了解,对多数中国人的生活状态没有了解,对生活在角落里的人更不了解。相比来说,这种孤陋寡闻更丢人"。

解放周末:现在有这样一种倾向,一些媒体人和文化人的眼睛,只向上看,不向下看;只向外看,不向里看。

敬一丹:对于我们记者来说,孤陋寡闻是什么?不是你不知道美国,而是你不知道一位中国农民的生活状态,不知道处于底层人群为生活要付出的代价有多大。记者了解中国很重要,不了解中国很丢人!

前些时候,我去兰州大学讲课。兰州大学距离兰州市区50公里,距离定西也是50公里。一边是大城市,一边就是中国最贫困的地区之一。我给那里新闻系的学生讲课,我说,你们走出学校时总是习惯朝城市的方向走,有没有朝另一个方向走过?50公里是看得见的距离,但却是天与地的差别。我向兰州大学表达了一个愿望,把其中一次课移到定西去讲。有人问我,为什么一定要去那里?我说,就是内心想去中国最贫困的地区看看,如果不去的话,我觉得自己内心的参照系里就少了一个重要指标。

我认为,在中国当记者,如果对贫困、偏远地区的状况缺乏了解，那是不称职的。就像我和兰州大学的学生说的，作为西部的学子，你不了解美国不丢人，但你不了解定西很丢人。

解放周末：内心建立起的这样一种参照系，对于新闻工作者传播立场的选择，是不是也是至关重要的？

敬一丹：有了这种参照，说话的时候就会很自然地站在绝大多数人的立场上，而不是少数人的。比如在节目里，在表达的时候我会注意一些细节，经常在一个字、一个说法上琢磨很久。我主持时还有一些忌语，像"我们要""必须""应该"，等等，这些词我尽量不用，因为那不是媒体的语言，而是居高临下的宣告，姿态不对。我也很少用祈使句。但我从媒体上常听到、看到这样的话，"仅仅花多少万……就能怎么怎么样"，什么叫"仅仅"呢，这是站在老百姓的立场上吗？这种话是伤人的。

作为媒体人，至少要睁着眼睛，不能看不见或者假装看不见

"世界上是无所谓有角落的，地球是圆的，不应该有什么地方成为角落，不应该有什么人被遗忘，他们的生活状态应该为人们所知。"在敬一丹心里，选择记者这个职业，就理当有一种文化自觉，自觉地知道该关注什么，该放弃什么，该坚持什么。

解放周末：现在的媒介生态并不令人乐观，恶搞、选秀与炒作充斥于荧屏、版面和网站，甚至一些社会新闻、政治新闻也被娱乐化。您怎么看这种泛娱乐化倾向？

敬一丹：有些软性的新闻，可以娱乐，但是说正经事的时候，还是要好好说。我觉得是不是有些媒体的判断出了问题，在价值判断上出现了偏差，他们报道的真的是老百姓喜欢的东西吗？收视率、发行量真的就能体现出价值吗？

解放周末：事实是，那些无聊的"狂欢"越来越多，越来越被追捧。

敬一丹：我对过于热闹的东西总有一种天然的排斥。看到那些庸俗、无聊的东西，我常想，那些不也出于识文断字的知识分子之手吗？老师教他们认识字的时候，不是让他们糟蹋文字的。

如今，让人追捧成了一些媒体的至高追求。对此，媒体人是不是应该反省？让人追捧是一种境界，让人尊重是另一种境界。吸引眼球，并不难。但要让人尊重，不是那么简单的。媒体应该有长远的追求，用理性作根基，用有价值的传播作支撑，这样才能有生命力，才能真正影响人的心灵。

有些媒体让人尊重，他们图的不是一时的热闹，而是长久的价值。比如小崔做大型公益活动《我的长征》，我的一位同行知道我去参加这个活动后，他发短信给我说，"在一片喧闹中，你们还在做着有'品'的事，让人敬佩。"

解放周末：您曾说《焦点访谈》是让社会保持痛感的，但是在狂欢原则和零痛苦原则不断被一些媒体奉行的当下，如何使人们重拾痛感？

敬一丹：我们的社会不能麻木到连痛感都没有。作为媒体人，至少要睁着眼睛，不能看不见或者假装看不见。《焦点访谈》的标识就是一只眼睛，这只眼睛已经存在 13 年了，在这 13 年里，如果这只眼睛的焦距虚了，或是睁一会儿闭一会儿，那就没有尽到自己的责任。

解放周末：更可怕的是"瞎眼睛"。

敬一丹：不能假装看不见，哪怕有些事情现在没办法解决，但不能不去看。如果社会丧失了这只眼睛，那么将缺少一种约束。人为什么会对自己有约束，就是因为总觉得有人在看着你。不是都让你高兴、舒服、狂欢的眼睛，但有了它的注视，人就会变得有规矩。社会也一样。

解放周末：社会的文明进步，需要理智的眼睛、清醒的眼睛。

敬一丹：同样是约束的眼睛。有些职业是让人轻松、快乐，甚至麻痹的，有些职业就是让人不痛快的。我所从事的就是让人不痛快的工作，就是要挑毛病。有社会责任感的媒体给人带来的不是轻松，但从长远来说，它将赢得人们的尊重。

（原载《解放日报》2007年4月13日第17、18版　记者尹欣、陈俊珺采写）

守候岁月的本真

专访章含之,从上海福寿园,到北京史家胡同,她与记者两度倾谈。

关于她的传奇人生,是事先已"预习"过的——

著名民主人士章士钊的养女,28岁时"客串"毛泽东的"英语老师",之后又同丈夫乔冠华一起,活跃于中国外交舞台上。

她曾见证那些不可复制的历史瞬间,她曾亲历那些风云际会的动人场面,时代的潮汐中她也曾领受过命运的起伏。

然而,眼前的章含之竟如此不染风云,优雅的白发滤去岁月尘埃,娴静的微笑流露宁和心境。

跨越了历史风尘,褪去了夺目光彩,章含之72个春秋的生命本色,淡淡铺陈开来:"人活一世,不为名利,对情感的真诚,才是人生最宝贵的财富。"

人生,不仅仅为着经历最绚烂、最风光的时刻,体悟世间那一个至真至纯至性的"情"字,恰是岁月本真。

她每年都会在这个专属位置与"乔冠华"合影。看着他们双双笑得烂漫，感觉他们从来不曾分离，从来都是在一起的

清明扫墓的高峰已过，福寿园里静谧了许多。

在这座位于上海青浦的陵园中，章含之的父亲章士钊和丈夫乔冠华安葬于一条小河的两岸。

绿意盎然中，一身红装的章含之来了。

那天下午，年逾古稀的她从北京赶来上海，专程到福寿园扫墓。

捧一束黄白相间的菊花，章含之向着父亲的塑像，深深鞠躬行礼，微风轻抚她满头银发。"父亲"傲立于一棵枝叶扶疏、沧桑却典雅的老梧桐树旁，那么亲切又有些孤独。章士钊青年时取笔名"青桐"，中年改为"秋桐"，晚年则为"孤桐"，这一造型，正取自"孤桐"之意。当年塑像完成，章含之从北京赶到时已是深夜，工作人员为她打开照明灯，她顿时泪流满面："太像了！这就是我爸爸。"

又到小河彼岸。凝视着丈夫乔冠华的铜像，章含之有刹那的出神，似乎忘了身边还有一群人陪同。悠悠地，她说了一句："真好！"这一刻，仿佛老乔真的坐在她对面，也出神地凝视着她。

眼前的"乔冠华"，带着举世闻名的"乔的笑"，舒展地坐在一张藤椅里，发丝、眼镜、衣角，细节之处都清晰可辨，形神毕肖。四周围绕着"乔冠华"的桂花、翠竹、垂柳，正是他生前最爱的花木。

给丈夫献上一篮香槟色的玫瑰后，章含之绕到铜像背面，站在了铜像的右后方。她伸出左臂，轻轻搭在"乔冠华"的肩膀上，身子微微向前倾，把脸凑到"乔冠华"脸旁，纯真而快乐地笑起来。陵园工作人员赶紧拍下这张章含之与"乔冠华"一同朗笑的合影。每年一张,大家都懂了那其中的心意。

"这可是我的'专属位置'!老乔铜像的背后有一级台阶,被我发现了。巧了,我站上去,刚好能舒服地搭住他。"章含之快活地向记者解释着这个"小秘密"。

铜像落成后,她每年都会在这个专属位置与"乔冠华"合影。看着他们双双笑得烂漫,感觉他们从来不曾分离,从来都是在一起的。而那些与老乔共度的岁月,也一直"活"在章含之的今天。说着说着,一直带着温婉笑容的章含之突然停住了,她的眼圈红了。

亲历中美破冰之旅,见证"改变世界的七日",章含之外交生涯中浓墨重彩的这一笔,至今鲜亮

北京,春光明媚的清晨,我们如约前往章含之位于史家胡同的家,叩开了那扇厚厚的朱漆大门。

上世纪60年代,因为得知章士钊一家自举家搬迁至北京后,一直借住在朱启钤老先生家,周恩来总理立即命国务院相关部门拨了这座四合院给章士钊。在这道大红门里,章含之一住就是40多年。

在前院的秘书办公室里等候的片刻,一叠黑白老照片吸引了我们的视线。"尼克松访华""在联合国""与各国元首在一起""与国家领导人"……照片被分门别类存放,或清晰或模糊,瞬息风华,凝于其上。

翻看这一张张珍贵的历史照片,章含之人生最为华彩的乐章呈现眼前。

在上世纪70年代,因为时常担任重要外事活动的翻译,章含之的身影不断出现在新闻短片中,简直成了家喻户晓的新闻人物。

1971年,由毛泽东亲自决定,被他称为"我的章老师"的章含之,被调到外交部工作,结束了在北京外语学院的14年教师

生涯。而那时的中国外交，正开始经历一个在世界外交史上留下永恒的光辉足迹的时代。

是年 7 月，一件撼动世界的事件发生了——时任美国总统国家安全事务助理的基辛格秘密访华，翻开了中美关系的崭新一页，世界的大国格局因此而改变。这年 10 月初，当基辛格为准备尼克松访华事宜而第二次来华正式公开访问时，章含之从亚洲司被借调到接待组任翻译。

亲历中美破冰之旅，见证"改变世界的七日"，章含之外交生涯中浓墨重彩的这一笔，至今鲜亮。

原本，她在接待尼克松一行访问中的任务，只是陪同尼克松夫人参观故宫、长城、养猪场、北京饭店厨房等处，是最为轻松的工作。谁知，才轻松了两三天，尼克松突然向周恩来总理提出，要跟自己的夫人换翻译，理由是周总理的翻译是位女士（唐闻生），而给他派的翻译冀朝铸却是一位与他一样高大的男士，他的搭配形象不如周总理的。总理听后哈哈一笑，让两位翻译自己商量。

冀朝铸找到章含之。由于冀朝铸的英语更胜一筹，而初入外交行当的章含之经验不足，"一见闪光灯就犯晕"，她一再推辞。最后，好说歹说，章含之接受了"调解方案"，要面对上千主宾和四百余记者的尼克松答谢宴会致辞的翻译仍旧由冀朝铸上，离开北京后，杭州、上海之行由章含之任翻译。

到了杭州，当章含之第一次站到众多美国媒体面前为尼克松总统翻译时，她并未怯场，优雅得体的表现甚至为许多美国民众所深刻记忆。

看似波澜不惊的游览中，周恩来与尼克松都在焦急等待着各自的谈判代表乔冠华与基辛格的消息。关于上海公报的谈判，经历了始料未及的波折，美国白宫与美国国务院的矛盾差点使得公报夭折。当公报已经毛泽东批准，周恩来、尼克松一行已到达杭州之后,国务卿罗杰斯等美国国务院官员要求对公报做实质性修改,情况变得十分紧急。毛泽东指示,除台湾问题外,其他问题可以有改动余地。于是,杭州之行又变成了异常艰苦的谈判。

2月27日,公报发布当天的凌晨4点,双方终于重新达成一致。而当章含之清晨接罗杰斯一行人去机场,准备由杭州飞上海时,拿着公报草案吵吵嚷嚷的美国国务院官员让她感觉情况不妙。趁空隙时间,章含之将所见告知了周恩来。周恩来当即决定,抵达上海锦江南楼后,亲自去拜访罗杰斯,由章含之随同翻译。总理这次不约而至的友好造访,让罗杰斯感受到了尊重与诚意,并最终缓解了美方内部在中美公报上的尖锐矛盾。当天下午,公报终得顺利宣布。

"公报发布了,一放松就出了洋相。"章含之笑着回忆,"尼克松当时说中美之间距离很近,才1.7万英里。翻成英语应该是17个千,我一糊涂,给说成1700英里。唯一听出来的是周总理。他就在那儿笑,抬头跟我说,没这么近吧,才1700呀?我说'啊',脸一下子就红了。"

二十多年,章含之从黑发走到了白发。有人问她后悔吗,她只淡淡作答:爱,是不可以说后悔的

七天的行程,短暂而紧张。在杭州宴会上,尼克松总统称赞章含之为"我见过的最好的翻译"。章含之听了直乐,心想自己讲的是中文,他怎么知道自己翻译是否准确,看来这位总统是成心想夸人。

不过,尼克松的"假话"影响还真不小。大半年后的1972年9月,章含之出席联合国大会,一次在联合国总部的小卖部买东西,服务员一看到她就热情地迎上来:"哎呀,我们知道你,你做过我们总统的翻译,我们总统说你翻译得非常好!"

这位出色的翻译，身影时时出现在重大外交事务的现场。1971年，她见证了中国重返联合国的历史性时刻。1973年至1975年，她是中国出席联合国大会的副代表之一。与此同时，她还参加了中国同新加坡、泰国、菲律宾等东南亚国家建立外交关系的会谈。在那段风光无限的岁月里，她总是站在毛泽东、周恩来、邓小平的身边，与一位又一位外国政要相对。在一次次风云际会中，除了万众的瞩目，她也收获了宝贵的情谊。1989年，刚刚就任美国总统不久，老布什就向已经淡出外交舞台的章含之发出邀约，他想再见一见这位昔日在联合国共事过的老朋友，请她到白宫做客。大约一年后，章含之携女儿拜访了老布什总统，他与夫人芭芭拉的热情款待令她备感温暖。

曾经，章含之也有过使自己的事业更辉煌的机遇。

"当年，毛主席点名要您去加拿大当中国的第一位女大使，您选择了留在乔冠华身边，守护你们的爱情。犹豫过，后悔过吗？"我们询问。

"没有选择，没有犹豫，根本不需要作什么选择。"回答竟如此简短。

她真是一个性情中人。当乔冠华一脸忧愁地告诉她这个消息时，恋爱中的她连想都不想就脱口而出，"没事的，我去跟主席说。"

她留下来了，留下来与乔冠华结婚，留下来被种种非议包围，留下来陪老乔走过了人生的最后十年。

乔冠华和她是一样的人，一生守着一个情字。临终前一天的下午，是乔冠华最后异常清醒的一段时间，许多朋友知道他病危纷纷来看望。当习仲勋代表党中央走进病房时，乔冠华微笑着说："谢谢你来看我。"

习仲勋离开时，夏衍拄着拐杖急匆匆赶来。乔冠华拉住夏衍的手说："两次，1958年，我就说过'留取丹心照汗青'。1968

年,你进去了。我没有更多要说,还是这两句话'人生自古谁无死,留取丹心照汗青'。"就是这段完整的话,成了乔冠华留在人间最后的遗言。

如今,在青浦的福寿园里,乔冠华的墓上正镌刻着这两句他生前最挚爱的诗句。

章含之觉得,乔冠华身上还有一种精神是值得人们学习的,他对很多问题进行了反思。有一次,老乔语重心长地对她说:"人在有权有势的时候,往往会忽略很多真情。我在权力的高峰的时候,怠慢了我的老朋友。在我失意的时候,这些老朋友却回到我的身边。"在乔冠华生命的最后阶段,他格外珍惜这些老朋友的友谊。当史家胡同车水马龙、高官如云的时候,章含之没有在院子里看到过这些朋友的身影。但是在他们的家门可罗雀时,这些旧日的朋友们都回到了他的身边。对朋友的这份真情,乔冠华的感触是很深的。

"为了人间的真情,我们付出的太多了!"章含之哽咽了,在泪水滑落前,她悄悄拭去。

片刻的宁静,带给人更深沉的思念。乔冠华弥留之夜,正是1983年的中秋,章含之想再喂他一口月饼,他却挣扎着要说话:"你……我……十年……"含混不清的嗓音,忙乱的比画,可章含之懂了:"你和我,十年了,苦了你。我要说的话你都明白。"听着这话,一生坚强乐观的乔冠华,滴落人生最后的一颗泪珠……

而章含之却强忍住了眼泪,给了老乔最后的承诺:"你想说的一切我都明白。你没做完的事,我会替你做完,你没说完的话,我会替你说完。"

为了这一句承诺,章含之走了整整二十多年。二十多年,一个真实的乔冠华已被世人了解,章含之为此欣慰,决定不再"锦上添花"地说老乔。二十多年,章含之从黑发走到了白发,她本可以远走异国他乡,但她还是留下来了。她总是想,如果老乔知道，他会怎么想？明明乔冠华已经不在了，可她这一路就如同是和他一起走来。

有人问她后悔吗，她只淡淡作答：爱，是不可以说后悔的。

"这一天，我在心里对自己说，我就是章家的女儿。"章含之至今庆幸自己曾与父亲有过这么一次倾心的交谈

"现在想来，如果有一天我也作古了，我宁可去陪我父亲。"从乔冠华的光环中主动淡出后，章含之觉得是时候该为父亲做些事情了。

她与父亲章士钊，似乎一生都没有太亲近过。童年时，父亲大部分时间在外奔忙，是威严而遥远的；年轻时，思想革命的她把父亲当成造反的对象，甚至要和这个家庭"划清界限"；直到"文革"经历了重重磨难后，两代人之间的矛盾才逐渐缓和。

1972年，已91岁高龄的章士钊重病住院。这天，章含之刚刚结束接待尼克松访华的任务，匆忙赶去看望父亲。推门而入，猛地看到在病床上半坐半卧的孤独的老父亲，心头涌上一阵难忍的心酸和歉意。那时父亲已腿脚不便，行动要靠轮椅了，耳朵也聋得厉害，但头脑依然异常清晰。见了载誉归来的女儿，章士钊格外兴奋，拉着她问了许多问题。章含之就附在父亲耳边大声和他谈，喊累了就笔谈，父亲说女儿写。这样吃力地谈着，父女俩却都十分高兴。

吃过晚饭，章含之准备回家时，章士钊又拉住了女儿，动情地说："你能到今天，我没为你做过什么事，我觉得对不住你。我没有想到你自己奋斗出来了……我到这样的年纪，看到章家门里能出你这样的人才，也觉得安慰了。将来，你大哥和眉妹还要你照应一些。"说着，老人的眼里突然闪起泪光。

章含之第一次见到父亲动情，父女俩之间第一次这样开诚的谈话，竟让她有些不知所措了。她只能轻抚着父亲干瘦的手背，要他放心。"这一天，我在心里对自己说，我就是章家的女儿。"章含之至今庆幸自己曾与父亲有过这么一次倾心的交谈。

在举家迁往北京后，章士钊曾希望能多和女儿交流，提议每天教章含之一首古诗或一篇古文，可没学上几天，章含之就嫌烦了。

"后来当了翻译，才觉得自己中国文化的底子远远不够。"有一次给周恩来做翻译，说到"越俎代庖"，章含之却翻不出来，周总理发现了，说："章行老是大学问家，怎么他的女儿连'越俎代庖'都不知道！"尼克松访华临别前，周恩来送给美国客人的书籍中就有一套章士钊所著的《柳文指要》。

说起这件"糗事"，章含之羞愧难当。"父亲那么有学问，可我却没有继承他宝贵的学识，说起来真是惭愧。"如今，古稀之年的章含之常常翻看父亲的著作、文稿，"若能藉此走进父亲的心灵深处，再迟，都是值得的"。

眼前的章含之，宁静而宽和地守望着安身的家、安心的家，守候岁月的本真，守护人生中最真挚的情谊

已是午时，章含之热情地邀我们在她家的"人民公社"一起午餐。称作"人民公社"，是因为她总是和工作人员一起吃"大锅饭"。饭后，章含之领着我们参观她的四合院。

周正的院子，围出一方都市难得的宁静。榕树的花刚刚谢了，紫藤就爬了满架，花香溢满整个院子。跨院里的柿子树，正吐着新绿。

"女儿在家的时间很少,到了晚上,那么大一个四合院,除了司机老张在前院看门,大部分时候就我一个人住。到了秋天,晚上冷不丁就能听到'啪'的一声,柿子熟透落地了。胆小的人,还真住不了这个大宅院。"说起大红门里的家,她就像在说一位熟稔的老朋友。

凝望着院子中那棵最老的海棠树,章含之显得那样平静:"尼克松访华的合影上,站在第一排的人,除了基辛格,都已经不在了。一个时代已经过去了。"时间的流逝,带走了一些生命,带走了章含之头上的光环,也带走了她曾经深深的激愤。

带着这释然的心境,她把对乔冠华的爱悄然深藏,她把对父亲的情一点点铺展。

风云远离,繁华落去,生命的底色原是那样朴实无华。如今,章含之宁静而宽和地守望着安身的家、安心的家,守候岁月的本真,守护人生中最真挚的情谊。

回到敞亮的客厅,环顾四周,真是中西合璧。坐着的是绿色西式沙发,对面东墙立着一橱《二十四史》,沙发边还有西式的铁艺小推车。章含之笑言:"这些年来,摆设一直在变。父亲在时,古老的沙发,古旧的多宝阁,满墙字画;乔冠华搬进来,带了缅甸使馆替换的绿尼龙绒面沙发进来;女儿从美国回来,又全称了她的心。这四合院的布置,经历了三代人,可唯独跳过了我。"

而到这会儿,章含之也终于有时间"做自己"了。为了挑战自己,她正在写一本英语自传,这还是她第一次尝试用英语写作。"这么多年都在写别人,写父亲,写乔冠华……现在是时候认真地写写我自己了。"

(原载《解放日报》2007 年 5 月 11 日第 17 版　记者黄玮、吕林荫采写)

文化品质是媒体的灵魂
——对话凤凰卫视董事局主席刘长乐

北京,钓鱼台国宾馆15号楼。

这里是凤凰卫视的北京总部,采访就安排在刘长乐办公室外的会议室。

我们刚刚坐定,手执折扇的刘长乐便从里屋走了出来。将近1.90米的个头,身穿绣有凤凰卫视台标的白色T恤,慈眉善目,笑容和蔼。看到我们拿出为访谈而准备的厚厚一摞"功课",刘长乐连连说:"对不起,对不起!害人,害人!"

访谈中,刘长乐不时地抹着白花油提神。秘书告诉我们,工作繁忙的他一天只能睡三四个小时。

采访原定一个小时,眼看时间快到了,秘书几次提醒他还有别的工作安排,他却大手一挥:"没关系,继续谈下去,我喜欢这样的对话!"

访谈进行了两个多小时,窗外布谷鸟鸣声声。

回 归 心 情

●凤凰卫视的血管里流淌着的是中华民族的文化血脉,而打上的是香港的地缘烙印。

●香港回归的十年,"凤凰"不仅是受益者,而且是见证人。

解放周末:再过两天就是香港回归十周年的大喜日子了,"凤凰"是在香港展翅起飞的,香港对"凤凰"意味着什么?

刘长乐:香港是"凤凰"的诞生地,或者说是"产地"。凤凰卫视的血管里流淌着的是中华民族的文化血脉,而打上的是香港的地缘烙印。"产于香港",我们为之自豪。

解放周末:这个特殊的"产地",是否也给凤凰卫视带来很多成长的优势?

刘长乐:是的。在香港做传媒,有着得天独厚的条件。香港资讯非常发达,这使我们有了非常好的成长、发育的基础;香港良好的金融市场环境,给了我们一个能够把文化理念和市场运作机制有效结合的先决条件;香港又是一个国际型华语人才荟萃的人才库,这就使得"凤凰"的发展有了一个非常好的人才基础,"凤凰"也因此得以坚持自己国际化的视野。

更重要的是,对于香港回归的十年,"凤凰"不仅是受益者,而且是见证人。

解放周末:媒体的感受肯定更敏感、更深切。

刘长乐:不仅凤凰卫视感受到了,一些境外媒体也感受到了。前不久,美国《时代》周刊做了一个长达 25 页的关于香港的专题,它是站出来为它的姊妹刊《财富》道歉的。因为在 1995 年,《财富》曾做过一篇名为《香港之死》的报道,预言回归将令香港死亡。12 年后,由更具有品牌价值和权威性的《时代》周刊站出来,正式地向全世界、向中国、向香港道歉。《时代》周刊的这组报道,篇幅之长、立意之正面,连我都刮目相看,美国人可少有这么表扬别人的。这个例子再加上"凤凰"这些年的稳步发展,足以说明回归给香港人民带来的福祉。

解放周末:香港回归的十年,"凤凰"对香港又意味着什么?

刘长乐:在过去这十年历程中,"凤凰"也为香港的发展做了一些事。比如,凤凰卫视是香港回归十年历程的"见证人"。说到"见证人",就不能不提起"九七"香港回归时,凤凰卫视推出了大型直播节目《60小时播不停》。这是"凤凰人"用赤子之情,详细记录香港回归前后的60个小时。这60个小时被很多人称为中国电视界的佳作。

解放周末:香港回归十周年之际,凤凰卫视又将拿什么特别的策划来表达情怀呢?

刘长乐:回归十年,重大的事件并不是一两天能够表现尽然的。我们采取了一种比较有厚度的方法,我们已经推出了《非常十年》的大型节目,专访了两位特首——董建华先生和曾荫权先生,还专访了几位中央有关部门的领导;在庆贺回归十周年的前夕,我们将推出为时36个小时的大型直播节目。

另外还有两个重要的直播节目。一个是7月1日上午的回归庆典,一个是6月30日的庆祝晚会。庆祝晚会由凤凰卫视和香港无线电视台(TVB)两家一起举办,将是香港有史以来最经典、最壮观的一台晚会。TVB是一家有着几十年台龄的老地方台,而凤凰卫视还很年轻,由我们和他们联合主办,这说明,回归十年,我们不仅得到了全世界华人的认可,也得到了香港当地人的认同。

凤 凰 现 象

●一凤一凰,一阴一阳,是"和"的文化理念的生动体现,也标志着中西文化的和谐交融。

●如果要研究"凤凰现象",我们可以换一个角度——假如这十年没有"凤凰"会怎样？

解放周末：当年起名"凤凰"有着怎样的寓意？

刘长乐：其实当时也想过龙和麒麟，但是后来还是觉得用凤凰最好。因为凤凰蕴涵了很多精神，是我们共同认可的。

解放周末：比如说？

刘长乐：和。和是中华文化的核心理念之一。"和"的理念就体现在"凤凰"的台标上。你们注意到了吗？我们的凤凰和别的凤凰不一样，它是两只鸟。一凤一凰，一阴一阳的两个主体，像两团燃烧的火，极富动感地共容在一个圆内，既具直观性又有象征意义。

解放周末：阴阳结合，是否也寓意了"凤凰"代表着中西合作的产物？

刘长乐：从创办的角度讲，我代表"东"，默多克先生代表"西"。1994年，我到默多克先生控股的香港卫星电视，他当时已经是传媒界的大亨了，而我从来没见过他，我就捎话给他的人说要租卫星转发器，办环球华人卫视。他们很感兴趣。后来谈判进行了差不多50轮，比"巴以和谈"稍微少一点，才谈成合作。

解放周末：中西合作，更是中西文化的沟通和交融。

刘长乐：对。我们的"凤凰"既是中华文化的产物，又有西方文化的影子，是一对和谐互动的凤凰，它代表着中西文化的优势互补。正由于这样，在世界通行的英语媒体生存空间里，"凤凰"的出现引起了很多世界媒体和政治家的注意，因为"凤凰"是代表华人在思考，西方人也希望能够通过"凤凰"来了解中国、了解华人世界。

解放周末：但也有人认为，"凤凰"是生在香港的"土洋结合"，常常"里外不是人""两面不讨好"。

刘长乐：我把"凤凰"的这些特征归结为"四不像"，不像大陆的，又不像香港、台湾的；不像西方的，又不像东方的。东西南北都不像。

"凤凰"有许多西方文化的元素，比如我们用西方的电视包装手段宣传自己的栏目、主持人和记者。同时，"凤凰"又是中华文化的受益者，或者说是中华文化的传播者，在我们身上所体现出来的对中华文化的追求和坚守，又是自己看家的东西。

解放周末：不东不西，更是既东又西，将东西文化融会贯通。那么不南不北呢？

刘长乐：南北就是内地文化和港台文化的结合。内地文化有着深厚的文化底蕴，但也有很多不足。比如，内地文化里面的宣传味道、说教味道，内地文化里面的好为人师、居高临下跟你说话的感觉。而港台文化是比较通俗的文化，不是世俗，是通俗，完全是市场化的一种文化，带有非常典型的商业特色——通俗、商业化、市场化，但缺少文化底蕴。

在香港，就可以把八面来风都汇聚在这个港湾，然后让它们在这里共生，在这里荟萃，炒出这么一个"四不像"的大拼盘。

解放周末：听说很多人在北京买新房时都会问："你们这里能看到凤凰卫视吗？"不少大学生在发生重大国际事件时为了能看到凤凰卫视的直播或评论，还会合伙去宾馆里花钱开房。对于这样的"凤凰热"，在您创办凤凰卫视之初想到过吗？是意料之中，还是意料之外？

刘长乐："凤凰"应该成为中华文化的忠实传播者，成为传媒中高端文化的领跑人，我们一直有这样的理想。但是现在出现的这种"凤凰热"，说老实话，我当初也没有预料到。

解放周末：原国务院新闻办主任赵启正曾说过这样一句话：如果要研究"凤凰现象"，我们可以换一个角度——假如这十年没有"凤凰"会怎样？您对此怎么理解？

刘长乐：现在大家对"凤凰现象"的认可，或者说追捧，实际上表现出了一种文化取向，说明大家对文化的取向总体上是向善、向上、向美的。这一现象也说明我们现在是缺乏这些东西的。由于市场经济大潮的冲击，客观上使得国人在价值取向等方面出现了一些偏离、异化，这是完全可以理解的，但是如果没有人去对这样的异化进行修正，或者说给中国文化补遗的话，那就对不起后人了。

解放周末：余秋雨先生曾经说过，我们的富裕缺少文化准备。"凤凰现象"之所以会形成，最本质的原因是不是就在于如今的人们对文化有着强烈需求？

刘长乐：可以这样理解。或者换句话讲，就是它有市场，有非常好的受众群体，有未被填补的需求，人们好像患上了"文化饥渴症"。而为人们提供解渴的清流，给观众"补氧"，以文化滋养心灵，这正是"凤凰"一直努力在做的事情。

解放周末：影响力成就现象，在您看来，"凤凰"现在的影响力有多大？

刘长乐：我对"凤凰"提出过这样的要求：组织对重大事件的重大报道，创造有创造性的节目，影响有影响力的人，覆盖可以覆盖的地方。可以说，现在，"凤凰现象"已经不仅仅在内地有，在台湾、香港、澳门，在亚洲，在全球有华人的地方，凤凰卫视都有相当大的影响力，我们也始终在为"没有'凤凰'遗漏的角落"这个目标而努力。

逆风飞扬

● 中国的媒体应该成长，但更应该成熟起来。成长太快而不成熟，更危险。

● 你有没有文化坚守，有没有你自己的性格和品位，是你能不能成熟的一个非常重要的标志。不能成天人家变你也变，人家搞海选你也搞。

解放周末：在凤凰卫视建台之初，娱乐性比较强，甚至很多人以为"凤凰"是个娱乐台。从重娱乐到重新闻、重文化，这个转变是怎样发生的？

刘长乐：凤凰卫视最初的定位是一个城市青年台，对它的要求是：娱乐性、资讯性，以及不断增强的新闻性。但实际上，放在最末的"不断增强的新闻性"却为未来发展打下了伏笔。1997年初，邓小平先生去世，这毫无疑问是华人世界乃至全世界的一件大事，还有随后而来的"七一"香港回归，都让我们感到"凤凰"继续"娱乐"下去，不合时宜。

解放周末：转型是一帆风顺的吗？

刘长乐：当时遭遇到了来自新闻集团股东代表的反对。提出异议的戴格里是我的好朋友，他认为，世界电视趋势或者说电视市场化的趋势是娱乐、娱乐、再娱乐，为什么要走新闻这条路？在他看来，新闻这条路是行不通的。我跟他讲，你理解的是西方媒体市场的环境，但是在华语世界，新闻实际上到目前为止基本上70%的土地还没有开垦。后来我说服了他。

解放周末：改变定位的转型是有风险的，当时您作出转型的决策时，是基于理性的判断，还是一时的冲动？

刘长乐：我们所作的判断是出于对市场、对受众、对我们这个时代的了解。

在凤凰卫视资讯台诞生前,中国内地连一个真正意义上的24小时播放的新闻频道都没有。在当时,华语世界缺少具有全局性、权威性的专业新闻频道。而在资讯爆炸的时代,在一个迅速发展的社会里,没有电视新闻频道,那显然是不合情理的。

解放周末:无法满足人们急于了解世界、了解周围环境的需求。

刘长乐:人们对资讯是有强烈需求的。这个覆盖亚太、北美、欧洲、非洲100多个国家和地区的资讯台的开播,在某种意义上,表达了一种中国信心、中国眼光和中国气度。

解放周末:向世界发出了华人的声音。

刘长乐:默多克说:全球新闻,西方视点;而凤凰卫视正在做的就是:全球新闻,华人视点。想一想,如果我们没有自己的新闻频道,会带来怎样的问题?这个市场空白会被别人填补,比如我们会面临西方的主流新闻意识占据媒体市场。西方电视资讯占到整个世界电视新闻发稿量的75％以上,这种情况对我们来说,可能会更严峻。

解放周末:"凤凰"闪耀着理想主义光芒,但现实是充满挑战和风险的,"凤凰"当时面临的最大的风险是什么?

刘长乐:最大的风险来自于内地市场的开放程度到底有多大。凤凰卫视做了第一个吃螃蟹的人,我们也扎了手。凤凰卫视资讯台整整两年在内地没有落地,一年将近两千万美元的亏损背了两年。

解放周末:遭遇这样的危机,有没有怀疑、动摇、退缩?

刘长乐:没有,但是在董事会内部已经有压力了。当时董事会里有人问,我们是不是已经到了要关闭资讯台的时候了?

解放周末:但事实上是没有关闭,而是坚持下去了。

刘长乐:在资讯台迟迟不能落地的最艰难的时刻,有人鼓励我说,我们这一代媒体人必须坚持下去。很高兴,这一片赤诚之心最终得到了回报。在新闻思路方面,比如凤凰卫视对"9·11事件"的报道,也使得电视媒体发生了一次本质性的变化——从原来的官本位、媒体本位,逐渐向受众本位发生转变。

解放周末:冲破重重阻力逆风飞扬,再次说明"凤凰"的坚韧、睿智和前瞻。但放眼当今传媒界,泛娱乐化、低俗化倾向明显,为什么凤凰卫视放着身处香港娱乐资讯丰富的优势不利用,而坚持走"做新闻、做文化、做高端"这条道路呢?

刘长乐:文化坚守、资讯坚守,已经成为"凤凰"品牌的核心竞争力。"凤凰"之所以要走这样的路,一方面是因为我们看透了低俗化的杀伤力。如果走向另一个极端,把受众本位放大成完全依赖收视率、依赖市场机制,那么带来的问题就会是低俗化。而低俗化带来的消极影响,不亚于以前的鸦雀无声。

解放周末:甚至比"鸦雀无声"更有害。

刘长乐:是的。另一方面,我们的坚守瞄准的是这个时代的文化匮乏。我们看到的是在整个市场经济蓬勃发展的过程中,文化发展严重滞后,甚至有某种程度的沉沦。在这种情况下,"凤凰"就更应当有自己的文化坚守。

解放周末:也正因为有了这样的文化坚守,节目才会更有生命力。但现在,三天两头地改版成了一些电视媒体吸引受众的常规手段,有生命力的节目并不多见。

刘长乐:今天上午我们召开了凤凰卫视"奥运行动"的会议,我在讲话时再次强调,主流的节目我们要确保,三分之一的节目应该是传统的带有惯性的节目,千万不能朝令夕改,一天到晚地改版。

解放周末:有人说媒体有一种"多动症"。

刘长乐:实际上那是不成熟的表现。真正的文化精品,一定是需要积累的。比如美国著名的主持人拉瑞·金,他从23

岁做主持人到现在已经整整50年了,他如今在CNN做的那个节目也已经有二十多年历史了。还有刚刚被评为美国最知名人士(TOP1)的奥普瑞,她主持那档节目也有24年了。这些例子都说明,文化坚守是能经受住时间考验的。要耐得住寂寞,当然也要不断地更新。但这种更新,不是指节目名称的更新,不是主持人面孔的更新,也不是板块的更新,而是内涵的更新,是思想的更新,是媒体人风采的更新。

解放周末: 有时候变是永远的不变,不变也可以是永远的变。

刘长乐: 我认为,中国的媒体应该成长,但是更应该成熟起来。成长太快而不成熟,更危险。你有没有文化坚守,有没有你自己的性格和品位,是你能不能成熟的一个非常重要的标志。不能成天人家变你也变,人家搞海选你也搞。

解放周末: 有文化自觉才会坚守,而那种"多动症"恰恰暴露出内心的空洞。

刘长乐: 我感到,现在中国电视的发展进入了青春躁动期。青春期应该有激情,有对理想的狂热追求,但由于我们过早地进入了青春期,这些积极的东西反而表现得比较少,负面的躁动可能更多些。甚至有一种"嗑药现象",这种现象在文化的形态中间表现出来的就是一种相当大程度的扭曲、病态,这种情况在我国香港和台湾地区并不少见。比如前面我们谈到的泛娱乐化问题,其实现在某些地方连新闻都被搞得娱乐化了,这在台湾地区非常典型,台湾媒体的很多头条新闻连续三四天就是炒一件绯闻。

解放周末: 或者是"裸体"加"尸体"。

刘长乐: 我一直强调,"凤凰"是个公众传媒,它表现的必须是公众所共同关心的问题,不能因我们一时兴起而侵害公众利益。这是媒体人最基本的职业道德。有一种观点说越娱乐越有收视率,而我们将每晚8点这个"黄金档",由原来播电视剧集,改为播《凤凰大视野》。最初广告收益是减少了,但形势很快就转变了。这说明,我们的老百姓并不都是媚俗的,媒体应当有所为有所不为。

▲▲链接
当女友改名为玛丽时,你怎能送她一首《菩萨蛮》

两年前,中国京剧院在北京一些大学里演出《四进士》《将相和》等传统京剧时,打出了这样的广告:"同学们,吃惯了比萨饼、麦当劳,你们不妨也品味一下中国茶吧!""懂一点京剧,有一点中国文化底蕴,会让你们在和老外交谈、交往时多个话题,多些面子……"据称,"广告效应"相当良好。

京剧与中医、武术、国画并称为中国的"四大国粹",半个世纪前,它的名角、"头牌"在演出时,往往是万人空巷,一票难求,而今天却靠这样一则广告吸引学生,不免让人心头酸楚。

有专家认为,当今,在年轻一代中,流行这样一种文化心态——对本土传统文化弃之如敝屣,对带洋字的文化则趋之若鹜。难怪台湾诗人余光中痛惜地说:"当你的女友改名为玛丽时,你怎能送她一首《菩萨蛮》呢?"

——摘自刘长乐2006年8月在第四届亚洲传媒论坛上的发言《文化自信与创造性姿态》

文 化 自 觉

●文明复兴有两层概念,一个是中华文明本身的复兴,一个是复兴的过程。中国经济、文化复兴的过程和方式,必须是文明的,而不应该是不文明的。

●没有灵魂的媒体,就不会有力量。文化品质是媒体的灵魂,它体现在媒体传播的文化含量、文化积淀和文化表现力上。

解放周末:"凤凰"的坚守,让我们领略了它的文化品质。

刘长乐:没有灵魂的媒体,就不会有力量。文化品质是媒体的灵魂,它体现在媒体传播的文化含量、文化积淀和文化表现力上。

美国历史学家大卫·兰德斯说,如果经济发展给我们什么启示的话,那就是让我们认识到文化是举足轻重的。我们特别强调文明的复兴,因为中国经济的复兴已经到了一个让世界瞩目的阶段了,但是我们在文明上的一些陋习却根深蒂固。如果我们对这些问题不在意、不警惕的话,不仅会使中国的形象发生扭曲和错位,而且可能会影响到未来的可持续发展,带来更大的危险。

解放周末:就像最近披露的黑砖窑事件,非常耸人听闻,但是它就在现代社会里发生了。

刘长乐:如果我们对这些现象还熟视无睹、麻木不仁,那是非常恐怖的。作为媒体,我们要为中华文明的复兴尽力。文明复兴有两层概念,一个是中华文明本身的复兴,一个是复兴的过程。中国经济、文化复兴的过程和方式,必须是文明的,而不应该是不文明的。

解放周末:过程和方式的文明,现在的确是一个必须高度重视的问题。

刘长乐:在这方面,我们希望"凤凰"能起到一定的示范作用、教化作用。可能有人说这又回到了媒体本位,其实不是,这恰恰是由于受众给予我们的责任和期盼,才使得我们认识到肩上的担子是沉甸甸的。

解放周末:在文明复兴的过程中,有些方式并不文明,比如现在个别媒体出现的低俗化倾向。

刘长乐:我们过去做过一个节目《风范大国民》,目的就在于起文明示范作用。我们的民族正在复兴过程中,我们要怎样使民族不沉沦,持有文明的心态?《风范大国民》就是做这个事的。《文化大观园》《世纪大讲堂》也是做这个事的。节目可以通俗化,但我们不能让我们的国家、我们的民族走向低俗化。虽然这些节目的影响力还不够大,但是我们希望它们能够独树一帜。

解放周末:这些文化节目会不会违背了"凤凰"作为一个商业媒体追逐利润的本性?

刘长乐:过去说"讲成分,但不唯成分论",现在我说,"凤凰"要"讲收视率,但不唯收视率论"。如果把收视率作为唯一标准,那一定要出事。

比如说文化节目,或者是具有旗帜性导航作用的节目,我们一定要坚定不移地做下去。我们曾经做过的《寻找远去的家园》,这个节目具有非常深刻的文化内涵,但在很长一段时间里它没有广告,可我们还是坚持把它做下去了。再比如《世纪大讲堂》,我们做了六年了,开始并没有广告,可还是咬着牙,让这个展现中华文化辉煌殿堂、保持我们的文化尺度、在媚俗的电视节目中犹如一泓清泉的节目,顽强地坚持了下来。

解放周末:困境中的坚持,源于文化的自觉,从中也可以看出"凤凰"对文化理念的孜孜以求。

刘长乐:文化理念一直支撑着我们,所以"凤凰"给自己的定位有三个:第一,"影响有影响力的人";第二,要有文化追求、道德追求和伦理追求;第三,做华人的代言人。用华人看问题的视角和思维方式,代表华人向世界发出声音。我们要努力做好全球华人之间的纽带和桥梁。

解放周末:站在高处看风景,视野就会格外开阔,而这又必然要求制作的节目与这样的大视野相称。

刘长乐:我在厦门大学演讲的时候,有一个学生就问,凤凰卫视的节目名称里为什么"大"字特别多。我说,这个"大"字实际上就是眼界要开阔,心胸要大气。《凤凰大视野》的片头,是在一条弧线上太阳冉冉升起,这条弧线就是天际线,是"凤凰"对自己视野的要求。

解放周末:除了视野要开阔,"凤凰"还有一些在外人看来非常难以实现的目标:大事发生时我在场;大事发生时看凤凰;给我半小时,给你全世界。这是"凤凰"迫使自己"勉为其难"吗?

刘长乐:目前这个世界的格局是,一个"信息霸权国家",十几个"信息主权国家"和大多数"信息殖民地国家"。中国的2100种报纸、8800种期刊、3000多个广播电视频道加在一块儿,实力还拼不过某一家西方通讯社。我们必须力争改变这种状况。

解放周末:怎么改变?

刘长乐:不呐喊,说真话。许多海外华人媒体感到,大陆新闻的"供给"存在多项缺陷:虽然愿望很好,调门很高,但内容往往不是海外读者最需要的或是最想知道的。还有的是对真实情况遮遮掩掩,不知所云。内地传媒学者展江说,中国的媒体是喜鹊,外国的媒体是乌鸦嘴。凤凰卫视在这方面提出"以善意报道真相"。如我们对内地"SARS""艾滋病""矿难""禽流感"等事件的报道,既反映了客观事实,又得到了海外和内地的认可。我们将此概括为:国际规则,华人角度,内容真实,表达善意。

在这个过程中,你会发现,"凤凰"总是在说理,因为说理比谩骂更凝重,更有力。话语权是必须争夺的,在争夺中,中国才会逐渐被世界理解、接纳,从而避免许多误会与灾难。

解放周末:中国被世界理解和接纳,最终还是需要文化的力量。

刘长乐：没错。在争夺话语权的大战中，中国需要集体英雄主义。一个共同认可的凝聚力，那就是中华文化。这是全世界华人的文化血型、精神之河和立身之本。

▲▲链接
荷包鼓了，心灵却饥渴了

上世纪70年代中华人民共和国走进联合国的时候，事先根本没有做好充分的准备，于是，就在邓小平和乔冠华带队的代表团匆忙着要出发时，突然发现可能需要带点美元。于是紧急下令全国的银行将美元收罗起来，一共是38000美元。这是整个国家赴联合国唯一的现金经费，以至于代表团住进了美国的豪华酒店，代表团成员却付不起小费，还是邓小平把他的全部个人经费省下来付给了服务生，小平回家的时候只给孙女带回来一块巧克力。

二十多年过去了，我们现在的成绩是什么？据国家统计局最新公布的信息显示，我们的财政收入已经超过了2万亿，税收也超过了2万亿，人均GDP已经超过了1000美元，今年的国民生产总值将突破10万亿元，外汇储备也已达到5145亿美元。

变化大不大？翻天覆地。自豪不自豪？气冲云霄。

可是，我们再来看一个现象。

在中国当前的文化市场领域，最赚钱的文化产品大部分都不是我们自己的。电影，我们打不过好莱坞，卡通拼不过迪斯尼，美国每年都从我们的市场拿走数亿美元；计算机游戏，韩国、日本占据了我们90%以上的河山，我们让人家点钱到手软；电视剧流行音乐时尚产品，韩国、日本让我们的受众"哈"了七八年还经久不衰；至于传媒出版行业，就更不用说了，无不唯外国流行文化的马首是瞻。

这说明了什么？说明我们经济腾飞了而文化却没有腾飞，荷包鼓了而心灵却饥渴了。

——摘自刘长乐2004年12月24日在广州艺术博物馆的演讲《振兴中国文化产业——我们的责任》

独门"舞"功

●在中国，办传媒不是技术，而是艺术；媒体竞争不像赛跑，更像舞蹈；媒体管理团队不是交响乐，而是爵士乐。

●"凤凰"找的主持人，有文化要求，有思想要求，思想比漂亮脸蛋要重要。

解放周末："凤凰"能够独树一帜，也应该归功于独到的管理理念。

刘长乐：我的认识是，在中国办传媒不是技术，而是艺术；媒体竞争不像赛跑，更像舞蹈，赛跑是靠体力和速度，舞蹈是讲究平衡、重心、感觉和审美；媒体管理团队不是交响乐，而是爵士乐，要强调个人的发挥空间，把大家的个性完美地体现出来。

解放周末：您提到媒体竞争更像舞蹈，有人说今天的"凤凰"已经练就了独门"舞"功，那么在"凤凰"独特的舞步中，最重要的一步是什么？

刘长乐：品牌战略是凤凰的一个核心部分。除了诚信这样的无形资产外，在电视屏幕上，要靠栏目，更重要的是靠主持人。电视品牌的树立，主持人是核心、是关键。

解放周末：但现在的主持界，脸蛋越来越漂亮，思想却越来越式微，甚至许多电视节目靠主持人在这样那样自我炒作的秀场中，以"露点"作为"亮点"。

刘长乐：我们把主持人分成三类，播音员、主播、主持人。不能把这三类混为一谈。播音员就是念稿子，不需要思想，类似于"播音机器";主播要参与一定的编辑,能够理解编导的思路;主持人是采编播合一的,从采访开始就参与进去。

解放周末: 在"凤凰",主持人首先是记者。

刘长乐: 比如我们的《突发事件直播》栏目做过一期节目,就是在2005年12月香港举行世贸会议期间,对韩国农民抗议这个突发事件的直播报道,这个片子获了2007年纽约国际电影电视节"最佳突发新闻报道"大奖,是所有亚洲媒体中唯一得奖的。其实这个片子中绝大部分的采访都不是记者,而是主持人做的。董家耀他们这些主持人都上了一线,戴着钢盔冲上去采访。

解放周末: 关键时刻冲上去,这需要勇气,更需要知识储备和应变能力。

刘长乐: 对。所以,"凤凰"选拔主持人,一上来就不给稿子直接让你播新闻,你要是没有思想,没有文化修养,没有很好的应变能力、语言能力,根本就不行。在选拔的时候,就已经把很多人拦在外面了。

解放周末: 都被这道不低的文化门槛拦住了。

刘长乐: "凤凰"找的主持人,有文化要求,有思想要求,思想比漂亮脸蛋要重要。所以"凤凰"的主持人有很多并不一定来自播音专业,但必须得有非常好的文化底蕴、文化修养。为什么曾子墨在她出的《墨迹》一书里说,她一天都没上过主播台我就敢让她上去?不是我疯了,是我对她的气质、文化修养、应变能力有足够的信心,即便前三天结结巴巴,到了第四天就没问题了。

解放周末: "凤凰"以独门"舞"功,打造了很多电视明星。现在也有很多电视台着力于打造明星主持,但通常都是以娱乐的方式进行包装,比如让主持人比唱歌、比跳舞、比溜冰,等等。对这种方式,您怎么看?

刘长乐：主持人"明星化"本身并没有问题，因为电视是要靠形象传播的。但是有一点很重要，电视明星必须是真正的记者和真正杰出的人物。"造星术"的关键是这个人本身就是一块能敲击出火星的金刚石，而不是一堆稀泥。靠低俗化、娱乐化造就的明星，是没有长久生命力的，也不可能有潜力可挖掘。

解放周末："凤凰"为什么总是能发现"金刚石"？

刘长乐：我们坚信思想比漂亮的脸蛋更有力量。像曹景行、阮次山、何亮亮、杨锦麟等人原来都是文人，他们满腹锦绣文章，却从来没在电视上露过脸，我们为他们量体裁衣，制作适合他们的节目，很快就"红"了起来。

解放周末："凤凰"也有一些非常受欢迎的"当家花旦"，她们给人们共同的感觉就是有亲和力。

刘长乐：我们强调节目是平视的，这就要求主持人要有非常好的观众缘。吴小莉为什么能那么受欢迎？就是因为她是传统的淑女形象，有很好的气质，这种女孩给人的感觉比较亲和。小莉最近做了一个《问答神州》的节目，这个节目她刚开始做的时候，想向法拉奇学习，问的问题比较犀利。后来我就找她谈，我说小莉你毕竟还是淑女的形象，你的问题不要太尖锐，在这一点上可以学学拉瑞·金，他做了二十多年的脱口秀，基本上没有得罪人，他善于把很尖锐的问题用很巧妙的语言来提问，不去给人难堪，这一点是很重要的。

解放周末：这和您给"凤凰"定的原则很一致，积极、善意、建设性的。

刘长乐：而不是消极、恶意、破坏性的。带着善意去沟通，这一点很重要。闾丘露薇就非常会提问。鲁豫也很会提问，而且她还善于聆听。我跟鲁豫说过，你要把大部分的时间用来聆听，聆听也是一门艺术，而且我还特别强调让我们的摄像机反打鲁豫专注聆听的镜头。

解放周末：当年刘海若也是颇受好评的一位，但是不幸遭遇车祸，她的近况如何？

刘长乐：她最近很好，今年10月，我们准备让刘海若重新出来。海若是我亲自挑选的，她出车祸受伤，我真是心疼啊。

▲▲链接
善用"怪才"

2000年春夏之交，阮次山被邀请到凤凰卫视的《时事开讲》节目客串。"我虽然因为长年为许多中文报刊撰写时事专栏而小有名气，但是，对于电视工作，我毕竟不是本行，而且我在外形上秃头无发，口齿也不太伶俐，照说，并不适合当个'电视人'。可刘老板居然独排众议，不但要我理去头顶上原本还有的一小撮头发，干脆秃个痛快，还不让我用读稿机，叫我显露本来的结巴。"自此，阮次山成为中国电视节目里第一个"结巴的老头儿评论员"。

而那位一身唐装、腮帮子部位特别发达、满脸放着衣食无忧酒足饭饱的光芒的杨锦麟，则开创个性化读报的先河，让评论有了个性。杨锦麟的平民主持风格别具一格，如果他发现讲错了，会马上说"对不起"，讲到不高兴，他会拍桌子。一位朋友甚至写打油诗开涮杨锦麟："老杨读报，吓人一跳，国语不准，英文走调，体型太胖，样子太老。"

哲 学 追 求

● 不能够要钱不要脸,要钱不要魂。

●"凤凰"的优势正在受到挑战,国内的睡狮已经醒来,国外的巨鳄正在穿上"唐装"。你不前进时,世界不会等你。

解放周末:按照当代管理学对企业的金字塔划分,企业由下而上依次分为:存在的、有形象的、有文化的、有哲学的企业。经过11年磨砺,"凤凰"追求一种什么样的哲学境界?

刘长乐:传媒塑造品牌的过程,就是努力接近真相的过程,而接近真相的最高境界,就是传播良知。这正是"凤凰"最大的哲学追求。

解放周末:有一次,中国人在国外被绑架,"凤凰"已经到了现场,但却迟迟未播报,一直等到人质被解救后才播放了新闻。有人说,时效是新闻的生命,为什么你们要放弃这么好的抢先播报的机会?

刘长乐:如果我们抢先报了这条消息,可能对人质的生命造成危害。传媒的声音重要的是呼唤人性,传媒报道应当体现出人性的存在和生命的尊严,这比抢到一条独家新闻更重要。

解放周末:有良知的媒体,才会有尊严,才会受人尊敬。

刘长乐:康德说,世界上唯有两样东西能让我们的心灵受到深深震撼,一是我们头顶灿烂的星空,一是我们心中崇高的道德法则。良知代表了人性中最崇高的情感,凤凰卫视应当帮助人们去发现良知、追求良知、传播良知。

解放周末:这就需要管理者本身要有悲悯情怀,有文化追求。

刘长乐:我认为,一个合格的管理者应该是宅心仁厚,但意志坚强;谦恭为怀,但勇敢无畏。文化素养是最基本的要求,你能不能和李敖对话，能不能和余秋雨对话，如果人家说话你根本听不懂，就谈不上你去开发人家什么东西。所以你自己的文化素养，你的阅历，当然还有你的性格魅力，是很重要的。

解放周末：文化追求，对文化企业的管理者更重要。

刘长乐：对。我认为，一个企业家太自我、太向钱看、太精明，不见得是一件好事，尤其是对于一个像"凤凰"这样的文化企业。不能够要钱不要脸，要钱不要魂。如果没有文化眼光，就不会发现有文化的人才；如果没有文化功力，就不会有创意喷薄的策划；如果没有人文情怀，就不会有到位的人文关怀。

我常常跟凤凰人讲，大家要能够理解"玻璃效应"——在顺境中，把玻璃当成一扇窗，总是向外看，把功劳归于时势、环境和他人；在逆境中，把玻璃当成一面镜子，对着镜子反躬自省，自己承担所有的责任。

解放周末：作为创办人、管理者，凤凰卫视呈现的，更多的是集体的烙印还是您的个性？

刘长乐："凤凰"绝对是凤凰人共同的作品，这个我根本不是谦虚。我特别喜欢原中央工艺美术学院院长张仃老先生给我写的一幅字。当时我与他素昧平生，就因为喜欢"凤凰"，他要给我写一幅字挂在我办公桌后面的墙上。他给我写了四个字——植桐引凤。老先生并没有说我就是凤凰，或者说凤凰台就是凤凰，而是说凤凰台是办了一件"植桐引凤"的事，是梧桐树。

解放周末："栽得梧桐树，引得凤凰来"。

刘长乐：我所能做的事情，就是让那些对中华文化，包括对中国文化价值观的体现有着满腔热忱的人，能够有一个施展的舞台。换句话讲，我的理想就是构建一个平台，要把凤凰引来，让她们在这里翩翩起舞、展翅高飞，这才能形成"凤凰"的文化。所以，当"凤凰"创办十周年的时候，张仃老先生又给我写了一幅字——凤凰于飞。

解放周末:意指您已经开始把凤凰引来了。

刘长乐:(指向侧面墙上挂着的书法)这"知足长乐"四个字是我父亲92岁时给我写的。他今年已经94岁了。

解放周末:您说起父亲的时候表情很温暖。

刘长乐:我父母亲年纪都很大了,我经常跟他们沟通。他们特别想我的时候,我刚好打电话回家,他们就会很开心。我喜欢唱《常回家看看》,还有阎维文的《母亲》、刘欢的《人生第一次》、王宏伟的《儿行千里》,唱与母亲有关的歌时,我很容易动情。

解放周末:您父亲给您题写"知足长乐",那么您觉得达到什么程度才是"足"了?

刘长乐:我现在还没想过这个问题,还没想到"足",没想到什么是最终的目标。我常常跟大家讲,如果我们认为自己不优秀,那是妄自菲薄;但是,如果我们想当然地认为自己已经卓越了,那是妄自尊大。我们始终奔跑在从优秀到卓越的道路上。

我们必须清醒地看到,"凤凰"的优势正在受到挑战,国内的睡狮已经醒来,国外的巨鳄正在穿上"唐装"。人如果满足于"好",就不愿意再求进步,就不可能伟大或杰出。从这个意义上,"好"是"杰出"的敌人。"好"令人满足,使人不再追求进步,很快从"好"滑落到"平庸",再滑到"坏"。你不前进时,世界不会等你。

(原载《解放日报》2007年6月29日第17、18版　记者高慎盈、吕林荫、尹　欣采写)

周瑛琦：下一站，主持特奥会

今天下午，澳大利亚图书馆馆长 MsFallerton、埃及亚历山大图书馆馆长 DrSerageldin、俄罗斯国立图书馆馆长 DrFedorov、上海图书馆馆长吴建中等四位嘉宾参与解放日报报业集团文化讲坛，共论"现代阅读与文化积淀"，而嘉宾主持、香港凤凰卫视周瑛琦则在昨天下午风尘仆仆赶到上海，接受了记者的专访。擅长多国语言的周瑛琦说："我要拿着吸管，吸收他们的智慧精华。"她还向记者透露，结束了文化讲坛的主持，下一站，她将全程参与特奥会的主持工作。

参加讲坛也是一种阅读

刚下飞机的周瑛琦仍然带着一身奔波的疲惫，但对于解放日报报业集团文化讲坛，显得十分期待："我一直很关心这个话题，中国人曾经发明了造纸和印刷，可是如今的网络对阅读冲击非常大。其实我倒觉得，阅读，并非单单是阅读书籍，天文地理、世情百态皆可阅读，我所理解的阅读是一种观察，之后收获。"

参加文化讲坛，周瑛琦带着学习和充实自我的目的，有人或许会说:"你是主持人,你怎么能说你还在学习呢?这不是说你自己没有文化么?"周瑛琦的理解却恰恰相反:"我最喜欢参加的活动就是这样的学者论坛,知识具有如此巨大的吸引力和如此强的生命力,我一直觉得,我对很多经典、文化尚有隔膜,我渴望直接通话,吸取那些精华中的精华——拿着吸管很用力地吸取!"

特奥主持一场世界梦

还有二十来天,特奥会即将在上海举办,周瑛琦向记者透露,自己正是其中一个主要的参与者——主持人:"我觉得,那些孩子都像是我的孩子,我们需要表达对弱势群体的爱心,掀起和平、健康、文明的浪潮。我曾经主持世界小姐大赛,发现外国人对中国的了解少而又少,而我,想在中国走向世界的过程中扮演一个角色。听起来,这是很大的梦想,但越来越多的事实告诉我们,梦想有时也能与现实零距离。"

祖籍安徽,生在台湾地区,长在加拿大,工作在香港,周瑛琦的文化背景是多元的,也正是这样多元的背景,赋予了她多种语言的掌握和一个"世界梦":"我很幸运是一个媒体人,能参与其中,与世界同步。我将持之以恒,继续扮演一个文化传递者。"

"凤凰"是最好的学习教室

凤凰卫视,在大众眼里已不单单是一个媒体品牌,更是一张明星品牌，被票选为"凤凰"十大才貌双全女主持的周瑛琦认为："凤凰善于把每个人放在一个能够让他发光发热的位置，我们凤凰人是以一颗向中国文化朝圣的心去做节目的。"

谈起搭档，周瑛琦的话匣子也瞬间打开："我喜欢与比我年长，或者与我差异很大的人搭档，比如曹景行，我一直觉得他像传媒界的李查·基尔。每每焦虑的时候，我总是找他排忧解难，有时我很怕自己跟不上节奏越来越快的时代，曹景行总是一语中的：'跟不上就要被淘汰了，你就跟上去吧！'"

（原载《新闻晚报》2007年9月12日 记者谢正宜采写）

视线
SHIXIAN

黑色的光亮

余秋雨

"墨子,墨家,黑色的珍宝,黑色的光亮,中国亏待了你们,因此历史也亏待了中国。"

"我读墨子,总是能产生一种由衷的感动。虽然是那么遥远的话语,却能激励自己当下的行动。"

"我希望,人们在概括中华文明的传统精华时,不要遗落了这八个字:兼爱,非攻,尚贤,尚同。"

"那个黑衣壮士,背着这八个字的精神粮食,已经走了很久很久。他累了,粮食口袋搁在地上也已经很久很久。我们来背吧,请帮帮忙,托一把,扛到我的肩上。"

这是余秋雨先生新近撰写的这篇文章中的几行字。经他授权,《解放周末》现予全文发表。

一

诸子百家中,有两个"子",我有点躲避。

第一个是庄子。我是二十岁的时候遇到他的,当时我正遭受家破人亡、衣食无着的大灾难,不知如何生活下去。一位同学悄悄告诉我,他父亲九年前(也就是1957年)遭灾时要全家读庄子。这个暗示让我进入了一个惊人的阅读过程。我渐渐懂了,面对灾难,不能用灾难语法。另有一种语法,直通精神自由的诗化境界。由此开始,我的生命状态不再一样,每次读庄子的《秋水》《逍遥游》《齐物论》《天下》等篇章,就像在看一张张与我有关的心电图。对于这样一个过于亲近的先哲,我难于进行冷静、公正的评述,因此只能有所躲避。

第二个是韩非子,或者说是法家。躲避它的理由不是过于亲近,而是过于熟识。权、术、势,从过去到现在都紧紧地包裹着中国社会。本来它也是有大气象的,冷峻地塑造了一个大国的基本管治格局。但是,越到后来越成为一种普遍的制胜权谋,渗透到从朝廷到乡邑的一切社会结构之中,渗透到很多中国人的思维之内。直到今天,不管是看历史题材的电影、电视,还是听讲座、逛书店,永远是权术、谋略,谋略、权术,一片恣肆汪洋。以至很多外国人误以为,这就是中国历史和中国文化的主干。对于这样一种越来越盛的风气,怎么能不有所躲避呢?

其实,这正是我们心中的两大色块:一块是飘逸的湛蓝色;一块是沉郁的金铜色。躲避前者,是怕沉醉;躲避后者,是怕迷失。

诸子百家的了不起,就在于它们被选择成了中国人的心理色调。除了上面说的两种,我觉得孔子是堂皇的棕黄色,近似于我们的皮肤和大地,而老子则是缥缈的灰白色,近似于天际的雪峰和老者的须发。

我还期待着一种颜色。它使其他颜色更加鲜明,又使它们获得定力。它甚至有可能不被认为是颜色,却是宇宙天地的始源之色。它,就是黑色。

它对我来说有点陌生，因此正是我的缺少。既然是缺少，我就没有理由躲避它，而应该恭敬地向它靠近。

二

是他，墨子。墨，黑也。

据说，他原姓墨胎（胎在此处读作怡），省略成墨，叫墨翟。诸子百家中，除了他，再也没有用自己的名号来称呼自己的学派的。你看，儒家、道家、法家、名家、阴阳家，每个学派的名称都表达了理念和责能，只有他，干脆利落，大大咧咧地叫墨家。黑色，既是他的理念，也是他的职能。

设想一个图景吧，诸子百家大集会，每派都在滔滔发言，只有他，一身黑色入场，就连脸色也是黝黑的，就连露在衣服外面的手臂和脚踝也是黝黑的，他只用颜色发言。

为什么他那么执著于黑色呢？

这引起了近代不少学者的讨论。有人说，他固守黑色，是不想掩盖自己作为社会低层劳动者的立场。有人说，他想代表的范围可能还要更大，包括比低层劳动者更低的奴役刑徒，因为"墨"是古代的刑罚。钱穆先生说，他要代表"苦似刑徒"的贱民阶层。

有的学者因为这个黑色，断言墨子是印度人。这件事现在知道的人不多了，而我则曾经产生过很大的好奇。胡怀琛先生在1928年说，古文字中，"翟"和"狄"通，墨翟就是"墨狄"，一个黑色的外国人，似乎是印度人；不仅如此，墨子学说的很多观点，与佛学相通，而且他主张的"摩顶放踵"，就是光头赤足的僧侣形象。太虚法师则撰文说，墨子的学说不像是佛教，更像是婆罗门教。这又成了墨子是印度人的证据。在这场讨论中，有的学者如卫聚贤先生，把老子也一并说成是印度人。有的学者如金祖同先生，则认为墨子是阿拉伯的伊斯兰教信徒。

非常热闹,但证据不足。最终的证据还是一个色彩印象:黑色。当时不少中国学者对别的国家知之甚少,更不了解在中亚和南亚有不少是雅利安人种的后裔,并不黑。

不同意"墨子是印度人"这一观点的学者,常常用孟子的态度来反驳。孟子在时间和空间上都离墨子很近,他很讲地域观念,连有人学了一点南方口音都会当作一件大事严厉批评,他又很排斥墨子的学说,如果墨子是外国人,真不知会做多少文章。但显然,孟子没有提出过一丝一毫有关墨子的国籍疑点。

我在仔细读过所有的争论文章后笑了,更加坚信:这是中国的黑色。

中国,有过一种黑色的哲学。

三

那天,他听到一个消息,楚国要攻打宋国,正请了鲁班(也就是公输般)在为他们制造攻城用的云梯。

他立即出发,急速步行,到楚国去。这条路实在很长,用今天的政区概念,他是从山东的泰山脚下出发,到河南,横穿河南全境,也可能穿过安徽,到达湖北,再赶到湖北的荆州。他日夜不停地走,走了整整十天十夜。脚底磨起了老茧,又受伤了,他撕破衣服来包扎伤口,再走。就凭这十天十夜的步行,就让他与其他诸子划出了明显的界限。其他诸子也走长路,但大多骑马、骑牛或坐车,而且到了晚上总得找地方睡觉。哪像他,光靠自己的脚,一路走去,一次次从白天走入黑夜。黑夜、黑衣、黑脸,从黑衣上撕下的黑布条去包扎早已满是黑泥的脚。

终于走到了楚国首都,找到了他的同乡鲁班。

接下来他们两人的对话,是我们都知道的了。但是为了不辜负他十天十夜的辛劳,我还要讲述几句。

鲁班问他,步行这么远的路过来,究竟有什么急事?

墨子在路上早就想好了讲话策略，就说：北方有人侮辱我，我想请你帮忙，去杀了他。酬劳是二百两黄金。

鲁班一听就不高兴，沉下了脸，说：我讲仁义，决不杀人！

墨子立即站起身来，深深作揖，顺势说出了主题。大意是：你帮楚国造云梯攻打宋国，楚国本来就地广人稀，一打仗，必然要牺牲本国稀缺的人口，去争夺完全不需要的土地，这明智吗？再从宋国来讲，它有什么罪？却平白无故地去攻打它，这算是你的仁义吗？你说你不会为重金去杀一个人，这很好，但现在你明明要去杀很多很多的人！

鲁班一听，难以辩驳，便说，此事我已经答应了楚王，该怎么办？

墨子说，你带我去见他。

墨子见到楚王后，用的也是远譬近喻的方法。他说，有人不要自己的好车，去偷别人的破车，不要自己锦衣，去偷别人的粗服，不要自己的美食，去偷别人的糟糠，这是什么人？

楚王说，这人一定有病，患了偷盗癖。

接下来可想而知，墨子通过层层比较，说明楚国打宋国，也是有病。

楚王说：那我已经让鲁班造好云梯啦！

墨子说，云梯未必管用吧。他与鲁班一样，也是一名能工巧匠。他就与鲁班进行了一场模型攻守演练。结果，一次次都是鲁班输了。

鲁班最后说：要赢还有一个办法，但我不说。

墨子说：我知道，我也不说。

楚王问，你们说的是什么办法啊？

墨子对楚王说：鲁班以为天下只有我一个人能赢过他，如果把我除了，也就好办了。但我要告诉你们，我的三百个学生已经在宋国城头等候你们多时了。

楚王一听，就下令不再攻打宋国。

这就是墨子对于他的"非攻"理念的著名实践。原来，这个长途跋涉者只为一个目的在奔忙：阻止战争，捍卫和平。

一心想攻打别人的，只是上层统治者。社会低层的民众有可能受了奴役或欺骗去攻打别人，但从根本上说，却不可能为了权势者的利益而接受战争。这是黑色哲学的一个重大原理。

墨子阻止了一场战争，挽救了一个宋国。但是，这件大事还有一个幽默的结尾。

他十分疲惫地踏上了归途，仍然是步行。恰恰在路过宋国时，下起了大雨。他到一个门檐下躲雨，但看门的人连门檐底下也不让他进。

宋国不认识他，冷漠地推拒了他这位大恩人，而且推到大雨之下。

这位淋在雨中的男人自嘲了一下，暗想："运用大智慧救苦救难的，谁也不认；摆弄小聪明争执不休的，人人皆知。"

四

在大雨中被看门人驱逐的墨子，有没有去找他派在宋国守城的三百名学生？我们不清楚，因为古代文本中没有提及。

清楚的是，他确实有一批绝对服从命令的学生。整个墨家弟子组成了一个带有秘密结社性质的团体，组织严密，纪律严明。

这又让墨家罩上了一层神秘的黑色。

诸子百家中的其他学派，也有亲密的师徒关系，最著名的有我们曾经多次讲过的孔子和他的学生。但是，不管再亲密，也构不成严格的人身约束。在这一点上墨子又显现出了极大的不同，他立足于低层社会，不能依赖文人与文人之间的心领神会。君子之交淡如水，而墨子要的是浓烈，是黑色粘土般的成团成块。历来低层社会要想凝聚力量,只能如此。

在墨家团体内,有三项分工。一是"从事",即从事技艺劳作,或守城卫护;二是"说书",即听课、读书、讨论;三是"谈辩",即游说诸侯,或做官从政。所有的弟子中,墨子认为最能干、最忠诚的有一百八十人,这些人一听到墨子的指令都能"赴汤蹈火,死不旋踵"。后来,墨学弟子的队伍越来越大,照《吕氏春秋》的记载,已经到了"徒属弥众,弟子弥丰,充满天下"的程度。

墨子以极其艰苦的生活方式,彻底忘我的牺牲精神,承担着无比沉重的社会责任,这使他的人格具有一种巨大的感召力。直到他去世之后,这种感召力不仅没有消散,而且还表现得更加强烈。

据《吕氏春秋》记载,有一次墨家一百多名弟子受某君委托守城,后来此君因受追究而逃走,墨家所接受的守城之托很难再坚持,一百多名弟子全部自杀。自杀前,墨家首领孟胜派出两位弟子离城远行去委任新的首领,两位弟子完成任务后仍然回城自杀。新被委任的首领阻止他们这样做,他们也没有听。按照墨家规则,这两位弟子虽然英勇,却又犯了规,因为他们没有接受新任首领的指令。

为什么集体自杀?为了一个"义"字。既被委托,就说话算话,一旦无法实行,宁肯以生命的代价保全信誉。

慷慨赴死,对墨家来说是一件很平常的事。

这不仅在当时的社会大众中,而且在今后的漫长历史上,都开启了一种感人至深的精神力量。司马迁所说的"其言必信,其行必果,已诺必成,不爱其躯"的"任侠"精神,就从墨家渗透到中国民间。千年崇高,百代刚烈,不在朝廷兴废,更不在书生空谈,而在这里。

五

这样的墨家,理所当然地震惊四方,成为"显学"。后来连法家的主要代表人物韩非子也说:"世之显学,儒墨也。"

但是,这两大显学,却不能长久共存。

墨子熟悉儒家,但终于否定了儒家。其中最重要的,是以无差别的"兼爱",否定了儒家有等级的"仁爱"。他认为,儒家的爱,有厚薄,有区别,有层次,集中表现在自己的家庭,家庭里又有亲疏差异,其实最后的标准是看与自己关系的远近,因此核心还是自己。这样的爱,是自私之爱。他主张"兼爱",也就是祛除自私之心,爱他人就像爱自己。

《兼爱》篇说——

若使天下兼相爱,国与国不相攻,家与家不相乱,盗贼无有,君臣父子皆能孝慈,若此则天下治。……故天下兼相爱则治,交相恶则乱。故子墨子曰:不可以不劝爱人者,此也。

这话讲得很明白,而且已经接通了"兼爱"和"非攻"的逻辑关系。是啊,既然"天下兼相爱",为什么还要发动战争呢?

墨子的这种观念,确实碰撞到了儒家的要害。儒家"仁爱"的前提和目的,都是礼,也就是重建周礼所铺陈的等级秩序。在儒家看来,如果社会没有等级,世界就成平的了,何来尊严,何来敬畏,何来秩序?但在墨家看来,世界本来就应该是平的,只有公平才有所有人的尊严。在平的世界中,根本不必为了秩序来敬畏什么上层贵族。要敬畏,还不如敬畏鬼神,让人们感到冥冥之中有一种督察之力,有一番报应手段,由此建立秩序。

由于碰撞到了要害,儒家急了。孟子挖苦说,兼爱,也就是把陌生人当作自己父亲一样来爱,那就是否定了父亲之为父亲,等于禽兽。这种推理,把兼爱推到了禽兽,看来也实在是气坏了。

墨家也被激怒了,说:如果像儒家一样把爱分成很多等级,一切都以自我为中心，那么，总有一天，也能找到杀人的理由。因为有等级的爱最终只会着眼于等级而不是爱，一旦发生冲突，放弃爱是容易的，而爱的放弃又必然导致仇。

在这个问题上，墨家反复指出儒家之爱的不彻底。

《非儒》篇说，在儒家看来，君子打了胜仗就不应该再追败逃之敌，敌人卸了甲，就不应该再射杀，敌人败逃的车辆陷入了岔道，还应该帮着去推。这看上去很仁爱，但在墨家看来，本来就不应该有战争。如果两方面都很仁义，打什么？如果两方面都很邪恶，救什么？

据《耕柱》篇记载，墨家告诉儒家，君子不应该斗来斗去。儒家说，猪狗还斗来斗去呢，何况人？

墨家笑了，说，你们儒家怎么能这样，讲起道理来满口圣人，做起事情来却自比猪狗？

作为遥远的后人，我们可以对儒、墨之间的争论作几句简单评述。在爱的问题上，儒家比较实际，利用了人人都有的私心，层层扩大，向外类推，因此也较为可行；墨家比较理想，认为在爱的问题上不能玩弄自私的儒术，但他们的"兼爱"难于实行。

如果要问我倾向何方，我会毫不犹豫地回答：墨家。虽然难于实行，却为天下提出了一种纯粹的爱的理想。这种理想就像天际的光照，虽不可触及，却让人明亮。

儒家的仁爱，由于太讲究内外亲疏的差别，造成了人际关系的迷宫，直到今天仍难以走出。当然，不彻底的仁爱终究也比没有仁爱好得多，在漫无边际的历史残忍中，连儒家的仁爱也令人神往。

<h2 style="text-align:center">六</h2>

除了"兼爱"问题上的分歧，墨家对儒家的整体生态都有批

判。例如，儒家倡导的礼仪过于繁缛隆重，丧葬之时葬物多到像死人搬家一样，而且居丧三年天天哭泣的规矩也对子女太不公平，又太像表演。儒家倡导的礼乐精神，过于追求琴瑟歌舞，耗费天下太多的心力和时间。

从思维习惯上，墨家批评儒家一心复古，只传述古人经典而不鼓励有自己的创作，即所谓"述而不作，信而好古"。墨家认为，只有创造新道，才能增益世间之好。

在这里，墨家指出了儒家的一个逻辑弊病。儒家认为"述而不作，信而好古"的人才是君子，而成天在折腾自我创新的则是小人。墨家说，你们所遵从的古，也是古人自我创新的成果呀，难道这些古人也是小人，那你们不就在遵从小人了？

墨家还批评儒家"不击则不鸣"的明哲保身之道，提倡为了天下兴利除弊，"击亦鸣，不击亦鸣"的勇者责任。

墨家在批评儒家的时候，对儒家常有误读，尤其是对"天命"中的"命"，"礼乐"中的"乐"，误读得更为明显。但是，即使在误读中，我们也更清晰地看到了墨家的自身形象。既然站在社会低层大众的立场上，那么，对于面对上层社会的秩序理念，确实有一种天然的隔阂。误读，太不奇怪了。

更不奇怪的是，上层社会终于排斥了墨家。这种整体态度，倒不是出于误读。上层社会不会不知道墨家的崇高地位和重大贡献，例如，就连早已看穿一切的庄子，也曾满怀钦佩地说"墨子真天下之好也，将求之不得也，虽枯槁不舍也"；就连统治者视为圭臬的法家，也承认他们的学说中有不少是"墨者之法"；甚至，就连大家都认为经典的《礼记》中的"大同"理想，也与墨家的理想最为接近。但是，由于墨家所代表的社会力量是上层社会万分警惕的，又由于墨家曾经系统地抨击过儒家，上层社会也就很自然地把它从主流意识形态中区隔出来了。

秦汉之后，墨家衰落，历代文人学士虽然也偶有提起，往往句子不多，评价不高，这种情景一直延续到清后期。俞樾在为孙诒让《墨子间诂》写的序言中说：

乃唐以来，韩昌黎之外，无一人能知墨子者。传诵既少，注释亦稀，乐台旧本，久绝流传，阙文错简，无可校正，古言古字，更不可晓，而墨学尘邈终古矣。

这种历史命运实在让人一叹。

但是，情况终于改变了。一些急欲挽救中国的社会改革家发现，旧时代的主流意识形态必须改变，而那些数千年来深入民间社会的精神活力则应该调动起来。因此，大家又重新惊喜地发现了墨子。

孙中山先生在《民报》创刊号中，故意不理会孔子、孟子、老子、庄子，而独独把墨子推崇为平等、博爱的中国宗师。后来他又经常提到墨子，例如：

仁爱也是中国的好道德，古时最讲"爱"字的莫过于墨子。墨子所讲的兼爱，与耶稣所讲的博爱是一样的。

梁启超先生更是在《新民丛报》上断言："今欲救亡，厥惟学墨"。

他在《墨子学案》中甚至把墨子与西方的思想家亚里士多德、培根、穆勒作对比，认为一比较就会知道孰轻孰重。他伤感地说：

只可惜我们做子孙的没出息，把祖宗遗下的无价之宝，埋在地窖里二千年，今日我们在世界文化民族中，算是最缺乏论理精神、缺乏科学精神的民族，我们还有面目见祖宗吗？如何才能够一雪此耻，诸君努力啊！

孙中山和梁启超，是真正懂得中国的人。他们的深长感慨中，包含着历史本身的呼喊声。

墨子，墨家，黑色的珍宝，黑色的光亮，中国亏待了你们，因此历史也亏待了中国。

七

我读墨子,总是能产生一种由衷的感动。虽然是那么遥远的话语,却能激励自己当下的行动。

我的集中阅读,也是在那个灾难的年代。往往是在深夜,每读一段我都会站起身来,走到窗口。我想着两千多年前那个黑衣壮士在黑夜里急速穿行在中原大地的身影。然后,我又急急地返回书桌,再读一段。

灾难时代与墨子的相遇,深深地影响了我以后几十年的文化行为。当这些文化行为受到别人的非难,我也总是以墨子的教言来支撑自己。

记得是《公孟》篇里的一段对话吧,儒者公孟子对墨子说,行善就行善吧,何必忙于宣传?

墨子回答说:你错了。现在是乱世,人们失去了正常的是非标准,求美者多,求善者少,我们如果不站起来勉力引导,辛苦传扬,人们就不会知道什么是善了。

对于那些劝他不要到各地游说的人,墨子又在《鲁问》篇里进一步作了回答。他说,到了一个不事耕作的地方,你是应该独自埋头耕作,还是应该热心地教当地人耕作?独自耕作何益于民,当然应该立足于教,让更多的人懂得耕作。墨子说,我到各地游说,也是这个道理。

《贵义》篇中写到,一位齐国的老朋友对墨子说,现在普天下的人都不肯行义,只有你还在忙碌,何苦呢?适可而止吧。

墨子又用了耕作的例子,说:一个家庭有十个儿子,其中九个都不肯劳动,剩下的那一个就只能更加努力耕作了,否则这个家庭怎么撑得下去?

九个不肯劳动的儿子在表面上也很忙碌。主要是天天批评那个在埋头苦干的兄弟,把他说得一无是处,然后九个人之间再争名位、争待遇,谁都在高谈阔论。

更让我感动的是,在《鲁问》篇中,墨子对鲁国乡下一个叫吴虑的人作了一番诚恳表白。

他说,为了不使天下人挨饿,我曾想去种地,但一年劳作下来又能帮助几个人?为了不使天下人挨冻,我曾想去纺织,但我的织品还不如一个妇女,能给别人带来多少温暖?为了不使天下人受欺,我曾想去帮助他们作战,但区区一个士兵,又怎么抵御侵略者?既然这些作为都收效不大,我就明白,不如以历史上最好的思想去晓喻王侯贵族和平民百姓。这样,国家的秩序、民众的品德,一定都能获得改善。

对于自己的长期努力一直受到别人诽谤的现象,墨子在《贵义》篇里也只好叹息一声。

他说,一个长途背米的人坐在路边休息,站起再想把米袋扛到肩膀上的时候却没有力气了,看到这个情景的过路人不管老少贵贱都会帮他一把,将米袋托到他肩上。但是,现在很多号称君子的人看到肩负着道义辛苦行路的义士,不仅不去帮一把,反而加以毁谤和攻击。他说,你看,当今义士的遭遇,还不如那个背米的人。

尽管如此,他在《尚贤》篇里还是在勉励自己和弟子们:有力量就要尽量帮助别人,有钱财就要尽量援助别人,有道义就要尽量教诲别人。

那么,千说万说,墨子四处传播的道义中,有哪一些特别重要,感动过千年民间社会,并感动了孙中山、梁启超等人呢?

我想,就是那简单的八个字吧——

兼爱,非攻,尚贤,尚同。

"兼爱"、"非攻"我已经在上文作过解释,"尚贤"、"尚同"还没有,但这四个中国字在字面上已经表明了它们的基本含义:崇尚贤者,一同天下。所谓一同天下,也就是以真正的公平来构筑一个不讲等级的和谐世界。

我希望,人们在概括中华文明的传统精华时,不要遗落了这八个字。

那个黑衣壮士,背着这八个字的精神粮食,已经走了很久很久。他累了,粮食口袋搁在地上也已经很久很久。我们来背吧,请帮帮忙,托一把,扛到我的肩上。

(原载《解放日报》2007 年 7 月 27 日第 13、14 版)

我们找到它了
——谈今年世界特奥会开幕式的构思

余秋雨

编者按：解放日报报业集团"文化顾问"余秋雨教授，是2007年世界夏季特奥会开幕式的艺术总顾问。在本届特奥会落下帷幕之际，他撰文回顾了特奥会开幕式的构思过程，并授予本报独家发表。

我参与了两次至关重要的构思会议

作为2007年世界夏季特奥会开幕式的艺术总顾问，我做的事情并不太多。自从开幕式当天下午在八万人体育场的新闻中心举行中外记者招待会以后，我被大量的媒体朋友追询。现在把我的回答略加整理，供大家参考。

我参与了两次至关重要的构思会议。第一次是2006年7月在北京召开的，第二次是2007年3月在上海召开的。在这两次构思会上,我都作了比较系统的发言,与美方总导演和总设计进行了深入、兴奋的互动。在构思会之外,组委会和中方导演陆川先生也经常就一些文化体现问题对我有一些咨询,直到开幕式举行的前几天。

在这个过程中,我注意到一个有趣的变化。在参加2006年7月北京构思会的时候,我的身份是"文化总顾问",但在2007年3月上海构思会之后,我的身份改成了"艺术总顾问"。原因大概是,组委会从我的几次发言中发现了我在文化研究之外的另外一个身份。他们很奇怪我对目前国际上大型演出趋势的熟悉程度,其实那是我的专业。但是说到底,我在这件事情上的主要贡献还在于文化取舍。

"触及心灵深处的感性冲击力",这是最艰难的寻找

去年的北京构思会,是决定艺术方向的"定调会",非常重要。让我感到轻松的是,这个定调会没有政府部门的官员参加,也没有由谁来传达什么指示。先是美方总导演非常诚恳地表达对中国文化的好奇和无知。他们已经作过一些这方面的准备,问了一些层级不高的问题,例如:中国56个民族是不是必须一个不落地全部出现,最能代表中国历史文化的象征符号究竟是什么,上海文化和江南文化的特征是不是又要用那段《茉莉花》来表现,京剧、功夫和旗袍是必须的吗,保留到什么程度才不会损害中国人的审美底线?

……

针对这些问题,我作了《有关中国文化的几个审美误区》的长篇发言,认为:一、目前被我们习惯运用、又被国际间熟悉的那几个有关中国文化的审美符号,是中国文化衰落时期(主要是清代和近代)的勉强遗存,不能代表中国文化的基本精神;二、这些符号诱使中国文化走向外在的形式套路,只会让国际

社会"猎奇""猎艳",而不是感动。特奥会,是中国文化对于全人类人道精神的参与,必须以人性的感动为核心;三、开幕式少不了大场面,但是要体现感动全人类的人道精神,必须有个体性、情节性、细节性的造型亮点,这需要重新探索和创造,不能永远陷落在大规模广场色彩运动的模式里。

陆川导演和我的意见不谋而合。他非常重视"触及心灵深处的感性冲击力"。在我们的发言过程中,美方总导演不断点头、微笑,表明这正是他们的意思,由中国人从一开始就解除他们的文化障碍,他们觉得一下子就自由了。

但是,这种自由其实也是一种奋斗的开始。那就是需要全力去寻找一种发自人性和心灵的,是中国的、更是世界的,能够在庞大的场面中牵动每个人情感的,既美丽又有冲击力的感性动态造型。

这是最艰难的寻找。

那天晚上,所有的观众都成了那个年轻人,都坐上了那条小船

现在大家看到了寻找的结果。

一个年轻人,一条小船,在漫无边际的滚滚洪涛中挣扎。这个景象让所有的人一看就明白是生命搏斗的象征,而且,对于智力和肢体不很健全的群体,更有一种惊心动魄的感动。蓝色的波涛也由人群组成,他们浮载着又颠荡着年轻人和小船,构成人类社会一种险峻的命运。全场响起了年轻人响亮的心声:"日出而作,日落而息,敢比天命,谁更有力?"这是自勉,又是挑战,挑战磨难重重的"天命"。

终于,有一条红色大船缓缓驶来,这是梦中的企盼,却也可能是事实。幸福迎面而来,希望就在身边,因此,波涛平静了,又汹涌了。但已经有过了红色大船,什么都不再害怕。果然,

心灵天国的金龙出现了,把一颗硕大的宝珠颁赐给了命运的搏斗者。

这是一个有关生命的童话和寓言,却又演绎得那么经典那么壮丽。那天晚上,所有的观众都成了那个年轻人,都坐上了那条小船,因此都感同身受。童话的寓言,就是这样上升到了人生哲学。

这中间,那段"日出而作"的心声,几乎成了整个开幕式的"主题",是我在2007年3月的第二次构思会上提出来的。我当时觉得应该从中国古典中寻找,又必须紧扣特奥会所需要的人生哲学,避免生僻繁琐,便想起了这段话。

同样的文本庄子最先用过,说"日出而作,日落而息,逍遥于天地之间而心意自得"。这后面半句,比较复杂,又与特奥会不贴。我看中的是《击壤歌》文本:"日出而作,日落而息,凿井而饮,耕田而食,帝力何有于我哉?"但太长,我把中间两句删掉了。美国总导演非常喜欢这几句话。接下来的问题是,这里所说的"帝",是"我"日常劳动生活的对立面,应该是指"上天""命运",而不应被误会成"皇帝"。组委会希望我改写成连外国人也能从翻译中一下子就明白的语式,我就在开幕式举行的前几天改写成了现在的四句:"日出而作,日落而息,敢比天命,谁更有力?"这样,也押韵了。

有人问我,是不是选一句儒家或当代名言,更能迎合某种需要?我否定了。我认为首先要切合已经设计的情节情景。再好的东西如果像标语一样硬贴上去,就会搅乱审美气韵。

只要真正感动了,那么,观众就愿意透视任何一个细节

产生更大震撼性效果的,是那段"扶手的长城"。

一大批白衣白褂的中国操练者手持长长的少林棍,百般潇洒、川流不息，无数棍棒齐整拍地的声音清脆动人，响彻全场。突然，他们发现了两位试图艰难攀越高度的残障人士。

于是，就像接到了至高无上的命令，所有的操练者立即放弃各自的潇洒，组接成了一道扶持和救助的长城。攀越者攀得艰难，却发现自己要攀越的高度却在众人肩上。攀越者没有扶手，却发现众人手上的少林棍此刻全都竖立起来，成了自己的拐杖！

那么多纯白的肩膀，组成的长城和通道，那么多整齐的棍棒组成的拐杖的森林，这使两位残障人士的攀越立即成了摄人魂魄的情节高潮。我每次看到这里，总会凝神屏息、热泪盈眶。环视四周的观者，也是同样。

毫无疑问，这是极其罕见的有关崇高和圣洁的"人类场面"。天下没有一个人是充分健全的，人人都是摸着众人提供的拐杖、攀援在众人的肩膀上。而众人，也因为向别人提供了援助而走向健全。

这里也展现了一个让多数广场演出者们苦苦追求的技术性奇迹。场面那么大，人员那么多，怎么才能实现对细节的充分放大，并收拢所有观众的注意力？请看这儿：两个攀越者的任何一个踉跄和趔趄，都牵动了全场的脉搏。由此可见，观众的注意力，由贯通天地人心的人道暖流所维系。只要真正感动了，那么，他们就愿意透视任何一个细节。

有了这一段，整个开幕式就有了"灵犀"，可以让海内外所有观众一点而通了。

伟大的是整体，而不是肢解后的碎块

在这里我要说说经常作为麻烦话题的所谓"中国元素"、"民族元素"和"地方性元素"了。

这些元素是避不开的，但刻意追求，反而小气。有时，这些元素甚至升格为假、大、空的惯常思路，使整个演出失去了独特的精神目标。这次特奥会的开幕式当然也有不少"中国元素"，例如我上面提到的两段表演中，风浪中的《击壤歌》、红船、金龙、宝珠、少林拳棍、太极、八卦图、竹丛，全都是。但是，他们都不是精神目标，我前面说了，精神目标是人类意义上的生命搏斗、人性关爱和互助互生。在这些根本问题上，中国元素只是表达了中华民族对于世界终极价值的参与和创建，虔诚而谦恭，而不是要展示与众不同的民族理念。我们有没有与众不同的民族理念？当然有，但这种民族理念与世界终极价值相比，毕竟低了几个等级，世界上任何一种民族理念都是同样的，我们为什么要降低等级来做这件事呢？

世界著名华人艺术家的出场，当然是必须的，但从一开始我们就取得了一种共识，这是以人道主义为主题的世界特奥会，他们只是以中国人的身份、外貌、名声来参与的"志愿者"，而不是明星和偶像。于是，郎朗把自己的父亲也一起请来了，父亲拉胡琴，自己弹钢琴，为"中国结"的群舞伴奏。但是父亲和中国结并没有遮掩他的钢琴，主角还是他，一个以顶级钢琴王子身份风靡世界的新一代中国人。在他上场前我轻声对他说：中国文化和世界文化如何在新世纪相见而欢？你这个人就是象征。

马友友的大提琴是世界最美的声音。今天，温和东方笑容下的华丽舒缓，与几万观众的哨声组接在一起，变成了一种意味深长的宏大和声。在体育场的夜空下，这种和声感天动地。

谭盾充满生命天籁的那段乐曲，完全突破了近年来中国晚会一味追求"欢庆气氛"的浅薄，濛鸿、忧伤、豪迈，让我们在这万人攒动的体育场中看到了沙漠跋涉者与苍天大地的对话，对自己心灵的询问。

从一开始就反复被问到：要不要出现"上海元素"？我说，

已经在上海了,再卖弄上海,对客人就很不礼貌。有姚明、刘翔这两个杰出的上海男人出场就够分量了。但我一再希望,不管在现场还是在宣传中,都不要强调他们的籍贯。既然中国是世界终极价值的参与者,那么,上海也只是中国整体的参与者而已。伟大的是整体,而不是肢解后的碎块。而且,这种碎块多半是虚假的,因为在交通、信息极其发达的今天,根本不存在纯粹的所谓地方文化。

我这次做"志愿者",自己很满意

我非常佩服美国总导演和设计师们对现场表演空间的高度处理。体育场的大空间最容易变成一个大平面,就像小学生面对一场拼图游戏。这无可厚非,却总免不了团体操式的整体笨拙。按照审美心理学,人类的观赏兴趣不可能长时间弥散在一个庞大的空间中,如果不加分割,很快就会从惊叹、喝彩而走向空乏和疲倦。但是,如果分割,又容易造成整体画面的不平衡。

美国总导演和总设计师是在今年3月份拿出"8"字形流线型表演空间设计的,记得当时一在大屏幕上映出,我们几个就鼓掌了。美国导演和设计师说,这是对我在去年7月份第一次构思会上批评"团体操式大块面色彩运动"的回答,但他们的"回答"是那么精彩,大大超出我们的预期。

这个"8"字形流线型表演空间的设计,大幅度减少了表演人员的投入量。"8"字形的流线之外,都坐着运动员和观众。但是,由于这种简约空间是快速流动的,丝毫没有让人觉得表演人员的欠缺。不仅如此,观众视线也有了流线的依托和对应,反而克服了面对大场面时左支右绌的劳累。这个聪明设计,使表演者和观众既省力又舒畅,大大增加了全场的活力。

在实际演出空间被大幅度省俭之后,背景空间却被极大地调动起来。除了在演出场地席地而坐的世界各国运动员之外，全场七万多名观众手上的小道具如手电、黄扇、绿绸、哨子等等，发挥了很大的作用。观众几乎没有经过任何训练，看到进场时发的那些小道具就知道要做什么，演出时看到别人怎么做也就怎么做。结果大家看到了，整齐的效果让人叹为观止。

更大的背景空间是由灯光、夜空、云彩、烟火和八万人体育场那种不规则流逸上檐所组合成的"九霄幻景"。其中，灯光和烟火又达到了目前世界级的最高水准。

此外，还有大量如节奏的把握、色调的对比、细节的磨砺、整体的合成等等方面，都让我从这些国际艺术大家身上学到很多东西。一年零三个月的时间，我等于上了好几门丰厚的课程。

美国的这几位艺术家，充满艺术敏感又富于创造力，但为人谦虚、平静。既坚持一些基本的文化原则和艺术原则，又乐于随时修改，从善如流。在与他们的合作中，我对于全球化时代的民族文化、中华民族的文化复兴、文化理念的感性造型等等问题有了进一步深入的体验。因此，我这次做"志愿者"，自己很满意。

（原载《解放日报》2007年10月12日第6版）

好人崔永元

鞍山市一位癌症患者：小崔，我们喜欢你不是因为你是名人，而是因为你是好人。

崔永元：做好人比做名人更重要。

8月30日，在浙江嘉兴举行的第五届"全国德艺双馨电视艺术工作者"表彰大会上，获得"德艺双馨"称号的中央电视台主持人崔永元"实话实说"：

"在我的理解中，德艺双馨就是要好好工作，好好做人。恕我直言，德艺双馨应该是主持人的最基本要求，但今天，它却成了这个行业更高的标准，我不知道是该高兴，还是难过。"

好好工作，好好做人。这八个字简单实在，道出的却是深刻的为人之道。

《小崔说事》一位嘉宾患了癌症，崔永元的心揪得很紧

8月30日晚上，北京。敬一丹与记者聊起崔永元，连声称赞，"小崔是个好人"。随之她讲述了一段崔永元鲜为人知的故

事,一段他与一位癌症患者的真情故事。

　　一天,崔永元听到一个消息说,曾做客《小崔说事》的一位叫范伟的嘉宾患了癌症,没钱治疗。虽然这位范师傅在崔永元的节目中只"亮相"了8分钟,两个人的交流非常短暂,但得知这个消息后,崔永元的心揪得很紧。他清楚地记得,范师傅是辽宁省鞍山市的一位普通三轮车夫,有个绝活,就是背字典,无论拿什么生僻的字考他,他都能准确地说出这个字在字典的哪一页、有哪几种解释,所以人们都叫他"活字典"。

　　一定得想办法把"活字典"留住,崔永元当即决定把去年获得的"中央电视台十佳主持人"的十万元奖金,全部送给范师傅治病。回家后,他给十岁的女儿讲了这件事,女儿听后也很支持,她把自己的400元压岁钱也全都拿了出来,让爸爸送给范伯伯治病。

　　崔永元对女儿说:每个人能力有大小,你不用捐那么多。好说歹说,女儿才同意少捐100元。可她总觉得不够,又特意给这位从没见过面的伯伯画了幅漫画,画上有只大锤子,朝前面的"病魔"身上砸去。

　　当十万元奖金、300元压岁钱和这幅漫画交到范伟手中时,"活字典"哭了。

　　因为病痛,范伟一度想放弃治疗,甚至不吃不喝。鞍山市癌症康复协会的冯志国给崔永元打电话,说了范师傅的状况。听了这个消息后,小崔马上赶了过去。

小崔刚走进医院病房,范师傅就冲过来一把抱住他,继而跪在地上痛哭起来。

有崔永元在,悲戚的气氛总会消散。他扶起范师傅,略带埋怨地说:"你啊,不吃不喝,这是撒娇。"一句话,大伙都被逗乐了。劝起人来,崔永元更是有一套,"范师傅,这饭再没味道,也比药好吃吧。丽丽,快给你爸弄点东西吃。"范师傅的女儿端来了一碗牛奶。"来,让范师傅给我们表演喝一个。"当着崔永元的面,范师傅把那一大碗牛奶都喝了。而那时,他已经好几天没吃东西了。

范师傅和崔永元商量,在自己死后,把小崔给他的那些没花完的钱再捐给其他癌症患者。崔永元安慰他说,这事你想得太早,我可不希望你死,我还希望你好了,挣钱还给我呢。

范伟笑了,那是他最后一次绽放笑容。

四天后,崔永元得到噩耗:范师傅走了。

按照范伟的遗愿,他的家人将崔永元捐款的所剩部分,在鞍山市民政局注册成立了一个基金,名字就叫"崔永元爱心基金"。

一封写给敬一丹等人的信,引出一场特殊的拍卖会

鞍山抗癌协会的冯志国,是一位普通警察。过节的时候,他会给贫困的癌症患者送去两斤肉、一斤油;救急的时候,他会送去一点钱、一点药;在患者临终的时候,冯志国会抱着病人,唱着《我的太阳》送他走完人生最后一程……

听到这些故事后,崔永元开始思索该为癌症患者做些什么。

今年6月底的一天,敬一丹、柴静、王志等十几位中央电视台的主持人,都收到了一封字迹工整的手写信。

信中说,"慈善不是富人的责任,我们每个人其实都有能力帮助别人……现在,让我们从救助辽宁省鞍山市的癌症患者开

始。我们也许没有钱负担他们的巨额治疗费,但可以用捐来的钱买一些救助药品,哪怕是临终关怀使用的止痛剂。人可以病死,但不能疼死……好,我们也加入进来吧。让我们一起感受扶危济贫的快乐!"

落款是:"鞍山抗癌协会形象大使?崔永元"。

崔永元在信中提议,每人选一件自己喜欢或收藏的东西,参加在鞍山举办的慈善拍卖,拍卖所得将全部捐给鞍山的癌症患者。

8月15日,带着18件"宝贝",崔永元、敬一丹、鞠萍、和晶,代表其他十几位提供拍品的主持人,来到了鞍山。

崔永元对大家说,今天的拍卖现场不需要眼泪,眼泪对于癌症患者来说,已经太多了。

拍卖自己母校北京广播学院在建院50周年时为自己订制的纪念茶杯,崔永元说:"这杯子有三层珍贵的含义。第一,这对杯子是北京广播学院建院50周年的纪念杯,我的名字被烧在了杯子上,世间仅此一对。第二,是自从我得到这对杯子后,北京广播学院就没了,更名为中国传媒大学了。够珍贵吧!第三,您拍到这对杯子,如果您家住16楼,您从楼上把它们往下一摔,今后这世上就再没这东西了,多牛啊!"

虽然小崔一再强调,这一天,我们不流泪,但当敬一丹拍卖自己的"观众来信"时,很多人还是落了泪。她将十几年来收到的部分观众来信做成了一个纪念册,她指着其中一个画满五颜六色图画的信封说,那是贫困山区里的一个孩子给她寄来的信。那年她去采访,发现有个孩子画的竹子都是蓝色的,后来才了解到,不是孩子不知道竹子是绿色的,而是她没钱买彩笔,只有蓝色这一种颜色的笔。节目播出后,孩子收到了来自全国各地好心观众寄来的彩笔。她抑制不住喜悦,给敬一丹写了封信,信封上的太阳也被涂成了绿色。那不是孩子不知道太阳的颜色,那是她表达快乐的方式。

就这样,欢笑伴着泪水,经过三个小时的特殊拍卖,18件拍品,为鞍山癌症患者筹集了597600元。从那天起,"崔永元爱心基金"也有了新名字——"央视主持人抗癌基金"。

从崔永元手里接过拍卖所得款现金时,鞍山抗癌协会会长杨会生说:"我现在真想大哭一场,但小崔不让哭。小崔,我们喜欢你,不是因为你是名人,而是因为你是好人。"

"做慈善是帮助别人,也是拯救自己。"

9月1日晚上,记者终于有机会与崔永元面对面,但他不肯多说自己帮助癌症患者的故事,他更多表达的是对慈善事业的思考。

不久前他参加央视的"圆梦行动"去宁夏,帮一位叫马丽的贫困学生筹集上大学的路费和学费。下了飞机,在去马丽家的路上,崔永元想,那孩子肯定一脸愁容,见到他就会抱头痛哭。可没想到,迎接他的不是泪水,而是灿烂的笑容。

马丽一点都不怕生,拉着崔永元有说有笑地往家走。一路上,看到有蚊子落在崔永元的脸上,小姑娘就用巴掌拍他的脸,帮他赶蚊子。挨了好几下"打"的崔永元,被小姑娘的快乐、率真感染了。

马丽家境贫寒,两间土房岌岌可危,屋子里满墙糊着旧报纸,什么像样的家具都没有。就在这样的条件下,马丽却说,我们家虽然小,但每个角落都特别温馨。她的继父话不多,一直在旁边看着。但当崔永元快离开时,他马上掏出钥匙,从柜子里掏出了一大堆马丽的获奖证书。

崔永元问马丽:"你为什么总能那么快乐?""我一直这么快乐啊。""你考上大学,但没钱念,也快乐?""可我一直在努力啊,我相信总会有办法的,这不,你们就来帮我'圆梦'来了。"

临行前,崔永元对马丽说:"本来这次我来是想鼓励你的,没想到却被你鼓励了。"

崔永元这样理解慈善的意义:做慈善是帮助别人,也是拯救自己。在他看来,对做慈善的人,不要一个劲地夸他们,相信他们也从中得到了很多,比如乐观的心态、宽容的心境、不屈的意志,这些都是帮助别人时所收获的珍贵礼物。

还是参加"圆梦行动",崔永元见到了姚明资助的一个孩子。孩子说,他一生都要感谢姚明。崔永元告诉他,不用,其实姚明还要感谢你呢,我在采访中不止一次看到姚明在重复你的话——没有比人更高的山,没有比脚更长的路。这是你教给他的,是财富。

"见到捐助自己的人就下跪,这是悲剧。"

"慈善不是作秀",乐于做好事的崔永元一直很低调。

据他的同事透露,这些年来,崔永元给慈善机构捐过不少钱,还先后资助了二十多位学生。每次捐款,他都只有一个要求,就是不要宣传。

那是1988年的一天,当时还在中央人民广播电台《午间半小时》工作的崔永元正在拆看群众来信,一封信里隽永的字体吸引了他。那是一封高三学生的来信,信中说他马上要参加高考了,但是家里很穷,即使考上大学,也没钱读。他写信来,就是想在回乡前和他所喜欢的电台节目告个别。

看了这封信,崔永元想,这孩子的字写得这么好,学习成绩也应该很好吧,如果就因为缺钱上不了大学,太可惜了。他马上拿起电话按学生所留的地址和学校联系,核实情况后,崔永元决定资助这个学生。后来那位学生考上了黑龙江大学,崔永元先后资助他学费生活费共3000多元,直到他大学毕业。

转眼,十年过去了,崔永元从幕后走到了台前,成了人们喜爱的主持人,而他也把做过的这件好事忘得差不多了。1998年,当他到黑龙江为自己的新书《不过如此》作签售时,一位老人突然跪在他面前,接着便哭了起来。后来才知道,这位老人正是他资助的那位学生的父亲。他特意赶过来,就是要当面感谢这个改变他儿子命运的人。

后来,崔永元每次到黑龙江,那位受过他资助的年轻人都会买贵重的礼物去看他。那一次,他又提着大马哈鱼子来了。崔永元看出来了,年轻人这样做是在不断地还债,他总觉得自己欠崔永元的,一直背负着感恩与还债的双重心理负担。

崔永元说:"挣钱了吗?挣钱了就把钱还我吧。"年轻人立即从兜里掏出了3000元,交给小崔。"两清了,你不再欠我什么,以后我们都放下包袱,各自过好自己的生活。"说完这些话,小崔没再与他联系过。

这么多年,无论是资助贫困学生,还是关怀癌症患者,崔永元最怕别人给自己下跪,在他看来,见到捐助自己的人就下跪,是悲剧,这说明我们现在的慈善机制还不够完善。

在采访中,崔永元对记者讲起一位在美国工作的同学的亲身经历。那位同学的父亲在美国得了病,治疗需要5000美元。医生问,你愿意承担这笔费用吗?得到"不愿意"的答案后,大夫就拿出一张慈善机构的表格请他填写,填好后,这笔治疗费用就由这家慈善机构来付。不过,从那天起,那位同学要从每个月的工资中捐出1美元给这家机构,直到他丧失工作能力为止。

在崔永元看来,理想的社会慈善机制是每个人都愿意无私地去帮助别人,而在自己身陷困窘时也能理直气壮地去寻求帮助、领取救济,从而形成一种健康、积极的循环。让施者与受者更为坦然,让眼泪少些,让下跪少些,让"一辈子感谢您的大恩大德"这样的话少些,我们的慈善机制才会真正完善起来。

做好人比做名人更重要;做好人,但不是做老好人

"做好人比做名人更重要。"崔永元这样理解好人与名人的关系。

从《午间半小时》到《实话实说》,再到《小崔说事》《我的长征》等,无论做哪个节目,崔永元都以"先做人,再做节目"为座右铭。为此,他和他的同事们做了很多与采访无关的事:他们不但把每位来到《实话实说》《小崔说事》的嘉宾都当作自己的朋友,还与嘉宾保持长期的联系。哪怕外地的嘉宾想托他们在北京帮着买本书,他们也会特意去跑一趟书店。而有嘉宾的亲戚来北京,托他们帮着买火车票,他们也不嫌麻烦。

每年岁末,节目组都要给所有嘉宾寄一张贺卡,贺卡上写道,"没有你们,就没有我们节目的今天。直到今天,我们还记得你们,感谢你们。"

做《电影传奇》,崔永元和一些老电影演员也结下了深情。老演员离世,没钱安葬,小崔出钱;中秋节快到了,他早早买好月饼和酒,让剧组工作人员挨家挨户地送到老演员手中,老人们乐得逢人便讲,"小崔给咱家送月饼了"。

耳濡目染。和崔永元一起做系列纪录片《中国大使》的编导们,虽然都是20多岁的年轻人,但"先做人,再做节目"也烙

印在他们的心里。到大使家采访,看到窗帘坏了,几个年轻人就抽空跑到市场把窗帘修好,再拿回来给挂上。大使们一般都不愿意对着镜头讲述那些历史钩沉,但是面对这样一群真诚、善良的媒体人,他们都放开了讲,每位大使都录制了20小时以上的节目素材,每个人所说的话都被整理成超过120万字的文字资料。

敬一丹等主持人说,这些年,小崔把好事做了一路。而在今年年初结束的大型电视活动《我的长征》中,也是一路行走,一路行善。有这样一串数字:一路上节目组筹集慈善捐款1500万元,帮助了230所学校,新建了20所小学,慰问了360多位老红军,修复了多个无名烈士墓……

心地善良的好人,必然也是充满着社会责任感的正义之士。

一次,崔永元带着女儿去电影院看电影,他在路边按照工作人员的要求停好了车,但当电影开演前,银幕上打出字幕提醒观众,路边停车是非法的,要把车停在电影院的地下停车场,如果车子停在路边发生什么意外,影院概不负责。

崔永元对女儿说,你先自己看,爸爸去办点事。说完便来到电影院的办公室。他问工作人员,为什么路边指挥停车的人穿着和影院工作人员一样的制服?你们明知他们违法,为什么不管?人家说,我们也管不了啊。听了这话,崔永元愤怒了:怎么管不了?我都能管,现在就打110,保证一天内就能解决。

当110来处理完这件事后,回到放映厅里,电影已经放了一大半……

"做好人"的教育太弱,国民素质亟待提升

"管闲事的人少了,做好事的人还能多吗?"小崔讲起在国外的一些见闻。每次到日本,他都觉得日本人特别热情,向他

们问路,他们往往会放下自己手里的事情,亲自带路。他就此请教了东京大学的一位教授。教授说,在日本,孩子从小就受到这样的教育,当别人有求于你时,他一定是遇到了特别大的困难,所以要尽力去帮人家。而且,帮助别人会让自己感到更快乐。

相比之下,崔永元觉得,我国对于"做好人"的教育太弱,我们的国民素质亟待提升。

在自己的家里,这种"做好人"的教育一直是崔永元的追求与坚持。

尊重别人,这是崔永元对女儿的最基本要求。女儿很乖,饭桌上,她会主动给保姆夹菜。搭乘电梯时,她会主动问候电梯司机。但有一次,进了电梯,女儿却没有向阿姨问好。事后崔永元问她为什么不问好,女儿回答,今天我有点累。崔永元对女儿说,"向阿姨问好,是觉得她们很不容易,你看,我们在外面玩时,她们只能呆在这么小的电梯间里,我们应该向她们表达我们的谢意,要发自内心地感谢,要不然,就不要问好了。"

渐渐地,女儿懂得了尊重的真义。

有人说,名人的孩子往往不好管教,常常因为头上顶着父母的光环,而丢失自己的本真。

有一次,崔永元带着女儿参加了一台为贫困孩子捐款的晚会。别人知道她是崔永元的女儿,都围过来,有的小朋友和她合影,有的让她画画。回到家里,崔永元发现,女儿没事就把晚会的录像拿出来看,而且老看有她镜头的那段。他觉得这样很不好,所以以后不管别人怎么邀请,他都拒绝带女儿参加任何公开活动。

如今,崔永元的女儿已经 11 岁了,她没有任何优越感。

崔永元潜移默化地影响、教育着女儿,反过来,女儿也充当起爸爸的"教员"。

乘扶梯时，当看到爸爸不小心站到左侧时，女儿会揪揪爸爸的衣襟，小声提醒："爸爸，您又忘了，左行右立，要把左面的道路让给那些有急事的人。"

崔永元的床头，一直挂着女儿的一幅画，画上是一个大大的禁烟标志，还有一行醒目的粗体字——"为了中国，管管这些吸烟者吧！"

（原载《解放日报》2007年9月14日第21版　记者尹欣、陈俊珺采写）

易中天动向

央视"百家讲坛"主讲人之一易中天,凭借"以故事说人物,以人物说历史,以历史说文化,以文化说人性"的独特风格,广受关注。

去年11月,易中天曾与《解放周末》进行了长篇对话(见2006年12月22日《文化的温度》)。八个多月过去后,易中天的温度依然很热。

此番,在上海书展开幕前夕,易中天再度接受《解放周末》独家专访。

傍晚时分,易中天如约而至。

从轿车里跨出来的他,穿着简朴,戴一副黑色墨镜,三两步闪进酒店大堂。七八米开外,两个路人仍旧一眼认出他来:"是'品三国'的易中天啊!"

八个多月前,《解放周末》第一次专访易中天时,他还大大咧咧地独自"闯"入酒店大堂。在与我们"接上头"之前,他就"豪迈"地杵在大堂中间,东瞅西瞧,一只手里还提着为上电视节目准备的行头——一灰一白两套中华小立领。

随着《百家讲坛》"品三国"系列热播,著作《品三国》上下两册热销,如今,易中天出门已经不得不墨镜"伺候"了。

阔别八个多月,易中天有何新动向?面对我们的好奇追问,易中天还是那样快人快语、实话实说。

像刘德华这样的艺人也喜欢历史文化,这本身就证明了民族文化的魅力

前一段时间,娱乐圈爆出新闻:香港演艺界"天王"刘德华疯狂迷上央视《百家讲坛》,曾40个小时不出门不睡觉地看易中天的《品三国》,并且打算购买版权,还要亲自为粤语版《品三国》配音,做成DVD分送给香港各学校的图书馆。

有人说这是文化事件,也有人视之为娱乐趣闻。说起此事,"被迷上"的当事人易中天笑称"高兴",他对《解放周末》说:"作为一名文化的传播者,传播的面越广,我们越有成就感。特别是像华仔这样的忙人,也能够喜欢看《百家讲坛》,而且还愿意帮助推广,在我看来,这对传播中华文化来说大有好处。"

然而,对于这样一件能助推中华传统文化传播的好事,却有人不以为然,甚至把港台娱乐明星喜欢《百家讲坛》、喜欢《品三国》与节目娱乐化画上了等号。易中天不紧不慢地给出他的见解:"要我说,娱乐界的艺人喜欢历史文化,这本身就证明了我们民族文化和祖国历史的魅力。"

说起华仔为补习历史知识而看《品三国》,易中天还挺钦佩华仔的敬业。在与一些台湾、香港地区艺人的接触中,易中天深深感受到了他们身上的敬业精神,"有一次,我在陕西韩城,有一段路与赵文瑄同行,他一路上都在看一本叫《司马迁和他的时代》的书,因为他正要去做一档纪念司马迁的谈话节目,他是在提前做功课呢!"

这次，活跃在粤语地区的刘德华拿"品三国"做功课，不仅对易中天，对《百家讲坛》而言，都算得上是意外的惊喜。"过去我们对粤语地区一直没有把握，因为讲粤语的人一般不会看普通话节目。"易中天这样解释。

如今，这种不期而至的变化，使得这群倾力普及中华民族文化的人们，收获了感动，收获了欣慰。

上个月，易中天刚刚去了一趟港澳地区，除了慰问驻港驻澳部队、参加香港书展的一系列活动，他的另外一大收获就是发现港澳地区的居民现在也看内地节目。

这趟赴港期间，有一次，正在饭馆吃饭的易中天遇到一对热情的中年夫妇，他们用很生硬的普通话与他打招呼："你系（是）不系（是）易告袖（教授）啦？"

见势，易中天也操起广东腔的国语跟他们打趣："系（是）啦！"

中年夫妇说："我们很中意（喜欢）你的节目啦！"

易中天就问他们怎么能看到《百家讲坛》的节目，他们说："中央系（四）套啦。"

"你们不是听不太懂普通话吗？"易中天更好奇了。

他们回答："有剧目（字幕）啦。"

港澳地区的许多"乙醚""易粉"，就是看着字幕，认识了易中天，喜欢上了他说历史的独特风格。这些观众的热情，让易中天颇感惊喜。惊喜，不仅为自己的高知名度，更是为港澳同胞对祖国文化的认同。"要我说，《百家讲坛》能在港澳地区受欢迎，也证明了一国两制的成功。在香港回归之前，香港人对于内地的文化和节目恐怕没有这么浓厚的兴趣。他们现在认同祖国文化，这是非常值得肯定的。"

文化是什么？是融化在血液里的天然联系。中华文化就流淌在所有中国人的血液里。在易中天看来，这种天然的联系是无法割断的。他给我们讲了一件在香港碰到的意味深长的趣事："我们一起参加书展的两岸三地和新加坡的华语作家们聚集在一起，其中有一餐饭我们可以自由点菜，结果大家居然异口同声地说'喝粥'。当时我就跟他们开玩笑说，阿扁还搞什么'去中国化'，一碗粥就把他打败了。当时两岸三地的作家哄堂大笑。"

文化带来的维系，不仅去不掉，还会随着时间的推移越来越紧密。目前，台湾方面正在积极地与易中天联系，希望他到台湾巡回演讲，把三国这段属于所有中国人的历史，也带到台湾，与台湾的读者、观众一同品味。

在《百家讲坛》，还将讲些什么

今年7月8日，《百家讲坛》再现易中天挥斥方遒。一时间，短信、电子邮件、BBS留言纷纷传说："易大佬重出江湖了！"

原来，在《百家讲坛》，易中天有个"广为流传"的称号——"易大佬"。从2005年开讲《汉代风云人物》，到2006年开题并陆续讲到现在的《品三国》系列，易中天已是《百家讲坛》横跨三个年度的"元老级"主讲人了，"大佬"之称可谓当之无愧。

然而，在今年央视春节联欢晚会之后，易大佬品三国，又多了个别名——"公鸡下蛋"。话说今年春晚，赵本山出演小品《公鸡下蛋》。大年初一一大早，易中天就接到朋友打来的电话："恭喜你上春晚了。"易中天倒是反应敏捷，不温不火地接着把朋友的玩笑开下去："我就是那只下蛋的公鸡。正一只爪子接电话，一只爪子练签名呢！"

"公鸡下蛋"之说由此传开。

要问这"公鸡下蛋"作何解释，《百家讲坛》另一位主讲人马瑞芳说得好：过去只有赵本山们演小品时观众乐不可支，现在专家讲史也令大家边听边乐，这可不是"公鸡下蛋"？

一次，易中天向同样主修中文、却跑来讲历史的王立群发问："你学中文的讲历史，不觉得是公鸡下蛋吗？"

"那是你先下的呀。"王立群答。

易中天说："是啊，我就是公鸡下蛋。今天我疑似主持人，是公鸡下鸭蛋。"又问王立群："还下吗？"

王立群说："下！"

易中天说："对，下自己的蛋，让别人说去吧。"

这一回，公鸡又下新蛋。《品三国》系列的最后一部，正由央视陆续播出。有热情的观众每天伸着脖子盼周末，可到了周末播《品三国》的时候，又有点儿沮丧，因为这一部播完之后，《品三国》系列就全部结束了。

是谢幕，还是新的开场？

面对我们的提问，易中天摇了摇头："暂时不会再讲了。我需要休整一段时间。"

目前，《品三国》系列总共52集的录制任务已经全部完成，易中天掰着手指头认真算着播出进度，"到9月初就该播完了。"

"还剩下的一个月会播些什么？"我们带着遗憾，继续追问。

"蜀六集，吴六集，现在在讲孙权，从他的崛起一直讲到灭亡。"易中天又开始仔细核对集数，小心翼翼地给观众最后的预告，"最后还有四集，是我对整个三国这段历史的总结，关于如何看这段历史、如何看这段历史当中的人物，在这里面，我会提出一些比较新鲜的观点。"

这最后四集将是《品三国》系列的精华所在，"第49集是从整个中国古代制度史的角度来看三国，提出了一个观点，三国是一段历史的插曲；第50集，我会讲一下这段历史插曲的形成；第51集百年孤独，总结了诸葛亮的四种精神——心系天下的国士精神、审时度势的务实精神、鞠躬尽瘁的负责精神、公正廉明的法治精神；第52集会讲一讲为什么曹操会变成鬼，诸葛亮会变成神。"

易中天回忆着，在最后一集的录制现场，当他充满深情地讲："52集大型跨年度系列节目《品三国》全部讲完，谢谢收看！"节目的执行主编张长虹在楼上导播室里，哭了。

正如马瑞芳所说，像《百家讲坛》这样的平台，任何一位学者"上课"都是偶然，"下课"都是必然。在《百家讲坛》，甭管哪位教授，甭管讲得多精彩，一个专题讲完就"下课"。

此前，《百家讲坛》曾安排若干主讲人一起讲经典。一人一集录完，就意味着除仍接续之前录节目者外，集体"下课"。《百家讲坛》是铁打的营盘流水的兵，不断从全国挑选新主讲，一轮又一轮新陈代谢。《百家讲坛》节目也随之新旧更迭。

是暂时"下课"，还是就此告别？

在我们的一再追问下，易中天终于"独家透露"：《百家讲坛》栏目组正在策划与他的新一轮合作，但因为他强烈要求好好休息一段时间，所以具体如何合作，目前还未与他正式沟通。

应接不暇的，是来自国内外的邀请

易中天是真的渴望休息。

采访中，想给他沏杯茶，他却怕影响晚上的睡眠，坚持用果汁替代。

"这段时间我强烈要求休息,可实际效果是'休而不息'。"如今,易中天就像一只高速旋转的陀螺,想停都停不下来。

武汉、长沙、徐州、乌鲁木齐、福州、深圳、无锡、苏州、杭州、镇江、襄樊、北京、上海……北京大学、复旦大学、中山大学、厦门大学、北京理工大学、中南财经政法大学、新疆大学、成都大学……

只消上网随便一查,在易中天的名字后头就能找到数十个城市和大学的名字,所到之处,不是演讲就是参加学术活动,而这些还仅仅是他近期的行踪。

邀请,已不止来自国内各地,还有来自国外的。就在录制最后一部《品三国》期间,应中国驻洛杉矶总领馆的邀请,受中国海外交流协会的派遣,易中天去了美国洛杉矶、旧金山、波士顿、纽约四个城市,在伯克利大学、哈佛大学、哥伦比亚大学和海外华人社区,先后作了五场演讲。所到之处,都大受欢迎。

最让易中天感动的,是在哈佛大学的那场讲演。"哈佛的演讲题目我定的是《我读先秦诸子》,当时邀请方非常担心,这么学术的题目,谁会来听呀!但是我坚持要讲这个。因为中华文化对海外的传播,光是通过餐饮、武术、杂技这些形式是远远不够的,还需要有思想的输出,而先秦诸子的思想正是中国人智慧的结晶,是中华民族文化心理的血脉和根源,是我们民族文化的精华所在。"

演讲定在那天晚上6点半开始,到了中午,主办方向校方询问,到时候会有多少人来听,学校的老师们都是一脸苦笑。当晚,波士顿下起了大雨,可让人惊讶的是,晚上6点,能容纳400人的燕京图书馆大礼堂已塞满了从各地赶来听演讲的人。为了添加座位,演讲不得不推迟到7点半才开始。正式开讲时,走道上、阶梯上、讲台前的空地上都坐满了人,这种盛况在波士顿中文讲坛上实属罕见。而易中天的演讲也没有让大家失望。从孔子的"一颗爱心",到孟子的"一股正气";从墨子的"一腔热血",到韩非子的"一双冷眼";从老子的"无为无不为",到庄子的"无为之用",再到荀子的"科学的进取心",他用精辟而通俗易懂的语言,将先秦诸子的思想一一呈现:

"读孔子见'恻隐之心',得'仁爱精神';

读孟子见'浩然之气',得'义勇精神';

读老子见'玄妙之智',得'辩证精神';

读庄子见'通透之慧',得'超脱精神';

读韩非见'直面人生',得'现实精神';

读荀子见'事在人为',得'自强精神'。

所有这些加起来,就是先秦诸子的精神,也是我们民族的不朽精神!一个人,如果能有孔子的'仁爱',孟子的'义气',老子的'明智',庄子的'聪慧',还能够像墨子那样'身体力行',像韩非那样'直面人生',像荀子那样'自强不息',那可真是了不得!"精彩的讲演赢得全场掌声、笑声不断。

第二天,美国当地的海外华人媒体,都对这场演讲作了正面报道,如此一致的高度评价,是给主讲人易中天的,也是向中国先贤的智慧致敬。

此后的香港书展之行,易中天亦庄亦谐的演讲风格、敏锐细致的洞察力、机智幽默的现场应答,也赢得了当地观众、读者的认可。

在此期间,易中天还应邀前去慰问了驻港驻澳部队,并向部队官兵赠送了以《百家讲坛》节目为主的光盘和《品三国》上下两册图书。他还特地为驻港驻澳部队作了一场主题为《文化与发展》的演讲,收获了一批军营"乙醚"。

说起一场又一场爆棚的演讲,易中天不提辛苦,却总是千方百计为现场听众着想。为了让最后一排的听众也能一睹"真的"易中天,他几乎都会坚持站着完成演讲,常常一站就是几个小时；为了照顾没有座位的老年听众，他会把为自己准备的座椅搬下去，让给老人；为了让更多远道而来的听众能进入现场，他还曾邀请过道上的听众坐到主席台上，尽可能地腾出空间来，让进不了场的观众少些，再少些。

应接不暇间，点滴细微的举动，彰显着文化与文化人的魅力。

为报师恩，义拍新书《易中天读史》

藏青色织锦缎面的函套，四册宣纸印就的繁体直排线装书本整齐地摞在其中，函套上，书名是著名书法家周慧珺题写的，印章则是篆刻家茅子良雕刻的，每一处细节都散发着艺术之美。

当易中天捧出这套"新鲜出炉"的《易中天读史》时，古朴典雅的设计一下子把我们吸引住了。

这套四册线装本图书，正是上海文艺出版社特意赶在上海书展前推出的限量版《易中天读史》。在这套书中，收入了从易中天已出版的除《品三国》以外的书中精选出的八篇品评历史与历史人物的文章，字里行间，充盈着一个知识分子的文化智慧和深切的历史责任感。

就在今天，在上海书展现场，四套特殊印制，编号为06、07、08、09号的《易中天读史》将被公开拍卖。"这是一次义拍，我、上海文艺出版社和拍卖公司三方，都将把拍卖所得捐赠出去，设立胡国瑞奖学金，用于奖励品学兼优的贫困学生。"

为何要设立这样一个奖学金？易中天为我们娓娓道来。

原来，已故的武汉大学教授胡国瑞先生正是易中天当年读研究生时的导师，他是中国著名的古典文学专家，同时也是上海文艺出版社的老作者。上世纪80年代初，他在上海文艺出版社出版了《魏晋南北朝文学史》，这是中国第一部断代文学史。"当时文学界的评价极好,这本书也是我读研究生时的教材。由于先生与出版社的关系,我的硕士论文《〈文心雕龙〉美学思想论稿》就由他推荐给上海文艺出版社出版,并亲自作序。那是我的第一本学术著作。"

明年恰逢胡国瑞先生诞辰100周年,同时也是逝世10周年纪念,为报答导师的知遇之恩,易中天希望能用这次拍卖筹得的款项,以先生的名义设立一个奖学助学金。曾经在新疆生产建设兵团生活了13年的易中天,深知挨饿、受苦也念念不忘读书的滋味,能用这笔基金扶助贫困学生,是报答师恩,也是对社会的一种报答。

今天将被公开拍卖的四套特制图书,还以特殊的形式,融入了易中天对胡国瑞先生的感怀之情。"书的扉页会有一个拉页,这个拉页将由我书写胡先生的一首词。这首词是先生和师母金婚50周年时作就的。先生的家里种了一棵橘子树,那天,树上结满了红色的果实,先生和师母在绿树、金橘下拍了一张合影,先生即兴写就一首《鹧鸪天》。"说着,易中天一字一顿,吟诵起先生的词作:

莞尔胼肩两妪翁,
艰难五十岁年同。
今朝共向绿荫下,
消得枝头满树红。
身外事,
马牛风,
人生何处计穷通?
尘间信有神仙侣,
修短盈虚一笑空。

一曲吟罢,易中天感慨万千:"一笑皆空,这是何等的境界与胸怀!就是这等胸怀,先生在世时激励、教育着我,现在依然激励、教育着我,使我能够走过了这么多年的风风雨雨。这一两年来,我身上得到的赞扬、批评、追捧、责骂,什么都有,为什么能走过来?就是因为有先生的风骨不断给我力量。"

如今,易中天把这等风骨与境界题写在书中,"希望对拍得这些书的人,对他们的人生也是一种激励。"

易中天要为胡国瑞先生义拍并设立奖学金的消息,传到了胡国瑞先生的遗孀、92岁高龄的沈佩珍女士那儿,她异常激动,执拗地要求亲临义拍现场并发言。

拍卖就在今天举行。在这份沉甸甸的情谊面前,最后拍得的价款数目已然不那么重要了,感恩的心,已被铭记。

十卷本《易中天文集》有望明年出版

在上海书城文艺类图书最近一周的销售排行榜上,《品三国》下册仍旧领跑。上海文艺出版社社长郏宗培告诉我们,《品三国》下册目前已经印到170万册,而《品三国》上册的印发数已经超过225万册,实现销售共达380万册,"现在仓库又告急了,我们马上还得继续加印。"

书籍热销、节目热播,易中天以往平静的生活也因此被打乱,原本在大学校园里做学问、带学生的教授,一下子成了拖着行李满天飞的大忙人。已是耳顺之年,本该是颐养天年的年纪,可易中天却被逼着过上了争分夺秒的日子。"我现在每到一个地方,都会要求对方打出一张时间表,具体到几点几分,我都要清楚干什么,这样我才能倒计时,安排好我要做的事情。珍惜时间的人,应该是会安排时间的人。"

录节目、跑演讲、签售图书、接受采访……不善推脱的易中天,每天被这些活动推着跑,行程紧凑时,一天只能睡上四五个小时，更别说睡懒觉了。

属于自己的时间这么少，还能专心著书吗？

对此，易中天坦言："最近太疲劳了，要创作新的作品确实比较困难。"但他一有空闲，就会潜心整理自己的旧稿，"我计划在今年下半年，请上海文艺出版社出版我的《易中天文集》10卷本。"

在这十本文集中，除了收录大家耳熟能详的易中天品史类著作，还会收集许多不为广大读者熟悉的作品。易中天向我们透露，十卷本中的第一卷书名叫做《高高的树上》，收集的是他的文学作品，包括诗歌、散文和一部短篇小说、两部中篇小说。其中有一部分是从未公开发表过的。

采访接近尾声时，我们问易中天，最近有什么新的思考。他打趣地说："我在思考如何减负的问题。很多朋友说，我品三国的时候老说要给诸葛亮减负，现在也该给自己减负啦！"

采访中，易中天的言谈还是那般机敏而风趣，坦率又有分寸，但神情的疲惫显而易见。他无奈地感叹："你们看我现在这个状态，还有幸福感可言吗？没了。还有生活质量可言吗？也没了。所以，我接下去赶紧要做的事情，就是放慢生活节奏，多留点时间给自己，看看书，睡睡觉。"

为了给易中天留足睡眠时间，我们赶紧结束了采访。送行的路上，又有热情的观众认出他来，兴奋地喊"易老师"。礼貌地回礼，耐心地签字，临别时的易中天，可爱，又让人有些心疼。

（原载《解放日报》2007年8月17日第21版　记者吕林荫、林颖采写）

批评总要讲事实

易中天

"实事求是,是正派学人的基本品格;自作聪明,是酸腐文人的不良习气;诬人清白,是无耻小人的惯用伎俩。"

易中天先生授权《解放周末》发表的这篇文章,针对当前一些不负责任的批评现象,着重指出:批评要有原则,批评要讲事实,决不能凭借"坊间的传说"横加指责。

我曾多次表示欢迎批评,也一向认为批评是公民的权利。但是,批评也有原则。关键就是要实事求是。比方说,你批评某个人的观点、说法,也得人家有这观点、是这说法才行。总不能自己编造一个,或者道听途说,强加于人,然后大张挞伐吧?

然而,就连这样一种起码的要求,有时也是奢望。不信请看下面这段话:

靠"百家讲坛"的一部《品三国》成名的易中天,最近又开课了,还是保持他那赖以成名的颠覆传统的一贯风格,这次又把矛头对准了诸葛亮。在重新解读诸葛亮的时候,他说在擅权这方面与曹操并无两样:都是"虚君实相"。而我们认识的"鞠躬尽瘁,死而后已"的诸葛亮只是小说中的人物,坊间的传说,是不足为凭的。

这段话,发表在 2007 年 7 月 10 日上海一张报纸上。作者大兴问罪之师,言之凿凿。可惜都是"莫须有"。

就说"矛头对准诸葛亮",是事实吗?不是。事实是,我在《品三国》节目的第 51 期《百年孤独》(预计 8 月 26 日播出),总结了诸葛亮的四种精神:心系天下的国士精神,审时度势的务实精神,鞠躬尽瘁的负责精神,公正廉明的法治精神。这难道是贬低,是故意做"翻案文章"?

再说"在擅权这方面与曹操并无两样"。这话我说过吗?没有。节目里没有,书里也没有。说诸葛亮"擅权"的人是有的,可惜那是别人,不是我,不能栽到我的头上。

至于"虚君实相",这与"擅权"并非同一个概念。在我看来,诸葛亮的这种做法可能是"一种制度性的改革",即"皇帝做名义上的国家元首,象征国家的主权和统一;丞相做实际上的政府首脑,负责政策的制定和执行"。而且我还说:"若如此,则无疑是当时最好的制度。"(《品三国(下)》第 272 页)这是"矛头对准诸葛亮"吗?拜托了,这是高度肯定耶!

还有,"鞠躬尽瘁,死而后已"的诸葛亮"只是小说中的人物,坊间的传说,是不足为凭的",这话我说过吗?从来没有。相反,我在节目中说得很清楚,即便《后出师表》不是诸葛亮所写,这八个字仍然足以代表他的精神(第 51 期《百年孤独》)。因此我总结的四大精神中,就有"鞠躬尽瘁的负责精神"一条。那位作者的这个说法,不知从哪里听来的,莫非真是"坊间的传说"?

实际上，凭借"坊间的传说"对我横加指责的大有人在，编造我各种"言论"的也很不少。前不久，偶然在网上看到一篇题为《易中天在新疆》的文章，就发现有人编造我在新疆博物馆的言论，而且十分离谱，把我反对的意见硬说成是我的，让我哭笑不得。所谓"树欲静而风不止"，大约如此吧！

实事求是，是正派学人的基本品格；自作聪明，是酸腐文人的不良习气；诬人清白，是无耻小人的惯用伎俩。何去何从，诸君自重。

（原载《解放日报》2007年7月27日第13版）

理直气壮地弘扬龙的精神
——对话韩美林

　　这是一个深入我们民族灵魂的观点。

　　从来不需要提起，因为它是一种根深蒂固的存在，流淌过千载岁月。

　　时时被我们提起，因为它是那么自然而然的流露，浸润着日常生活。

　　今天，重申这个观点的理由是，6月19日，杭州钱塘江畔，全国最大的青铜龙雕塑"钱江龙"傲然出世，气势恢弘，极目远方。

　　古老的东方有一条龙，
　　它的名字就叫中国；
　　古老的东方有一群人，
　　他们全都是龙的传人。
　　巨龙脚底下我成长，

长成以后是龙的传人。
黑眼睛黑头发黄皮肤,
永永远远是龙的传人。

——摘自歌曲《龙的传人》

一切光荣和骄傲,都来自母亲

"钱江龙"是韩美林最投入心血的作品之一。除去前期构思,光设计图纸他就花了半年多时间。先在北京做出了1∶10的模型,尔后把模型送到山西制作。在一年多的铸铜过程中,韩美林几次赶到山西,亲自"守"着。

如此全情投入,有人不解,有人理解,又为着他的健康而劝阻。面对不解或劝阻,韩美林只有一句话:"钱江龙"是我"儿子",我的"儿子"我能不操心吗?

有时,韩美林不必开口,人们一看就已被感动。看韩美林为了"钱江龙",一趟趟奔山西、赴杭州,那么拼命。宋雨桂、冯大中这些信奉"美林活着,本身就是贡献"的好友,实在担心他的身体。朋友们一合计,决定专程去趟杭州,目的就是劝劝韩美林"别太拼命了"。

抱着"一定要把美林从工地拉回家好好养着"这个坚定信念的宋雨桂,从安徽芜湖赶到了浙江杭州。到钱江畔,一看到那还搭着脚手架的"钱江龙",来意顿时被两个字——震撼——而颠覆了。良久,温柔地感慨地说道:"美林,龙要做下去,你也要悠着点。"

韩美林无法"悠"着。因为他早就把创造龙的形象、弘扬龙的精神,当作一种使命、一种责任、一种对传统文化的深深敬意。

解放周末:"中国第一龙"已不是您创作的第一条龙了,您的作品中活跃着许多龙的形象,为何钟情于龙?

韩美林:在中华民族古老而悠久的历史中,龙是一个最引人注目的象征物。闻一多先生曾经说过,龙是中华民族"发祥和文化肇端的象征"。几千年来,龙一直作为中华民族的形象被世人认同。中国人也常为自己是"龙的传人"而感到激动、奋发和自豪。龙的形象更是渗透到了社会生活的方方面面,成为中华文化的一个符号、难以割舍的一段情结、血脉相连的一种情感。正是这样的情结和情感,催促着我不断创作龙的作品。

解放周末:您是把对传统文化和民族文化的态度与情意,寄寓于龙了,可以这样理解吗?

韩美林:是的。中国人什么时候都不能忘了自己的民族,忘了中华文化的传统。我酷爱民族和民间艺术,我一生也不能离开这个"根",这是抚育我们每一个中华大地出产的艺术家的伟大母亲。

解放周末:正如高尔基说过的,一切光荣和骄傲,都来自母亲。

韩美林:说得好。等母亲把我们养大了,我们长大成人了,就得自己站、自己走、自己养自己。在困难面前或是在胜利面前,不要忘记回过头来,看一看那个赋予你生命的母亲。不要一辈子不断奶,但也不要跟着别人姓人家的姓,更不要喝着母亲的奶,反过来咬母亲。

你我都是龙子龙孙,要懂得自豪,
有一天我会老,你可是我的依靠,
我没能做成的事,可要做给我瞧,
这世界每个角落都有龙的影子在飘,

都有自强的生命传递着不屈不挠，
相信吧好孩子有几次跌倒也好，
在你坚持的未来有人会为你骄傲。
——摘自歌曲《龙子龙孙》

龙文化已经深深扎根在每个中国人的心里，对此我们决不能忘本

震撼，几乎是所有见到"钱江龙"者的共同感受。

是因为"钱江龙"高48米、总重量300多吨，被称为"中国第一龙"？

是因为"钱江龙"那熠熠生辉、意欲腾飞的磅礴气势？

答案还是韩美林的话：承载这种强烈震撼的，不仅仅是"钱江龙"的形象，更是渗透在中国人血脉中那种对龙的浓浓情愫。

龙在中国人心目中的地位与意义，不言而喻。

解放周末：龙既是我们精神的象征，在我们日常生活中也表现出一种美好的存在。

韩美林：龙在中国有着七八千年的历史，它已经成为中华民族的重要象征，我们中国人称自己是"龙族""龙的传人"，我们的生活中也时时有着龙的印记，春节舞龙、端午节赛龙舟，生肖中属龙……龙文化已经深深扎根在每个中国人的心里，扎根在中国人的生活传统中，对此我们决不能忘本。想想看，如果我们的生活失去了这些和龙有关的内容，该失去多少美好？

解放周末：但也有一种担心，龙的形象会不会让对中国历史和文化了解甚少的外国人产生一些不符合实际的联想？

韩美林：我不这么认为。外国人到中国来，喜欢的形象其中一个就是龙，不少人身上穿着有龙图案的T恤，这就是一个具体生动的反映啊。我再举两个例子。我有个入选亚特兰大奥运会标志性雕塑的作品，叫《五龙钟塔》，钟塔底部有四条龙，东西南北方向都有一条,塔的最高处有条大龙。这个雕塑被永久陈列在亚特兰大世纪公园。我看美国人都很喜欢雕塑上的龙。还有一次,国际奥委会主席罗格在一个场合公开说,他本人就很喜欢龙。

解放周末:各民族都有自己崇拜的对象,这不同的民族象征符号,反映的正是民族文化的多元、民族精神的独立。

韩美林:就是。澳大利亚人把鸭嘴兽当吉祥物,非洲人崇拜生殖器,那就是不同文化的反映。比如,在中国猫头鹰给人印象不好,但在很多西方国家,猫头鹰被看作是智慧睿智的象征,这就是文化的多元啊。这就是历史,就是传统,就是人类血脉中的情愫,不能改也无法改的。但是,我们的社会上,现在有些人,看自己民族的东西看得多了,就觉得无所谓了,而一听到国外有不同的声音,想都不想,就马上否定自己的。这样浮躁的心态,怎么能传承好中华文化呢?

握紧你的手传递我的热量,
冰冷的世界里爱永远是肩膀,
纵然海隔断了路黄皮肤是我们的岸,
龙的雄心飞扬发出力量。
共经历风和雨,共守着龙的梦,
多少真泪水更灿烂真笑容,
让我们用爱为你拉起一道新的彩虹,
生命的骄傲在龙的天空。
——摘自歌曲《雄心飞扬》

融合而生的中国龙,充满力量,英姿勃发,成为中华民族情感融合的重要纽带

不独是"钱江龙"。

2000年,韩美林在香港举办个人龙雕展。双龙献瑞、巨龙腾飞、金龙涅槃、六龙腾归、行云踏瑞、瑞祥福奏、九龙盘珠、双龙承恩等12件大龙铸铜铜雕,多姿多彩。

这些代表着吉祥、向上、和谐、振奋的中国龙,瞬时点燃了香港市民的热情,在观赏中再一次感受民族的文化与精神,体味到同脉同根同祖的震撼。

韩美林动情地说:"我们都会唱《龙的传人》,'永永远远是龙的传人……'它震撼过太多中国人的心灵,也引发了太多中国人的共鸣。'龙的传人'把所有身上流淌着中华民族血液的人凝聚在一起,这是一种强大的精神感召,更是一种伟大的凝聚力量!"

解放周末:您很注重龙的精神对我们民族的凝聚力、融合力?

韩美林:我们都是龙的传人。为什么一唱《龙的传人》,我们都会激动,都会有民族自豪感,就是因为它激发了我们共同的精神与情怀,彼此就不能分割了。

解放周末:在中国人心目中,龙是永恒的民族精神的象征。这种精神不仅激励民族的发展,也是民族融合的象征。

韩美林:龙本身是种融合。宋代郭若虚提出"龙有九似":角似鹿、头似驼(马)、眼似兔(龟)、项似蛇、腹似蜃、鳞似鱼、爪似鹰、掌似虎、耳似牛。龙的前额代表聪明智慧;鹿角表示社稷和长寿;牛耳寓意名列魁首;虎眼表现威严;魔爪表现勇猛;剑眉象征英武;狮鼻象征宝贵;金鱼尾象征灵活;马齿象征勤劳和善良。你看，龙的诞生就是"融合"的结晶。融合而生的中国龙，充满力量，英姿勃发，进而成为中华民族情感融合的重要纽带。

> 我们是中华男儿，我们是中国龙，
> 我们豪气万丈，傲立在天地中。
> 不管风吹雨打地动山摇幸福还是贫穷，
> 我们终究会相信，风雨后就是彩虹。
> 我们是中华英雄，我们是中国龙，
> 我们发愤图强，保国为家乡。
> 不管日月穿梭地老天荒失败还是成功，
> 我们仍心连着心，永远紧紧相拥。
> ——摘自歌曲《中国龙》

我们决不能为了"与国际接轨"而数典忘祖

龙的话题，总令韩美林心潮澎湃。

说着说着，他拿来一张张自己创作的龙作品照片，一张张地看，"多美，多庄严！"

说着说着，他搬来一本本多年收集的有关龙的书籍、画册，如数家珍地介绍，"这里是我们文化的根源啊。"

韩美林把他对文化之根深深的情意都融入到作品中。在6月19日"钱江龙"揭幕仪式上，著名作家张贤亮如是赞叹："韩美林设计的'钱江龙'，将民间神话、历史事实和现代艺术结合得那么巧妙。"

韩美林爱龙，敬龙，他更急切地想把这种爱与敬，传达给世人。因为在全球视野下，我们格外需要文化的自信与自尊。

解放周末：对龙的情愫已经内化于您的血脉中了。那么，您是如何理解龙的精神的呢？

韩美林：在我们的传统中，龙是吉祥如意、和谐长久的象征。龙昭示祥瑞，因为它与水和火都是紧密联系在一起的，没有水，就没有人类；没有火，就没有人类灿烂的文明。龙一直是中国人心中的吉祥物，人们总爱用它来形容生活中美好的事物，像"乘龙快婿""龙马精神""藏龙卧虎""龙飞凤舞""龙凤呈祥"等，不胜枚举。

你看，龙的形象多好，它总是昂着头、意气风发、精神抖擞，让人一看到它，就会充满力量、迸发激情、备受鼓舞。奋进、激昂、自豪，这就是生生不息的龙的精神。

解放周末：那么，在今天这个"与国际接轨"的时代，该如何坚持并弘扬龙的精神？

韩美林：很简单，我们决不能为了"与国际接轨"而数典忘祖。理直气壮地弘扬传统文化和民族文化，民族的才是有特色的，有特色的才具有吸引力。世界不能大同，文化要有个性。

这些年来，龙的话题总让韩美林心潮澎湃。一座座神态各异的龙雕塑，表达着他对民族文化的深深热爱。

（原载《解放日报》2007 年 6 月 22 日第 17 版　记者尹欣、黄玮采写）

让雕塑"泛"入生活

韩美林

"如果我们把城市当作一个展场,那么优秀的建筑作品就是这个展场中的一个个雕塑;

如果我们把家当作一个展场,那么艺术的家具就是展场中的雕塑;

如果我们把身体当作一个展场,那么新颖别致的首饰也成了一件件流动的雕塑。"

"2007泛雕塑艺术展"10月11日—14日在上海举办。解放日报报业集团"文化顾问"、2007泛雕塑艺术展览会副主任韩美林撰文解读"泛雕塑",并授予《解放周末》独家发表。

"泛雕塑"是一种解放,一种突破

一提起雕塑,除了闻名中外的秦始皇兵马俑之外,最为大家耳熟能详的恐怕要算街巷里栩栩如生的人物、动物雕塑,或者几条曲线加几个球的抽象雕塑了。这会儿突然又冒出个"泛

雕塑"，许多人难免会有些摸不着头脑："泛雕塑"是啥玩意呢？

"泛雕塑"当然是雕塑，确切地说，"泛雕塑"是涵盖了传统意义上的雕塑在内的三维、四维乃至 N 维的造型艺术。

顾名思义，"泛雕塑"可以解释为"广泛的雕塑""泛化的雕塑"。那么，这种广泛表现在哪里呢？很多人认为，雕塑无非就是用石头、木头、泥巴、铜这些材料制作出来的，它的创作手法也就是加加减减，或塑造，或雕刻。持有这种想法的人恐怕是有些落伍了。现在的雕塑材料太丰富了！不锈钢、铜、铁、漆、纤维、玻璃、陶、瓷、橡胶、玻璃钢、光、电、磁，各种新式的合金、人造材料乃至于废弃物，都可以用来做雕塑。艺术只要能达到审美的目的，可以"不择手段"。我在创作当中，有时候甚至会用上酱油、西瓜汁、酒精等，因为这些材料能渲染出特殊的效果，作品处理出来后也就很特别了。

至于谈起雕塑的形式和内容，怕是要让大家再跌一次眼镜了。如果我们把城市当作一个展场，那么优秀的建筑作品就是这个展场中的雕塑，比如我们的奥运场馆、"长城脚下的建筑"。如果我们把家当作一个展场，那么艺术的家具就是展场中的雕塑。艺术家与设计师的结合，必然会给老百姓带来对实用品超乎想象的体验。如果我们把身体当作一个展场，那么新颖别致的首饰也成了一件件流动的雕塑。据我了解，在中国为数不多的从事艺术首饰设计的艺术家中，有不少是学雕塑出身的。我本人最初是学染织设计的，搞绘画还情有可原，怎么搞起雕塑来了？这恐怕也是我在平面与立体之间"散步"的结果吧！

至于那些或反映社会生活，或表达内心情感，或纯粹追求形式美的具象、抽象雕塑，在今天呈现出更为丰富的表现形式。中国传统雕塑有秦始皇兵马俑、汉代陵墓雕刻，还有佛像雕刻、石雕、玉雕、根雕、木雕、泥塑等。而近现代意义上的雕塑纯属西洋进口的玩意儿。中国的现代雕塑家基本上是在法国和前苏联的雕塑教学模式下成长起来的。有一段时间，我们国家的雕塑大部分是纪念性的具象雕塑，重要的历史事件、英雄人物，有突出表现的典型人物、劳模，成了那个时代的主要表现对象和内容。最为典型的雕塑杰作是我们的人民英雄纪念碑。改革开放之后，雕塑创作的选材逐渐扩展到反映百姓日常生活、地域文化等题材上，在形式上也逐渐出现了一些抽象雕塑。到了上世纪90年代，雕塑创作一度繁荣，科技的发展和网络发展带来的信息传播方式的迅猛改变，也给雕塑艺术创造了更为广阔的发展空间。

我们今天提出"泛雕塑"，是一种解放，一种突破。空间科学已经发展到了那么多维，我们的雕塑为什么就不能？

其实，当我们用历史的眼光来看，"泛雕塑"既是一个名词，也可以是一个动词——雕塑的泛化。这是一个进行时态，是一个发展趋势，是一个不断变化的过程。这意味着雕塑不仅本身在不断地变化、演进，吸收各式各样的文化和其他学科的精华，而且还会"泛"入到我们的日常生活，以艺术的力量提升人们的生活品质。如果问，是什么动了我们的雕塑？那便是时代前进的力量！

对于艺术而言，究竟该超脱出世，还是积极入世呢

在中国哲学中，道家讲出世，儒家讲入世。出世和入世是中国人对待生活的两种不同的态度。但是，中国人也喜欢谈中庸，这还是儒家的东西。我们习惯用中庸的方法论来调和人生中出世和入世的矛盾，出世以养心，入世以养身。那么对于艺术而言，究竟该超脱出世，还是积极入世呢？

无论是翻开东方艺术史还是西方艺术史，我们都可以看到艺术起源于人类刀耕火种的生活实践。音乐源于田间劳作时的哼唱，歌舞源于巫术中祭祀的程序，石、木、骨、玉的雕刻，以及陶瓷、编织、漆艺，等等，都是源于人们日常生活衣食住行的需要。可见，艺术是以入世为起点。随着这些原始艺术的发展，它们逐渐地从形而下的实用功能中解放出来，越来越追求形而上的美学价值和精神表达。尽管艺术也被用来为统治阶级服务，但它们主要还是以"非功利性的出世"为追求目标。如今，涌现出了一些不只是以"美"为唯一价值标准的行为艺术、装置艺术和实验艺术。这些艺术积极入世，干预社会，尽管当中有不少艺术家舍本逐末，一味追求噱头、哗众取宠，但这些从西方传播过来的艺术在最初的出发点上还是正面的、积极的。

我想，艺术的出世和入世并没有一个绝对的界限。我们且不论艺术家创作出发点的功利与否，即使艺术家在创作过程中保持着非功利的心态，一旦艺术品进入了交换的市场，就与各种社会因素发生了关系，与各种利益产生了纠葛。这里有一个艺术家个人追求的问题，也有一个在市场经济条件下不可忽视的艺术经营的问题。

前面铺垫了那么多，到现在，我要谈的"泛雕塑"的出世入世总算是进入正题了。从艺术创作的角度来说，"泛雕塑"可以出世，也可以入世。出世者仅追求个人内心精神的表达；入世者当然是为人民群众服务，因此，我们的"泛雕塑"，既包含了放在家里纯粹欣赏之用的雕塑，也包含立体的装饰艺术、实用艺术、环境雕塑、公共景观等。

从艺术经营的角度来说，我不由得要提起一个现在特别流行的词——文化创意产业。文化创意产业也是一个舶来品啊。我们中国人很善于学习，但是否能够有创意地学习就要打个问号了。不是有个脑筋急转弯题目：1＋1等于几？1＋1可以等于3，比如1个男人加1个女人；也可以等于1，比如一碗水倒进一盆水里；当然也可以等于其他数字。如果我们仅仅按照老师教的解答数学问题的思考模式来回答，那就不符合"急转弯"的要求了。

把"泛雕塑"纳入到文化创意产业的范畴，就是一个脱离原有思维模式的创造。文化创意产业的核心是创意，艺术本身便是一种创意。但文化创意产业不仅是把创意做成规模经济，打造产业链，其运营的方式也是由各种创意组成。开拓"泛雕塑"的文化创意产业，一方面需要极大地加强雕塑与建筑、设计、规划、园林、材料工业、应用技术、管理等各学科的交流互动，拓展与社会上其他成熟产业（如旅游、房地产、家居等产业）的联系；另一面，也需要建立起艺术市场的运作机制，从艺术代理机制、税收政策、知识产权保护、艺术基金会、艺术保险等方面推动。

雕塑是艺术中的"重工业"，它的发展总是滞后于国画、油画这些艺术门类。以"泛雕塑"的名义出世和入世，我想我们可以举重若轻。

难道城市的公共艺术就只有"雕塑小品"吗

一个人解决了生存问题后，总是想着要不断提升生活质量，比如换个更好的居住环境，穿些更美、质量更佳、名气更大的服装，装点装点门面，也装点装点自己。有钱人有他的装点方法，有文化的人也有他的一套方法，有钱又有文化的人，更有自己的独特方式。人如此，城市也如此。尤其是当奥运会和世博会两个国际性活动都将光临中国之时，我们的城市即将面对蜂拥而至的国际人群，北京和上海都在思考该以什么样的姿容亮相。

为了改善城市风景，无论是北京还是上海，都轰轰烈烈地开展了城市雕塑运动。虽然举办雕塑展览有些兴师动众，但各路人马还是冠着奥运或世博的名义举办了很多雕塑展览。奥运会和世博会似乎成了一个命题作文，不断考验着艺术家的创造力和想象力。是应该围绕体育或科技、人文等主题阐述，还是挖掘历史文脉，抑或是天马行空的肆意想象？这里考验的不仅是艺术家，还有决策者的视界和眼光。

了解体育的人对于巴塞罗那奥运会的标志性雕塑——那长长的、锐利地斜指天空的针应当不陌生，它已经成为巴塞罗那的城市标志之一。这个雕塑是为奥运会而建，但是它并没有局限于表面上的体育题材，而指向了奋发向上的精神，大气、恢弘。巴塞罗那人民用以迎接奥运会的，不仅是这个雕塑，还有一个名为"城市再造计划"的项目。他们集合了规划师、建筑师、艺术家、公众代表对整个城市进行了新的规划，对老城区予以保护，对新城区进行艺术设计。他们把整个城市当成一件艺术品来创造。据我所知，挪威还出台了一项法律：不允许有重复的建筑造型出现。当然，我们中国太大了，北京和上海也很大，在操作层面上有很多问题，但关键的问题是：我们有这种气魄和思路吗？

在这些雕塑展中，的确涌现出了很多可以作为"雕塑小品"的优秀作品（在景观学中，我们通常称单独的城市雕塑为"雕塑小品"）。但这里我不禁要质疑：难道城市的公共艺术就只有"雕塑小品"吗，难道迎接奥运会的城市雕塑就只能是体育题材吗，难道雕塑在城市景观中的位置就只是局限于"小品"，难道雕塑就仅仅是雕塑？

我们可以将香水瓶做成女人体的形状，为什么不可以将果皮箱也做成雕塑呢？德国有位艺术家就将垃圾箱设计成人体的形状，双手环抱成圆筒状。为什么我们不可以把供人休息的凳子、椅子设计成雕塑呢？

设计师和艺术家对于雕塑和材料理念的拓展，是很值得我们思考的。在这次"2007泛雕塑艺术展"中，就有艺术家使用不锈钢的材料将椅子做成各种形态的雕塑。我希望我们的眼光不仅仅局限于椅子，而是注意到所有日常生活中可见的立体物体。我希望雕塑不仅是雕塑，还是灯光、广告牌、窨井盖、地铁站、电影院、园区、城市……这便是"泛雕塑"的精髓所在，以艺术的方式营造空间。

在这里，我不过多地谈空间营造的问题，我想说一个空间营造程序的问题。一个城市的外观，是城市的规划部门、建设部门、园林部门等共同合作的结果。但是这里有两个缺失：一是艺术家往往是最后介入设计的。只有当规划师和建筑商把其他所有因素都确定好了，才来找艺术家做一些点缀。艺术是个附属品。实际上，规划师、建筑师和艺术家在规划初期就应该保持沟通，就好像要打造出一个出色的服装品牌，需要设计部门、面料部门、技术加工部门、营销部门等都互动起来，才能推出经典。第二个是公众参与的缺失。简单地说，对很多公共设施或建筑，老百姓通常处于不认知的状态，等到"领导"或"专家"商定好了才来通告市民。公共空间是属于大家的，只有将大家都积极调动起来，才能让他们产生主人翁的感觉——归属感、责任感。

如果说，城市让生活更美好，那么，"泛雕塑"会让城市更美好！

（原载《解放日报》2007年10月12日第17版）

这一回，我品《百家讲坛》

易中天

央视《百家讲坛》因倾力普及传统文化，广受好评。《百家讲坛》主讲人之一易中天，因对历史的独到见解和个性化品读，名闻遐迩。

以"品三国"而著名的他，这次饶有兴味地品评起了《百家讲坛》。

谁是最受欢迎的主讲人？为什么必须观众喜欢？《百家讲坛》是不是"魔鬼的床"？学术为什么要向大众传播？我们应该怎样走上讲坛？

易中天先生授权《解放周末》独家发表的这篇文章，将这六个问题一一妙语解答。

谁是最受欢迎的主讲人

马瑞芳教授最近写了《〈百家讲坛〉这张"魔鬼的床"》这本书，是写《百家讲坛》主讲人的。在一般人看来，主讲人写主讲人,大约不过小菜一碟。其实不然。因为《百家讲坛》这个栏目下面,分若干编导组。每组有一个组长(也叫"执行主编"),若干编导,都归制片人万卫管。具体地说,就是万卫管组长,组长管编导,编导管我们。主讲人的"归属",原则上是固定的。一开始归哪个组,以后也归哪个组,算是不成文的约定俗成。不同组的主讲人,虽非"老死不相往来",却也见面不多,更谈不上熟悉。不同组的编导,也只熟悉自己组里的人。对所有主讲人都熟悉都了解的,除了制片人万卫、制片吴林,恐怕就只有总策划解如光了。解如光这个总策划可是非同一般。他不但管选题,还管寻找和发现主讲人,实际上是《百家讲坛》"猎头公司"的"总经理"。要写这本书,他最有资格。可惜此公闲云野鹤高深莫测。你要问他这些事,保证王顾左右笑而不答,一脸的谦虚谨慎,结果便"便宜"了马瑞芳。

那么,马瑞芳怎么熟悉这么多主讲人呢?这和她的性格有关。她的性格,我认为就是三条:直、爽、好玩。记得一个晚上,吃过饭,当时的编导组长魏学来介绍我们两个认识。因为那时我刚到《百家讲坛》,两眼一抹黑,属于"生瓜蛋子",很需要这位"驾轻就熟"的老大姐"传帮带"。结果刚一落座,她就侃侃而谈,口无遮拦,也不考察一下对面这个人可靠不可靠,这叫"直"。后来交往多了,她给我提意见,我也给她提意见。她觉得对,马上就接受,痛痛快快,这叫"爽"。再后来,她写文章,说她帮助我是"照顾智障儿童",把我肚子笑疼,这叫"好玩"。直、爽、好玩,这三条都是讨人喜欢的。所以马瑞芳和许多主讲人的关系都非常好。这种关系,说得好听,叫"惺惺相惜";说得难听,叫"臭味相投"。其实"臭味相投"也并非贬义。因为这里的"臭",原本读如"嗅"。"臭味"就是"气味","相投"不过"合得来"。换个文雅的说法,就叫"同声相应,同气相求",也叫"物以类聚,人以群分"。《百家讲坛》的主讲人,大体上就是这么一个意气相投的松散群体。直、爽、好玩的马瑞芳,则是其中最有人缘的一个。所以她能写这本书。

其实,有着这样性格的人,不但在一个群体中会有好人缘,上了电视也多半会有"观众缘"。看《百家讲坛》的观众喜欢什么样的主讲人?或者说,一个主讲人受到观众欢迎,靠的是什么?依我看是三条:学问、见解、个性。《百家讲坛》毕竟是"讲坛",一点学问都没有的讲不了。当然,学问大得像陈寅恪、钱钟书,也不必。究竟多少合适,就靠各人掌握了,反正不能完全没有。这是第一点。

第二就是要有见解。作为一档"有一定学术含量"的电视节目,或者说,作为"传承文明传播文化的平台",《百家讲坛》不但要传播知识,还要传播思想、传播文化。观众也不但要听你"说什么",还要看你"怎么说"。这个"怎么说"有时比"说什么"还重要。我讲《汉代风云人物》时,讲到"鸿门宴",三言两语一笔带过。制片人万卫问我为什么不细讲。我说,"鸿门宴"谁不知道呀?万卫说,正因为大家都知道,才要听您讲。观众不是要听"鸿门宴",而是要听您怎么看待这段历史,要听"易中天版《鸿门宴解读》"。这事让我一下子明白了《百家讲坛》是怎么回事。是的,《百家讲坛》"要讲故事",但不能"只讲故事"。不明白这一点,就弄不懂这个栏目。它的主讲人也"要有学问",但不能"只有学问"。不明白这一点,就当不了主讲人。

有学问,又有见解,在中央电视台的这个讲坛上,大体上就站得住脚了。但是,你要让观众喜欢,而且是发自内心的"极其喜欢",光有这两条还不行,还得要有个性。实际上《百家讲坛》的主讲人也都是有个性的,只不过有的鲜明有的不鲜明,有的张扬有的不张扬而已。有媒体问我,《百家讲坛》挑主讲人,有形象方面的要求没有?我说有啊,越丑越好。众人皆笑,以为我又在调侃。其实这话背后的意思,是要有个性。个性与长相有什么关系呢?难道长得漂亮就没个性了?话当然不能这么说。不过,一个主讲人,一个靠学问和见解吸引观众的主讲人,如果太漂亮,脸蛋也好,身材也好,普通话还特标准,站在台上光彩照人就像"青春偶像",说起话来字正腔圆就像《新闻联播》,那个性就不容易彰显了。话说清楚,不是"没有个性",只是"不易彰显"而已。

此外,女主讲人另当别论。女主讲人漂亮,似乎并不妨碍她们彰显个性,照样大受欢迎。

那么,越有个性就越好吗?也未必,还要看是什么个性。孤僻、傲慢、阴阳怪气,怕是没人喜欢。直、爽、好玩,却肯定招人爱。不少观众喜欢马瑞芳,我想原因之一就在这里。当然,还得加上学问和见解。有学问,有见解,有个性,她的《说聊斋》就成功了。

其实并不单是马瑞芳,别的人也一样。我们甚至可以这样说:一个人,如果有学问,有见解,有个性,就会受到观众欢迎。当然,他(或她)还得会讲课。有学问,有见解,有个性,会讲课,这就是《百家讲坛》选择主讲人的标准。会讲课是最起码的,既会讲课又有学问就算合格,既会讲课又有学问还有见解就能成功。如果他(或她)同时还有鲜明的、突出的、招人喜爱的个性,那就能大获成功,成为最受观众欢迎的《百家讲坛》主讲人。

说到这里,或许有人会问:观众喜欢,有这必要吗?

为什么必须观众喜欢

要回答这个问题,必须先弄清楚《百家讲坛》是干什么的。

《百家讲坛》是干什么的?传播知识,传播思想,传播文化的。按照一般人的想法,你传播的既然是知识、思想、文化,那么,你的主讲人当然必须有知识,有思想,有文化,而且越是有知识、有思想、有文化,就越好。至于传播,那是电视台的事。

电视台就是干这个的,何况是中央电视台,还能不懂传播?懂传播会传播的中央电视台,和那些有知识、有思想、有文化的主讲人一起来做这事,还不是"黄金搭档"?

早期的《百家讲坛》就是这么想的,因此所请多为大腕、大师、泰斗级的人物。结果怎么样呢?不幸得很,收视率极低,栏目也面临末位淘汰。有人说,你们不能这么势利,不能只看收视率,你们要有使命感!这话只能让人苦笑。是的,《百家讲坛》是要有使命感,也不能片面追求收视率。但是,起码也得保底才行吧?再说那收视率也不是一点道理都没有。它至少能够告诉大家,我们要传播的东西传到了没有。如果没有传到,岂非无效劳动?这就好比医生治病,药是最好的,可惜病人吃不进去,或者输不到血液里,也就白搭。又好比运送货物,货再好,送不到,也等于零。

这就给了我们一个教训:在"传播某某"这个词组中,"传播"二字,未必比它后面的那个"某某"次要!准确的说是这样:进行决策时,"传播什么"比"怎样传播"重要。这时要有使命感。具体操作时,"怎样传播"比"传播什么"重要。这时要有现实感。这和"战略上藐视敌人,战术上重视敌人"是一个道理。

因此必须研究传播规律,打通传播渠道。这里面有一个重要环节,就是传播方式和传播平台。不同的方式和平台,对传播者的要求是不一样的。比如通过电视传播和通过图书传播,就两样。我曾经发现《百家讲坛》的某些主讲人,学问很好,文笔也好。写出来的讲稿,编导看了也满意。然而那节目,弄不好就创了收视率的"新低"。为什么呢?就因为有学问不等于会写作,会写作不等于会上课,会上课不等于会做电视。这里面差别大了。

那么,电视传播的规律是什么?

第一,电视是给人看的,同时也听,其接收方式是视听综合。这是它与图书的不同。第二,电视观众是松散的、游移的、有一搭没一搭随时都可能转换频道的。这是它与电影的不同。第三,电视观众在观看节目时,没有任何责任、义务,也没有任何人能强迫他们收看。这是它与上课的不同。明白了这三条,我们就不难理解,"抓住观众"这四个字对于电视来说,是何等重要。同时,我们也不难理解,《百家讲坛》对主讲人为什么会有特殊的要求。因为在这档节目中,只有他一个人出现在屏幕上。他如果抓不住观众,请问谁抓得住?如果抓不住,岂不就得下课?

这样一来,《百家讲坛》在选择主讲人时,就不能只考虑学问多少、名气大小、水平高低、权威与否。不是"不考虑",是不能"只考虑",甚至不能"首先考虑"。首先要考虑的,还是他有没有"观众缘"。有"观众缘",其他方面达标合格,本人也愿意,他就有可能走上讲坛,甚至成为"坛主"。没有"观众缘",学问再好,水平再高,名气再大,也可能与讲坛失之交臂,因为他原本"无缘"。

我说的这一点,被不少研究和批评《百家讲坛》的人忽略、轻视、不以为然。在他们看来,《百家讲坛》既然是一档"文化类节目",那么,你就只能靠节目的内容,靠节目当中的思想、文化、学术含量及其自身的魅力来吸引人。如果还要强调主讲人的"观众缘",岂非把自己混同于"娱乐节目"?你们这个节目,岂非将学术和历史"娱乐化"?岂非"娱人子弟"或"愚人子弟"甚至"误人子弟"?

依我看,说这些话的人八成不懂电视!实际上,不管你对《百家讲坛》如何定位,"学术"的,"泛学术"的,"有一定学术含量"的,它都首先是一档电视节目。是电视节目,就得让观众喜欢。不但要喜欢你的内容,还得喜欢你这个人。为什么呢?因为电视与图书不同。书是读的,电视是看的。读书的人看不见作者,也没有必要看。看《百家讲坛》的却看得见主讲人,而且非看不可。即便看不见,也听得见。总而言之,《百家讲坛》的主讲人是活生生地出现在他们面前,给他们以有声有色的感受。请问,这种感受能不重要吗?何况我们所说的"观众缘",并非娱乐节目要求的青春靓丽光彩照人,不过"有学问,有见解,有个性,会讲课"而已,怎么就"娱乐化"了呢?难道只有娱乐明星是有个人魅力的,科学家、学问家、思想家就该刻板、古怪、讨人嫌?请问这是什么逻辑?

更有趣的是,我们还听到了刚好相反的批评。这类批评是主张要有性格,要有个人魅力的。但他们认为《百家讲坛》的主讲人没有个性,所有人都是"一个腔调",因为都是按照统一模式打造出来的。也有人把某些节目的不太受欢迎,归咎于编导、策划和制片人的"修理"。由于修理过分,所以个性全无。不是有个说法,叫做"《百家讲坛》是张'魔鬼的床'"吗?于是我就要问:是这样吗?如果是,问题在哪里,如果不是,原因又在哪里?

《百家讲坛》是不是"魔鬼的床"

先说"魔鬼的床"。

这个说法的"著作权"是属于马瑞芳的,其"论证"之文就收在她的书中。但读过这篇文章的人只要不算弱智,谁都看得出马老师是在调侃。她的态度,则是"抱怨并快乐着"。实际上这篇文章要讲的,是这样一个问题:学者怎样上电视。或者说,一个学者,怎样才能从"做学问的"变成"做电视的",从"学术人"变成"电视人"。

这可是一个并不简单的过程。

马瑞芳绘声绘色地讲述了这一过程,并把它称之为"艰苦而有趣的"。说艰苦,是因为在她那里,有好几道过不去的坎,绕不过的弯。说有趣,则因为终于迈过去、绕过来了。不但如此,她还看见了一片新天地,开辟了一个新领域,岂非"不亦乐乎"?

尽管事后说起来眉飞色舞,但我相信马老师在上那"魔鬼的床"之前,一定是"满脑门子官司";而她遇到的问题,也是所有走上讲坛之学者的共同问题。比方说,不能全面、系统、完整,行吗?不能按部就班、引经据典、追根溯源,行吗?不能像平时上课那样,讲人物按生平,讲历史按年代,行吗?甚至一个技术性问题,也能把人难死。比方说,按照学术惯例和职业道德,引用他人观点是要把出处注出来的。要求严格一点,还必须注明版次、页码。但在《百家讲坛》,至少后面这点做不到,引用过多也成问题。别以为这是小事。对于一个学者来说,所有这些都意味着他所做的这件事有没有学术性,也意味着他还是不是一个做学问的人。古人有云,饿死事小失节事大。学问,是每个学者的"安身立命之本"。丢了学问,就和"失节"差不太多了,岂能随意?难怪魏学来告诉马瑞芳应该怎么讲时,她的第一反应就是:"照你说的这样讲,还有学问吗?"

这样看,《百家讲坛》还真是"魔鬼的床"。

然而问题远没有那么简单。事实上,学问、学术、学术性,与格式、规范之类并不打等号。格式中规中矩,出处、版次、页码、关键词都注得清清楚楚的"学术泡沫"和"学术垃圾",我们见得还少吗?反过来,没有这些玩意的作品,语言优美文采飞扬的作品,也未必就没有学术性。这一点,读读古人的论文就知道,用不着我多说。问题是,《百家讲坛》与学术到底是一个什么关系?它是"学术"的呢,还是"非学术"的呢?甚至"反学术"的呢?换句话说,它究竟是一个什么栏目?

我们必须一个问题一个问题地问。

第一个问题:《百家讲坛》是学术论坛吗?我的回答很直

接:不是。《百家讲坛》不是学者发表最新研究成果的论坛。电视不是干这个的,学者发表最新研究成果,也用不着上电视,开会写论文就好。所以,批评节目中没有最新研究成果的,算是打错了靶子。

这就有了第二个问题:《百家讲坛》既然不是学术论坛,那么,是说评书的吗?我的回答也很直接:不是。《百家讲坛》如果是评书讲坛,那他们干脆聘请评书演员好了,效果肯定比请学者好得多。

接下来就会有人问第三个问题了:这也不是那也不是,左也不是右也不是,《百家讲坛》到底是什么?难道非驴非马不成?

恭喜你,这回说对了。《百家讲坛》的特点,正在于"这也不是那也不是,左也不是右也不是"。是什么?是两者之间的"第三者",是两极之间的"第三极"。不要以为世界上只有两极。实际情况是,两极之间有着广阔的中间地带。而且,这个中间地带,往往比两极更适合生存。我们人类,不就生活在地球南北两极之间的中间地带吗?同样,在学术与非学术之间,也存在着一个"中间地带"。如果一定要定位,要命名,无妨姑且称之为"半学术"。这个"半学术"的"中间地带"也许并不广阔,甚至还疑云重重不被承认,但它应该存在,必须存在,有理由存在!现在,《百家讲坛》把这个"中间地带"展示出来了,而且大受欢迎,这正是这个栏目的贡献。

那么,在学术与非学术之间,为什么要有这样一个"中间地带"呢?因为学术原本就有两种类型,或者两种任务,这就是研究与传播。质疑《百家讲坛》学术性的人,其实是把学术单一化了,即把学术等同于研究,忽视了传播。或者说得重一点,是根本就不承认传播。实际上,研究与传播不但不矛盾,而且相辅相成。严格地说,没有哪个人是完全不做研究就可以做传播的。比如阎崇年先生,没研究过清史吗?马瑞芳教授,没研究过聊斋吗?当然,同为研究,深浅不一。闻道有先后,水平有高低,学问有大小,方法有对错,这都是事实。但要说毫无研究也能上去讲,怕是小看了传播,也低估了观众。事实上,那些人云亦云照本宣科的讲座,从来就不会受欢迎;而不受欢迎的讲座,则其实不是传播。

同样,做研究的人也没有一个不传播。否则,他的论文为什么要发表,他的著作为什么要出版?显然,没有传播不传播的问题,只有向谁传播、怎样传播和在什么范围传播之别。一般学者是向小众传播,向同行传播,用论文著作在学术界传播;《百家讲坛》则是向大众传播,向外行传播,用电视媒体在全社会传播。这才是区别所在。

于是我们便又有了一个问题:这样一种对象、方式、范围的传播,有必要吗?

学术为什么要向大众传播

这就要说到根本上了。这个"根本",就是我们为什么要有学术,尤其是要有文史哲这样"百无一用"的学术?

我的回答是:为了人的幸福。

文史哲这三门学问,通常被称之为"人文学科"。它们表现出来的精神,叫"人文关怀"。为什么要有"人文关怀"呢?因为人与动物不同。动物只要能够存活就行了,人却还要活得幸福,活得像个人样。这就要有专门的学问和学科,来研究和解决这个问题。所谓"人文学科",就是用来干这个的。

这样一说,也就清楚了。人文学科的目的既然是为了人的幸福,那么,这里说的"人",包括不包括现在就活着的人,包括不包括我们的人民大众呢?不会有人说不包括吧?那好,既然你这个学科的研究,是为了人的幸福,其中就包括我们这些现在就活着的人民大众,那么,你的研究成果该不该告诉大家,以便大家分享呢?不会有人说不该吧?既然应该,那么,不传播,不向大众传播,行吗?不行吧?

所以,"学术"一词,必须包括两个内容:研究与传播。所谓"学者",也应该包括两种人:研究者与传播者。当然,这里可以有一个分工,比如一部分人做研究,一部分人做传播。也可以有一个比例,比如做研究的多一点,做传播的人少一点。他们甚至还可以交叉、重叠,比如做研究的也做传播,做传播的也做研究;或者一段时间做研究,一段时间做传播,就像"学而优则仕,仕而优则学"一样。至于那比例是三七开、四六开、二八开,倒无所谓。反正不能没有研究,也不能没有传播。以研究压传播,认为只有做研究才是真学者,做传播就低人一等,要打入另册,不但违背学术的初衷,而且简直就"没有良心"。

为什么要这样说呢?因为除了极少数"民间学者"外,我们大多数的学者、教授、研究员,都是靠工资、津贴和课题费过日子、做研究的。这些工资、津贴和课题费,说起来是国家给的,其实是纳税人的钱。也就是说,我们是靠人民大众养活的。且不说还有工人、农民、解放军战士、商店营业员等等许许多多的人,在为我们提供各种服务和保障。那么,我们这个"学术界",该不该有一部分人(哪怕是一小部分人)来为他们提供服务,作为我们对社会、对人民的回报?应该吧?既然应该,那么,当有人出来这样做的时候,你不支持倒也罢了,还要说人家不该做,还要横挑鼻子竖挑眼,风言风语,冷嘲热讽,请问有良心吗?

良心告诉我们:学术必须向大众传播!

学术也告诉我们:它需要向大众传播!

要传播,就要有渠道,有平台。《百家讲坛》就是这样一个平台。这个平台是干什么的?对接。谁和谁对接?传统与现代、学者与大众、学术与传媒。这就是我说的"三个对接"。既然是"对接",就得接得上。所以,作为对接的平台,《百家讲坛》不能没有学术性,又不能只有学术性;不能不看收视率,又不能只看收视率。这就好比一个接头,要把圆的管子和方的管子接起来,它自己就得不圆不方,又圆又方,一头圆一头方。这种"不三不四,非驴非马",恰恰正是"中间地带"的特点。

现在可以回答前面那个问题了:《百家讲坛》究竟是什么?我的回答是:一档"有一定学术含量"的"教育文化类"电视节目。它的任务,是向广大人民群众(包括非本专业的高级知识分子)传播知识、传播思想、传播文化。由于它传播的是知识、思想、文化,因此原则上必须由学者担任主讲人;由于它的任务是传播,因此必须遵循传播规律。

也就是说,主讲人必须懂传播。

这就给这个栏目的编导、策划、制片人出了一个大难题。由于众所周知的种种原因,我国的学者大多不懂传播,而懂传播的又多半不是学者。有学问的不会说,会说的没学问,既有学问也会说的又未必适合上电视,就算适合他还不一定肯来,就算来了那么一两个又不够用。《百家讲坛》是一个日播节目,每天都要推出新的一期。也就是说,它需要一大批既有学问又懂传播还能上电视的主讲人。这可上哪儿找去?

也只有一个办法:修理。

这就有了前面说的那个"痛并快乐着"的过程。其实,并非所有主讲人都像马瑞芳老师那样"先苦后乐",也有"一痛到底"的,还有终于"无法修理"、白痛苦了一把的。所谓"魔鬼的床",并非一两个人的抱怨。

这其实很正常。传播,毕竟不是所有学者想做的事情,也不是所有学者该做的事情,更不是所有学者都能做的事情。按照传统观念,学者的"本分"还是研究。因此,不能要求他们都能被"修理"。也因此,这不是我要关心的问题。我关心的是:

现在这些被"修理"过的主讲人,是按照统一模式打造出来的吗?如果他们不能成功,是因为被编导、策划、制片人"修理"过,因而没有了个性吗?

回答也很肯定:不是。比如我和于丹,就不是"一个腔调"。马瑞芳老师和隋丽娟老师,也不是。孙立群、王立群这两个"立群"也大相径庭,阎崇年和刘心武两位先生,就更是"两个腔调"。所以,说《百家讲坛》按照统一模式打造主讲人,弄得大家都没了个性,怕是行不通的。那么,问题又究竟在哪里呢?

我们应该怎样走上讲坛

事情其实很简单。

前面说过,所谓"修理",所谓"魔鬼的床",说白了,不过是帮助一部分愿意上讲坛的学者,从"做学问的"变成"做电视的",从"学术人"变成"电视人"。这个弯,转得可不小。前面也说过,有学问不等于会写作,会写作不等于会上课,会上课不等于会做电视。但这还不是问题的关键。不会做电视,不做就是。他还可以上课、写作、做点别的,比如古籍整理、校注点评之类。按照传统观念,这还是"主流"。我要问的是:一个愿意在研究之余也做点传播,而且被栏目组看好,认为可以上《百家讲坛》的学者,为什么会"不能修理",或者在"修理"之后仍然不尽如人意?我认为,就因为大家的头上,都悬着一柄随时可能掉下来的利剑。这就是马瑞芳问魏学来的那句话:"照你说的这样讲,还有学问吗?"

学问,是学者上电视的最大障碍。

这是一个悖论,也是这个栏目及其主讲人的困境所在。作为一档"有一定学术含量"的"教育文化类"电视节目,《百家讲坛》不能"不讲学问",又不能"只讲学问"。"只讲学问",就不是电视节目;"不讲学问",就不是《百家讲坛》。因此,它的主讲人,就既不能"没有学问",又不能"太有学问"。或者说得透彻一点,就是你即便"满腹经纶",也不能表现出来。这就太难了。因为一个学者之所以成为学者,就在于他有学问。有学问而不表现出来,则等于没有。没有了学问,那他还是学者吗？不是学者,上《百家讲坛》干什么？到《欢乐世界》去吧！大家想想,这是不是一个悖论？

所以,不少初上电视的学者,差不多都会有一种心理,就是"生怕别人说自己没学问"。因此,当他们面对摄像机的时候,几乎都会不由自主地大谈学问。什么前三皇后五帝,孔孟老庄音韵训诂,海德格尔弗洛伊德,范式模式主张主义,谁都听不懂的词儿满天飞。说的人眉飞色舞,听的人一头雾水,编导和制片人哭笑不得。这叫什么呢？没有"电视意识"。这些可尊敬的先生们不知道,电视和课堂是不同的场所,上课和上电视则是两个概念。当你在课堂上,面对本科生、硕士生、博士生这样讲时,你赢得的是"尊敬",因为你在"传道授业"。但是搬到电视上,面对的是大众,给人的感觉就是"夸夸其谈",就是"卖弄学问"了。大众的心理很有趣。没有学问,他看不起你。卖弄学问,他更看不起你。岂止是"看不起",他还有更绝的一招,就是拿起遥控器调台。

那么,我们又该如之何呢？

简单得很,暂时先把你那些宝贝学问扔到九霄云外去！请注意,我说的是"暂时"。暂时先扔了,回头再说。也就是说,一个学者,如果愿意上电视,愿意上《百家讲坛》的话（不愿意另当别论),就必须先完成一个观念和心理的转变,即由"生怕别人说自己没学问"变成"不怕别人说自己没学问"。其实一个人如果真有学问,是不怕别人说"没有"的。你看那些真正的大富豪,怕别人说自己没钱吗？摆阔摆谱的,十有八九是赚了些小钱的暴发户。他们以前穷怕了,现在发了起来,就要嚷嚷得满世界都知道。同样,你如果真的"学富五车,才高八斗",非得"地球人都知道"吗?子曰:"人不知而不愠,不亦君子乎?"这话用在这里正合适。

从"生怕"到"不怕",是关键的一步。其目的,是解除障碍丢掉包袱。一旦丢掉这个包袱,你在摄像机面前就自由了,也自在了,自如了。最近我看毛佩琦先生的《七解中庸》,那个举重若轻,那个从容不迫,那个长袖善舞,那个游刃有余,实在让人拍案叫绝。我就想,为什么会这样?原因之一,恐怕就因为毛先生这回讲的不是本行。讲本行,怕同行挑剔,难免"生怕别人说自己没学问"。不讲本专业,反正是外行,就不怕别人说三道四了。这就丢掉了包袱,解放了思想。思想一解放,心灵就自由了,于是灵感突现,文思泉涌,妙语连珠。当然,有个前提,就是得不怕别人说自己"公鸡下蛋"才行。其实"公鸡下蛋"问题不少(比如不够专业,难免硬伤),同时也好处多多。好处之一,就是没有思想负担。实际上任何事物都有正反两面,短处往往也是长处。人们都说"隔行如隔山",却不知道这种"隔",恰恰又是不"隔"。和谁不"隔"?和观众、读者、大众不"隔"。外行最知道外行想要什么,也最知道外行不懂什么,需求在哪里,障碍又在哪里。这就比较容易设身处地,替观众着想;而替观众着想,恰恰是学术传播最需要的,也是《百家讲坛》最需要的。

能够"不怕别人说自己没学问",就解除了负担;站在观众的立场替他们着想,就争取了主动。这时,你的学问就派得上用场了。因为你已经知道观众要什么。剩下的事情,就是把握一个"度"。什么"度"?既不能"一点没有",又不能"全是学问"。全是学问,讲成学术报告了,观众就会调台;一点没有,人家不如去听评书,看《百家讲坛》干什么?不过这还不是最难的。最难的是在你把握了这个"度"以后,还能够做到天衣无缝，没人看得出来。这就需要进入第三个阶段："就怕别人说自己有学问"。这是电视讲坛"三部曲"中的第三步，也是做一个"电视学人"的最高境界。

问题当然也就来了：为什么呀？是不是因为"矫枉必须过正，不过正不能矫枉"，只有"就怕说有"，才能"不怕说无"？有这个意思。前面说过，一个学者，最怕的就是别人说自己没学问。因此说是"不怕"，其实还是"生怕"。这时，就只能由"怕有"来战胜和克服"怕无"，算是"以毒攻毒"。但这还不是最重要的。最重要的，还是观众到底想要什么。

观众想在《百家讲坛》那里看到什么

要回答这个问题，我们还得回到本文的开头：谁是《百家讲坛》最受欢迎的主讲人？或者说，一个主讲人受到观众欢迎，原因是什么？答案是早就有了的，那就是"有学问，有见解，有个性，会讲课"。其中，"有学问，有见解，会讲课"好理解。因为《百家讲坛》的任务，是传播知识、思想和文化。但有此三条，也就够了，为什么还要"有个性"呢？

答案也很简单：观众喜欢。

这就奇怪了！《百家讲坛》的任务，不就是学术传播吗？观众从这个节目当中，获得了知识、思想、文化，不就够了吗？为什么还要要求主讲人有个性呢？换句话说，他们为什么不满足于节目内容，还要喜欢主讲人、要求主讲人可爱呢？

看来，我们必须重新审视这个栏目。实际上，仅仅把《百家讲坛》定位为一档"有一定学术含量的教育文化类电视节目"是不够的。它还有一个特点，就是"主讲人制"。什么是"主讲人制"？我认为略似于电影中的"明星制"，即都是靠某个人或某几个人来吸引观众，创造品牌，形成凝聚力的。这个制度的形成，在《百家讲坛》也有一个从不自觉到自觉的过程。其直接起因,则是阎崇年先生的《清十二帝疑案》。我们知道,此前的《百家讲坛》,一个主讲人往往只讲一集,结果是栏目面临末位淘汰。但阎先生的系列节目一出,情况便大为改观。《百家讲坛》起死回生,阎老先生备受追捧,观众媒体纷纷关注。尝到了甜头的栏目组决定再接再厉,彻底改变制作方式。从此,不但一个主讲人可以讲多次、讲多集,有的还一讲就是一年,形成类似于电视连续剧的大型系列节目。《百家讲坛》脱胎换骨。

与此同时,一个始料未及的现象出现了,那就是某些主讲人开始受到"明星般"的待遇。曾经不断有媒体问我:你们这些《百家讲坛》最红的主讲人,究竟是"学术明星"还是"电视明星"?我一直没有回答,也不肯回答,因为怎么回答都不对。叫"学术明星"是不对的。学术不需要明星。学术界顶尖级的人物也不叫"明星",叫"大师",叫"泰斗"。可惜我们多半不是,至少我不是。叫"电视明星"也不通。我们并非电视从业人员,也没有上岗证。我甚至连"北京市外来务工人员暂住证"都没有。因此,如果"明星"这头衔实在甩不掉,姑且叫"学术传播明星"吧,多少靠谱。

废除了一人一讲的做法,也有了"学术传播明星","主讲人制"就逐步形成了。这有关系吗?有。以前,一人一讲的时候,观众的选择标准是"讲什么"。有了"主讲人制",他的选择标准就有可能变成了"谁来讲"。这个时候,主讲人的个性就变得重要起来。如果你是没有个性的,或者不鲜明,不可爱,那么,观众就很可能因为不喜欢你这个人,而不看你的节目。其结果,是一段时间收视率的连续下滑。这是第一点:观众的收视习惯变了。

第二,观众的收视需求也变了。一人一讲的时候,因为反正只有"一面之交",观众对主讲人是不会产生兴趣的。现在,一个人在讲坛上一讲好几天,观众就不免产生崇敬感,也不免产生好奇心,想知道这个人是怎么做学问的。再加上《百家讲坛》所讲,多为文学和历史,与社会生活关系密切。于是观众又想知道,这些主讲人自己是怎么生活怎么做人的,是不是和书上讲的一样。也就是说,由于实行了"主讲人制",观众希望在《百家讲坛》那里看到的,已不仅仅是知识、思想、文化,还有人格,尤其是主讲人如何做人。难怪各路媒体要对我们"穷追猛打,深挖细找"了。观众有这个需求嘛!

媒体的做法可以理解,但不宜提倡。《百家讲坛》的主讲人毕竟不是"娱乐明星",打探他们的逸闻趣事、婚恋家庭干什么?没品位嘛!观众想知道什么,看节目就行了。实际上,文如其人。看一个人怎么做讲座,有时也能看出他怎么做人。观众在某个领域的学问或许没有主讲人多,但不等于他们不会看人,不等于他们没有感觉,不等于他们没有鉴赏力和鉴别力。他们的眼睛其实是雪亮的。比方说,卖弄学问的人,他们就不会喜欢。言之无物的讲座,他们也不会喜欢。卖弄学问为什么讨人嫌?因为他不是为了传播,而是为了炫耀。言之无物为什么没观众?因为他居然"以其昏昏"来"使人昭昭"。两者都是不把观众放在心上,放在眼里。这其实与学问多少无关,说到底还是做人问题。

卖弄学问讨人嫌,言之无物没观众,"就怕别人说自己有学问"怎么样呢?会受到最大的欢迎和尊重,因为他"豁出去"了。你想啊,学问对于学者意味着什么?命根子。现在,为了更好地传播学术,为了更好地满足观众的需求,他连这个"命根子"都不要了,这是一种什么样的胸襟和情怀?实际上,一个学者,一个以学问为"安身立命之本"的人,只有把学问忘到"就怕别人说有"的程度,才能忘掉自己的身份。这个时候,他才能真正与观众同一,与传媒同一,与学术传播的事业同一。与此同时,他的另一面,即作为活生生的个体的人的一面,则会空前地、充分地、毫无羁绊地展示出来。要知道，学问这东西，也有两面性。它能使人丰富，也能使人异化。僵硬的学术体制和研究模式，就更是害人不浅。它制造的是"死学问"，消磨的是"活灵魂"。许多学者的个性，其实就是被它们弄没的。那才叫"破坏性修理"呐！因此只有彻底忘记，忘掉那个"假我"，才能重新找到"真我"。找到"真我"，才能回归"本真"。这就叫"忘我，则与道同一"。

但如此一来，讲座的学术含量是不是就会没有了？不会。因为一个真正的学者，他的学问和他的生命是融为一体的。真正属于他自己的知识和思想，怎么也丢不掉。丢掉的一定不属于他自己，那又弃之何惜？因此，当他以一种"就怕别人说自己有学问"的心态走上讲坛，率性而作时，他讲出来的将是真学问、真思想，大家看到的也将是真学者，以及他的真性情。这才是观众最想看到的，也才是我们最应该展现的。

说到这里，与马瑞芳教授这本书似乎没有什么关系了。其实关系也是有的。刚才不是说了吗，现在的观众，对《百家讲坛》的主讲人本身，是有兴趣的。这种兴趣，媒体往往满足不了，或者失真。马老师这本书，却能解决这个问题。马瑞芳是一位"作家型学者"，与《百家讲坛》这个栏目又有长期的合作，可谓既是局中人，又是局外人。要写这个题目，没有比她更合适的。她笔下的人物，也一个个栩栩如生，活灵活现，展现着自己的真面目和真性情，读完让人捧腹大笑又回味无穷。不过这些捧场的话，我也不宜多说。好看不好看，读者说了算。就此打住！

（原载《解放日报》8月10日第13、14版）

当昆曲从生命中穿行而过

于 丹

不久前,于丹教授做客央视三套《文化访谈录》,开讲《于丹·游园惊梦》,将昆曲的梦幻之美、深情之美、悲壮之美、苍凉之美、诙谐之美、灵异之美、风雅之美,娓娓道来,备受观众的关注和喜爱。

日前,于丹教授撰文透露了《于丹·游园惊梦》节目制作的来龙去脉,以及她与昆曲艺术之间鲜为人知的动人故事,并授权《解放周末》独家发表。

前尘往事

生命里总有那样一些冥冥中的缘定,不期然蓦地相逢,无语微笑,绽放出宿命里早已刻画好的那一帧容颜……昆曲之于我,就是如此。

父亲爱戏,于是我从小就被咿咿呀呀的老唱片熏陶着,带着老式楼房木地板上斑驳的红油漆的记忆,还有午后的光懒洋洋泼洒在窗台上的温暖,一个小女孩儿眯着眼睛,在一板三眼的击打声中看逆光里浮动的尘埃……

"哒!上板。哒!头眼,中眼,末眼……哒!头眼,中眼,末眼……"至今,每每在枯燥乏味的会上,实在无可消遣时,微微仰了头,半合上眼,右手的食指、中指、无名指在膝盖上轻轻敲击着,心中一段水磨腔汩汩流出,一步跨进三十年前,如同叩响一点不为人知的秘密的欢喜。

在我少女时代的记忆里,戏曲的造型是那样强烈地对立着,呈现出不可思议的反差:一端是革命现代样板戏,男人如郭建光的十八棵青松、杨子荣威虎山上潇洒英雄、洪常青的烈火中永生,女人如李铁梅的提篮小卖、江水英的龙江精神、阿庆嫂的垒起七星灶铜壶煮三江……而另一端,在爸爸的老唱片里还藏着另外一种世界,那里的男人可以为将、可以为相、可以为儒雅巾生,可以扎大靠、可以戴髯口、可以舞翎子,也可以翩翩一扇开合在手,那里的女人裙纱明艳,珠翠满头,玉指纤纤,水袖盈盈,为她们的男人追魂寻魄生死缠绵……

这在一个十来岁小女孩儿的经验系统中是多么诧异的事……这都是"戏曲"吗?

回想起来,其实爸爸的唱片里京剧占了八九成,他爱的戏多是冷涩的,老生戏爱听言派余派,青衣戏爱听程派,昆曲的只俞振飞、言慧珠、白云生、韩世昌、侯永奎有限的几张,但是我偏偏就被昆曲击中了。

今天想来有个重要原因,就是革命样板戏一概是京剧声腔,才子佳人原封不动地栖息在悠远岑寂的昆曲里,像一个被尘封住的寥落而圆润的梦想。

最早听的自然是《牡丹亭》。《牡丹亭》里最早入心的就是《游园》,那样一段"原来姹紫嫣红开遍,似这般都付与断井颓垣,良辰美景奈何天,便赏心乐事谁家院",今天听来都熟悉得疏淡了，但在一个大家都唱着"不低头，不落泪，咬碎仇恨强咽下，仇恨入心要发芽"的年代，是何等动魄惊心啊……我常常哼一段李铁梅，哼一段杜丽娘，然后就神思恍惚了。

听戏的孩子，从小是有秘密的。拍着曲子长大，就不知不觉在板眼节拍中调试出心里独属于自己的另外一种节奏，不急不慌，任世相纵横，自有一段不动声色的理由。

汪老师

刚认识汪老师的时候，我叫他汪叔叔，那时我只有十几岁，梳一对刷子辫儿，坐在台下如醉如痴仰望着昆剧巾生魁首汪世瑜。

听了好些年唱片，真正看戏是从上世纪80年代开始。而且我从一开始看昆曲口味就很"刁"：爱听传统折子，偏爱南方剧团的戏码，因为嘴上归韵讲究，配了婉转有力的水磨腔，直磨得心里温温润润滴下水来。那时候除了守在北京看北方昆剧院的戏，就一心盼着上昆、浙昆、苏昆这几大剧团进京，他们的笛子一起，就是我的节日到了，攒下来的奖学金全数扔在护国寺的人民剧场和前门的广和剧场里，有多少场就追多少场。

汪老师的《拾画叫画》，看了总不下十六七遍吧。一句"惊春谁似我，客途中都不问其他"，柳梦梅翩然登场，拾得太湖石下杜丽娘一幅写真，叫得声声啼血，唤醒三生石上一段情缘。这出戏甫一入眼就看呆了我，那份衷怀投入的痴狂让我一下子就相信了汤显祖所谓"情不知所起，一往而深"。

看他的潘必正"伤秋宋玉赋西风，落叶惊残梦"，循着多少流水一段琴音声声追问："谁家月夜琴三弄？细数离情曲未终……"

看他的李益与小玉伤别在灞陵桥畔，"行不得，话提壶，把骄骢系软相思树……"

看他的陈季常长跪池边,央求着"蛙兄"住口,免得河东狮吼的娘子以为他挨了罚还要向人诉说……

看他的唐明皇对一番美景"天淡云闲,列长空数行新雁",与贵妃"携手向花间",酒酣情炽时渔阳鼓起,惊破霓裳羽衣舞……

汪老师在台上,穿行在这些华彩的衣裳与华彩的奇情之间,演绎出一段一段人间天上。下得台来,他会在我家吃饺子,叫我"小于丹"。

过了十几年,我在大学里教传媒专业,时常去浙江电视台讲课,一墙之隔就是浙江昆剧团,走出排练场看汪老师,汪老师说:"小于丹,你就坐在这里看我们排戏好了,你想听哪一段,格末就给你唱哪一段!"我就闲闲地捧一盏龙井,一坐就是大半天。

又过了十几年,2007年5月的北京皇家粮仓,厅堂版《牡丹亭》上演,六百年古仓,红氍毹上,水袖几乎可以甩到我的鼻尖前,我握一杯红酒,浸润在这一出我熟悉到呼吸里的大戏:"是哪处曾相见?相看俨然,早难到好处相逢无一言……"

曲终,总导演汪老师对我说了一句话:"你什么时候能在中央电视台讲讲昆曲?"

汪老师的话对我太重了,落在心里就会发芽抽条,摇摇曳曳的,不办到,总觉得发慌。

四个月之后,还是这座粮仓,总顾问汪老师一段一段给演员说戏,帮我把握了这七集的《于丹·游园惊梦》。我坐在明晃晃的灯下说着讲着,汪老师总在观众最后一排左边的角落里,看见他对我浅浅一笑,我的心里就不再仓惶。

现在我有个心愿:等到不这么匆忙了,去汪老师的家里,好好陪他喝顿黄酒。

林为林

真正的戏迷看戏,大多是冲着"角儿"去的;真正的"名角儿"大多成名很早。

林为林就是昆剧武生行里中国数一数二的"名角儿"。

1962年汪世瑜老师成了"角儿"的时候,林为林还没出生;上世纪八十年代中期我认识他们的时候,汪老师是浙江昆剧团的团长,刚过二十岁的林为林已经是名满天下的"江南一条腿",成了中国最年轻的"梅花奖"得主。

那时年少,气焰飞扬。《界牌关》一个亮相,雄姿英发,白靠高靴,晃煞多少人的眼睛!摔抢背,翻吊毛,高高叠起的三张桌子上飞腾而下,英雄战死,也是一身掩不住的骄纵桀骜!所谓"少年壮志当拏云",台上台下,就是这番气概了。

陪他在北京街头巷尾闲逛,路过菜摊子,小武生扬扬剑眉,指着二尺多长的芹菜说:"你们吃的菜这么老的呀?我捆一捆挑起来好演《探庄》的了!"我一愣一愣地看着他,没话。《探庄》的石秀,担的是柴禾。

二十年后的西湖边,浙昆现任团长林为林一袭浅粉色T恤,沧桑不上眉宇,但是笑容疏朗沉静了太多太多。

我说:"想看你的《夜奔》了。"

他说:"《夜奔》我九岁学,十四岁上台演,整整三十年……年轻时候唱的是英雄夺路的激越,现在唱起来才懂得什么是英雄失路的苍凉。"

我告诉他要讲昆曲了,心下忐忑……何况陪我二十年的《振飞曲谱》在一次公益活动里被我拍卖掉了,现在这个版本孤绝到遍寻书店而不见。

为林兄说:"没关系,我的都给你。还需要什么?全告诉我!"

第二天,大华酒店的服务生上来送东西:整整一大纸袋全是曲谱:《振飞曲谱》、《兆琪曲谱》……每一本的扉页上都写着"于丹贤妹惠存",下落"为林敬赠",也就是说这书一"借"就归我了。第二大纸袋是为林兄当团长以来完成的一百四十多出传统折子戏录像DVD,我需要的戏码几乎全在上面了,另外还有满满一纸箱漾了蜜汁般的鲜桃子。

这么多东西打了一个大箱子托运回了北京,全都用得上。再想想录像现场需要有些片断的表演,还得惊动这些"角儿",于是贪心不足,又给为林兄电话。

他在山里休养着,闲得连信号都没有,看到我信息跑出来才通得了话。大戏《公孙子都》他担纲主演,唱念做打,文武俱重,刚刚一举闯进国家精品工程项目,大家把脱了几层皮的功臣才送到山水之间,我的电话就追着来了。

为林兄一口应承:"没问题,我来给你站场子!笛师鼓佬我自己带,费用中央台不用管。"

我嘻嘻哈哈地说:"不用太费事啊,用不到整折《夜奔》的,只要你【驻马听】'按龙泉血泪洒征袍'一段,拉拉山膀跑跑圆场有那么个意思就够的。"

两天之后,为林兄一个长长信息过来,千道歉万道歉的,说"我误你事了",原因是"昨夜在山庄露台上练《夜奔》,不慎右脚上的老伤又扭了……"。

《夜奔》,这是他唱了三十多年的戏啊!一招一式估计已经像骑自行车一样成为机械记忆了,居然等不到回了杭州排练场再说,非在星迷月暗的山里就要练起来……我的眼泪一下子涌上来,发信息怪他:"你傻啊?!我又不是高俅,你又没烧草料场,有什么赶命的事,还真在山路上夜奔?!"

他一个信息发过来:"伤得不重,没关系,千万别自责!想我练武之人,受点小伤难免的!只是想好好表现一下,下点私功,没想到地不平,扭了一下。哈哈哈,惭愧!"他还打着哈哈说:"老胳膊老腿喽……"

就这样,一个帮了我这么多忙的朋友,最终在《于丹·游园惊梦》中,他一个镜头都没有。

节目播出的时候,他一直给我信息,最后一天播完,他信息里有一句话:"看完你的节目,我们的演员都练功去了。"

前两天坐在国家大剧院里,我看着他的《公孙子都》,风华绝代,炉火纯青,我心里幽幽地想:你还是欠着我《夜奔》,不知什么时候能看到……在北京?上海?还是西湖边?我都会等着。

马　东

电视这个东西很容易让人误读。按老百姓的看法,会觉得无论私下里多没正形儿的人一上电视肯定就一脸严肃了,可是在职业主持人里,偏偏就有那么几个跟大家想法正好相反的人:电视上一脸坏笑伶牙俐齿,私底下少言寡语,心地柔软慈悲,在家吃饭的时候比在外面应酬的时候多,跟书泡在一块儿的时候比跟人扎堆儿的时候多。崔永元是这么个人,马东也是这么个人。

学计算机专业的马东留学八年回来,在中央电视台文艺频道里是气质上很不"文艺"的一个人,除了做《文化访谈录》的制片人和主持人之外,他还经常被文艺中心委派去操持一些大型比赛。2007年中央电视台主持人大赛他做导演,我是初评阶段的评委。

马东跟我一向很熟,说话就开门见山:"姐,来文艺频道讲讲吧,我们《文化访谈录》想推个系列节目。"

那时候正在两场录像中间,我顶着一脸大浓妆,被大灯烤得昏昏乎乎的,一手捧着盒饭一手举着西瓜:"我可不讲了!什么都不想讲。"

马东慢条斯理:"别着急,再想想,中心朱彤主任让我找你的,见面聊聊再说。"

坐在朱主任对面了我才知道,马东早就做好一大堆方案了,有说电影的,有说音乐的,还有聊教育的,我放下这份放下那份都说先不讲了,忽然脑子里闪过汪老师的托付,我说:"文艺频道怎么不讲讲昆曲呢?"

儒雅的朱彤主任看看我说:"这个题挺好。"

两天以后马东跟我说:"朱主任批了,就按你说的,讲昆曲吧,做个系列,我去争取'十一'黄金周播出!"

刚好八月底有个昆曲界的盛会:上海昆剧团、江苏省昆剧院、浙江昆剧团、北方昆曲剧院、湖南省昆剧团、苏州昆剧院六大剧团赴港汇演,距离1987年我在北京看到的这个阵容演出整整二十年。马东说:"我陪你去看戏。"

第一天晚上是名家清唱,开场之前,苏州昆剧院蔡少华院长把我和马东带到后台,除了向汪世瑜老师报到之外,我在那个狭长的小化妆间里还见到了久违的浙昆名旦王奉梅老师、中国最好的昆曲大官生蔡正仁老师、"第一老生"计镇华老师、有"活关公"之称的侯少奎老师、上昆名旦梁谷音老师……蔡正仁老师握着我的手说:"于老师,我本来就要去北京找你的!"身形魁伟挺拔的侯少奎老师一双大手握紧我,声如洪钟:"好好讲讲我们的昆曲!"

那个时刻我忽然懂得了什么叫做"临事而惧"。我从小好像也没迷过什么影星,真正追过的"星"就是眼前这些人了……场上笛子起来了,水磨般的涟漪一痕一波悠悠漾开,"哒,上板……"我微微仰头,闭上眼睛,锁住眼帘里涌起来的酸和热,【红绣鞋】响起来了,【锦缠道】响起来了,【山坡羊】响起来了……我梳着羊角辫在周铨庵老师家里拍曲子的情形,我戴着耳机骑自行车一次一次被警察从红灯前截下的情形……那些青春流年中的吉光片羽,一霎间凌乱而鲜亮地飘摇闪烁,让我不能自持。

我是个轻易不会失眠的人,那一晚上,被自己魂魄里萦旋的曲子吵得竟是怎么也睡不成,轰也轰不走反反复复间,竟总是《拾画》中那一支【千秋岁】:"小嵯峨,压的这旃檀盒,便做了好相观音俏楼阁。片石峰前,片石峰前,多则是飞来石三生因果……"

凌晨四点二十,我索性起床,倚在窗边看香港的海岸在晨光曦微中渐次显露轮廓,海天之间的雾霭迷离幻化,让我且执且迷于这一句"三生因果"的探问。

八点一过,蔡正仁老师就来了,接着是上昆的郭宇团长、计镇华老师、张静娴老师……蔡老师给我讲起他唱了半个世纪的昆曲如今每每演到唐明皇《迎像哭像》还伤恸得情难自禁,一句"数声杜宇,半壁斜阳"之后,唱得自己心中竟像大病一场!美丽的张静娴老师一直用孩子般亮晶晶的眼睛望着我,自告奋勇要帮马东去找大量昆曲剧照;计镇华老师持重典雅,气度雍容,给我细细解释"阔口"行当里的讲究;干练的少帅郭宇团长告诉我:"上昆就是你的后盾,需要什么尽管说话!"他们一走我就跟马东说:"完了!我现在满脑子除了戏还是戏,除了感动还是感动,一个主题也没有,我可不知道怎么讲了!"

马东一点儿给我加油鼓劲的意思也没有,散仙一样:"姐,大不了回去跟主任说准备不充分,咱先不录了,就当只为来香港看回戏呗!"

此言一出，我的心里忽悠一下松了不少。

呆在香港酒店里好几天，晚上看戏，白天翻书，马东从不过来催我一句，到了饭点儿就打个电话："走吧，我带你去半山吃咖喱。"

坐在香港室内让人冻得哆嗦的冷气里，一人抱着一杯茶，眯着眼睛看正午山坡上的阳光，有一搭没一搭地闲聊着，昆曲的美谁能说出有多少种？梦幻，深情，悲壮，苍凉，诙谐，灵异，风雅……不一而足啊！马东扬手叫来服务生，要了张巴掌大的小纸片，把我刚说的这些词码了码，往我眼前一推："就这七个主题了，吃饭吧！"

十月一日的中午，我在电视上看见《于丹·游园惊梦》的第一集《梦幻之美》，自己竟怔怔地呆了。我给马东发信息说："我自己恍如前世今生的穿越……想不到你能把后期做到如此美好，这个剪出来的版本才真让我有'惊梦'之感！宿愿啊，人心中总有一些寂寞而坚执的宿愿，寻寻觅觅一念中的相合，没有这份默契，成就不了一种呈现。我对你的这份感激是无可言传的，不为一个节目，为了一个生命深处蕴藉的梦想！"

马东还是淡淡的："姐，做到你说的一半我就知足。"

风中的吟唱

当流光涤荡过我们的生命，总有一些或明或暗的片断蹁跹徘徊，成为刻画着年轮的信物。逢着一段心事，一处风景，一个人的名字，一种形式的寄托，都是有缘的，至于是不是可以守得长久，那要看有没有"分"了。我相信自己与昆曲是有缘有分的，而且历久弥珍。这与昆曲是不是非物质文化遗产无关，与现在还有多少人听戏无关，甚至与我要不要去振兴它也无关。昆曲之于我，宛如每个清明前必定要啜饮的一盏春茶，宛如每个夜晚来临时或长或短的几笔日记，宛如我随便哪个空闲就可以展开的一段瑜伽,宛如众多熏香中我特别钟爱的薰衣草的那种气息……无论生活的节奏如何紧张忙碌,我坚持认为有些形式感是要被从容消费的,并且在形式的穿越中成为自己。

苏东坡这样评价陶渊明:"陶靖节以无事为得此生,一日无事,便得一日之生。"他说天下人"终日碌碌,岂非失此生也"。我从小就喜欢这个采菊东篱、种豆南山的隐士,尽管他的庄稼一概"草盛豆苗稀",但是他的那一丛散淡菊花,还是温暖了后世每一轮带霜的斜阳。这些诗文戏文构筑了一个小女孩儿柔软的魂魄,注定了我不愿意把分秒必争的光阴都用来实现价值,不愿意把从日出到日落的一个循环变成排满公共事务的schedule(日程安排表)。我喜欢有些流光纯粹用来浪掷,可以敏感于四季,沐春风而思飞扬,临秋云而思浩荡,可以拍一支曲子,霎时间沧桑幻化,古今同心。

我自己选定了这张封面的照片:江苏省昆剧院院长柯军英气勃勃的林冲在我身左;上海昆剧团副团长张军风流倜傥的唐明皇在我身右,他身边的沈昳丽扮的不是贵妃,却是钟馗待嫁的小妹;林冲身后是一对璧人曾杰和胡哲行装扮的柳梦梅与杜丽娘;不远处陈滨的石道姑持着拂尘遥遥相望……我穿了牛仔裤坐在他们中间,手上是唐明皇《小宴》里那把洒金折扇,开了半边。

这组"关公战秦琼"般的造型让我沉迷,我喜欢他们的悲欢离合没有逻辑地密密匝匝重叠在一起,颠覆了时空,静静地凝固着,鲜艳而执拗,虚灵而真切。

这帧照片让我的记忆一直牵绊在皇家粮仓那六百年青砖的包围里,王翔总经理停下了所有对外经营,无偿提供我们前后三四天的录像。汪世瑜老师每天从早到晚盯在场上台下,录像结束当晚九点多的飞机赶往西安,蔡正仁老师率领的《牡丹亭》在那边已静候他好几天。古稀之年的侯少奎先生现场扮起的关大王震撼了整座古仓，计镇华老师抱起了《弹词》中李龟年的琵琶，刘异龙老师装束起了《测字》中娄阿鼠的行头，张军和沈昳丽从潘必正、陈妙常一直换到唐明皇、杨贵妃，柯军从史可法沉江一直奔跑到失路英雄林冲，董红钢一个下午勾了钟馗、周仓、唐明皇、判官四个大花脸的脸谱，洗了再画，画了再洗……

这些名角大家，沉沉静静地穿行在场子上，剪进节目的可能只是一个造型，倏忽叠过，我无以言表的感谢甚至来不及说出，这些安安静静的心已经回到了他们各自的剧团里。

节序已经从暮秋转向初冬，浓郁的颜色被日渐逼仄的瑟瑟寒意冲淡了不少，天色温柔，我心里节拍不改。大概从我的孩子没出满月开始，我哄她睡觉时就有一搭无一搭地哼曲子，直到她后来会趴在床上支起小脑袋提要求："妈妈唱戏。"直到再后来我忙得满天飞，她姥姥发愁地说："你妈妈出差了，谁会唱戏哄你睡觉啊……"

我相信今生有一些美丽的缘定必然相逢，我喜欢有一种生活方式可以叫作"昆曲"。

（原载《解放日报》2007年11月16日第13版）

赵本山、冯小刚在沪"碰"出春晚点子

无疑,赵本山是春晚的一个经典标志。

眼下,围绕着赵本山今年春晚小品的种种关注已热闹非常。

备受关注中的赵本山日前飞抵上海出席 2007MTV"超级盛典",捧得"年度内地最具风格男演员奖"。在接受本报记者独家采访时,这位担任解放集团文化顾问的"最具风格男演员",言简意赅地阐释了自己对于"风格"的理解——真实。

赵本山的真实,既在艺术追求中,也在人生态度里。"现在很多戏是坐在家里硬编出来的,很多表演一看就是离生活很远。我感觉现在假的东西太多了,假的东西早早晚晚会消失,生命力不强。艺术思维需要一种真实。"因此,他演《落叶归根》诚挚自然,他导《乡村爱情》本色质朴……始终执着于这种真实的艺术思维。《乡村爱情2》刚刚关机,预计明年大年初二播出,对此剧赵本山喜欢、看重的就是它所自然流露的那种人世的真实与真情,"我就是想让我拍出来的戏,就跟发生在我们身边一样。我是个土生土长的农民孩子,我从来没有改变过,那

些真实的东西在我心里不会变"。

正是赵本山的真实、自然以及质朴，赢得了观众，成为了老百姓对春晚的某种期待。春晚总导演陈临春这般评价："最起码从目前来看，赵本山的节目是观众最期待的春晚节目，任何新秀老将都不能替代。"2008春晚向百姓征集意见中，有人指名道姓给赵本山写小品本子，有人牵肠挂肚谁将成为赵本山的表演搭档⋯⋯总之，大家都关注着、盼着呢。

究竟今年春晚赵本山演什么？是继续"卖拐"，还是接着"说事儿"？赵本山笑了，告诉记者他已经有了一个好点子。这个好点子的诞生地就是上海。此次来沪，赵本山遇见了老朋友、荣获"最具风格导演奖"的冯小刚。两个智慧幽默的脑袋——"撞击"，灵感迸发了。

这个全新的创意，让赵本山颇有创作的激情："我和冯小刚探讨春晚小品，有了这个好点子。它是用一种拟人化的方式来表达主题，反映中国社会几十年发展的状况，很有想象空间，也很新颖。"尽管赵本山为了给观众留有悬念，没有透露春晚小品的具体内容，但他喜悦的表情、搓着手的激动，还有那句很肯定的话"这个点子寓意很深，又能好玩"，让记者相信这个作品将不会辜负大家的期待。

赵本山表示，一完成手头《乡村爱情2》的最后制作，他就赴京全心全意准备春晚节目了。这个称自己"每天都得有事干，歇不下来"的艺术家，已早早眺望到了明年的工作——从现代农民题材剧跳至上世纪二三十年代的历史剧，聚焦沈阳《老北市场》拍50集的民间生活变迁，并将用其淳朴动人的赵氏幽默来演绎男主角命运。

（原载《解放日报》2007年11月28日第2版　记者黄玮采写）

真实，穿越风花雪月

海岩剧 20 年，一场场风花雪月，以美动人。

而最新一部《五星大饭店》在央视一套黄金时段首播，让观众看到了一种遒劲的变化——关注"真实"这个命题，穿越了风花雪月。其更深邃的主题开局、更深刻的现实反照、更深沉的宏观思考，受到各界关注。

日前，担任解放日报报业集团"文化顾问"的海岩接受了《解放周末》的独家专访，理性阐述他真实的观察与思考、作为与期望。

《五星大饭店》的启发

解放周末： 从 1987 年的《便衣警察》，到 2007 年的《五星大饭店》，海岩剧已穿越了整整 20 年的光阴。在这部最新的《五星大饭店》里，我们看到了一种变化。

海岩： 可能你们认为这部作品的主题有所变化。

解放周末： 据说在百度电视剧搜索风云榜上，它的搜索量

超过了《士兵突击》《金婚》等热播剧,跃居第一。

海岩:网上关于《五星大饭店》的讨论很热烈,有关于主题的、对白的、演员的,还有自发地写续集的。

解放周末:海岩剧素以风花雪月为胜,您自己也承认,您的作品是用不真实却唯美的东西打动观众。而在《五星大饭店》中,"真实"却被着力推到了聚光灯下,这一场场风花雪月后的真实中,是否蕴藉着您的思考与笔触向现实批判的转变?

海岩:其实,这部剧作在创作之初的要求是最不写实的,出版社设想出版中国首部漫画长篇小说,邀请我写脚本,然后请人配画成漫画。显然,漫画相对来说会离现实生活远一些。

解放周末:可最终呈现出来的为何恰恰是一种真实呢?既超出了人们对漫画的虚幻设想,又超越了海岩剧的经典表达。

海岩:我为什么想写成这样一部戏呢?可能是因为这么多年来,我生活中的不快乐大多是因为我们所处的社会存在着种种不真实的现象,虚假的东西太多。在娱乐圈里的,还有文化界、经济界、体育界,甚至教育界的许多光鲜亮丽、耀眼夺目的事件背后,常有一些不美好的内幕。在利益的驱动下,各种各样的造假事件层出不穷。表面看这是商业社会的常见现象,但在我看来,这不应是一个成熟的商业社会的主流。一个真正成熟的商业社会应该是一个文明的社会,有基本的价值体系,行行业业都有基本的规则和道德底线。

解放周末:这部直面现实的海岩剧,是否获得了异乎以往的评价？

海岩：今年恰好是海岩剧 20 年，有意思的是，这次不仅海岩剧第一次在央视首播，也是我第一次参加了自己作品的研讨会。我没想到，许多著名的理论家很赞赏《五星大饭店》，他们认为这是一部"反映通过个人的勤奋诚实劳动创造美好生活"的主旋律电视片。评论家李准先生说，海岩的作品过去在触及社会深刻问题方面还是让人有不过瘾的感觉，但这部戏将给观众很多启发。

解放周末：命题现实和思想深刻，带来了观众欣赏心理上的过瘾。

海岩：首播结束后，年轻人在网络上的讨论越来越热烈。他们十分关注"真实"的话题，探讨着电视剧中对许多虚假现象的批判。这正是我所期望看到的。

人心不能失去真实的约束

解放周末：真实在剧中一次次地被强调、被诠释，而在您心目中是如何定义它的？

海岩：真实的命题很宽泛。刚开始写的时候，有人看了剧本就问我，是不是有点小儿科，挺幼稚的，总在不断地强调"真实"，在今天人们似乎已经不怎么强调、看重这两个字了。我说它一定会有反响。现实就摆在我们眼前：一方面，把真实作为标尺来衡量并约束自身的行为越来越难，另一方面，人人又都在抱怨社会上的各种不真实，都在期望更多真实的生存环境、公平的社会规则。

解放周末：现实就摆在我们眼前，而您以您的方式作了提示。

海岩：以大众文化的方式给大众以提示，这是文化的责任。大众文化中不能只有选秀和恶搞，低级趣味不能成为主流。

解放周末：最直接的观感是，听剧中的一些对白，往往恍惚变成对观众内心的一种叩问，接着慢慢沉淀出一些感慨、一些反思。

海岩：真实的对立面是虚假和虚伪。今天，我们身处在信息爆炸的时代，信息时代是不缺信息的，缺的是真相。假奶粉、假包子、假药，一桩桩一件件耸人听闻。人心不能失去真实的约束。

解放周末：就像您在剧中所揭示的，一次舞蹈比赛被金钱收买，荣誉变成了虚假的东西。要还是不要？成为年轻梦想的灼痛挣扎。

海岩：这些年轻人之间的对话，反映了坚守真实的难。就像舞蹈组合里的一员阿鹏说的，当你梦想的东西近得伸手可触时，这样的诱惑是难以抗拒的。所以最后，"真实"舞蹈组合放弃了抗拒。

解放周末：或许，这里有种寓言式的表述。

海岩：有人坚持，有人放弃。现实，确实把一些年轻人的理想打碎了。

解放周末：不过，就像剧中主人公潘玉龙说的：只要这个世界还存在，总有一些东西是真的。他始终在求索一个真实的奋斗过程，而不是仅仅追逐结果。

海岩：这也是真实的一部分，脚踏实地，不好高骛远，不急功近利。这是相对于虚幻而言的。现在有不少年轻人刚刚跨进社会，就幻想着不切实际的名誉、地位、金钱，欲望来得太早、太快，浮躁之气处处可见。一些大众传媒有时传递给年轻人太多一夜成名、一夜暴富的奇迹，而忽略了人生成长的种种艰辛。这种不健康的、不切实际的心态，也是我所触及的。所以，在《五星大饭店》中，男主角潘玉龙在几经跌宕起伏后，通过勤奋努力，最终回到了、也仅仅是回归到了一名服务生的位置。

解放周末：片中有个细节令人感慨。潘玉龙即使在与酒店客人金志爱一同逃亡的路上，他还是没有忘记自己酒店贴身管家的身份，还在认认真真地折着被角。

海岩：乍一看让人觉得很简单，但是如果去细细体味，那种兢兢业业的职业态度其实是动人的。这也是一个职业人对待自己的工作应有的态度，做好一个职业，态度往往是最重要的。

规则是了不起的东西，我们要学会尊重规则

解放周末：由此，我们看到这还是一部向道德和规则致敬的剧作。是一种什么样的思考促使您作出如此关注？

海岩：中国发展到现阶段，人们的物质生活好了，每个人都拥有私有财产，与此同时在心理上必然渴望一个安全的、讲规则的、可预见的生存和发展的环境。

解放周末：您说的是秩序？

海岩：是的。而秩序是建立在道德的基础之上的。我为什么用五星饭店作为背景，并非像有些人理解的是要搭建一个奢华的舞台，而是因为我这部剧中的五星饭店是一个恪守规则、讲诚信、负责任的微缩的社会。在酒店行业中，五星级有五星级的底线，有五星级的最低标准，最低标准是绝不允许突破的，从餐具摆设到客房布置，从服务生的态度到管理层的理念，都是清晰而明准的。然而，在现实生活中，我们一些行业还缺少更清晰明确的规则，不少人做事情不那么坚守职业操守的底线。

解放周末：正是每个行业、每个人的底线，构成了整个社会道德的生命线，文明的生命线。

海岩：对，它关乎国家和社会的未来命运，所以我们每个人都有责任去捍卫，有责任去呼吁。在剧中，我不断强调道德标准和职业操守，就是希望以此来给人们一些警醒，做人做事都

要有底线意识。另外一方面,如果说我们现在缺乏某些安全感,就是因为社会上有些人、有些事是不讲规则的,行为缺乏可预见性。而在剧中的那些五星饭店中,职工的每一个行为都被规范约束,勤奋诚实地付出,就会带来可期待的回报。这是我要表达的另一层意思,规则是了不起的东西,我们要学会尊重规则。

解放周末:然而,一种现象不容回避,在现实社会中有些阳光下的规则形同虚设,而"潜规则"却支配着人们的行动。

海岩:对此,在剧中我也有表述,比如舞蹈大赛的金钱垄断、体育比赛中的黑哨、获取金融资本背后的黑幕等等,这些潜规则的存在,对一个真实健康的社会来说都是伤害。

解放周末:似乎人们也有理论依托,比如有人拿黑格尔的格言当幌子,说存在即合理。那些虚假、虚伪的存在,是因为合理,我们应该去适应它。您怎么看?

海岩:屈从于现状本身就是维护不道德,从这个意义上来说,这种观点其实是社会认识的误区,需要澄清。许多腐败的现象都现实地存在着,但它们并不合理,只是因为在当下合理的规则尚不健全或得不到尊重,才使它们得以生存。但最终,它们还是要消亡的。并且,任何"存在"都不能违背社会的法律约束与伦理底线这个"理"。

解放周末:这个"理"不仅是社会存在的基点,也应当是人们道德努力的起点。

海岩:在《五星大饭店》中,我刻意向观众展示了向真、向善、向美的人类普世价值观,也力求从更深刻的角度反映转型期的中国国民人格的终极诉求。这其中有反思,也有积极正面的弘扬,比如那群年轻人对真实的荣誉、爱情以及奋斗过程的追求和向往。

我正在努力做一个追求真实的人

解放周末：对《五星大饭店》有专家有这种评判，认为它不一定是央视收视率最好的电视剧，但一定是收视质量最高的电视剧，并且它将伴随很多思考与讨论。

海岩：我始终认为，文化产品的好与坏不能只让观众说了算，因为，文化产品是很特殊的，除了商品功能之外，它既有提高观众文化水平的功能，又有开拓未来精神和增强国家民族文化地位的使命。

解放周末：因此，文化产品同样需要用多元的文化价值观去判断，而不仅仅依靠收视率、点击量。

海岩：但是，现在文化产品常常被"绝对"地当作商品来看待，这对一个国家的文化发展是很不利的。如果一个国家对艺术作品的评价、对艺术家的评价，都是以尖声惊叫的分贝作为标准的话，那么这个国家的文化和文化人是没有尊严的。

解放周末：这似乎可以注解为什么《五星大饭店》逆快速拍摄的流行做法，历时两年半摄制、花大力气打造的坚持了？

海岩：这些年来，中国电视剧在制作质量上普遍被认为精品不多，制作粗糙的却比较多，甚至不如日本、韩国电视剧的制作水准，这在影视界已经变成了一个公开的结论性的话题了。我只是尽一己之力，力求制作一部精致的电视连续剧而已。

解放周末：这部精致的《五星大饭店》之后，观众还有什么新期待吗？

海岩：我的下一部电视连续剧《舞者》即将拍摄完成。《舞者》的小说50万字，剧本60万字，我写了8个月，挺累的。有一段时间几乎天天写到凌晨5点。这部小说是由出版社先付了稿酬，我才开始动笔的。这部小说有50万字，成了我历史上写得最长的一部小说。

解放周末：出版社应该很感动吧？

海岩：他们开玩笑说，本来担心先付了钱，说不定就写个十几万字的小说来交差，没想到海岩写了他最长的一部小说。有记者说这是出版社买海岩一个知名度，买海岩一个创意，说实在的，当时真没创意，一点头绪都没给人家，他们买的是作者的信用。

解放周末：海岩的信用，和您追求真实有关吗？

海岩：有关系。

解放周末：那么，真实在您的生命中如何"落实"？

海岩：我一直试图努力做一个追求真实的人，一个守信的人，一个能够约束自己的人。我很推崇曾国藩的三字要诀：一是清，二是勤，三是谦。就是清廉、勤奋、待人谦恭。这是我的座右铭。曾国藩在家书中曾告诫亲友，一个人得到的好处要满出来的时候，是很危险的。"月盈则亏"，人满也一样，天不概之人概之，天也是借人之手概之。大家知道以前装粮食的一种量具———斗，粮食要是装满出来，要用一只小木片把它刮掉，这个小木片就叫概。概就是铲平的意思。要想免遭人概，就要事前"自概之"。如何"自概"呢？实际上就是自我约束。

《五星大饭店》对白"真实"

（一）

潘玉龙：真实？你们的组合也用了这个名字。

汤豆豆：是，它是我们的名字，也是我们的信仰。

潘玉龙：你们把真实当作信仰？是因为这个世界上真实的东西太少了吗？

汤豆豆：有些东西是一定要真实的，比如荣誉，比如爱情，我妈妈说过，真实是追求，也是清醒……

（二）

潘玉龙：我和你母亲一样，我也喜欢真实。我会去上学的，但是我要靠自己奋斗，我需要一个真实的过程。我说过，我需要一个真实的奋斗过程。

（三）

潘玉龙：我可以用正当的手段去实现理想。

行政经理：手段并不重要，目的才是重要的。

潘玉龙：目的并不重要，过程才是最重要的。没有人不希望自己的理想能够实现，但区别就在能不能付出真实的努力，能不能问心无愧。

行政经理：你以为他们都像我们看到的那么真实吗？这世界到底还有多少真实？

（四）

汤豆豆：你说现在还有多少东西是真的？

潘玉龙：应该有真的吧，只要这个世界还存在，总有一些东西是真的。

汤豆豆：说实话，我喜欢你，就因为你是真实的。

（五）

汤豆豆生父：我想，在我这一生当中，要把那些忘不掉的每段记忆，都让它留在这个世界的阳光下面。我的女儿，我生了她，我对她负有责任，对她的母亲，那个爱过我的女人，也负有责任。

（六）

饭店总经理：担任客人的贴身管家，技能也许并不是取胜的唯一武器，更重要的是，要有充分的耐心和细心。五星饭店的服务，只有一句话可以形容，你知道这句话吗？

潘玉龙：完美无缺。

饭店总经理：我们酒店的宗旨是，我们所有的客人都是万乘之尊。我们的每项服务都要让客人完全满意。

（七）

饭店总经理：我第一次到中国来的时候，有一位哲学家给我讲过一个故事，他说：过去有一个地主想要雇佣一个马车夫，于是一个驾马车的高手前去应聘，地主问的第一句话就是你翻过车吗？这个车夫马上回答："没有，我从来没有翻过车。"结果，地主没有录用他。因为在这个地主看来，没有经历过翻车这类事故的车夫，不是最好的车夫。这也是那位哲学家想要说明的观点，这也是我的观点。作为一个职业经理人，我们都知道没有经历过任何挫折和失败的人，永远做不到最好。

潘玉龙：现在我不想成为最好。只想能够生存，能学有所用，能自食其力，能够自己养活自己，也养活我的父母，我已经没有过去那些幻想了，也没有任何雄心壮志。

饭店总经理：成功和成就恰恰总是青睐那些有生存危机的人，而疏远那些志向高远的人，但你必须明白，一个人理想太远大和没有任何理想一样都会遇到麻烦。

潘玉龙：你是说，理想太远大和没有理想都是不能走向成功吗？

饭店总经理：在我的人生字典里，理想这个词，通常被解释为信念。信念这个词，通常被解释为责任，责任这个词，通常被解释为职业道德。所以，我的结论是，把追求责任心和职业道德的完善作为目标的人，一定能够走向成功的。

（原载《解放日报》2007年11月30日第13版　记者黄玮、吕林荫采写）

崔永元:我真的很着急

解放日报报业集团"文化顾问"崔永元日前与王志"面对面",袒露心迹,直抒胸臆,引发许多人深长思之。

征得崔永元同意,《解放周末》发表这次对话的"摘编版",以飨读者。

2007年1月5日,由中央电视台新闻中心发起的《我的长征》大型电视活动顺利结束。队员们用了250天,提前四个月,走完了原定的长征路线。由于这次活动从头到尾都有电视节目参与报道,整个行程吸引了数亿观众的目光。

从他们迈出"长征"第一步的那天起,各种赞美和怀疑就一直没有停息过,很多人无法相信,26位普通人参与的"长征",能够成为有历史意义的"红色经典"。因为崔永元个人曾经患有抑郁症,甚至有人认为,《我的长征》就是一次怀有企图的个人行为。

记者：正是因为你个人的原因，引发了一个很大的质疑：几千万元的预算在做这样一个游戏，来帮小崔治疗失眠。

崔永元：我失眠的主要原因，不是因为自己职称没评上，也不是因为房子不够大、不够好，我从来没有为这样的事失眠过。我失眠那一阵，是因为晚上看电视，看我的同行做的一些疯狂娱乐的电视节目，我感到浅薄、不负责任。在这样一个竞争日益加剧的时代，中国人用这样一些特质，想要在世界上站立起来，我觉得很难。我是因为这个睡不着觉。所以我常想，我能改变其中一些人的什么呢？我是一个做媒体的人，做电视的人，我觉得，如果他们参加我们的节目，能对历史有兴趣，愿意独立思考，可能就是功德无量的。

尽管这些队员有着不同的职业背景，有着完全不同的人生经验，但是崔永元希望他们能经受起这次考验，他希望队员们在长征路上来认识这段70年前的历史。

崔永元：这是历史的特点，要有贯穿感。因为过去极"左"的那一套东西，弄得很多人现在反感这段历史。因为知道这段历史在过去的描述里，失真的东西不少，所以现在一些人排斥它。我觉得负责任的态度是，我们搞清楚它，想办法、想尽办法，去搞清楚它。

记者：通过这次长征，能改变什么呢？

崔永元：他们起码对这一段历史有兴趣了。我们队伍中有一位大学生叫陆昶全，他是在福建宁化出发的。出发的时候，宁化人就问他，你知不知道过去的长征从宁化走？他说不知道。当地人说，为什么你们不知道，就是因为从我们这儿出去的红军基本上都牺牲了。这很打动他。所以到了湖南湘江的时候，因为在湘江那个地方，我们红军死了5万人，大部分宁化籍的红军战士都在那里牺牲了。所以，他们就买了白酒在那地方祭奠,当时陆昶全就流眼泪了。

那个场面很打动我,真的很打动我。我当时想,这就是他亲近历史的感觉,可能让陆昶全读到研究生,他都不一定能找到这样的感觉。他学历再高,知识再多,不一定能找到这种感觉。我在一路上看到了他们的很多泪水。这种泪水极其宝贵,这是为历史流下的泪水。

记者:你自己呢,对于这段历史有什么看法?

崔永元:我是觉得,真的,我们这一代人,四十多岁的人,基本上现在都是在社会上干事的人,所以就是说,这个社会有责任,应该由这拨人来承担责任。这种情况其实挺不乐观的。比如我沿途看到的纪念馆,很多纪念馆的照片都摆错了,位置不对。比如摆国家领导人的照片,党和军队领导人的照片,一定要按照当年真实的情况摆,对不对?

还有是因为有些莫名其妙的原因,就让我们把真的历史事实给忽略了。我在夹金山底下参观一个纪念馆,里面有"陈云出川"这么一段,就是在长征路上,陈云到共产国际汇报工作。当时护送他的有两个人,一个叫席懋昭,一个叫陈梁。陈梁后来叛变了,所以我们历史书上描述的都是一个人护送。这次我才搞清楚,原来是两个人。

在这条路上,有很多大溶洞,这个坑里面有十位被害的红军,那个里面有八位被害的红军,都不知道是谁。在夹金山下面,红四方面军百丈关战役以后,又要翻夹金山,一千多个伤员,那时候没办法带他们过雪山,所以就把这一千多人全放在了雪山脚下。当时陈昌浩、李先念他们翻夹金山走的时候,嚎啕大哭,就因为把自己的战友扔那儿了。

记者:这些细节,很多我们都是第一次听到,很真实,很震撼。今天小崔在说,我们听到了,两年以后,一年以后,甚至可能更短的时间过去以后,又能怎么样呢?也许大家就忘了,能改变什么?

崔永元:得有人不断地说,得有人把它当个事,甚至得有人把它当个事业。比如说,媒体就应该总说这个,这是一个公共电视台的责任。

记者:那你觉得这次行动对民族的作用是什么?

崔永元:我个人的理念通常是,能影响几个,就影响几个,当然是能影响得越多越好。你干高质量的事影响了一个人,也算你没白干。

公益活动是《我的长征》的一个重要内容,组委会专门成立了"大益爱心基金",由一个特别行动小组负责帮助沿途的困难群众。这个看似善良和美好的计划在实施中,却遭到了一些网民的质疑。

记者:有人质疑,《我的长征》这几个月下来,做公益,到底是做包装呢,还是做实事?

崔永元:一路上,我们的慈善活动做了 25 种,光种类就做了 25 种,然后体会到了无穷的乐趣。很多人不做慈善是因为没人宣传他们,因为他做了好事默默无闻,别人不知道。为什么很多人特别热衷于跟着我们做好事呢?因为你这周做了好事,下周在中央电视台就给你播出来了,因为这个,有些人也愿意做慈善。我觉得这是对的,这是非常对的。

记者:功利呀,太功利了。

崔永元:这个功利很好,这是做好事的功利,是吧。功利有一万种的时候,你就让他选这种功利,可以。我觉得向善也需要鼓励,只要能鼓励出善来,我们就去做。

记者：到底做了什么呢？

崔永元：我们盖了 20 所学校，这是跟中国青少年发展基金会一起做的，用了"大益爱心基金"。我们放了 130 场电影，露天电影。放电影的场面太让人难忘了，最多的一场有三千多人来看。你知道老人怎么说？他们说 30 年前看过。你知道孩子怎么说？听说过电影，第一次看。我们帮助了 230 多个小学，我们慰问了三百多位老红军。我们还修了八座无名烈士墓，因为有名的墓都有人修，要么当地政府修，要么后代修。无名的，有的年久失修了，我们把它修好了。其中最难修的一座在亚克夏雪山上，它位于海拔 4700 米，那是非常困难的，光把那些水泥、石头运上去，就花了很大的力气，高山反应非常严重。我们把那个红军烈士墓修好了，修得非常好。

记者：这些事听起来杂乱无章啊。

崔永元：就是举手之劳，就是沿路走，看到谁需要帮助，就帮助他一下。

记者：心态呢？

崔永元：做慈善的人，心态都需要调整，慢慢地调整。因为做慈善容易得到仰视，所以你就很容易俯视，觉得自己像个救世主。你确实帮助了他，这不假，但是其实你得到的更多，比如我说的那种心灵的净化，这哪是用钱可以买来的呢，对吧。

在《我的长征》行走过程中，许多队员经历了一生中从未经历的困难和劳累，但是崔永元对队员们的表现一直表示不满意，他在行军中多次对队员们说：如果让日本的队员或者韩国的队员来走，一定会比你们走得好！这样的话，随时在刺激着队员们。

记者：你说这话的意思，光是刺激呢，还是另有深意？

崔永元：其实我真的很着急。我给他们讲，我在日本的地铁上,看到一个人喝得醉醺醺的,前面的人都不躲,我觉得这些人真给他面子。酒气熏天,很难闻的,我们无论如何要让开他,对不对?恨不得揪他脖领子,给他拽到站台上。但是那些人都不躲,就是给醉汉一个面子。过了一会儿,"哇",他吐了,吐得前面那个人身上都是。我就看这个情况怎么处理,结果那个人把手绢掏出来,他先给这个喝醉的人擦。我们很难做到,真的,这些东西其实挺刺激我的,我看得越多,越觉得心里难受。我们的足球队踢不过他们,我们生产的产品不如他们好,为什么?可能就是因为这个,就是因为我们国民的整体素质要比人家低。所以我觉得应该从提高国民素质,从这个角度,从这儿开始抓起,我着急这个事情。

记者:这是不是你多虑了?

崔永元:不归我管这个事,真的,真的不归我管。但是我总是一看到就想起来,因为确实老有这样的经历,你怎么办?我拿着中华人民共和国的护照,每当我出国的时候,我不管到哪个国家,我那个护照都被人家三番两次地检查,怀疑的目光,我很不舒服。这样的经历不是我一个人有,很多人都有,对吧?为什么大家不在意呢,我们就愿意在人家眼里低人一等?

记者:很多人在意但可能不说。

崔永元:我觉得可以不说,因为他也没有地方说。但是我觉得媒体的人必须说,你嘴大,对吧。你在《小崔说事》里一说,你在《面对面》里一说,就有很多人知道。我们总要探讨一下这是什么原因吧。我记得前一段时间政府开始整治,说我们中的一些人到国外旅游太丢人,不能这样,不能那样,要给予培训,要予以整治。我看了看那些毛病,全是在国内养成的。他们在国内旅游、生活、工作,全是这么个状态,你让他拿上一本护照,穿上西服,一出国就变成谦谦君子了,怎么可能呢?所以我觉得很着急,为什么要对出国的人进行培训呢?他在本国就可以随便？我觉得应该在国内就规范他。

记者：那些参加长征的队员，他们理解崔老师的心思吗？理解你这番苦心吗？

崔永元：不是特理解，真的不是特别理解。有一天我跟一个孩子聊天，他就觉得，为什么这些人对我们这么苛刻呢？天天在网上说我们。我说，因为你是公众人物了，因为你占有公共资源了。我说，你看你脚受伤了，中央电视台给你播了八分钟，把医生给你治脚的整个过程都播出去了，而你们家乡建一座大桥，中央电视台连30秒可能都不给播。你看，你占有了多少社会资源。你们享受了更多的社会资源，就得回报，你就得做好事，就得对自己的言行负责，这就是大家对公众人物的理解。

记者：你怎么评价自己在其中的作用呢？

崔永元：我在这个队伍中是宣传队，我在这个队伍中是播种机，我把我很多理念，想办法传递给我的这些队员。所以长征路走完了以后，我坚定了一个想法，就是我觉得这个国家、这个民族最缺乏的是国民教育，这是最缺乏的。

记者：指什么？

崔永元：你是中国公民的时候，你享有什么权利，你应尽什么义务，你应该做什么，不应该做什么，其实就是给幼儿园里的孩子讲的那些东西。但是我们真的没有这么一个教育，没有。我们的教育很空泛。我记得我上学的时候，第一堂课是"我爱北京天安门"，就是这个，等我上大学的时候，看上面写的是什么，"小便请往前站"。反了，我觉得。

记者：每天都在讲爱国，很多东西提醒我们爱国。

崔永元：爱国是爱什么？其实包括爱国家的脸面，公民做事都那么不得体，这个国家就没有脸面。有一次，我在迪斯尼看到一个特别胖的美国人，穿着一个大裤衩，那裤衩上是美国国旗,我就觉得哪个国家年轻人都这个德性,把国旗都弄到裤衩上。到晚上了,他们在降旗,奏国歌,那个人马上站在那儿,一动不动,捂着自己的胸口,表情非常严肃,那个瞬间很让我感动。你看,这就是国民教育的成功,就是无论你处在什么地方,迪斯尼或是其他地方;无论你是在什么状态,旅游或是干别的什么,当国歌响起来的时候,你要表现出你的敬畏之心、尊敬之心。你不信,我今天说完了,你看看咱们的比赛,比如咱们重大比赛之前有奏国歌,你看看我们的观众,坐着的有,不起来的有,接手机的有,交头接耳的也有,干什么的都有。包括我们在长征路上的一些争论,比如该不该排成队走,见到无名烈士墓的时候应不应该鞠躬。这些争论我认为都是不应该出现的,为什么?我觉得这是这个国家的仪式,这个仪式不能少,表示我们的尊重、敬仰,是必不可少的。人生当中有很多仪式,我们可能就是仪式感的东西太少了,形式感的东西太多了。

《我的长征》整个行程一直受到全国观众和各种媒体的关注,仅平面媒体关于这次活动的报道文章就有7000多篇,人们通过这些文章和电视节目及时地了解了路途中《我的长征》队员的表现。很多观众对这次活动给予肯定的同时,网络上也出现了不少批评的声音。

记者:你在意吗?

崔永元:我非常在意。正面、负面的都有,我非常在意。其实正面里面也不一定每一个说得都好,比如那些纯粹无病呻吟的那种正面,我觉得也没什么意思。负面里面有谩骂的,我是从不接受的,我没有这种宽阔的胸怀。你谩骂我,我会对你说,住嘴,没有人给你这种权利,法律也不给你这种权利。

记者:有道理吗?你会客观地去分析吗?

崔永元:一点道理都没有。

记者：比如我们从网上摘了几段，"拿'长征'一词轻易来标榜自己,感觉羞辱了许多人的情感、良知、信念"。

崔永元：这个其实我觉得还是有道理的,因为我们这个队伍在行军的时候,最长的时候,大概落了三公里,就是最前面的红旗和最后一个队员相差有三公里远。我作为一个队伍的指挥,看着心里都很苍凉,觉得不舒服,这哪像队伍? 我觉得我们排成一个队,才叫团队。而他们觉得我们心里在一起,就叫团队,"海内存知己,天涯若比邻",不要看我们离着三公里,但是我们心是连在一起的。可是我希望他们的外形就能让我看出,他们的心是连在一起的。我觉得一直走到最后,这个问题也还是没有解决好。

记者：还有大家觉得,这支队伍里的人跟当年红军没有办法比,怎么看怎么都摆脱不了旅游的这种感觉?

崔永元：我们最长的距离是一天走了54公里。当我们分水陆两路行军的时候,我们的队伍一天走了87公里;当我们飞夺泸定桥的时候,用了18小时51分钟;尖刀班的八个人,走了101公里。谁在这旅游? 当他们最后到了泸定桥的时候,我请他们吃饭,到楼上吃饭,二楼,那个台阶大概七级还是八级,所有人都上不去了,他们都搬着自己的腿往上上台阶。没有人旅游把自己"旅"成这个状态的。

记者：但是刚开始的时候,肯定有人有这种心态,我相信你应该看得到,但是你能容忍这样的心态吗?

崔永元：能容忍。因为他们身上长虱子了,他们被臭虫咬了,他们脚上起大泡了,脚上起这么大的泡,我从来没见过这么大的水泡,白白的,拿针管往外抽,一晚上抽了200多个针管,这叫什么旅游? 如果有网友还说这个是旅游,那我们也就认了,我们希望中国人都用这种方式旅游,这个民族的面貌马上就变。

网络上有人评价：《我的长征》全部是用公费，进"红色景点"还不用买票。而旅游团需要游客自己负担一切费用，全程走完可能要花费几万元。因此相比之下，《我的长征》是有"利"可图的。旅游团的游客只能够自己拍照或者录像留念，完了还只能给自己或者亲朋看，而《我的长征》在中央电视台播出后，队员们全成了举国皆知的名人。因此《我的长征》是有"名"可图的。这是一次幸运者的长征，而且名利双收。

记者：你们是名利双收了。

崔永元：这不很正常吗？这叫"君子爱财，取之有道"。他们用了一年的时间，付出这么大的努力，出了名，那肯定比那种一夜成名要好。

记者：你个人有经济方面的追求吗，在这件事情上？

崔永元：《我的长征》也是我为中央电视台做的节目吧，应该给我工资，台里如果觉得很成功，还应该给我奖金，其他方面的荣誉我也不会拒绝，而且我认为很应该，我现在正在等着呢。平时我也看长征这方面的书，但是印象就不那么深，这次一边走一边沿路看，然后再读书，就觉得特别明确，记得也清楚，脑子里想法也多，所以说，"读万卷书，行万里路"。整个全程我大概走了700公里吧。

记者：你为什么不身体力行跟着一起走呢？那该多好。

崔永元：我走不下来，就是量力而行嘛。我的最高纪录还是一次走20公里，就是我只能走20公里，20公里以后，腿都抬不起来。

崔永元曾是中央电视台《实话实说》栏目的主持人，诙谐幽默的主持风格让他成为观众喜欢的公众人物。但就在他的名声如日中天的时候，2002年，他突然离开了让他成名的《实话实说》，喜欢他的观众因为他的离去而惋惜，他们认为，崔永元离开《实话实说》是不务正业。

记者：很多人认识你是从《实话实说》开始的，虽然你后来干了很多事，但是很多观众都说了，还是最喜欢《实话实说》时候的你。

崔永元：那时候年轻、脑子灵，肯定更招人喜欢。人到中年以后看不惯的多，絮絮叨叨、闲言碎语的，也真的是挺招人讨厌的，但是人可能就是有这么个过程。

记者：下一步，你有什么计划？

崔永元：我现在开始着手收集各个阶段的历史素材，我指的是口述历史。我希望能找到见证和参与过历史的一些人物，我能和他们面对面地交流，这比穿名牌衣服、开好车、到高档餐厅吃饭、受到别人夸赞、得到一些莫名其妙的荣誉都重要，真的特别重要。

记者：你怎么给自己定位呢？一个优秀的主持人，还是一个……

崔永元：我是一个电视行业里能够独立思考的优秀的知识分子，而且在电视行业里，这样的人不多，我一直是这么认为的。

记者：但是在很多人眼里，你还是最好的谈话节目主持人，你仍然很有市场。

崔永元：谈话节目没有问题，我是第一高手，没有问题。让我操纵一个几百人、上千人的现场，我从来没有紧张感。我能在第一时间听懂对方的意思是什么，我能用最精炼的语言把它概括出来，我想都不想开两个玩笑，就可以让满场大笑。那东西没什么用，那东西可以扔了它，联欢会的时候拿上来使使就行了。所以我必须得找冷门，我现在觉得最冷门的就是这些口述历史，对口述历史的抢救，及时抢救，这是最冷门的了。

记者：你的目的是什么呢？

崔永元：目的就是等我女儿长大的时候，她想了解这段历史，我就说你到资料馆去翻，所有的影像都有，你听听当事人怎么说。我女儿看完了特别受感染，觉得非常棒，她就问谁做的，我告诉她，是你爸爸做的，你爸爸当时掏钱自己做的。总得有人干这个事，我们不能什么都没有。

（原载《解放日报》2007 年 4 月 13 日第 19 版）

杨澜对话崔永元

这是一次对话,一次让崔永元和杨澜都感到颇有意味的对话。

关于"我的长征"心路历程,关于人生和文化的最新思考,杨澜层层追挖,崔永元实话实说。

征得崔永元和杨澜的同意,《解放周末》独家发表这次对话的实录,以让读者先睹为快。

后来分别的时候,我一个人都没送。我说再见,以后咱们再见面,就觉得好像第二天大家还要一起走

一群普通人,用一年的时间走完了70年前红军走过的那条长征路。在路上,他们争吵,他们感动,他们受伤,他们也收获。"我的长征",是谁的长征?对小崔来说,形式上的自我放逐,是否帮助他这位电视精英完成了精神回归呢?

杨澜:"长征"终于走完了,最后大家要各奔东西的时候,心中有些什么样的感慨?

崔永元:我当时做了这个准备,因为我这个人感情充沛,动

不动就流眼泪,我知道这个分别肯定很难受。我在会宁,就是我们会师的地方,在那里开会的时候,每个人都发了言,我们说,"长征"哪结束了?"长征"刚刚开始。

杨澜:一个新的"长征"已经开始了。

崔永元:因为我们走在路上的八个多月的"长征",只是万里"长征"的第一步。人生的"长征"、生活的"长征",都刚刚开始起步,实际上我在心里就想确实是这么回事,要不然真有生离死别的那种感觉了。其实我们还差十几天快要结束的时候,我已经发现不对劲了。

杨澜:大家在酝酿情绪?

崔永元:对,那时候好像特别爱哭。男女老少动不动就哭,三句话就哭。可哭也没有人说我留恋,说我不想结束,没有人说这个,都是那种莫名其妙芝麻大的那种小事。因为这个哭了,因为那个哭了,我知道可能是大家习惯了这种在路上行走的生活。后来分别的时候,我一个人都没送,我没送。我说再见,以后咱们再见面,就觉得好像第二天大家还要一起走。故意把这个气氛弄得很淡,很淡。我刚才已经听到消息了,我们至少有三位队友这几天每天在家痛哭。

杨澜:干吗?需要走路?

崔永元:他没法过以前那种生活了,睡觉觉得床太软,然后觉得这个灯太亮,饭也不香,身体疲乏,各种各样的反应都来了。

杨澜：你有什么不适应？你不是"长征"的时候把失眠给治好了吗？现在回到北京怎么样了呢？

崔永元：我又连续吃了三天安眠药了。真的就是睡不着，好像是觉得千头万绪。我想，我过去在这个城市是怎么过的？我能有这么大的本事，每天能干这么多件事，我真挺佩服以前的自己。现在我觉得好像难以应付，没法应付目前的这些事情。

杨澜：为什么呢？太嘈杂，太复杂，人太多，太浮躁？

崔永元：主要是复杂，就是基本上没有一件事情当天能结束。我今天忙了一天，回家一数，今天这五件事情开了头，让另外五件事往前发展了一步，仅此而已。而我在"长征"路上所有的问题，当天都能解决。当我睡觉的时候，脑子是空白的，就是说今天的事都没了，今天就剩下睡觉最后一件事了，你就睡吧。

杨澜：嗯，对比刚刚出发的那个时候，你觉得当初的设想也好，预计也好，期待也好，到底实现了几成？

崔永元：当时我觉得不是我自己走，是吧？是我带着一个团队走，是一个完全由中国人组成的团队走。因为在我过去的印象里，中国人的团队是最差的，欧洲、美洲不知道，去得少，反正韩国、日本，我们是比不了。单个比没有问题，是吧？你看我们得那么多金牌，你数一数，大多数时候我们只能得个人金牌，团体的你就得不着。

杨澜：女排，女足。

崔永元：可能就这一块，雅典奥运会好像就这一块，只有女排这一块。

杨澜：只有女人还有点团队精神？

崔永元：还真是，所以我想，他们可能做思想工作不行，喝酒不行，花钱也不行，就剩下最后一招了——拉出去遛遛。我就是怀着这样的想法带着大家走上"长征"路的。后来我发现，拉出去遛遛也不行，照样不是一个团队，他们天天在闹矛盾，谁跟谁都不客气，互相都不宽容，就是那样。如果"我的长征"总分是 100 分，我觉得他们也许到时候就得个 40 多分吧。就这个样，当时我觉得这是一个社会现象。

杨澜：这就是你的期待？

崔永元：对，当时我觉得这是一个社会实验，到时候向社会公布的结果是，中国人的团队走在路上也没戏。当时我想要告诉大家这个。

杨澜：我觉得你是要让大家看看城里人是怎么出丑的，全部是阴暗心理，然后又不期待人家能够表现出好的团队精神，期待人家出丑。那么，结果呢？

崔永元：出乎意料，结果我觉得特别美满。

如果明天媒体说这件丑事，如果明天在街上欢迎你们的老百姓都知道你们干了这样一件丑事，你们好意思举着红旗接着走吗

他们是一群来自各行各业，经过精心挑选出来的志愿者，他们带着不同的目的和对长征的不同理解，本着自我管理的行动规则走在路上。于是，争吵和冲突时常发生。这一路上，崔永元同样跋涉在期望与失望的高峰低谷中。

杨澜：你曾嚷着要解散队伍，什么事啊？

崔永元：我们从来没对媒体讲过这个，其实我真是不太愿意讲。怎么说呢，就是我们"长征"的沿途老百姓对我们特别好，因为也没有旅馆什么的，我们睡的最好的地方就是学校。在学校里最舒服的就是学生宿舍，大部分时间是睡在教室里。但是他们在一个地方，在学生的教室里，反正做了很不好的事。简单地说，就是弄脏了，脏到学校和学生都不能容忍的地步了。

就是这样一件事。

　　杨 澜：就是卫生上把这个学校弄到很脏的地步？

　　崔永元：我说了吧，要不说我憋得挺难受。因为冬天不是特别冷吗？很多人晚上上厕所，觉得特别冷，要穿衣服什么的，他们都有那个矿泉水瓶子，然后就方便在那个瓶子里。

　　杨 澜：解决一下。

　　崔永元：瓶子用了就没扔掉。其实我们很早就发现有这个问题了，觉得这个我们也有责任，我们应该早早提醒。

　　杨 澜：那么第二天早上就扔了呗。

　　崔永元：没扔，问题是没扔。

　　杨 澜：放在教室里。

　　崔永元：当学生回到宿舍的时候，打开瓶子才发现。这是不能让人接受的，给我们写了抗议信。我当时听完以后，我肯定不能接受这个，现在其实我也是不能接受的。

　　杨 澜：是种耻辱。

　　崔永元：我觉得到此就走完了，大家都可以体面地回去了。我当时说，如果明天媒体说这件丑事，如果明天在街上欢迎你们的老百姓都知道你们干了这样一件丑事，你们好意思举着红旗接着走吗？

　　杨 澜：所以你大为光火？

　　崔永元：我当时作出一个决定——解散。

　　杨 澜：你是用咆哮的方式说的，还是很冷静地说的？

　　崔永元：咆哮，就地解散，我们不要玷污红军。

　　杨 澜：最后怎么平息了怒气，大家又决定往前走了呢？

　　崔永元：我们当时"停业整顿"，就是不前进了，就地待着。连当地政府都不知道为什么我们走着走着就不走了，就在那儿待着。然后小组开会，大组开会，请张越作报告。

　　杨 澜：哦，张越当时也在那儿？

崔永元:张越正好过来。然后我去跟这些队友谈心,我每次跟他们谈心都要差不多四个小时。

杨澜:为什么就这么一件个人卫生习惯和文明举止的事值得你说四个小时?

崔永元:我发现他们什么都不懂,所以才干这样的事。要是我,我觉得首先我不会用这样的方式方便;第二,如果是用了,我会睡觉的时候抱着它,因为我怕第二天给忘了。但是,他们什么都不懂。

我记得那天我跟那几位年轻的队友聊天,为什么我们要求你们这么严?是因为你们占用了很多的公共资源。有个小孩叫李长彦,他脚上起鸡眼,一路他都起鸡眼,他拄着拐杖"长征",我说,你算过中央电视台播你脚上起鸡眼,播了多长时间吗?我给你算过,不少于八分钟,而对你家乡建一座大桥都播不了80秒。对中央电视台,你占用了多少社会资源?你怎么回报社会呢?做事对自己要求严一点,你从来没这样想过问题吗?

我说,你看咱们从曲靖这个城市走过的时候,警车开道,凭什么?我说如果每个老百姓要上街买菜都打110,说你给我派个警车来开一下道,我要去买菜,行吗?他们没有,你有,为什么?你想过吗?当我们警车开道过马路的时候,正好是红灯,我们遇红灯,我们过去了,绿灯的人都等着。

不是发现了我有什么能力,我是发现这些年轻人有我过去从来没有发现的优点,是我不具备的优点,比如说无理由道歉

将近一年在路上的生活,"我的长征"不仅仅是一个体验和了解过去的过程,更是使人成长和成熟的过程。在这个过程中,崔永元曾感慨地说:"在北京就能看五米远,在长征路上可以看很远。"

杨澜：为什么后来你对他们期待的标准发生了改变，甚至是在"长征"走完了以后，你并不像之前那么失望了呢？

崔永元：我发现他们身上的很多优点是我不具备的。我觉得这可能是一个渐变的过程，但是我印象最深的是2006年12月31号这天晚上，这天我们的四位队友，三比一，他们发生了激烈的冲突。

杨澜：为什么事呢？

崔永元：很小的一件事，就是行军的时候路非常难走嘛，然后有一位队友还在那儿照相，这样她就挡住了别人，差点掉下了深沟。两个人就发生了言语冲突，越说越难听，后来有一位队员就说，不走了，我退出，还差几十公里要退出。我当时听到这个消息就想，哎哟，这个时候还出这事，怎么办？我想了一下午，想了三个方案准备去处理。当我赶到队伍那里的时候，我让队伍停下来，我说，不管2006年我们发生了什么事，我希望我们用最高兴的心情走到2007年，走到新年钟声敲响的时候。

杨澜：钟在哪儿？

崔永元：我说我们喊10,9,8,7,6,5,4,3,2,1，我们拥抱，每个人拥抱自己最恨的人，把所有的事情都扔给2006年，那个时候就在解决这个难题。

当时我去了以后，我先给那位生气的老同志谈，他49岁，不算大，但在"我的长征"队伍里算年纪大的。我说，在这个队伍里最热爱红军、最热爱长征的就咱们两个人，现在你居然不想走了？你怎么再让我相信你对红军是有感情的？完了他就说了很多不着四六的话。我一听呀，他脑子乱了，我不能跟他继续谈了，没意义了。他一直想脱队，他想跟我告别马上就走。我想用最短的时间解决这个问题，我就用第二套方案。

我找到了跟他发生冲突的那三个年轻人，我跟他们说，我希望你们为了维护整个队伍的利益，做无理由的道歉。你不要问为什么，你就去跟他道歉行不行？三个人连想都没想就同意了。最后我让队伍停下来，让那位老同志站在队伍的前面，这三个人，每个人过去给他鞠个躬，说："我们错了，请原谅我们。"跟他拥抱，他把人家推开，推开那些人给他的鞠躬和拥抱。

杨澜：真的？

崔永元：但到第二个年轻队员拥抱他的时候，我就看他泪流满面，他哭了。后来他说，你别为难他们。我说，他们跟你的女儿一样都是孩子，你要允许你的女儿犯错误，你就应该允许他们犯错误。我说我代表所有的工作人员、所有的队员，他们可能过去也惹你生气过，在这个新年到来的时候，我代表他们向你道歉。我给他鞠了个躬，然后我们就过去拥抱。他当时痛哭，我拍着他的后背，我说，别哭了，过去了，结束了，一切都过去了。后来他就很顺利地跟着队伍继续行走。

杨澜：走到2007年了，你是不是在这个过程当中突然发现了一种过去不自知的能力，就是去调解别人的矛盾。

崔永元：不是发现了我有什么能力，我是发现这些年轻人有我过去从来没有发现的优点，是我不具备的优点，比如说无理由道歉，你让我试试，我才不会道歉呢。我如果真的错了，你让我怎么道歉都行，我如果没有错，你砍了我的头我也不会道歉。我是这样一个人，但是你看他们能做到。

他的这种宽容，这种大度，我是做不到的。如果我要把他开除了，这辈子最后悔的不是他，肯定是我

"长征"路上，小崔想明白了很多从前怎么也想不明白的事，他会突然拿起电话向久不来往的老朋友道歉，承认自己以往的偏激。到底是什么样的人或事使他发生如此的改变？

杨澜:"我的长征"队伍里有个胖洪,听说你打算在结束前五公里要把他给开除了?

崔永元:是,真的,因为有一段时间,我特别反感他。他一直反对排队行军,他觉得那根本不可能,长征两万五千里排队怎么走?没法走。他一直跟我较劲,我都烦死他了,我想开除他。

当时的队长董峰是坚决支持大家有个队形行军的,如果胖洪当时要支持,这个队形非有不可,我这个最挠心的问题就解决了。但他就反对。他一反对,他的麾下就会集中很多人,他影响了很多人,尤其是那些摇摆不定的年轻人。我们这次用的方式是不干预,就是我们并没有参与管理,而是把管理权整个交给队伍。

杨澜:交给他们自己。

崔永元:所以我那个时候特别希望胖洪能迷途知返,你赶紧支持一下董峰,然后我们这个队伍就好了,要不然我不知道老乡们是怎么看我们这支队伍的。

杨澜:散兵游勇。

崔永元:对,我们后面的人跟前面的红旗能差三公里,这叫什么红军啊,对吧?真的,大家心里特别着急,就为了一个队形,所以当时我就觉得胖洪怎么这个样子。后来我想,好,既然你对这个团队不负责,我也让你尝尝不负责任的滋味。

杨澜:你还挺阴的,那你还一直压着这火,就准备……

崔永元:我没有他说的那么阴,他说还差五公里。

杨澜:还差五公里,对,我觉得这挺损的。

崔永元:我不是那么想的。

杨澜:差15公里?

崔永元:300米。对,当时有个会师桥,离"我的长征"终点那个广场只有300米,我想到会师桥的时候,我说,立正,等一下,现在我宣布组委会的一个命令,从今天开始取消洪云"我的长征"队员资格,再见!你现在可以不排队,你爱怎么走怎么走,剩下的人跟我向右转,齐步走。

杨澜:你在睡觉前可能在脑子里把这个场景排练过若干遍。

崔永元:非常熟悉了,然后不光他,我的名单上有四个人呢,都是差300米。

杨澜:真恐怖。

崔永元:对,300米,你就白走了,我会对社会说这四个人没走完,因为他们差300米没走完。

杨澜:多招人恨啊你,后来什么样的想法让你改变主意了?

崔永元:就是我看到胖洪那么可爱。12月31号这天他是轮值队长,我们轮着当队长,他是轮值队长。我说完倒计时拥抱这个话后,我观察了,他大概一个小时几乎就没停,一直在喊大家排好队,大家排整齐,排两列。一直在喊,我就特别感动。其实我知道,他不同意我的这个排队的主意,但是他在2006年的最后一天,他这样做,他给足了我面子。真是,所以我觉得这是他的大度和宽容。我当时就想,如果换个人,是我,行吗?不会的。他的这种宽容,这种大度,我是做不到的,然后我觉得如果我要把他开除了,这辈子最后悔的不是他,肯定是我。

杨澜:所以你走完了这一路,原先对于中国人缺乏团队精神这样一种判断动摇了吗?修正了吗?

崔永元:我觉得应该说是修正了。缺乏团队精神我想这是不争的事实,大家都会同意的,但是我觉得也许跟这个团队的经营者或者领导者不善于发现团队的优点有关系。

杨澜:你说这个标准改变,最重要的是什么标准改变了呢?

崔永元:我的标准可能制订得一点都不科学,我用自己固有的一个标准去验证所有的团队。实际上,我的标准不是公用的标准。我发现这个问题了,因为我觉得可能用更宽泛的标准、更科学的标准来看这支团队的话,就可以给他们打 98 分,那 2 分是因为不让给 100 分。

杨澜:要留有进步的空间。

崔永元:对,所以说打 98 分。我觉得他们太棒了,他们很了不起。

我后来对于道德的一种坚持,跟母亲早年的训练肯定有关系

媒体为什么总把他的名字与"理想主义""精神洁癖""良心的捍卫者"等词汇联系在一起?在一贯机警犀利、幽默调侃的"实话"背后,是否隐藏着一个简单而又复杂、执著同时脆弱的小崔?

杨澜:我发现你也很有乐趣,比方你会收集一些小人书。

崔永元:对,这个行当特别好。这些人叫"连友",喜欢这个的据我所知全国有 20 万人吧,有 20 万"连友"。大家在一起,每人拿着自己得意的小人书,一页一页翻着,都不知道这些人是干什么的,一打听有一个中央电视台的主持人,还有一个银行的行长,还有一个卖冰棍的,大家都一样,谁的小人书好,谁牛。

杨澜:其实你有没有觉得你崔永元心里有一个部分不想长大?

崔永元:这全是大人,现在没有小孩看这个。

杨澜:我知道,但是这给你带来的是你十岁时候经历的那种感受?

崔永元:那时候我们家经济情况不是特别好,我母亲也不给我买,比如说出八本新的她就给我买一本,出十本买两本。

杨澜:这得挑半天,痛苦的选择。

崔永元:哀求她都不行,就是不吃冰棍,不吃糖葫芦,怎么

都不行,就只给买两本。我那时候知道国家主席大,我说,你等到有一天等我当国家主席的时候,每一本都买。

杨澜:也就这点希望,真可怜。你小时候好像爸爸妈妈对你的管教非常严格,而且你妈妈还是比较相信棒头底下出孝子的这种,你会为什么样的事情挨揍呢?

崔永元:我印象深的就是看电影,比如说功课特别紧张的时候,我还会偷着跑着去看电影,看电影总是会被她发现,然后痛打。

杨澜:痛打是指?

崔永元:痛打就是反正有什么用什么,后来把我打得都很聪明了。

杨澜:没听说过。

崔永元:在学校里碰上我了,开始说说说。我知道了,今天没戏了,今天免不了要挨揍了。然后她说回去,我回去的时候就加快脚步,到那个一拐弯的时候,她看不到我,我就撒丫子跑,跑到家里,我把笤帚疙瘩什么的……

杨澜:藏起来。

崔永元:全都塞在那个被子底下。然后她回来,基本上说三句话该开始打了,她什么都找不到,她就用手打,用手打这个作用力和反作用力……

杨澜:对。

崔永元:这样可以打的时间短一点。我哥就特傻,他从来不收这些东西,所以被打的,我看那个……

杨澜:生挨着。

崔永元:笤帚疙瘩打得到处飞,打成那样,我母亲管我们特别严。

杨澜:是不是从小妈妈教给你们的那种世界的规矩就是要么是黑的,要么是白的?

崔永元：她是不能容忍撒谎，绝对不能撒谎。

杨澜：那你觉得你后来的这种对于道德的一种坚持，包括对于你自己那种真实想法的坚持，是不是跟母亲早年的训练挺有关系的？

崔永元：肯定有关系，对，你说训练一只小狗如果这么训练，它也不会犯什么错误了。

杨澜：但是这种训练其实也带来挺大的痛苦，因为我们现实生活中黑和白固然有，但是大量的是灰色。

崔永元：我到上世纪90年代的时候才知道。

杨澜：在这之前都认为不是好人就是坏人。

崔永元：对，对。

杨澜：先问啊，好人，坏人？就像看电影一样。

崔永元：我从前觉得特别明白，而且我觉得朋友不会背信弃义，对吧？你身边跟你好的人，他不会陷害你什么的，都是这么想。后来90年代以后，有的事在我身上演了一遍，我才发现，原来谁都可以骗你，谁都可以不守信用，谁都可以不恪守底线，我觉得我那个时候是最绝望的。

这种现在是最风行的，叫"恶搞"，是吗？不能认为那个是艺术创作，既不是斗殴也不是耍流氓就没有问题，因为艺术创作也是要有分寸的

小品中的台词很好地概括了大多数人对崔永元的最初印象，其貌不扬，亲切幽默。在《实话实说》的年代，他的"说话"中永远混合着草根味道的平民性和知识分子的批判性。一脸"坏笑"的后面却又藏着严肃的思考和真情的表达，他睿智，调侃，却又情感丰富，极易动情。

杨澜：今天,当你觉得自己变得比过去更宽容的时候,你再回头想这些事,你会不会觉得其实那些人也是因为他们的弱点,有的时候一个人背叛别人或者欺负别人是因为恐惧。

崔永元：我根本不想那些人,我只想社会,我忽然意识到了这是社会在进步。

杨澜：为什么?

崔永元：因为新加坡、英国、美国在发展过程中都有过这一段,把这一段迈过去就好了。

杨澜：社会价值的标准出现混乱的时候。

崔永元：对。旧的体系打乱了,新的体系没建立,都会有这么一个过程。

杨澜：所以原来当我看你去做《电影传奇》,或者看你去做《我的长征》的时候,我当时有一种担心,我说小崔不会认为要是回到过去更好吧?

崔永元：我觉得很多小报的记者就故意地这么诋毁我,他恨不得说——

杨澜：就把你塑造成了这样的形象。

崔永元：恨不得说我喜欢"文化大革命",说我希望"文化大革命"卷土重来。他故意这样写,很多读者可能也不明是非,觉得我真的是这样。前天我上网还看到有人说我是恋尸癖,说我跟希特勒似的。

杨澜：就是那种已经过去的事情。

崔永元：说我跟希特勒一样喜欢尸体腐朽的这种味道,所以才做《我的长征》《电影传奇》。

杨澜：你还会愤怒吗,为这样的评论?

崔永元：我特别想跟他谈谈,真的,我不想报复,我也不想打他什么的,我特想就我们俩坐下来谈谈。我把我真实的想法告诉你,我也听听你的想法,咱们能不能交流交流?因为我不是你写的那样,你理解错了,不是那个意思,包括你对《我的长征》的评价,你对《电影传奇》的评价,我基本上可以断定,你根本就没看过,你只是听别人……

杨澜:这样来说。

崔永元:说这个事情。

杨澜:最近好像在搞一幅什么油画,把你的脸安上了,好像是《毛主席去安源》。

崔永元:他改成了我去安源。

杨澜:一脸正气。

崔永元:名字叫做《我的长征》。

杨澜:你看到那个事情的时候心里怎么想?

崔永元:我其实很明确地表述过我的观点。这种现在是最风行的,叫"恶搞",是吗?我说这个玩意要有分寸。不能认为那个是艺术创作,既不是斗殴也不是耍流氓就没有问题,因为艺术创作也是有分寸的。我说这个作者不是每幅画都有分寸,有的是很过分的。我希望他想想这件事,想想艺术是一个什么样的范畴?还是在他的世界里艺术是没范畴的?把这个事情想明白了再创作,可能就妙笔生花了。

你不是想让社会好吗?你总是出离愤怒,你越来越愤怒,但对这个事情的解决没有任何好处,甚至会激化矛盾

小崔的医生曾说过一句话,他要是没有责任感,他的病就好了。而他给自己开的处方是:我要是把良心丢了,我的病就好了。对于那些在无数不眠之夜死死压住他的问题,他总是忍不住拍案而起。但悬在他头上的那颗良心,却并不总是像太阳一样将他照得光彩照人。

杨澜:采访之前我一直在想崔永元身上有特别可爱的那种

理想主义的执著,但是似乎他对别人、对自己都太苛刻了。

崔永元:对,这可能很难改,也许我过去没有搞清楚宽容的真正意思是什么,这次总算搞明白点了。

杨澜:其实世界上有很多的原则是有相对性的,因为有更高的原则实际上是可以作出让步的。

崔永元:我以前觉得顾全大局是顾全社会大局,我们每个人什么错误都不要犯,这才叫顾全大局。现在我觉得真正的顾全大局是别人犯错误的时候你能去帮助他。

杨澜:过去跟你在一起工作的人是不是都会感受到你这种要求所带来的压力?我就听很多制片说跟小崔一起干活特累,因为他自己要求完美对你也那样要求。比如在制作上,你过去会苛刻到什么程度呢?

崔永元:我制作上苛刻到什么程度,就是比如我们做谈话节目,录90分钟,播出可能30分钟,大概是三比一这样的片子,我要求我们播出的片子,行内的人都看不出剪辑点,这非常苛刻吧?

杨澜:嗯,非常苛刻。

崔永元:如果要能看出剪辑点来,就是愚蠢。

杨澜:你会直接跟那个编辑说你愚蠢?

崔永元:"你非常愚蠢。人家编的怎么就看不出剪辑点?你编的怎么哪个都能看出来?"我说,我在家看这个节目很痛苦,因为我就在那数你的剪辑点,我手指头、脚趾头全用完了,还不够用呢。我就那么说他。

杨澜:这个也会给你带来一种痛苦吗?就是当你感受到别人的压力,然后别人的痛苦反过来给你的那种压力?

崔永元:永远是不高兴的。我们录《实话实说》有一次发生过这么一件事,那次别人主持,我就可以当观众好好看一次我们《实话实说》是怎么录的。我们一般都不跟观众说我们开始啦,怕观众紧张起来。就是一个动作,开始了,所有人都工作起来。聊着聊着节目就开始了,这样每个人都是很自然的状态。开场很好,非常顺当,大概录了有5分钟,有人喊停。喊什么停啊?负责大屏幕的那位师傅说,你看那个大屏幕坏了,大屏幕没影了。他就在那儿修。我当时那个火就开始上来了,修好了接着录。然后我在楼上坐着呢,他上来了,他从我身边走,我说你站住,你干吗去了刚才?他说我修了一下那个大屏幕,我说你怎么像没事人似的,你不知道你影响了录像?他说我是那个接好的,可能被你们的人给踢掉了,你猜我说什么话?

杨澜:你说什么?

崔永元:我非常粗糙,"你放屁!"我说,如果被我们踢掉你插上去就有了,你怎么折腾这么长时间呢?然后我说,你认识谁,这个台里?我陪你去找去,谁是你家亲戚?你敢这么干活?暴跳如雷就这么处理了。后来我逢人便说,你看我牛不牛,崔永元把他们全练了,我看谁还敢不好好干活?

杨澜:你就这么严格?

崔永元:我当时觉得自己非常牛,后来我觉得自己特别愚蠢。

杨澜:如果换成今天,你会用怎样的方式去解决这件事?

崔永元:我肯定会先给他一支烟,我们俩坐下来,抽抽烟聊聊今天怎么回事。然后给他讲讲,我们这个现场真的特怕这个,我做过主持人,因为我都开始了,你忽然叫停——

杨澜:一口气给断了。

崔永元:然后特别影响我,今天咱俩把这事说明白了,一个是你尽量别这样,尽量别出事;第二个如果出事,你看能不能用别的办法,比方你给我做个手势,我先上观众席采访去,对吧。我在观众席采访——你就在那儿修,这都不受影响,现场观众都受不了影响,这不挺好吗?那个人会一辈子记你的好,问题也能解决,绝对比我当时骂人要好。我觉得真的应该有耐心。

杨澜:应该有耐心。

崔永元:你一定要确定你的这个着急和愤怒有没有用,对吧? 你不是想让社会好吗? 你总是出离愤怒,你越来越愤怒,然后对这个事情解决没有任何好处,甚至会激化矛盾,你为什么要做这样的事情? 没有意义。我觉得这就是我的进步,因为人家进步了,我就要进步,对不对?

她一边看,一边说,爸爸这个电影真好看。她说了两次,然后我挺伤心的

其实,小崔绝没有媒体上描绘的那样愤世嫉俗,从放弃《实话实说》的繁华热闹,到隐退在《电影传奇》里的避世者,那个走过"长征"路的小崔懂得耐心和宽容的重要。只不过,他依旧是一个孤独的"实话实说"者罢了。

杨澜:当一个人对一个世界感到悲观的时候,他通常会很担心自己孩子的未来。你的女儿也挺大了,在这几年的过程当中,你对她的未来的一种期待,发生了一种什么样的改变?

崔永元:昨天晚上11点她还没睡觉呢。

杨澜:哎哟,干吗?

崔永元:写作业呢。

杨澜:哎哟,可怜。

崔永元:因为要考试了,我能做什么呢? 我也不能不让她复习啊,我也不能不让她考试。我能做的就是跟她说,无论你考70分还是考100分,爸爸都爱你。因为爸爸看你每天都很努力,每天都趴在那儿写作业,然后离那么近,把眼睛都写坏了。我说爸爸都是爱你的,我希望你没有压力。我语重心长地跟她说这些话,你知道吗? 实际上她一点压力都没有,根本就没有压力。她经常考完试给我打电话,爸爸我的成绩出来了,我说是吗?我那个语文考了 99.5 分,我说祝贺你,她又问,爸爸你几点回来啊?晚上?我说还有一门的成绩呢?她就说,还有一门成绩还没出来呢。我说出来没出来?她说没出来。我说不可能,明天就要放假了,怎么会没出来呢?她就说了,好像是 70 多分。

杨澜: 先报喜再报忧,你女儿心理素质比你好。

崔永元: 她是那样的,有一天我们从家里走的时候,我忽然发现她手里拿着两个东西,我说你拿着什么啊?她说,妈妈的戒指。

杨澜: 天哪。

崔永元: 她拿着她妈妈的两个戒指,我说你干什么呀?她说我们同学要。

杨澜: 天哪!

崔永元: 她没有任何概念。她刚上学的时候一星期做五天值日。

杨澜: 你也别让人家太受气了。

崔永元: 这不是我让她做的。

杨澜: 她愿意做。

崔永元: 但是我怎么跟她说呢?你说这事?

杨澜: 就是。

崔永元: 我说凭什么咱要做五天呢?你就做一天,其他让别人做。我感觉特像对着那些老百姓,我怎么跟她说呢?

杨澜: 当她有一天要面对真实的世界的时候,当你做五天值日别人就觉得你活该做五天值日的时候,你打算怎么开导你女儿呢?

崔永元: 当时是她自己改的,她有一天跟我说,爸爸我不想每天做值日了,我说你想怎么样呢?她说我想一个星期就做两天。两天其实还多了一天。

杨澜：还多一天呢。

崔永元：你这就对了，我说，我认为这个做值日是老师给每个人的劳动锻炼的机会，你把别人的机会给占了。

杨澜：剥夺了，不好。

崔永元：应该每个人都有这样锻炼的机会，我这是说瞎话呢。

杨澜：也不算说瞎话，其实这是硬币的另外一面，我觉得你要让你女儿了解到真实的世界，要不然有这么一个长着理想主义脑壳的爸爸，把女儿也给弄得……

崔永元：我有一次在家里看电影，电影频道播《五朵金花》，然后她看我看得津津有味，她也陪着看，一边看，她一边说，爸爸这个电影真好看。她说的，她说了两次，然后我挺伤心的。

杨澜：为什么？

崔永元：因为我觉得她不会觉得这个电影好看，她想让爸爸高兴，你知道吗？我不喜欢她这样，从小看人家眉眼高低，是吧？迎合别人。后来我说，没你的动画片好看，我为的就是不让她有这种状态。

我怕一旦我爱上了剪彩之后，谁都拦不住我，唯一的办法就是我别碰它，别沾这个事

杨澜：你曾经遇到过的最大的诱惑是什么？

崔永元：走穴。给一个楼盘剪彩最高价开到了一剪子50万元。

杨澜：真的？

崔永元：人家跟我说得非常清楚，一剪子50万。

杨澜：你为什么不去呢？

崔永元：我觉得我抵御不住。

杨澜：噢，抵御不住。

崔永元：对。

杨澜：你怕你去了一次以后再也抵御不住。

崔永元：怕迷上这个。我是没法抑制自己的一个人。所以我怕一旦我爱上了剪彩之后，谁都拦不住我，唯一的办法就是我别碰它，别沾这个事。到今天我坐在你面前我还告诉你，我还是非常爱钱的。真的，但我就是不敢用这种方式去挣。

我不相信我这一年没做错一件事情，我希望你们能拍拍桌子

杨澜：你怎么看待权力，你怎么看待崔永元今天所拥有的权力？

崔永元：我觉得权力正确的定义是最容易被滥用的一种资源。

杨澜：其实你也是很有权力的，你的影响和你的话语都是权力。

崔永元：崔永元绝对不会免俗的，他肯定也经常滥用权力，所以我觉得应该寻求一个防止或者阻止他滥用权力的这么一个方式，一个很好的方式。

杨澜：那怎么样？能怎么样呢？

崔永元：前两天我们开总结会，我跟我的同事说，我说这一年总是我跟你们拍桌子，我从来没见过你们跟我拍桌子。我跟你们拍桌子，冒着得罪你们的危险，你们跟我拍桌子，冒着被开除的危险。但是我希望你们男人一点，我希望你们能拍拍桌子，我不相信我这一年没做错一件事情，我觉得咱们互相监督一点，我努力做到你拍桌子我不开除你。

杨澜：后来有人拍吗？

崔永元：到现在还没有呢。权力很可怕。

我觉得 50 年以后,大家能记住的,可能就是我做的电影资料库

杨澜:50 年以后,你希望别人怎么样来评价崔永元?说他在这个时代,在中国,他到底做了些什么?有什么值得做的?

崔永元:我觉得 50 年以后,大家能记住的,可能就是我做的电影资料库。那时候没有人会说《实话实说》,《我的长征》也没人说,崔永元这个人唯一被记得的就是说,你看我们现在用的这么好的关于中国电影的查询系统,是他带着一群年轻孩子一点一点做起来的,从他那儿起步的。

杨澜:这是你最大的成就?

崔永元:对。然后他们会问,谁是崔永元啊?后来他们打听打听,噢,他还主持过节目呢。

这个社会好像最缺的就是诚信,缺得要命

杨澜:你觉得在你的生命当中,比生命更宝贵的、更不愿意失去的是什么?

崔永元:我觉得就是诚信。无论是做人做事,还是整个社会系统,我认为它是第一要素。没有这个,你连安全感都没有,对吧?生活质量不会高。但是我觉得好像我感受到的这个社会最缺的就是诚信,缺得要命,好多人都是骗子,有时候都觉得是不是我家里人都在骗我?就到这个程度。

诚信我觉得不能没有,别的都可以没有,诚信必须得有。我去国外感触最深的就是,无论是富裕的国家,还是贫穷的国家,他们在诚信方面的问题没有我们这么大,我们是最严重的。

一直觉得自己对,这个才是最可怕的

杨澜: 你有很长期的朋友吗?还是说你是会在比较短的时间内把朋友得罪的那种?

崔永元: 我长期的朋友都是我出名以前交的朋友,我出名以后很难交朋友,因为他们经常得罪我,然后我也很容易得罪他们。

杨澜: 听说在《我的长征》快要结束的时候,你突然有一天有了感触,打电话给自己很多年没有联系的人,感动得人家还放下手中的一切跑到路上来看你。

崔永元: 他就是那个《实话实说》的制片人,他叫海啸。我们从小一块儿长大的,然后我病了以后不做《实话实说》了,就把这个权力移交给他了。我觉得我让你当的制片人,你得听我的,对吧?关于《实话实说》这个节目的走向,谈话节目怎么做,你要听我的,我是高手。他不听我的,他按照自己的做,我就不理这个人了。

杨澜: 你就急了。

崔永元: 急了,后来在"我的长征"路上,我有的是空闲,就想这个事情。后来想明白了,只有一个人错了,那就是我。他根本没有错,我有什么权力阻止一个人按照他的想法去发展一个节目呢?甚至你连试的机会都不给人家。然后我就给他打了一个电话,我说好像有些事我想明白了,我说是我不对,是我错了。他一听,马上就坐飞机飞过来了。

杨澜: 你只要这样一点点地表示妥协和理解,别人就会感动到这样的程度。

崔永元: 这个其实不是最可怕的,最可怕的是我一直觉得自己对,这个才是最可怕的。

(原载《解放日报》2007年2月9日第20、21版)

一个女人三台戏

——专访杨澜

在《杨澜访谈录》中,她是大气、睿智的访者,探问各界名流的内心世界;

在《天下女人》中,她是妻子、是母亲,侃侃而谈中彰显女人本色;

在《唱响奥运》中,她是奥运精神传播者,激情传颂一首首奥运之歌。

一次困难的采访与一次成功的对话

与英国安妮公主的对话,是《杨澜访谈录》六年来最困难的采访之一。

两年前,在英国一家知名银行,白金汉宫的工作人员仔细查看着房间内的每一个细节。维修工被叫了进来,因为地毯上留有茶几压出的印记,要马上换。工作人员不断嘱咐杨澜:应该怎样称呼公主,不可以随便给公主照相,合影不能超过一张,采访时间不能超过20分钟,等等。

气氛陡然紧张。

由于这次采访机会是在国际拯救儿童慈善组织的帮助下才获得的,所以事先约定,所有的问题都必须限定在"慈善"范围内,不允许涉及任何私人问题和政治问题。

公主走了进来,藕荷色的丝质套裙,高高拢起的头发,秀气的珍珠项链,金色的别针,黑色的手套,还有端庄的笑容。

对话起初还算顺利,杨澜按部就班提问,公主一一作答。"从事儿童慈善对公主教育自己的孩子有何影响?"杨澜试着抛出一个"擦边球"的问题。然话音未落,立刻被工作人员"挡"了回去。

对话中,杨澜又提了几个"规定范围"之外的问题,可都被一一打断。采访不得不在进行到20分钟时就结束,公主的脸上也有几分尴尬和无奈。

虽然这期节目多少为观众掀开了英国王室成员的神秘面纱,但杨澜明白,真实的安妮公主还是遥不可及。更令她遗憾的是,谈话间分明感到公主的谈兴甚佳,然而当面纱后的真实面孔不得不为了做贵族而做贵族的时候,生活的权利又有多少掌握在她自己的手中呢?

在聚光灯的光鲜夺目下,名人的生活同样也有着不为人知的困惑,也许那才是真正鲜活的东西。

那一次,坐在杨澜对面的是美国前总统克林顿。

杨澜:自从做过心脏搭桥手术后,人们觉得您在电视上看起来身体不是很好。您是如何恢复的?

克林顿:我每天更加心怀感激,我想尽可能地用好我仍拥有的时间。

杨澜:在最痛苦的时候您有没有想到过死亡?

克林顿：没有。我爷爷去世时57岁，我的继父去世时58岁。对我们家而言，我已经算活得很长了。所以我从小就意识到自己不可能长命百岁。我从不担心这事，当总统的时候我也没担心过。

杨澜：有人批评说您离任后就把自己变成了赚钱的机器，显然是为了还债。

克林顿：我确实很努力地工作，但我没有做我不应该做的事。

尽管在采访前被要求不可问及个人隐私的问题，特别是关于莱温斯基，但采访中似乎还是自然地谈及了这个"敏感话题"。

杨澜：您是如何找回心灵的安宁？是什么力量伴您渡过了危机？

克林顿：我从小就从我母亲那里汲取了在逆境中生存的勇气。她常说，人生中不顺利是常态，顺利才是暂时的。在最困难的时候，我决定告诉妻子真相。真相给人自由。在那一晚之后，我就知道自己可以面对大陪审团了……

杨澜：您说过，在白宫任职期间最高兴的事就是在女儿切尔西的高中毕业典礼上演讲。作为一个婚姻生活中有过麻烦的父亲，您有没有信心给她一些建议？她也正在寻找自己的另一半。

克林顿：我想，当孩子长大成人后，家长的大部分任务就已经完成了。你可以给他们一些建议，如果他们需要的话。但是你得给他们私人空间……在美国，家长们都担心孩子一旦长大离开家，就不再回来看他们了。我女儿不是这样的。这对我很重要。我要求的只有这些。

对话虽然只有短短半个小时，但其间涉及了死亡、童年、个人债务、卸任后的心情、丑闻、被弹劾的过程等等。言谈中的克林顿不仅仅是一个政治家，也是一位真诚的丈夫和父亲。

更重要的是，观众在看到一个"大人物"的同时，更感受到他内心的困惑与选择。

直指人物的内心，探究人生的困惑。《杨澜访谈录》里最闪亮的光芒，是人性的力量

王室公主也好，政界领袖也罢，只要是最富成就的人物，加上扎实生动的内容和有一定深度的对话——这就是杨澜一度对于"访谈录"的定位。"成功故事"是谈话的重点，谁有名就采访谁，什么传奇就谈什么。

但仅凭一张"大人物"的面孔，再加上面面俱到地报"年谱"，能给观众留下多少印象呢？

在"访谈录"这方舞台中的杨澜，并不满足于描绘大人物表面的光鲜，她想做的是通过荧屏，为这些"大人物"塑造"人生雕像"。

一遍遍回放以往的采访录像，杨澜发现，那些经得起反复回味的片段，往往与所谓的成功结果无关。

那些片断，不是获得诺贝尔奖的激动瞬间，不是艺术杰作被天价拍卖的屏息时刻，而是一个个与过程相关的困境，是期待与现实的落差，也是内心的彷徨无助，或者是在苦捱中体味的细微温情。

这些才是人性的相通之处，是大浪淘沙后留下的烁烁真金。

美国"电视主持人之父"沃尔特·克朗凯特曾这样告诉杨澜:"如果没有人性的光芒,如果没有对尊严、正义、真理的追求,所有的信息会把我们围困在一个没有光亮的隧道里,让我们失去方向。也许在将来,我们获取信息的方式千变万化,但我们依旧渴望人性的指引。"

杨澜在采访中开始有意识地多谈"人",少谈"事";多谈"困境",少谈"成功",力图在对话中挖掘人性的共通点,实现"大人物"与普通观众的共鸣。

"访谈录"的舞台上出现了一道道直指人心的光束,那就是人性的光芒。

在节目中,人们听到来自陈天桥、江南春这些"资本宠儿"的肺腑之言——"成功本身就是一种困境";陈凯歌、冯小刚、妮可·基德曼、席琳·迪温这些镁光灯下的"大腕"在节目中的真情流露——"万众瞩目就是一种困境";哲学家周国平在节目中的感叹——"比外界压力更难受的一种困境,叫作自我怀疑"……

困境是如此真实。心灵的空缺、生活的颠簸、感情的摇摆,可能属于每一个人。更重要的是,个人的困境往往也属于时代。

在记录"一个人和他的时代"的同时,《杨澜访谈录》本身也渐渐成为时代的参与者和记录者。从刘少奇的夫人王光美、香港特别行政区行政长官曾荫权,到美国前总统克林顿,美国前国务卿基辛格、奥尔布赖特,新加坡前总理吴作栋、现总理李显龙;从美国通用电气前CEO杰克·韦尔奇,到奥斯卡最佳美术指导叶锦添、华裔作曲家谭盾、国际影星成龙;从著名学者金庸、易中天、朱学勤,到航天英雄杨利伟,体坛名将姚明、刘翔……三百多个鲜亮的名字,都在这个舞台上留下了他们的光彩。

在《杨澜访谈录》六周年的庆典晚会上，上百位曾经做客"访谈录"的嘉宾在杨澜的倡议下，把他们"写给100年后的话"封存在景泰蓝容器中，保存于北京大学图书馆。100年后重新开启时，它们将成为"2007中国"的一个译码器，让未来记住今天。

褪去"女强人"的外衣，《天下女人》中的杨澜，以一个普通的妻子与母亲的身份，和观众一起思考，一起成熟

在《杨澜访谈录》的镜头前，杨澜是大气、睿智的提问者；在《天下女人》的舞台上，人们看到的则是流淌女人本色的杨澜。

两方不同的舞台，两种不同的角色，在理性与感性间穿越的杨澜却是那么游刃有余。经常在同一天里赶录几档节目，她已经学会在忙碌中享受其间的过程。

那天，刚录完《杨澜访谈录》的杨澜紧接着又投入到《天下女人》的录制中，前者的主角是李连杰，后者则是宋丹丹。可没想到，两档完全不同的谈话节目，却带给杨澜关于同一个话题的思考。

在谈到如何走出人生的困境时，李连杰回忆起自己初到香港时的艰难。当时他决定组建自己的电影公司，但面临的风险却是失去一切。正当孤立无援时，女友对他说："没关系，大不了倾家荡产，我来养你！"刚毅如李连杰者，在那一刻突然明白，即使自己失足跌落,身后也会有一双温暖的手将他托住。就是那份感动让他坚持了自己创业的选择,也更爱与自己相濡以沫的女友。

女人在大事当前表现出的坚强有时可能会超过男性。但是如果事事好强,样样能干,却未必是爱情的福音。

在《天下女人》中,宋丹丹讲了这样一个故事:一次,她正在打点行李准备出差,先生主动来帮她整理。他说:"这箱子太小了,得换个大点的才装得下。"宋丹丹不信,非露一手不可。经她一番折腾,真把衣物都塞了进去。正在她得意时,丈夫终于忍不住了:"你为什么要剥夺别人幸福的权利?"宋丹丹这才恍然大悟:能够为自己所爱的人操办一些小事,也是一种幸福和乐趣,管他是用大箱子还是小箱子呢?那一刻,好强的她开始学着示弱。

如今,杨澜经常和身边的女性分享这个故事。她说:男人跟男人不一样,女人跟女人大不同,什么时候逞强,什么时候示弱,那就是女人的爱与智慧。

不同的"角色"却带来同一种感悟。在生活的舞台上,不同道理殊途同归。

在《天下女人》的舞台上,杨澜褪去了荧屏前"女强人"的外衣。在那里,她是一个普通的妻子与母亲,和观众一起思考,一起成熟。

芳香治疗师、心理学家金韵蓉在节目中讲述了自己的人生故事,不但打动了观众,也深深触动了为人妻的杨澜。

人生总在不断的选择中,不免会有"为五斗米折腰"的时候。那段时间,家里背上了经济债务,可"主内"的金韵蓉却坚决不让自己的先生扮演借钱的角色。因为她不愿意让先生因为暂时的生活压力,而失去那种原本属于他的骄傲。于是,金韵蓉主动挑起"借钱"的担子,帮助家里渡过难关。后来,生活稳定了，子女也长大了，先生对她说，你为这个家付出太多了，现在你可以去做一些自己想做的事情。

金韵蓉说，在人生的不同阶段，夫妻二人其实是互相成全的。有时候需要给自己减两个砝码，为对方增加两个砝码。懂得成全的女人，得到的才会比较多，才会有完整的事业和理想的家庭。

"学会成全"，杨澜默默品味着这四个字。她说："事业和家庭并不是非此即彼的选择。其实我们可以用智慧赢得平衡的生活，从而过得更加快乐。"

这就是《天下女人》中的杨澜，既是主持人，又是分享者和参与者。

她以一个女人的视角，与嘉宾讨论女人的喜悦、女人的烦恼、女人的渴望、女人的困扰。

她也以一个传播者的身份，向观众推荐有价值的人物，分享、体验他们的精彩人生。

在这个角色里，还更多地倾注着杨澜作为一个女性观察者对于社会的思考。

她认为，中国女性的变化，特别是城市女性的变化，是时代变化的体现。女性在获得了相对平等的竞争机会的同时，却同时受到传统伦理的束缚，比如相夫教子、女大当嫁等。在中国的一些大城市中，30岁以下白领女性的平均工资、平均消费水平和工作压力，都已经超过了男性。这些社会现象背后所引发的诸多思考，正是杨澜所关注的。

基于这样的社会眼光，杨澜努力拓展着《天下女人》的舞台。

她向本报记者透露，目前她正尝试着为中国的职业女性搭建一个交流的平台。《天下女人》节目已经成为"中国女性多媒体社区"的组成部分。"天女计划——2007中国职场女性关爱

行动"也已经在杨澜的倡导下启动：中国职场女性生存状态调查、中国职场女性榜样评选、天女俱乐部沙龙等各项活动，眼下成了杨澜这个"职业女性"的重要工作之一。

一个被音乐点燃、热情而率真的杨澜，在《唱响奥运》的舞台上，用音乐为奥运定格

在自己的博客里，杨澜曾写下这样的感言："时间就像一根鞭子，不紧不慢地抽打着似陀螺般旋转的我们。记得从前家里墙壁上还挂着月历，一页一页地撕去，就像让无形的时间显了影似的。但如今，月历只在手机里存着。有时我只记得某日要做什么事，却连那天是星期几都搞不清。"

就是在这样的忙碌中，杨澜今年选择了她的第三台戏——《唱响奥运》。

她心里的这份"奥运情结"，其实早在多年前就已种下。

2001年7月13日，莫斯科。杨澜穿一件白底红色印花的唐装，代表北京奥申委作文化主题的陈述："基于丝绸之路带来的灵感，我们的火炬接力将途经希腊、埃及、罗马、印度和中国，以共享和平、共享奥运为主题，'奥运'这一永恒不熄的火炬，将跨越世界最高峰——珠穆朗玛峰……"

这段五分钟的陈述，事先经过了多少次的讨论，杨澜已经记不清了。是谁提出奥运火炬挑战地球最高峰这个创意，在她的记忆里也有些模糊了。但当她站在演讲台前向世界作出奥运火炬要上珠峰的承诺时，顿时令人为之一振。

"更高、更快、更强"——人类的这种渴望也许是与生俱来的。挑战地心引力的诱惑，召唤着一代又一代运动员在体育赛场上前赴后继，超越梦想。

在杨澜看来，奥林匹克也是生活的浓缩版本。

是的，生活中的"地心引力"无处不在，它也许是面对新事物的恐惧，或者是作出决定前那一刻的犹豫。多大程度上能够克服它们，也就在多大程度上决定了生活的高度。

今年伊始，作为申奥大使的杨澜努力克服这种"地心引力"，在北京卫视开始主持一档全新的奥运节目——《唱响奥运》。在KTV里从没做过"麦霸"、对流行音乐并不熟知的杨澜，接受了新的挑战。

与其说是挑战，不如说是一种责任。自从中国申奥成功以来，杨澜的名字就与"奥运"连在了一起。由她参与主持的有关奥运的演出、论坛、活动、仪式，大大小小加起来已经不下几十场。

正是在这份责任的担当中，人们看到了那个端坐在镜头前、一身精致套装加职业笑容之外的杨澜。

这是一个被音乐点燃、热情而率真的杨澜。

在她轻松娴熟的主持中，一首首奥运歌曲在《唱响奥运》的舞台上完成了初次亮相。

孙楠、韩红、景岗山、汪峰、林夕、周华健、孔祥东等著名音乐人纷纷做客，分享他们的奥运情结，讲述奥运歌曲背后的故事。

而杨澜，总是在与场内外观众的热情互动中，传达着这样一个愿望——让喜欢奥运、关注奥运的人都唱起来，唱出每个人心中的2008。

如今，《唱响奥运》已经走进校园，深入到年轻人中去，通过与体育明星、影视明星的互动，引燃了大学生们的奥运热情。紧接着，这档节目还将走向其他城市，走向全国。

"用音乐为奥运的场景定格。"奥运会十大歌曲之一《为北京喝彩》的创作者陈越，在节目中这样说。

这番话也深深打动了杨澜。

她说，《唱响奥运》其实就是想用歌声为2008奥运会"定格"。

杨澜，何止这三台戏。

如今的杨澜，不但是阳光文化基金会董事局主席，还担任中华慈善总会慈善大使。

由她创办的电子杂志《澜》，每期的下载量已经达到300万份，访问量累计突破1.8亿。

就在上个月，杨澜作为主讲人登上了在韩国举行的"2007世界妇女论坛"，向世界展示中国女性的风采。

17年前，当杨澜兴高采烈地告诉父亲自己被中央电视台录取的时候，父亲告诉她："不要吃青春饭。"

现在，身兼数职并拥有幸福家庭的杨澜，在自己的人生舞台上，越发成熟，越发从容。

(原载《解放日报》2007年10月19日第17版　记者陈俊珺、尹欣采写)

"文化讲坛"的魅力所在

解放日报报业集团文化讲坛部

人民日报原总编辑、清华大学新闻学院院长范敬宜,5月22日致电集团领导,热情称赞解放日报5月18日《解放周末》刊登的第九届"文化讲坛"的嘉宾演讲。

范敬宜同志动情地说,我和夫人正在看5月18日解放日报《解放周末》刊登的"和谐文化和人文情怀",内容太精彩了,太感动了!等不及看完全文,先打电话给你们,"文化讲坛"办得十分成功,向你们表示祝贺。

范敬宜感慨地表示,举办这样的讲坛,我以前想过,但没有这样的环境;现在有了这样的环境,但我没有这样的才能。"文化讲坛"扩展了党报的影响力和感染力,让人们看到党报是可以这样办好的。感谢你们举办这样好的讲坛,感谢你们刊登这样精彩的内容。

5月19日,苏州市三元四村读者周思钰来信说,"5月18日的报纸珍惜地放在礼拜六一整天的时间内详阅,三位出色的女性的演讲，使我这位60老翁也时而捧腹大笑，时而眼眶内饱含激情之水。真的，一张好的报纸，一篇好的文章是我业余生活的重要内容，在某些方面比吃顿美味佳肴更重要！我把这份报纸珍藏了。"

是什么让"文化讲坛"具有这样的魅力？

一、创意独特

在众多经济论坛接踵开办、"演讲经济"节节升高的情况下，解放日报报业集团主要领导审时度势，提出了率先举办"文化讲坛"的创意。"文化讲坛"邀请当今中国有影响力、有造诣的高端人士，围绕一个文化主题进行发散性讨论、演讲，洞烛文化现象，探幽发微。由于创意独特、立意精当，"文化讲坛"甫一推出，便给人耳目一新之感。

复旦大学党委书记秦绍德认为，目前许多报纸商业味重，缺少文化含量、思想含量，缺少文化表现力。在这个背景下，解放日报报业集团在国内率先推出"文化讲坛"，敢为人先，彰显了文化追求，增添了报纸的文化魅力，是做了一件开创性的大事，意义不可低估。

二、主题鲜明

"文化讲坛"创办于2005年7月5日，迄今已成功举办了9届。主题紧扣中华文化的价值与当今文化建设，在学术探讨中进行舆论引导。

先后邀请余秋雨、赵本山、曹景行共论"社会和谐与文化选择"；龙永图、吴建民、崔永元谈"世界眼光与文化思维"；韩美林、海岩、姜昆论"传统文化的现代活法"；熊澄宇、陈天桥、杨澜讲"网络时代的文化激荡"；北京大学校长许智宏、清华大学党委书记陈希、复旦大学党委书记秦绍德析"大学精神的文化力量";文化部副部长、故宫博物院院长郑欣淼,敦煌研究院院长樊锦诗,布达拉宫管理处处长强巴格桑,上海博物馆馆长陈燮君共论"中华文化的传承与弘扬";易中天、张贤亮、郭德纲同析"传统文化的现代理解";"文化讲坛"余秋雨专场讲述"中华文化,一种应有的记忆";章含之、于丹、敬一丹,三个女人一台"文化",共述"和谐文化与人文情怀"。

上海市委宣传部新闻阅评指出,"'文化讲坛'在关注中华文化、关注当今的文化生态、关注社会主义和谐文化建设、关注社会主义核心价值体系构建方面做足文章,带来思想的启迪和撞击,彰显文化追求,激扬文化力量,在文化软实力建设上'精耕细作',发挥引导舆论的重要作用。"

三、形式新颖

"文化讲坛"以"做文化、做独家、做品牌、做影响力、做可持续效应"为目标,以每届邀请多位名家共论一个主题为特点,形成规模,追求高度与深度。这与时下流行的经济论坛有着内涵上的区别,也与那些由一个人作报告的论坛有着形式上的区别。在宽度、高度、深度上,彰显出"文化讲坛"的自身价值及其深远的影响力。

每届"文化讲坛"都邀请多位高端名人担任嘉宾,请他们围绕同一个文化主题进行发散性的演讲、讨论。"文化讲坛"还富有创造性地对嘉宾进行独特组合,从而形成强大的吸引力。比如,第一届"文化讲坛"邀请文化名人余秋雨、小品演员赵本山、节目主持人曹景行,三人坐而论道,本身就是看点;第六届"文化讲坛",邀请国内四家知名博物馆的馆长,共论民族文化的博大精深、源远流长,四位馆长共赴"文化讲坛",也凸显出了"文化讲坛"的权威性与影响力。

与很多论坛不同的是,"文化讲坛"还非常重视嘉宾与听众的互动交流,每次在嘉宾演讲结束后,都会设计一些有贴近性的话题,请嘉宾与听众进行现场互动交流。互动环节不仅活跃了现场的气氛,也在碰撞中使嘉宾产生许多思想的火花。

四、坚守品位

"文化讲坛"开办至今,一直坚持这样一个宗旨,即不向任何一位嘉宾提供出场费。

与此同时,这些文化名人绝大多数不在上海,他们从百忙中抽出几天的宝贵时间,专程从外地赶到上海来演讲,并以高度重视的姿态阐述各自的观点。在台上,他们以饱满的精神向观众展示了各自的文化风采,而在幕后,他们的行动更彰显出令人敬佩和感动的文化精神、文化态度。

第七届"文化讲坛"嘉宾易中天,在与解放日报报业集团初步商定讲坛举办日期后,又有外地市政府邀请他在同一天去演讲,还许诺给他20万元出场费,而易中天斩钉截铁地说:"文化人是有文化底线的,怎能为钱所动!虽然解放日报报业集团不给我一分钱,但我还是要如约出席'文化讲坛',否则我还算什么文化人呢!"第一届"文化讲坛"嘉宾赵本山,为了能准时赶到上海,花12万元专门包机前来,解放日报报业集团为没有为其提供经济补偿而深感愧疚,然而他却说:"这个讲坛很重要,能来参加,是提升了我的文化价值,这些钱算什么!"

五、影响持续

"文化讲坛"充分应用并推动媒体巨大的影响力。每届"文化讲坛"举办前后,解放日报报业集团所属多家媒体进行联动宣传,形成巨大的传播声势。以《解放日报》为例,每次"文化讲坛"举办之前,都刊发预告新闻;活动结束后,先在次日的一版刊发消息及新闻图片,又在"新闻视点"版刊载长篇侧记,特别是在几天后的"解放周末"上,用四个整版的篇幅集中推出"文化讲坛"实录之"演讲篇"与"对话篇",做到强势传播,声势夺人。过些日子后,又通过上海电视台《东方大讲坛》播放一个多小时的"文化讲坛"的演讲内容,几个月后,又汇编成书出版,产生了持续不断的影响力。

六、领导肯定

解放日报报业集团"文化讲坛"举办至今,中宣部先后三次发表长篇专题阅评,给予高度评价,其中提到:"目前,各种名目的论坛活动很多,但普遍商业味较浓,有些被邀嘉宾,为收取演讲费到处作秀赶场子,使论坛活动变了味。解放日报报业集团独具匠心,举办'文化讲坛',打出了一张有分量的文化牌,提升了党报的品牌影响力。"

中宣部新闻局阅评员认为,"在'十一五'文化发展规划纲要发布刚几天,解放日报报业集团'文化讲坛'就推出了《中华文化的传承与弘扬》;全国统一高考后10天,就推出了《大学精神的文化力量》。足见该讲坛不仅注重学术、文化价值,演讲内涵、质量,而且十分注重讲坛的时效性、针对性。"阅评员这样评价:"'文化讲坛'的连续举办这个事实本身,不失为当今报坛上的一个展示魅力的文化亮点。"中宣部专题阅评认为"文化讲坛",是"当今报坛上一个展示魅力的文化亮点","以文化为魂,带来思想的启迪和撞击,打出了一张张有特色、有分量的文化牌"。

上海市委宣传部专题评点道,举办"文化讲坛"是解放日报报业集团的一个创举,也是中国文坛和报坛的一个亮点,已成为国内别树一帜、名副其实的文化讲坛。

中共中央政治局委员、中央书记处书记、中宣部部长刘云山,在2006年11月和12月,先后两次高度评价了解放日报报业集团举办的"文化讲坛"。他说,"文化讲坛"非常重要,不仅在上海,在全国也产生了越来越大的影响力。他希望"文化讲坛"继续办下去,对和谐文化建设发挥更大的作用。刘云山同志还作出批示,要求《光明日报》向解放日报报业集团学习,也开展类似的活动。

七、各界好评

"文化讲坛",因具有社会效应、名人效应和文化效应而引发了社会的高度关注,全国多家报纸和各大网站都纷纷报道,社会各界好评如潮。

"福娃"设计者韩美林说,解放日报报业集团的"文化讲坛",显示了对文化软实力的高度关注,连续几届的主题都把握住了当今中国社会的脉动。"文化讲坛"的意义已经走出上海,这是一件在全国都有着十分重要作用的大事。

美国亚奇人文艺术中心的张延先生感慨地说:"没想到,一张上海的地方党报能创意举办这样有文化品位的大事;没想到,这么多嘉宾肯花时间、费心力,专程赶往上海去演讲;没想到,上海的一个'文化讲坛'会在北京文化界成为大家谈论的话题。这个创意高端,这个影响实在大。"

(原载《上海新闻研究》2007 年第 13 期第 24、25 页)

从"文化讲坛"看党报品牌经营

王玲宁

在报业中率先亮出"文化牌"的解放日报报业集团，自2005年7月开办首届"文化讲坛"以来，讲坛已经成功举办三届。"文化讲坛"围绕"文化建设"这一核心，就社会发展、世界眼光与文化选择、文化思维等主题，邀请社会名家担任讲坛嘉宾，纵论天下，激扬思想，启迪智慧，发人深省。此举，不仅让我们看到党报在新的社会发展时期抢占舆论制高点的创新理念，而且也强烈地感受到，在更加激烈的媒介竞争环境面前，党报主动出击，打造品牌，积极求新、求变的创新经营理念。正如解放日报报业集团党委书记、社长尹明华所说："我们举办'文化讲坛'，除了彰显文化在社会发展与和谐中的力量之外，也对自身的媒体传播方式和舆论引领方式提出了挑战。我们被告知，怎样正确地对待互联网时代人类感知经验的全新变异，并且为了适应这种变异而主动地变异自己，在积累式的变异中不断强大自己。"

党报是党和国家的重要舆论工具,是担负着反映和引导社会舆论重任的主流媒体。多年来,它在我国政治、经济、文化等各个领域,发挥了重要的积极作用。随着社会主义市场经济的确立、新型媒体的兴起以及加入WTO对中国社会发展各层面的深刻影响,党报如何站稳脚跟,求得发展,一直是学界讨论的热点话题,也是业界人士孜孜探求的目标。解放日报报业集团"文化讲坛"的开办,充分体现了党报在引领舆论、打造品牌方面求新、求变的创新性思维。其表现主要有以下几个方面:

一、打造高端产品,增强党报可持续社会效应。

在当今中国,党报作为党的喉舌,它起到的应是政治、经济、信息主渠道和政策宣传主阵地的作用。以正确的舆论引导人,发挥党报良好的社会效益,是党报得以生存发展的基石,是党报的权威性所在,这也是党报自身的优势所在。随着我国市场经济的确立与深入,媒介企业参与到市场经济竞争中去已是大势所趋。一方面,竞争是市场经济的第一法则,媒介企业参与市场经济就必须参与这种残酷的竞争,在这种情况下,"利润至上"就有可能成为某些媒体的最高目的,其在公共领域的空间就会逐步缩小;另一方面,经济越发展,市场越发达,公众的主体意识也随之变得更突出、更健全,更加要求媒介的公正性、服务性和公益性,这两者之间由此而可能构成尖锐的矛盾。此外,从新的发展时期党报所处的媒介环境来看,我国的都市报在经过了十几年的发展后,具有了比较雄厚和稳定的经济基础,有影响力的都市类报纸开始把市场的影响力转化为社会影响力,开始致力于形象塑造,公信力提升,谋求在政治、社会生活中的主流话语权的趋势日益明显。虽然从目前情况看,具有社会影响力、在读者的心目中有权威性的报纸,还是老牌党报或者具有党报属性的晚报,但这种趋势不容忽视,它所带来的竞争不容党报坐视旁观。

对此,党报要保持清醒的认识。首先,党报的性质决定了党报不能"利润至上",不能以追求利润为首要目标,而应以实现社会效益为主要的、最高的目标。在任何时期,新闻媒体都是党的事业的一部分。随着社会主义市场经济的发展,精神产品的生产流通同市场运行一般规律的联系愈益紧密,也存在着经济效益的问题。但坚持把社会效益放在首位,在这个前提下实现经济效益和社会效益的统一,是我们的党报必须坚持的原则。回顾西方近一个多世纪来新闻传播理论发展的历史,我们也发现,战后在西方国家盛行的社会责任理论认为,新闻媒体肩负着重大的社会责任,媒体不仅仅是传播信息的渠道,更是社会利益的维护者和公众安全的保护者,媒体进行信息传播其最高的标准在于社会福利的最大化,而非自身经济利益的获取。直到今天仍在讨论的公共新闻理论及其新闻实践,究其实质仍然是对社会责任理论进行思考和探索的一种延续。所以,作为社会公器,无论在中国还是西方国家,新闻媒体在这方面所发挥的作用应该是一致的。作为伴随我们党的事业一起成长起来的党报,尤其要处理好社会效益和经济效益的关系。其次,党报要认识到,在处理社会效益和经济效益的关系时,两者并不矛盾,也并非不可兼得。经济效益好,会带动党报的市场占有率,有助于宣传文化事业的发展,从而扩大社会影响力,扩大社会效应。有些精神产品,直接经济收益可能不大,但对推动社会生产力的发展和社会全面进步的作用很大,社会效益力量的增强,会间接带动经济效益的发展,进而实现社会效益和经济效益的良性互动。比如国外的《纽约时报》《华盛顿邮报》等主流大报,它们在社会生活中的具有强大的影响力,但同时也具有可观的经济效益。第三,面对着激烈的竞争,尤其是都市报在扩大社会影响力方面的努力,党报当然不能无动于衷,不仅要保持自己在社会影响力上的优势,而且不断创新,迎接不同时期不同的新挑战。

解放日报报业集团"文化讲坛"的举办，不仅对以上三点有着非常清醒的认识，而且具有非常的远瞻性和创新性。解放日报报业集团的领导，敏锐地把握到中央在新时期提出的构建和谐社会的发展思路，以开办"讲坛"的形式，以文化为切入点，不定期地邀请社会名流，围绕文化建设的各个层面，展开交锋和交流，让人们在聆听名家的演讲以及在与名家的对话中，激荡出最鲜活的思想。"文化讲坛"一经推出，便在社会上引起热烈反响，收到了良好的社会效应。"文化讲坛"无论在内容上还是形式上，都具有极大的张力。从时间上看，解放日报报业集团旨在打造的是一个长远的精品，而非短期行为，这就意味着在发挥社会效应上，解放日报追求的是可持续性的社会效应，在不间断的活动中，"文化讲坛"的声誉将带着解放日报的影响力一起深入人心；在内容选择上，文化建设关涉到社会生活的方方面面，邀请来的嘉宾也是活跃在精神文化领域的名家、名流，"文化讲坛"打出的是一张高端品位的文化牌。比如在这三届"文化讲坛"里，邀请的是来自各个文化领域的知名人士，如余秋雨、赵本山、曹景行、龙永图、吴建明、崔永元、姜昆、海岩、韩美林等，他们自身的影响力是不言而喻的，而解放日报报业集团把这些人集合在一起，就某个话题进行深入的讨论，更进一步扩大了党报的社会影响力。比如在第三届主题为"传统文化的现代活法"的"文化讲坛"上，韩美林以生动的故事，娓娓道来，讲述了传统文化与个人修养、民族精神以及社会和谐之间的关系；海岩从文化生态的角度，提倡多元时代应该树立文化的多元化的标准，传统文化也需要创立新的标准；姜昆则从自己从事的相声事业出发，谈了传统艺术在现代如何找到生存之道的感受。在首届"文化讲坛"上，更有长期从事传媒事业的曹景行先生，论述了文化选择中媒体的专业道义，对新闻事业的发展提出了自己独到的见解。

二、利用品牌资源,塑造党报新型形象。

随着改革开放的不断深入,我国的报业市场化程度日益提高,媒体间的竞争日趋激烈。党报不仅受到来自报业其他类型报纸的竞争,同时,新兴的媒体如互联网的崛起,也对党报造成很大的冲击。但党报在我国党的新闻事业的发展中,长期以来形成了自身的强大优势,其中就包括党报的无形资产,如权威性、影响力和公信力等,就是品牌资源。这是在历史发展过程中,党报在我国经济、政治、文化等各个领域发挥作用长期积淀的结果,也是其他媒体无法企及的优势。而如何在新的发展时期,激活和利用好党报的无形资产,延伸品牌,塑造形象,则需要创新性的经营管理理念。

市场经济条件下,办报与以往相比,一个很大的区别就在于经营理念的区别。特别是我国加入世贸组织后,社会的各个方面都会受到不同的冲击和影响,报业发展同样如此。我国的传媒营销从传统的以生产和产品为主导向现代型的以市场为营销行为中心的转变,体现了在经营上有了巨大的进步。但随着市场竞争的日趋激烈,竞争的资源指向也发生了变化,不仅要对传媒产品与外部生存的市场进行考虑,更重要的是,还要结合传媒本身规范和整合,形成以针对传媒本身规范和整合的策略为指向的传媒营销战略,即传媒形象创新。在传媒市场同质化和价值观念多元化的时代,媒介竞争的实质就是形象的竞争。媒体的形象是社会公众对于媒介的系统评判,信息的准确性、时效性、可信性、社会责任感、内容等都是评判媒介形象的因素,它们在受众心目中的固定化和标识化,就成为社会公众品牌认知的重要基础。在某种意义上,品牌就是媒介形象。对于历史悠久的党报来说,拥有宝贵的品牌资源,这是党报最有力的无形资产。但美国著名的营销学家菲利普·科特勒说过:

"区别专业的营销者的最佳方式是看他们是否拥有对品牌的创造、维持、保护和扩展的能力"。也就是说,坐拥品牌资源,还要利用好品牌资源,创新品牌,拓展品牌。我国的党报,大多有几十年的历史,长期以来形成了比较僵化的办报理念,虽有优势,但也不同程度存在着墨守陈规、不思进取等方面的弊端。在新的发展时期,面对竞争激烈的媒介环境,党报尤其需要创新品牌优势,塑造新型形象。如果固步自封、停滞不前,品牌优势也会消失殆尽。

通过举办论坛,打造传媒品牌,扩大影响力,这在西方媒体中已经有诸多成功例子。虽然我们和西方的体制、媒介性质均有根本的区别,但是在市场经济日益深化的今天,借鉴西方传媒经营管理理念和方法,对我们党报的可持续发展颇有裨益。以闻名全球的时代华纳集团为例,其旗下的《财富》杂志已经享誉世界,而由其主办的《财富》全球论坛更是成为世界瞩目的高端盛会。论坛把全球跨国公司的首席执行官、政策制订者和学者聚集一堂,共同探讨跨国公司和世界经济面临的难题。论坛如今已经成长为一个知名品牌,每年选择在何地召开会议,甚至成为全球经济界最关注的焦点。十年九届的《财富》全球论坛,把《财富》推向了媒体运作空间的极致。论坛举行不仅给杂志带来了更大的品牌效应,也为其带来了不菲的经济收益。

一个品牌最持久的含义应该包括价值、文化和个性。对于媒介品牌而言,它传递并体现了一定的价值感,它本身是有价值的;品牌也是文化,它将传播的主客体紧密地联系在一起;品牌还有鲜明的个性,它排斥那些毫无特色的栏目和节目。解放日报"文化讲坛"的举办,无疑是在现代经营管理理念的指导下打造品牌,树立党报新型形象的创新之举。"解放日报"四个字就是一个无形的资产,由解放日报报业集团出面邀请社会名家担任嘉宾,就是对无形资产的有效利用,充分利用了报纸本身的品牌影响力,充分发挥了党报的品牌资源优势,是利用品牌资源拓展新品牌的创新之举。"文化讲坛"从其定位上看,是一个定位高层、高品位的活动,显示了解放日报的高端品位,体现了党报的价值,增强了党报的品牌效应。解放日报报业集团借"文化讲坛"在报业中率先亮出文化牌,策划、打造、经营的是一个独一无二的品牌,体现出了鲜明的个性。此外,在品牌的打造中,通过举办活动尤其是高质量、高品位的活动来塑造媒体的形象,也是现代媒体经营活动中的重要举措。解放日报报业集团通过举办文化讲坛这样高水平的活动,运用活动营销策略,不仅是符合自身形象的定位,同时还利用报业集团强大的传播平台,从讲坛中开发出大量的原创性新闻进行传播,又进一步扩大了党报的影响力。同时,这一品牌的打造也会逐步改变党报在人们头脑中的刻板印象,让人们意识到,具有强烈意识形态色彩的党报同样可以利用文化的力量来拓展市场的接受度。

三、创新舆论引领方式和传播方式,增强传播效果。

我国的党报在长期的历史发展过程中,因为多重因素,形成了比较僵化的办报思路。尤其在舆论的引导上,习惯于上传下达,简单的照抄照搬,其效果可想而知。在社会结构转型的背景之下,在市场经济的进程中,党报所要发挥的是其社会影响力,就必须寻求舆论引导的切入点。另外,从传播学的角度看,在舆论引领的方式上,媒介运用其议程的设置,可以掌握舆论的阵地,并对公众产生影响。但在信息渠道多样化、价值观念多元化的时代,并非媒体的议程就会对公众产生决定性影响,正如尹明华同志所说:"正面不等于正确,权威不等于有效,时效不等于需求,价值不等于标准,要求不等于被接受。"所以,以受众的需求为起点,创新舆论引领方式,才有可能真正达到传播目的。

解放日报报业集团的"文化讲坛"在创新舆论引领方式上主要体现为两点：一是内容的选择，一是形式的创新。"文化讲坛"选择文化作为舆论引导的切入点，第一彰显了其高端品位；其二，在当前急剧转型的社会面前，文化作为社会发展的重要因素，可以促进政治、经济和社会各个领域的发展，但如果处理得不好，也可能成为发展的障碍因素。文化议题的讨论契合了人们对文化与国家、民族以及社会发展之间问题的困惑和思考，也与当前党中央提出的和谐社会密切相关。"文化讲坛"历届话题讨论的都是我们国家文化制度建设面临的深层次问题，活跃在各个领域文化名人的深邃见解，更容易引起人们的共鸣与思考。从舆论引领的形式上看，"文化讲坛"形式新颖，内容丰富，不枯燥，不说教，而是在幽默机智的话语之中，吸引了众多目光，产生了巨大的社会影响力。这一创新舆论引导方式的出现，首先源于领导对新时期党报功能的准确定位，另外，避免了单纯从传播者的角度对效果一厢情愿的推定，而是以其灵活的方式、丰富的内容来吸引人们的目光。对比很多党报那种千篇一律的枯燥说教来说，不啻为一股清风扑面。虽然，有时宣传的是同一方针、政策或者思想，却因为方式、方法的不同而带来迥然不同的效果。

在信息来源渠道多样化和信息共享的时代，报纸受到来自电视、互联网等多种媒体的竞争，虽然，历史发展和理论证明都说明，没有哪个媒体会因为新媒体的出现而被取代，但这并不意味着报纸就可以高枕无忧。以互联网为代表的新型媒体的出现，不仅改变着人们选择信息的方式，而且改变着人们的思维方式以及更深层次的社会生活。面对着竞争，很多传统媒体都开始寻求与新型媒体的融合、互动。对于"文化讲坛"，解放日报报业集团充分利用了网络媒体的功能，并实现了多媒体联动，传播方式的创新也有力地扩大了讲坛的影响力。

首先，解放日报义不容辞地担当了报道的主力，仅三次讲坛的活动，就有19篇相关报道，从各个角度对讲坛进行了全方位的报道。在解放日报报业集团网站的显要位置，制作了关于文化讲坛的专题，对于已经举办的内容，皆可随时查阅，并及时通告下期嘉宾和演讲内容。其次，为了增强与读者的互动性，扩大讲坛的各方参与度，通过《解放日报》和网上讲坛专题，向读者征询向嘉宾提问的问题，所提问题被选中的读者，将被邀请参加"文化讲坛"活动。同时，注重发挥网络媒体反馈及时、互动性强的特色，在网页显著位置由网民投票，提议在下期节目中希望邀请的嘉宾，真正地做到了以受众为中心。另外，文化讲坛的每期节目实况都通过电视台进行播放。这种多种媒体联动的方式，不仅扩大了"文化讲坛"的知名度，更重要的是提升了解放日报报业集团的社会影响力。这种传播方式的运用，使其不再拘泥于纸质媒体的传播方式，也不再受制于纸质媒体的传播缺陷，而是基于对现代信息社会受众信息选择多元化的准确把握，并选择了灵活的传播方式，真正实现了多赢的局面。

解放日报报业集团"文化讲坛"的举办，是党报集团在新的发展时期发挥舆论引导作用方面的主动性、积极性和创造性的生动体现。利用党报资源和优势，打造高端产品，创新舆论引领方式和传播方式，塑造党报的新型形象，扩大了党报的社会效应，增强了党报影响力，是党报在市场经济条件下，谋求自身发展，不断求新、求变的创新性思维的生动实践。

(作者单位：上海外国语大学新闻传播学院)

图书在版编目(CIP)数据

激荡:文化讲坛实录.3 / 尹明华主编. —上海:上海三联书店,2008.1
ISBN 978-7-5426-2724-7

Ⅰ.激⋯　Ⅱ.尹⋯　Ⅲ.文化学－文集　Ⅳ.G0-53

中国版本图书馆 CIP 数据核字(2008)第 001558 号

激荡:文化讲坛实录3

主　　编/尹明华

责任编辑/黄　韬
装帧设计/范峤青
监　　制/研　发
责任校对/张大伟

出版发行/上海三联书店
(200031)中国上海市乌鲁木齐南路 396 弄 10 号
http://www.sanlianc.com
E-mail:shsanlian@yahoo.com.cn

印　　刷/上海市印刷七厂有限公司

版　　次/2008 年 1 月第 1 版
印　　次/2008 年 1 月第 1 次印刷
开　　本/787×1092　1/16
字　　数/600 千字
印　　张/32.5

ISBN 978-7-5426-2724-7/G・898
定价:48.00 元